国家出版基金项目
NATIONAL PUBLICATION FOUNDATION

U0721357

卷七　沧桑集

冯其庸文集

青岛出版社

图书在版编目（CIP）数据

冯其庸文集. 第 7 卷, 沧桑集 / 冯其庸著. —青岛:青岛出版社, 2012.12
ISBN 978 - 7 - 5436 - 8990 - 9

Ⅰ. ①冯…　Ⅱ. ①冯…　Ⅲ. ①冯其庸—文集　②曹雪芹—家族—研究—文集
Ⅳ. ①C53　②K820.9 - 53

中国版本图书馆 CIP 数据核字（2012）第 290933 号

责任编辑　刘　咏
特约编辑　贺中原
责任校对　任晓辉　常　颖　孙熙春

滄

桑

集

图版目录

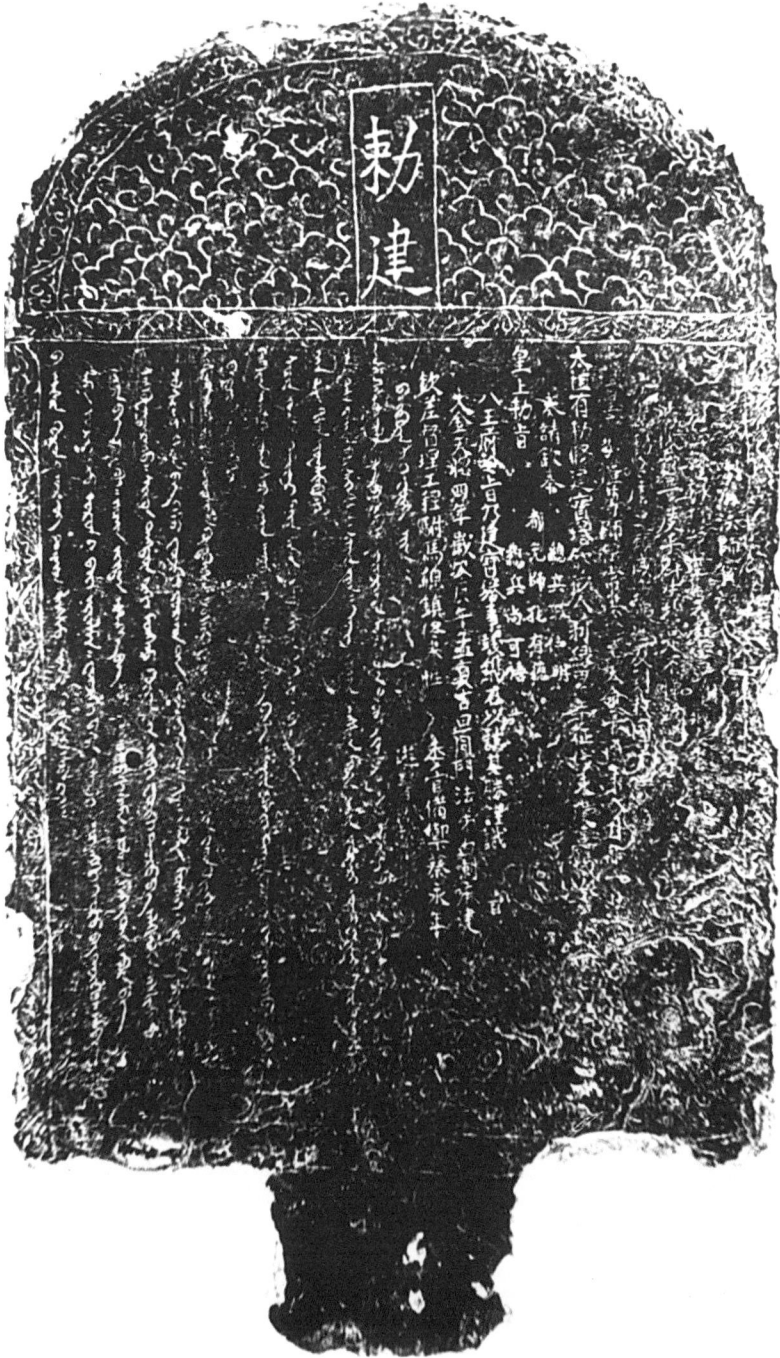

1.天聪四年"大金喇嘛法师宝记碑"碑阳

2．“大金喇嘛法师宝记碑”碑阴及题名

3. "大金喇嘛法师宝记碑"碑阴曹振彦题名

4. "大金喇嘛法师宝记碑"碑阴曹振彦题
名前"教官"职衔特写

5.天聪四年九月"玉皇庙碑"碑阳

6.“玉皇庙碑”碑阴及题名

7．"玉皇庙碑"碑阴曹振彦题名特写

8.天聪七年孔有德、耿仲明乞降疏满文原本

太宗文皇帝實錄 卷十八

十四

管梅勒者即爲梅勒章京管甲
喇章京管牛录章京管護軍
額眞即爲護軍統領管頭
護軍参領其瀋陽城管護軍
喇額眞曰天春興京毋得仍襄漢名俱照
我國新定者講之若不遵新定之名仍稱漢
字舊名者是不奉國法忿行悖亂者也察出
決不輕恕○以故牛录章京布顏圖子多禮
喀襲職○墨爾根戴青貝勒多爾袞屬下旗

敕牛录章京曹振彥因有功加半個前程○
乙丑新附副將尚可喜來朝見
上率大貝勒代善及衆貝勒滿洲蒙古漢人各
官出迎十里外
上率諸貝勒各官拜
天行三跪九叩頭禮畢御黃幄可喜進行五拜
禮近前復拜二次抱
上膝見畢退行一拜禮後興代善行一拜禮抱
見其餘衆貝勒各以齒序抱見次可喜所屬

9.天聪八年甲戌《清太宗实录》中关于曹振彦的记载

10.崇德六年的"弥陀寺碑"

11."弥陀寺碑"碑阳拓本

12. "弥陀寺碑"碑阴曹世爵题名

13. "弥陀寺碑"碑阴曹得先、曹得选题名

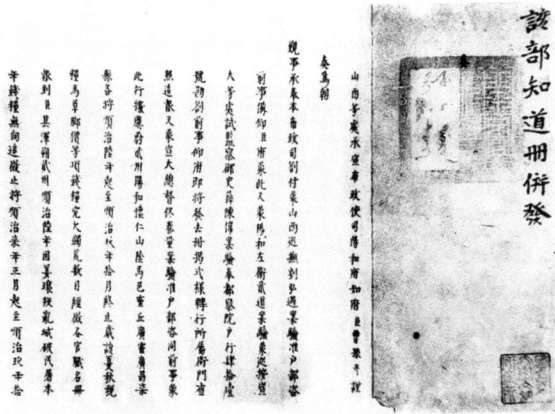

14.顺治九年山西阳和府知府曹振彦奏折之一

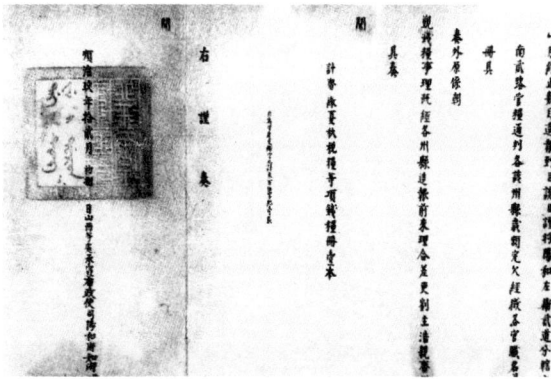

15.顺治九年山西阳和府知府曹振彦奏折之二

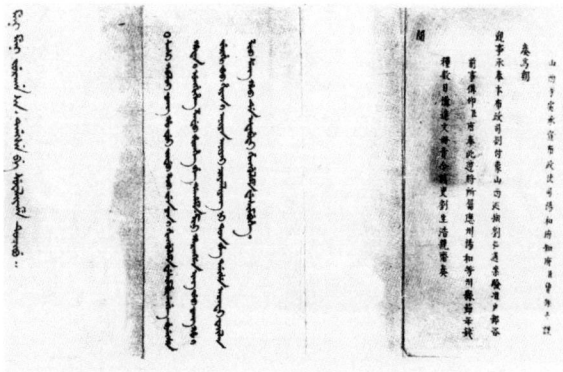

16.顺治九年山西阳和府知府曹振彦奏折之三

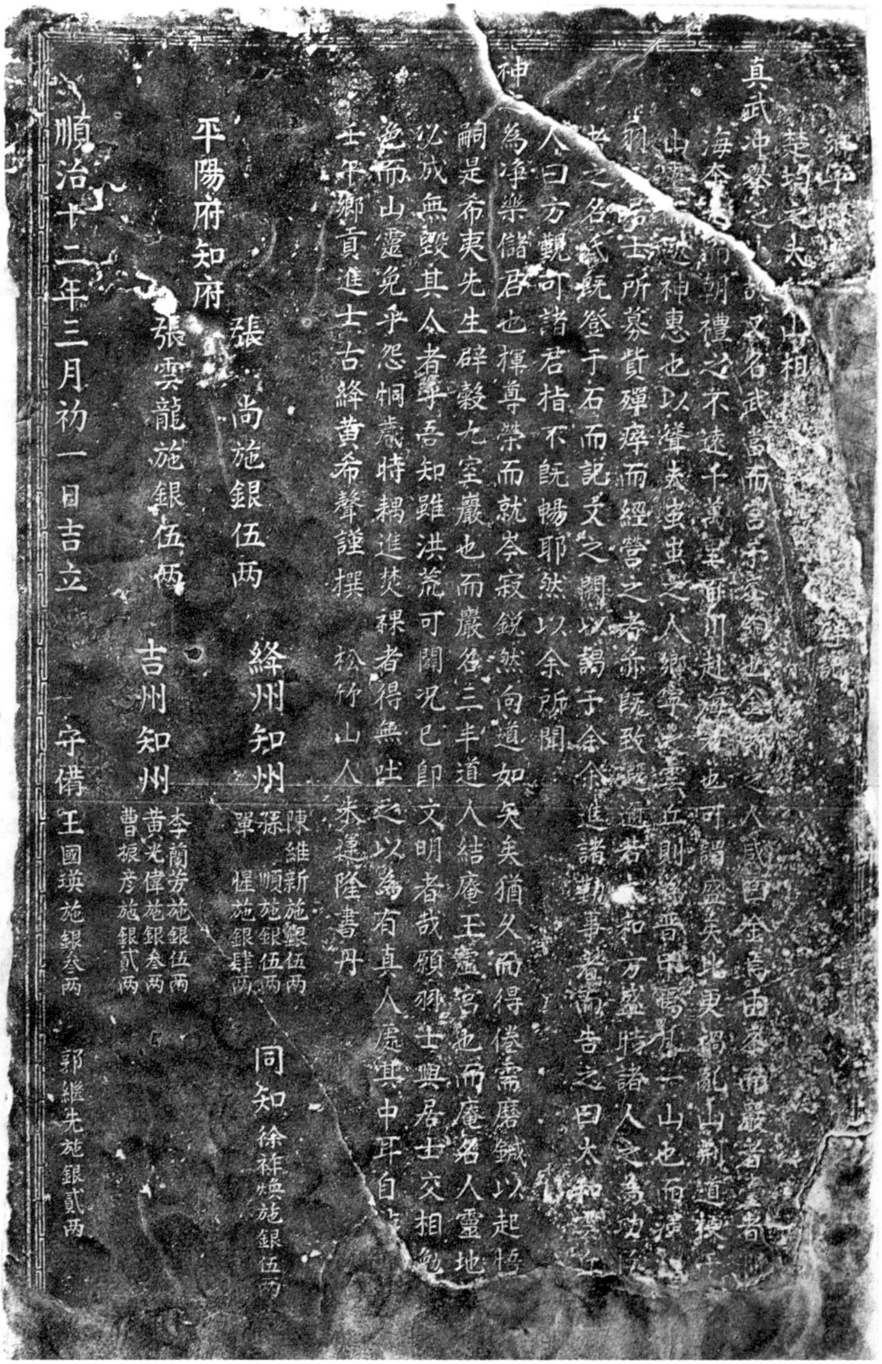

17.顺治十二年吉州曹振彦题名碑碑阳

18.顺治十二年吉州曹振彦题名碑碑阴

19.康熙二十三年未刊稿本《江宁府志·曹玺传》

20.康熙六十年刊本《上元县志·曹玺传》

21.康熙抄本《甘氏家谱》甘国基序文　　22.康熙抄本《甘氏家谱》甘国堂序文之第一页　　23.康熙抄本《甘氏家谱》甘国堂序文之第二页

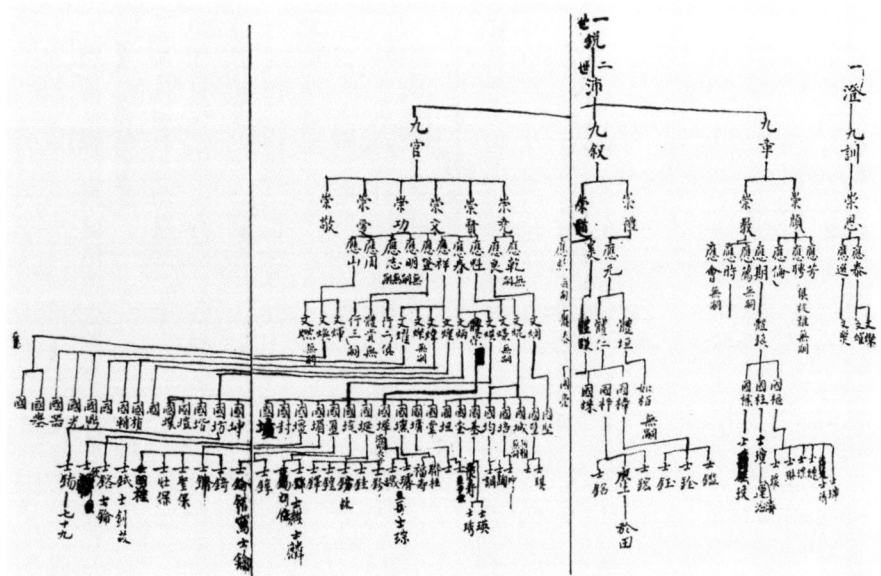

24.康熙抄本《甘氏家谱》之世系表

甘氏世次宗派

一世	二世	三世	四世	五世
鈍 行一字	浦 行壹字	九叙 行壹字	崇祀 行壹字	惠元 行壹字
元配章氏	元配刘氏	元配李氏	元配汪氏	元配李氏
		继配杨氏		

25. 康熙抄本《甘氏家谱》之世次宗派

26. 康熙抄本《甘氏家谱》中之甘体垣

15

27.康熙五十一年七月李煦奏报曹寅病重乞赐药折

28.康熙五十一年七月李煦奏报曹寅病故折

29.雍正二年江宁织造曹頫请安折
及雍正硃批

30.雍正五年曹頫骚扰驿站获罪结案题本之一

皇上愛惜物力培養驛站之

聖心伏祈

皇上勅下織造各官嗣後不得於勘合之外多索夫

馬亦不得於廩給口糧之外多索程儀騾價倘

勘合内所開夫馬不數應用寧可於勘合内議

加不得於勘合外多用廢官驛州縣不致有無

蓋之花消而驛馬驛夫亦不致有分外之苦累

矢謹將應付過三起差使用過夫馬銀虛數目

另單呈

覽爲此謹

奏雍正五年十一月二十四日

題十二月初四日本

31.雍正五年曹頫骚扰驿站获罪结案题本之二

物一案審擬曹頫供稱從前

㮣用㮣足供由水運後恐潮濕改爲陸運驛馬馱送

又恐馬咸斃逸遇閒有失足於本織造處催

廠嫩造官員定議將運送敏足於本織造處催

驛運送沿途州縣酌量惝動騾價盤歷行已

久妄爲例當應付是以多支馬匹收受程食

其所其飯食用其所倘草料供各是實我受

皇恩身爲職官不遵定例冒取驛馬銀兩等項就是

我的死罪有何辯處等語肇帖式德文烏林人

麻色同供我二人新处任所去年物娌陸運敏

足以爲例當應付冒昧收受詭其頃倘就是我

們死期到了又有何辯處等因供已承恐隨將

32.雍正五年曹頫骚扰驿站获罪结案题本之三

17

33.雍正命江南总督范时绎查封曹頫家产上谕

34.雍正七年七月曹頫获罪案刑部移会

35.《懋斋诗钞》付刻底本中《河干集饮题壁兼吊雪芹》诗

36.嘉庆初原刻本爱新觉罗敦诚著
《四松堂集》

37.《四松堂集》中之《佩刀质酒歌》

四松堂集 卷一　三

客愁斜照山禽送暮春前途渺何處野老指迷津

寄懷曹雪芹霑

少陵昔贈曹將軍曾曰魏武之子孫君又無乃將軍後於今環堵蓬蒿屯揚州舊夢久已覺（雪芹曾隨其先祖寅織造之任）且著臨邛犢鼻褌愛君詩筆有奇氣直追昌谷披籬樊當時虎門數晨夕西窗剪燭風雨昏接䍦倒著容君傲高談雄辯虱手捫感時思君不相見薊門落日松亭樽（時余在喜峰口）勸君莫彈食客鋏勸君莫叩富兒門殘盃冷炙有德色不如著書黃葉村

憐元圃（宗叔）近況代東却寄　王寶

38.《四松堂集》中之《寄怀曹雪芹霑》

39.河北涞水县张坊镇沈家庵村之五庆堂曹氏墓地全景

41.五庆堂守墓人言凤林老太太（1979年摄此影时六十九岁，现已去世）

40.五庆堂曹墓界石

42.《五庆堂曹氏宗谱》正本封面（签条上题"恭呈叩求赐序"六字）

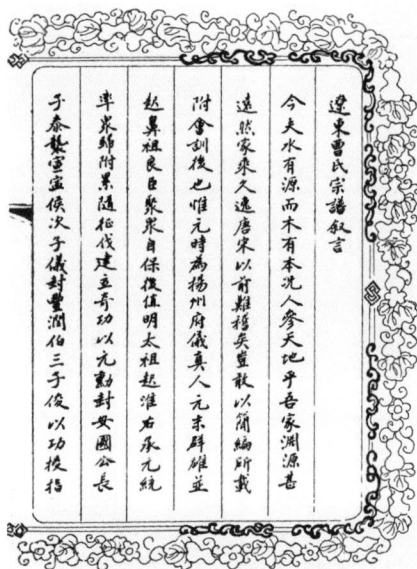

43.《五庆堂辽东曹氏宗谱》叙言

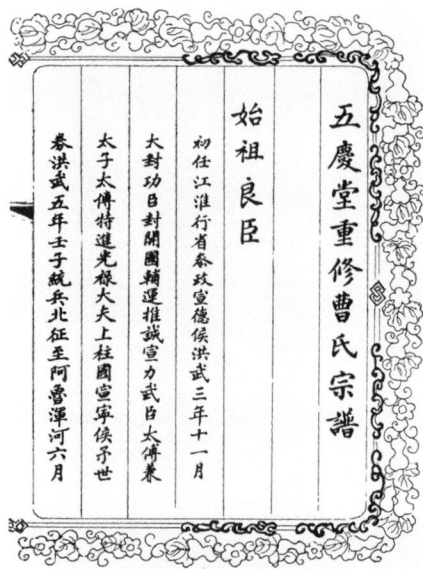

44.《五庆堂重修曹氏宗谱》之开头

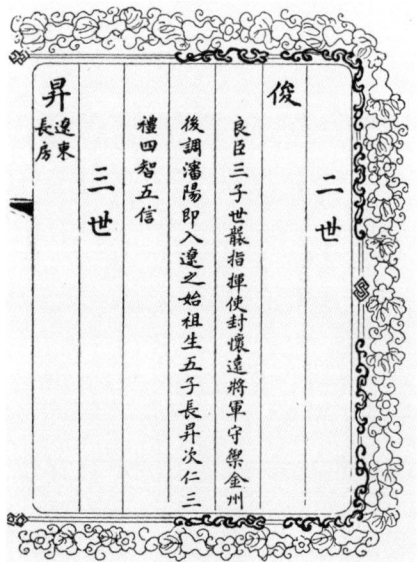

45.续一

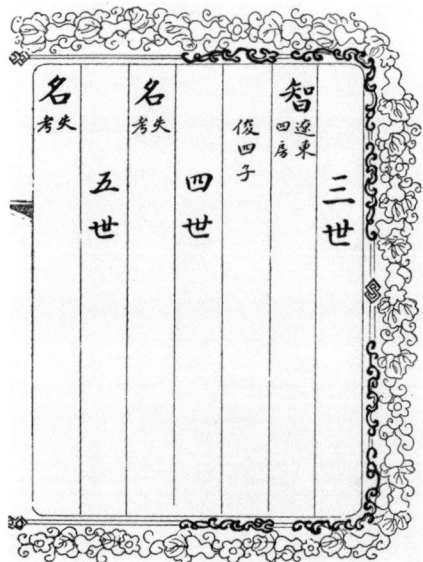

46.续二

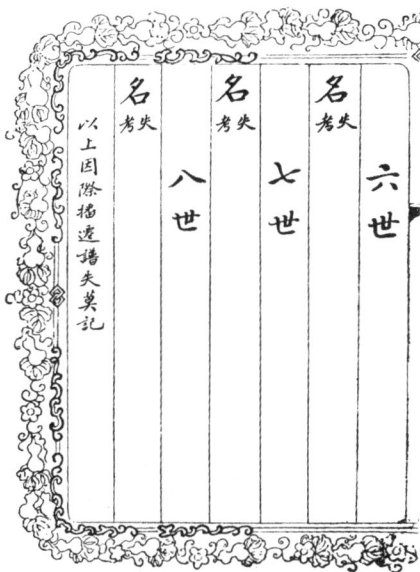

47.续三

名 考失 六世

名 考失 七世

名 考失 八世

以上因隔播遷譜失莫記

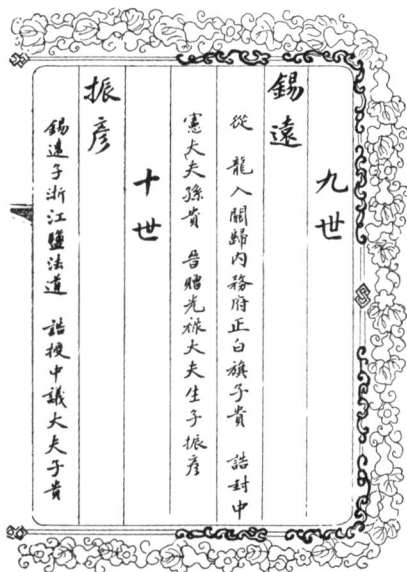

48.续四

錫遠 九世

從龍入關歸內務府正白旗子貴 誥封中憲大夫孫貴 晉贈光祿大夫生子振彥

振彥 十世

錫遠子浙江鹽法道 誥授中議大夫子貴

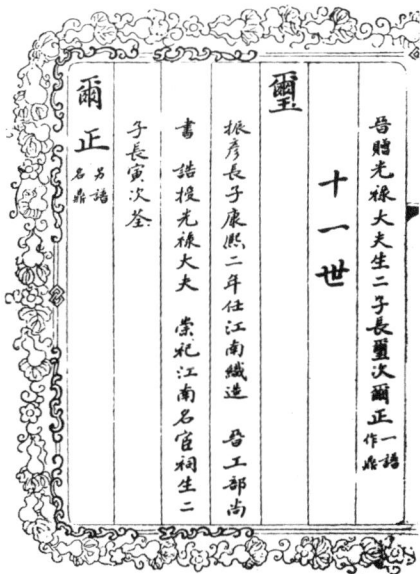

49.续五

璽 十一世

晉贈光祿大夫生二子長璽次爾正一語作品

振彥長子康熙二年任江南織造 晉工部尚書 誥授光祿大夫 崇祀江南名官祠生二子長寅次荃

爾正 另諧 名鼎 子長寅次荃

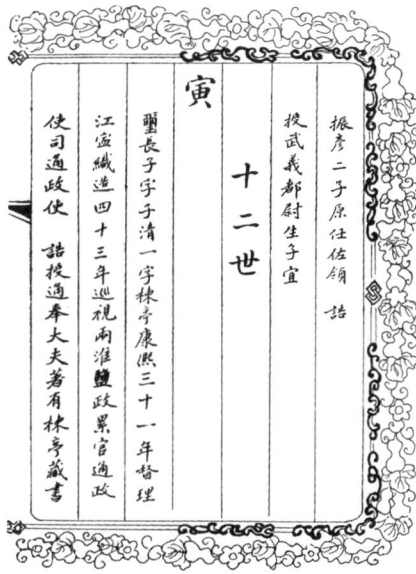

50.续六

寅 十二世

璽長子字子清一字楝亭康熙三十一年管理江寧織造四十三年巡視兩淮鹽政累官通政使司通政使 誥授通奉大夫著有楝亭藏書

振彥二子原任佐領 誥授武義都尉生子宜

23

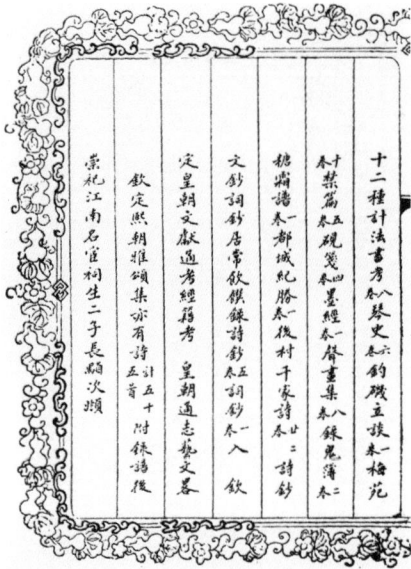

十二種計法書考八琴史六釣磯立誅本梅苑
春禁篇五硯箋一聲畫畫八墨經一聲畫集
桃樹語本一郡城紀肪一後村千家詩本二詩鈔
文鈔詞鈔居帝欽饒詩鈔五詞鈔本八欽
定皇朝文獻通考經籍考皇朝通志藝文署
欽定熙朝雅頌集亦有詩計五十附錄楊後
棠祝江南名宦祠生二子長嗣次順

51.续七

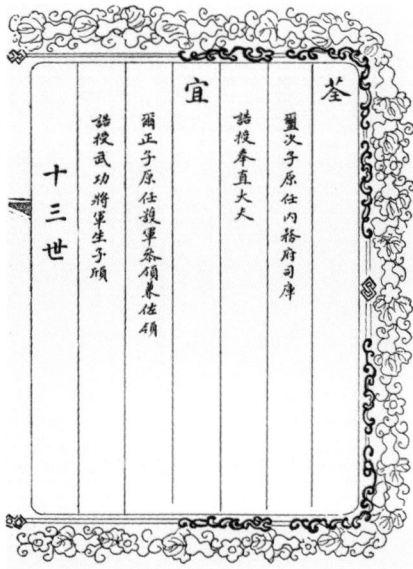

荃

宜

十三世

誥授武功將軍兼佐領

爾正子原仕護軍參領兼佐領

誥授奉直大夫

顯次子原仕內務府司庫
生子順

52.续八

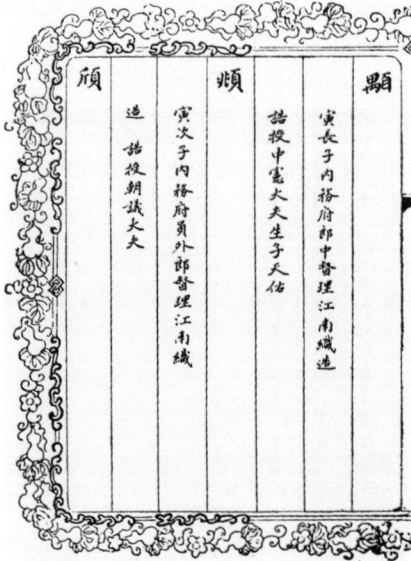

顯　顺　顯

寅次子內務府員外郎督理江南織
造誥授朝議大夫

誥授中憲大夫生子天佑

寅長子內務府郎中醫理江南織造

53.续九

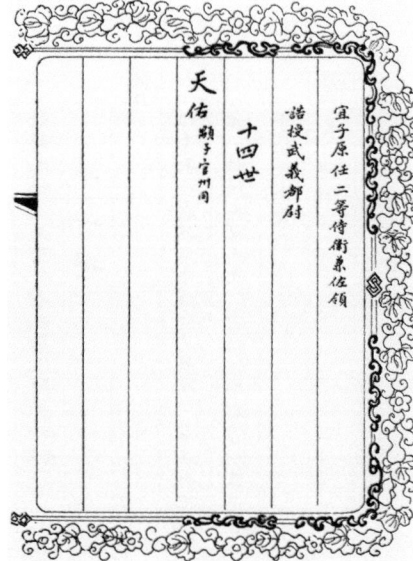

天佑
顯子官州同

十四世

誥授武義都尉

宜子原仕二等侍衛兼佐領

54.续十

24

派係長房莫知世次者存俟訪問

謹按老譜武魁録

獻 瑩 朗 守真
　　 守衷
　　 守遏
　　　　曹富
　　　　曹八

逵未長房
伯萬

55.续十一

萬錫 嘉賓 曹元綱 長子
　　 嘉惠 曹元綱 次子
　　 嘉福
伯銀　　 佳儒 庠生

光肇
順治十六年住江南河
道總督右營遊擊
順治十八年住江南河
道總督右營遊擊

56.续十二

智

信

振彥 住所江廬法道

伯

寅
鼎
璽 住江南賦造王部

文錦
文勤

九綱
登高

應俊
應文

向關分住安陽落失莫記

57.《曹氏宗谱》另谱四房曹
智、五房曹信部分

25

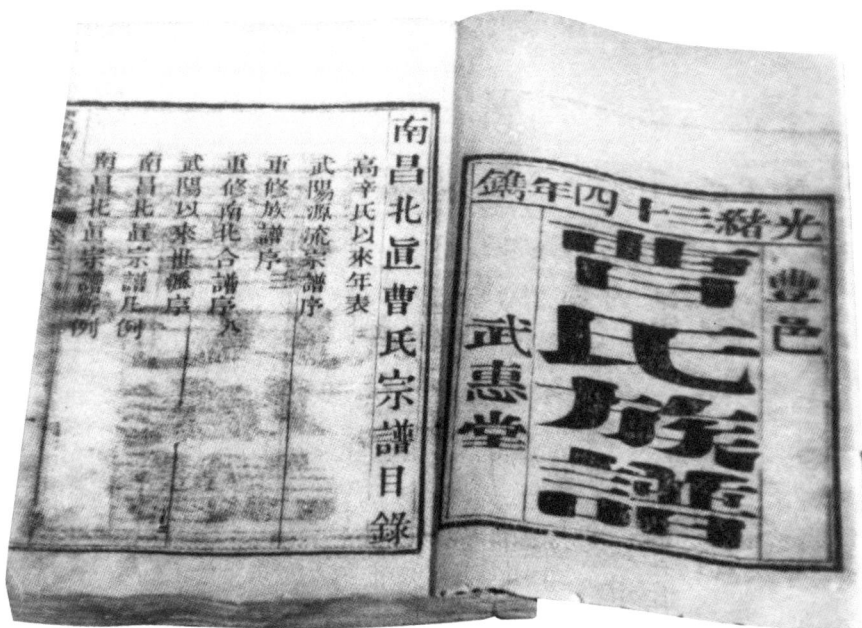

58.光绪《浭阳曹氏族谱》

59.《浭阳曹氏族谱》曹鼎望序文

此單序豐潤一支圖

自四世至八世

端明 伯瑤

英

安

達

宗禮

崇禮

自八世至十二世卑世分兩支序

恩敬

登瀛

士涫

士直

經祖

那　新　楨

槙 入漢軍正紅旗

自十二世至十六世

森

炎

登均 此支另序在後

宣化

宣德

宣猷

宣澤

士眞

恩光

繼參

60.《浭阳曹氏族谱》丰润一支世系图之一

繼祖

鼎望

重

族

秉泰

秉鈞

鈁

釗

潛

潔

漢

樹本

樹功

榕蔭

榕文

居

萬林

新

郡

入漢軍正黃旗

元

莊

秉懋

秉弼

秉權

秉輔

秉憲

秉政

秉謙

秉和

秉恭

君侯

泰

珅

瑛

琦

重愷

61.续上，世系图之二

27

民望
鎮　鏻—履端
永泰　濯　洞　淡（出嗣）　渤　濟
本立　本薗　本榮　本顯　本炎

鈴
準　泳　湛　淵（嗣子）　樹深（出别）
宣　熊　庭柱　庭桂　樹樟　樹深

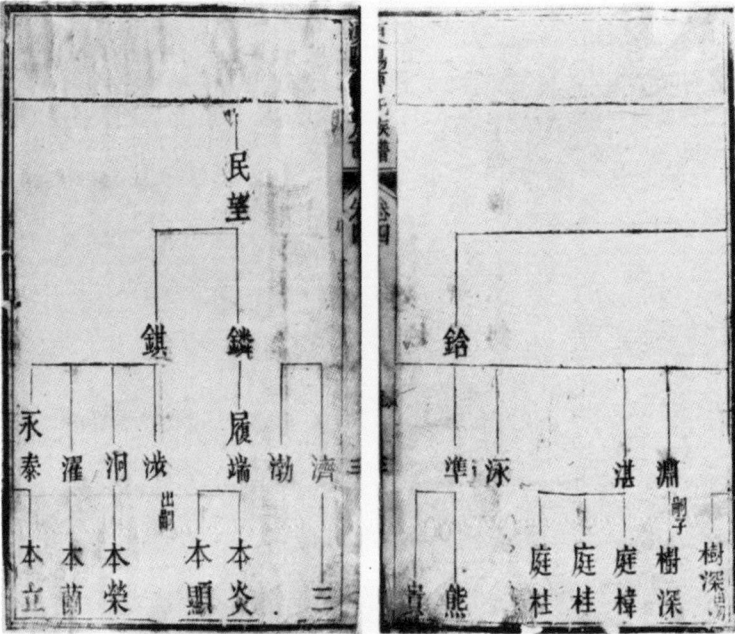

62.续上，世系图之三

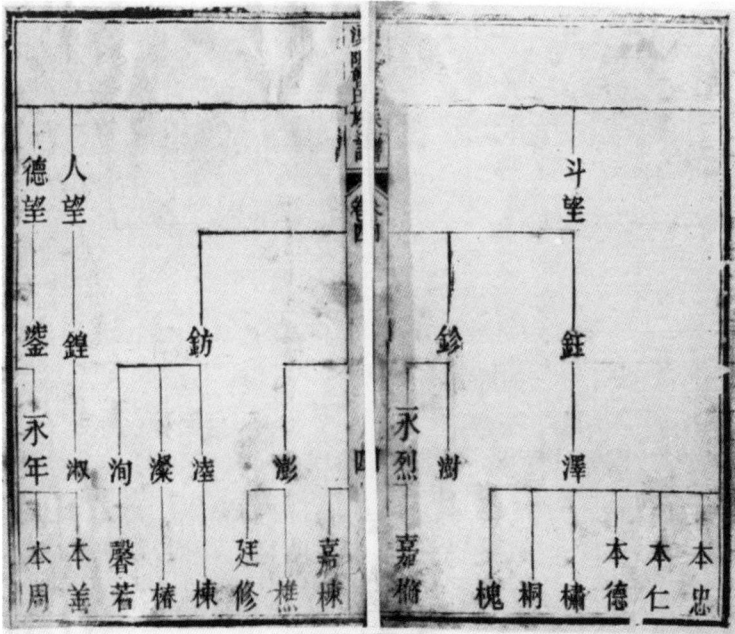

德望　人望
鉴　鍠　鈁
永年　淑　洵　濚　㵸　澎
本周　本姜　馨若　榛　廷修　嘉樵　嘉棟

斗望
鈙　鉒
永烈　尉　澤
嘉橋　槐　桐　楠　本德　本仁　本忠

63.续上，世系图之四

28

世系图之五

偉望　鎛
永清　永法　永瀨　永振　永濂　永誤
本昌　本務　本詩　本全　丸十　本格　本權

繼參　首望　今望
鋦　鋼　銀
源潼　源溥　源瀅　源溶
本杞　本固　本誠　本架　本桃　本横　本樾

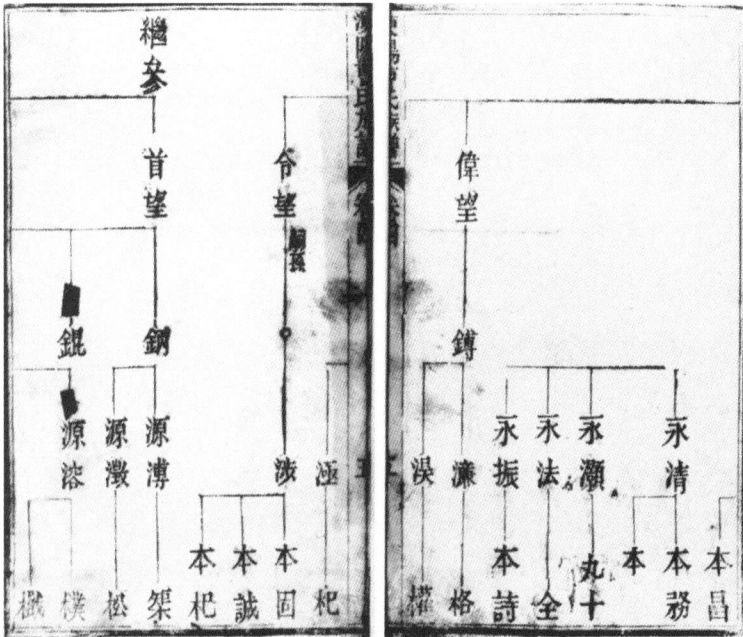

64.续上，世系图之五

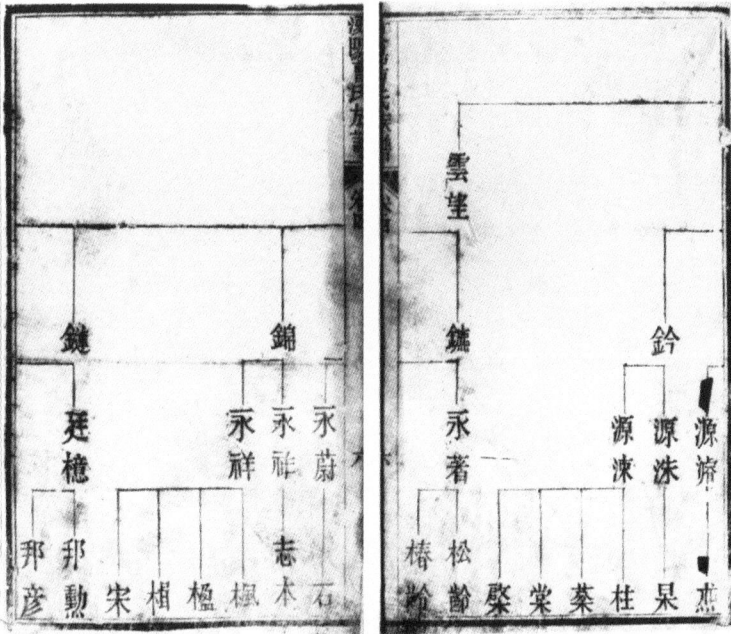

雲望　鑪　鈴
永著　源涞　源洗　源济
椿　松　癸　棠　蔡　桂　杲　燕

鑗　錦
廷檖　永祥　永祚　永蔚
邢彦　邢勳　宋　相　楹　楓　本　石
志本

65.续上，世系图之六

29

镇 ┬ 永澄 ─ 妹
    ├ 永藻 ─ 桂
    └ 永端(出嗣) ┬ 杜
                  ├ 廷杼
                  ├ 廷柏
                  ├ 孟林
                  └ 极

钖 ┬ 永紹 ─ 廷楎
    └ 永擧 ┬ 廷楼 ─ 槐
          ├ 槧
          ├ 栻
          ├ 棠
          ├ 梅
          ├ 榮
          └ 邦俊

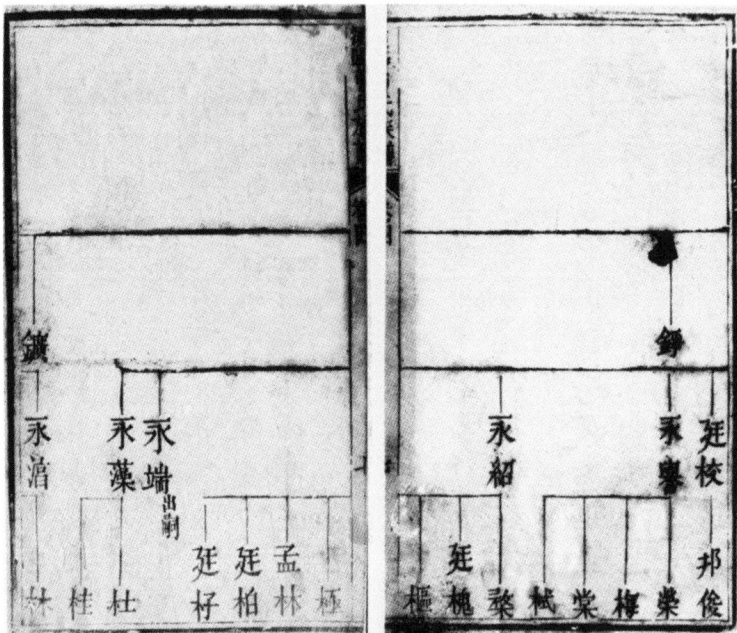

66.续上，世系图之七

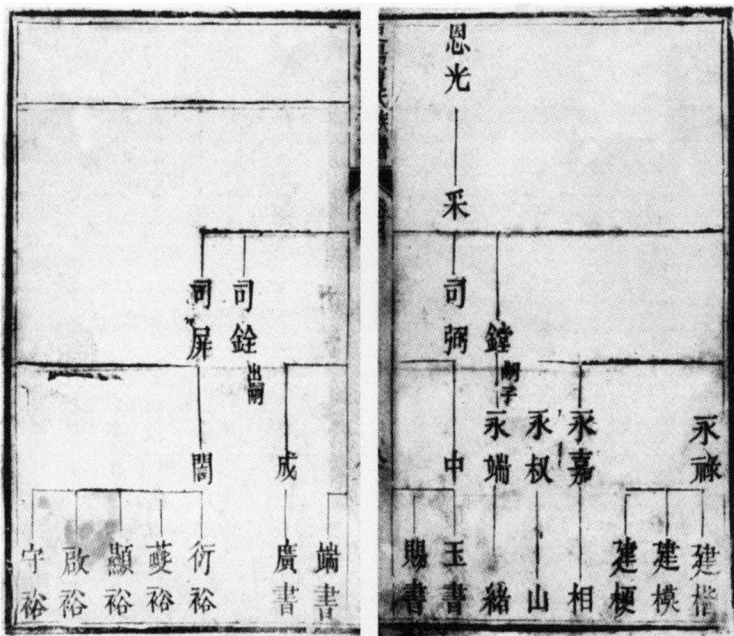

司屏 ─ 闇 ┬ 守裕
          ├ 啓裕
          ├ 顯裕
          ├ 蘷裕
          └ 衍裕
司銓(出嗣) ─ 成 ┬ 廣書
                └ 端書

恩光 ─ 采 ┬ 司弼 ─ 永中 ─ 賜書
          └ 鐘(嗣子) ┬ 永端 ─ 玉書
                      ├ 永枞 ─ 緒
                      ├ 永嘉 ─ 山
                      ├ 相
                      └ 永祿 ┬ 建梗
                              ├ 建模
                              └ 建楷

67.续上，世系图之八

30

清—司丞
　　訥—彤樑
　　敏—彤柱
　　寬—善
　　實—尹卓、尹巽、尹善
作梓—汝爲
作儷—汝爲

牧—司贊、司諫
司贊—作鑑
司諫—作梅（嗣子）、作楫、作舟
作梅—汝翼（出嗣）
作楫—汝翼
作舟—汝誠
闓—續裕
闓—宏裕
闊—宣裕
闊—接裕

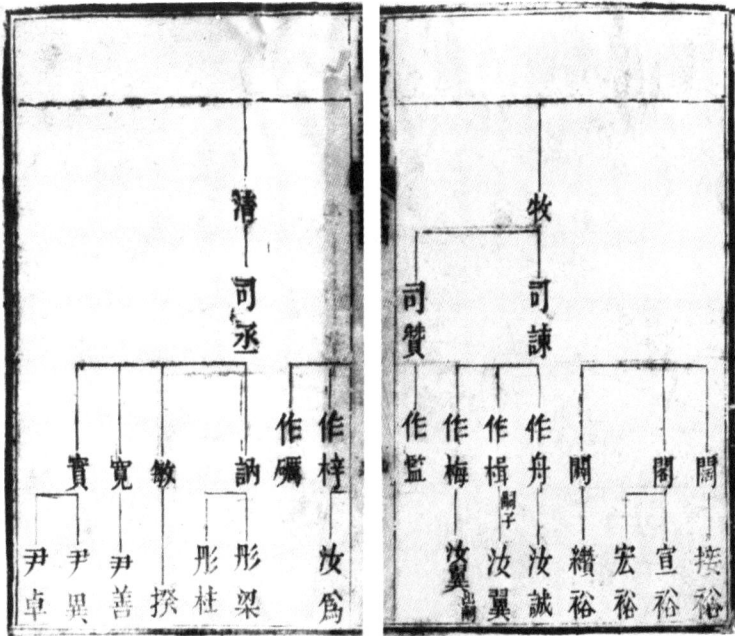

68.续上，世系图之九

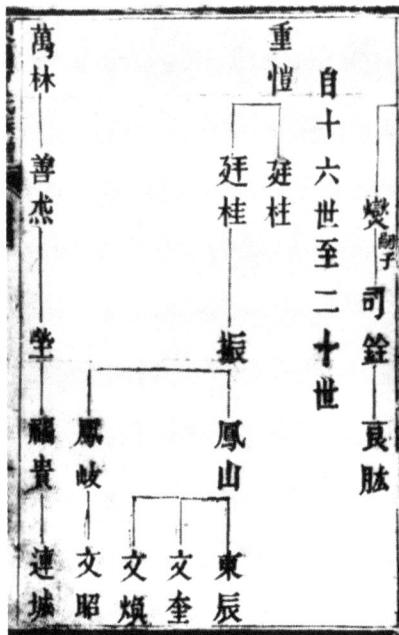

自十六世至二十世

煥（嗣子）—司銓—良胚
重愷—廷桂—振—鳳山—東辰
　　　　　　　　　文奎
　　　　　　　　　文煥
庭柱—厚岐—文昭
萬林—善杰—坐—鶴貴—連墈

69.续上，世系图之十

目　录

自　序

　　曹雪芹的家世，真正是百年沧桑，从平常走向富贵荣华，又从富贵荣华走向彻底败落，败落到"白茫茫大地真干净"。

　　30多年来，我写了有关曹雪芹家世的若干篇研究文章，其中有12篇是原在《曹雪芹家世新考》里的，因为那本书字数太多了，所以将这12篇文章与有关研究曹雪芹家世的其他文章，合并在一起，单成一集，题名曰《沧桑集》，以概括曹雪芹家世的起落。

　　几十年来，曹雪芹的家世问题一直在争论，而且主要是争论祖籍问题。上世纪"文革"以后，陆续发现曹雪芹家世的可信史料，曹雪芹曾祖曹玺的两篇传，顺治年间曹振彦任职的"职官表"，还有辽阳发现的后金时代有曹振彦题名的两块碑刻，还有刻有曹雪芹堂房老祖宗题名的碑刻，还有北京发现的《辽东曹氏五庆堂宗谱》等等，这些客观而真实的史料，有助于对祖籍等问题的澄清。我的这些文章，都是围绕着争论的有关问题而写的，有的是因为发现新史料而写的，现在我把这些文章都集中在一起。我把我为友人题曹雪芹家世百年沧桑的两首诗附在文末，以为本文的结束。

万里多君遗鲤鱼。病来最忆故人居。
卅年疏凿原非梦，百口飘零本是书。
字里斑斑多血泪，风前落落尽丘墟。
我今会得芹溪意，剪烛西窗再细梳。

百年家世与君论。史迹碑传字字真。
踏破雄关成巨业，坐看江尾待龙巡。
黄金已逐清波去，大厦行将化垢尘。
楝树花开终结子，红楼梦觉可怜春。

　　我要说，曹雪芹家世的百年沧桑是因，而一部不朽的《红楼梦》是果。所以曹家的百年家世是化为烟尘了，但是它并没有"真干净"，它却转化为万世永存的《红楼梦》。

冯 其 庸

2009 年 12 月 27 日严寒呵冻作

曹雪芹家世史料的新发现

　　1975 年第三期《南京大学学报》，发表了吴新雷同志的《谈〈红楼梦〉研究中的两个问题》一文。在这篇文章的注文里，节引了乾隆十六年刊蓝应袭等人撰修的《上元县志》卷十五的《曹玺传》（以下简称"蓝《志》"）。为了研究这段材料，我与李华同志查阅了有关资料，在查阅过程中，我们发现了康熙二十三年江宁知府于成龙撰修未刊稿本《江宁府志》中的《曹玺传》（以下简称"于《志》"）和康熙六十年上元县知县唐开陶等纂修《上元县志》中的《曹玺传》（以下简称"唐《志》"）。后来，又看到了蓝《志》《曹玺传》的全文，实际上它是全部转录了唐《志》《曹玺传》的全文，只是校正了唐《志》中的几个错字。

　　我们认为新发现的两篇《曹玺传》是考证曹雪芹家世的极为重要的材料，值得介绍给大家并作进一步的研究。

1

一、新发现的两篇《曹玺传》

新发现的两篇《曹玺传》，其一，是康熙二十三年未刊稿本《江宁府志》卷十七"宦迹"。现略加标点，全文转录如下：

曹玺，字完璧，宋枢密武惠王裔也。及王父宝宦沈阳，遂家焉。父振彦，从入关，仕至浙江盐法道，著惠政。公承其家学，读书洞彻古今，负经济才，兼艺能，射必贯札。补侍卫之秩，随王师征山右建绩。世祖章皇帝拔入内廷二等侍卫，管銮仪事，升内工部。康熙二年，特简督理江宁织造。江宁局务重大，黼黻朝祭之章出焉，视苏杭特为繁剧。往例收丝则凭行佥，颜料则取铺户，至工匠缺则佥送，在城机户，有帮贴之累。众奸丛巧，莫可端倪，公大为厘剔。买丝必于所出地平价以市；应用物料，官自和买，市无追胥，列肆案（安）堵；创立储养幼匠法，训练程作，遇缺即遴以补。不佥民户，而又朝夕循拊稍食。上下有经，赏赉以时，故工乐且奋。天府之供，不戒而办。岁比祲，公捐俸以赈，倡导协济，全活无算，郡人立生祠碑颂焉。丁巳、戊午两督运，陛见，天子面访江南吏治，乐其详剀。赐御宴、蟒服，加正一品，更赐御书匾额手卷。甲子六月，又督运，濒行，以积劳感疾，卒于署寝。遗诫惟训诸子图报国恩，毫不及私。江宁人士，思公不忘，公请各台崇祀名宦。是年冬，天子东巡，抵江宁，特遣致祭。又奉旨以长子寅仍协理江宁织造事务，以缵公绪。寅，敦敏渊博，工诗古文词。仲子宣，官荫生，殖学具异才。人谓盛德昌后，自公益验云。

按：未刊稿本《江宁府志》系康熙时江宁知府于成龙纂修，原书四十卷，现存三十四卷，缺一、二、三十至三十三共六卷。此书卷三"星野（祥异附）"志自"周孝王十三年大雹江冻"起，至康熙"二十二年春，江南郡邑大雨连旬"止，卷五"建置"志提到"康熙二十一年知府事于成龙清查来安县学田"。卷十七"宦迹"《曹玺传》内提到曹玺死时是甲子六月，这年冬天，"天子东巡，抵江宁，特遣致祭"等等。按"甲子"是康熙二十三年，这年冬天，康熙举行首次南巡。又于成龙于"康熙二十一年题受江宁知府"，二十三年冬晋"安徽按察司按察使"，① 根据以上这些情况，可知此书开始纂修不会早于康熙二十一年，此书纂修完成，不会迟于康熙二十三年。由此我们可以确定此未刊稿本的年代是康熙二十三年。这个时候，对于曹家来说，正是曹玺刚死，曹寅在京任銮仪卫治仪正兼正白旗包衣第五参领第三旗鼓佐领，后来提升为内务府慎刑司郎中并同时"协理江宁织造事务"的时候，换句话说，也正是曹家兴盛的时候。

另一篇《曹玺传》，则见于唐开陶等纂修的康熙六十年刊《上元县志》卷十六"人物传"。现在也将它略加标点，全文转录如下：

曹玺，字完璧。其先出自宋枢密武惠王彬后。著籍襄平。大父世选，令沈阳有声。世选生振彦，初，扈从入关，累迁浙江盐法参议使，遂生玺。玺少好学，沉深有大志，及壮补侍卫，随王师征山右有功。康熙二年，·特简督理江宁织造。织局

---

① 《清圣祖实录》康熙二十三年十二月，谕曰："兹者巡行江南，见文武各官及军民人等，众口一辞，称江宁知府于成龙清廉爱民，朕心喜悦，已面加奖励，超迁为安徽按察使。"

繁剧，玺至，积弊一清，干略为上所重。丁巳、戊午两年陛见，陈江南吏治，备极详剀。赐蟒服，加正一品，御书"敬慎"匾额。甲子卒于署，祀名宦。子寅，字于（子）清，号荔轩。七岁能辨四声，长，偕弟子猷讲性命之学，尤工于诗，伯仲相济美。玺在殡，诏晋内少司寇，仍督织江宁。特敕加通政使，持节兼巡视两淮盐政。期年，疏贷内府金百万，有不能偿者，请豁免。商立祠以祀。奉命纂辑《全唐诗》、《佩文韵府》，著《练（楝）亭诗文集》行世。孙颙，字孚若。嗣任三载，因赴都染疾，上日遣太医调治，寻卒。上叹息不置，因命仲孙頫复继织造使。頫字昂友，好古嗜学，绍闻衣德，识者以为曹氏世有其人云。

按：此书现藏日本内阁文库，卷首有"康熙六十年岁次辛丑仲冬之吉，乡进士敕授中宪大夫知江宁府事吴应凤撰"的《序》，还有"康熙六十年岁次辛丑冬至后十日，敕授文林郎知上元县事遂宁唐开陶撰"的《序》，可见此《志》刊于康熙六十年。这时离曹寅死九年，离曹颙死首尾七年，曹頫继任江宁织造也是首尾七年。换句话说，这时曹家还未败落，虽然连遭曹寅、曹颙之丧，但因为康熙还在，所以曹家还没有"树倒猢狲散"。

值得注意的是这两篇传记是互为补充的，第一篇传详于曹玺，略于曹寅。第二篇传，则把前传中关于曹玺的文字删去了一部分，增加了"子寅"以下一百六十二字。显而易见，后一篇传是在前传的基础上删节增补而成的。而乾隆十六年刊本《上元县志》上的《曹玺传》，则又是转录康熙六十年刊《上元县志》上的《曹玺传》全文，而我们大家所熟悉的同治《上江两县志》里的《曹玺传》，则是这两篇《曹玺传》的合并和删削。

还有一点，康熙未刊稿本《江宁府志》的编纂者于成龙是江宁知府，他与曹玺同时，于任江宁知府，曹玺任江宁织造。按当时的惯例，他们必然会有交往的，甚至他们还可能有较密切的关系，因为于成龙（汉军）也是"奉天辽阳人"，他与曹玺不仅同时在江宁做官，而且还可能是同乡。据《内务府现行则例》所载："织造系钦差之员，与地方官虽无统属，论其体制，不特地方交涉事件，各官不得牵制，即平时往来文移，亦不容以藐视。今详加酌议，凡钦差官员，俱论衙门体制，虽由郎中员外郎出差者颇多，不便以织造品级之大小而更钦差衙门之体制。嗣后织造与督抚相见，仍照先前行宾主礼，文移俱用咨；与司道运司相见，俱平行，文移俱用咨；府厅州县见织造，仍于大门外下轿，马由角门进，文移织造仍用牌檄，府厅州县用咨呈，将此载入则例，行文各督抚并各织造，一体遵行。"① 这虽然是乾隆六年的规定，但在此以前情况也不会有很大的差别。按照这个"则例"来看，当时江宁织造比江宁知府的地位要高，因为织造是"钦差"的身份。所以当时于成龙要见曹玺，还得"于大门外下轿"，要行文书，还要用"咨呈"。

康熙六十年刊《上元县志》的纂修者唐开陶，据同书卷四说："唐开陶，康熙五十五年任县令"，又同治《上江两县志》卷二十一"名宦"说："唐开陶，字晋公，（四川）遂宁人。康熙中知上元县，爱民礼士，以邑志修于万历季年，文献久缺，乃开馆于冶城纂修之，六阅月而成。"唐开陶既然于康熙五十五年任上元县令，则他与曹頫是同时，唐任上元县知县时，曹任江宁织造，因此唐开陶与曹頫也同样会有交往的，他们各自的地位，当然也同上述《内务府现行则例》所规定的地位。至于唐开陶的时代，则已晚于曹玺约四十年左右了。

---

① 见《总管内务府现行则例·广储司》卷二，第 30 页。

5

根据上面这些情况来看，这两篇传记材料，应该说是比较可信的。其中关于曹家的家史和祖籍等的记述，其材料很有可能直接来自曹家。甚至于、唐等人修《志》之事，曹玺、曹寅和曹颀，也完全有可能曾先后与闻其事的。

二、关于曹宣、曹颙、曹颀等人的名、字问题

这两篇传记提供给我们的新材料之一，就是关于曹宣等几个人的名和字的问题。大家了解，曹雪芹的直系祖父曹宣的名字，是周汝昌等考证出来的。① 曹宣的这个"宣"字，至今还没有找到文献根据，证明曹子猷的名确是叫"宣"。《诗经·大雅·桑柔》里的"秉心宣犹"虽是根据，但这是间接的证明，不是直接的证据。因此，这个考证结果的可靠与否，还未得到直接文献资料的验证。现在这个问题却得到了有力的直接文献资料的证明，在于《志》《曹玺传》里明确地写着"仲子宣，官荫生"。这样曹雪芹嫡亲祖父的名字"宣"，不仅从考证中考了出来，而且从文献中第一次找到了直接的记载，从而证明了上述考证结论的正确性。

另外，周汝昌在旧版《红楼梦新证》里曾认为曹寅和其二弟曹宣是"同胎孪生的弟兄"。现在我们查出曹宣的生日应为二月十二日。曹寅的《楝亭诗钞》卷三有一首《支俸金铸酒枪一枚寄二弟生辰》说："三品全家增旧禄（句下自注云"近蒙恩擢正三品食俸"），百花同日著新绯（句下自注云"生辰同花生日"）。"这个"二弟"毫无疑问是曹宣，这在曹寅诗集中还有许多诗是写给他的，无需引证。"花生日"，是旧历的

---

① 请参阅周汝昌著《红楼梦新证》，第57－67页，及周汝昌著《曹雪芹》，第235－237页。

二月十二日，也就是"花朝"。潘荣陛《帝京岁时纪胜》云："十二日传为花王诞日，曰花朝。"① 旧时习俗"花朝"日要与百花"赏红"，在花树上挂红绸或贴红纸，"百花同日著新绯"就是指此。曹寅的这句诗和他的自注，十分明白地说明了曹宣的生日是二月十二日花朝。而曹寅自己的生日也有明确的记载，《楝亭词钞》别集《金缕曲》"寿郭汝霖八十初度"词自注云"予与龙川先生同日"，则曹寅实生于九月初七日。又尤侗《艮斋倦稿》卷四《瑞鹤仙》"寿曹子清织部"说："问秋风乍起，重阳近也，正值海筹添算。"重阳是旧历九月初九，离曹寅生日九月初七只有两天，所以说"重阳近也"。这首词正好证明了曹寅确是生于九月初七日。② 那么，一个生于九月初七，另一个生于二月十二，自然万不可能是"同胎孪生的弟兄"了。根据以上的结论，则曹寅比曹宣至少要大虚岁二岁。按曹寅生于顺治十五年（1658 年）九月初七日，则曹宣应生于顺治十七年（1660 年）二月十二日。

关于曹颙，我们只知道他的小名叫"连生"，"颙"字虽然是他的名，但平时大概很少用它，所以康熙在五十二年正月初九日批《内务府奏请补放连生为主事掌织造关防折》里说："连生又名曹颙，此后著写曹颙。钦此。"曹颙在《奏谢继承父职折》里也说："复奉特旨改换奴才曹颙学名。"尽管曹颙又叫连生已为大家熟知，但他的字是什么，却从来没有人知道。这次在唐《志》《曹玺传》里却明确记载了："孙颙，字孚若。"现在我们第一次知道曹颙的字是"孚若"。吴世昌同志曾说："颙字见《小雅·六月》：'其大有颙'。"现在我们查出"颙"字并不是用的《诗·小雅·六月》的"颙"字，而是用的《易·观卦》。原文是："盥而不荐，有孚颙若。"这与曹寅字子清，取自《尚书·舜典》

---

① 潘荣陛是河北大兴人，雍正年间曾在皇宫供职，乾隆初年退休著书。
② 关于曹寅的生日，周汝昌《红楼梦新证》已有详确的考证，可看该书第 65 页和 246 页。

"夙夜惟寅，直哉惟清"；曹宣字子猷，取自《诗·大雅·桑柔》"秉心宣犹（猷）"的用法一模一样。还有曹颙的死，虽然我们从李煦、曹频的奏折里可以看出曹颙是死在北京的，但同样缺乏明文的记载，这次在唐《志》《曹玺传》里却明确地记载曹颙"因赴都染疾，上日遣太医调治，寻卒，上叹息不置"。这说明曹颙确是死在北京的。而且"上叹息不置"云云，与曹颙死后康熙对内务府奏折批的："曹颙系朕眼看自幼成长，此子甚可惜。朕所使用之包衣子嗣中，尚无一人如他者，看起来生长得也魁梧，拿起笔来也能写作，是个文武全才之人，他在织造上很谨慎，朕对他曾寄予很大的希望。"① 这些话所表露的感情，也是完全一致的。

还有关于曹雪芹的父亲曹频，我们谁也不知道他的字是什么，但也是在这篇唐《志》《曹玺传》里，却写得清清楚楚："频字昂友。"按"频"是"俯"的异体字，与"俯"字音义全同。《易·系辞上》："仰以观于天文，俯以察于地理。"这里与"俯"相对的是"仰"字。按"仰"又同"昂"，读亦同。《周礼·地官·保氏》郑玄注引郑司农曰："军旅之容，阚阚仰仰。"这里的"仰仰"，其音义就全同"昂昂"，为士气振奋之貌。曹频字昂友，是用其名的相对的意思，这与元代大书画家赵孟頫，字子昂，是一样的用法。可见曹"频字昂友"这句话是一点也不会错的，而且其名、字的出处，也同曹颙的名、字的出处一样，都是取自《易经》。

曹雪芹的父亲曹频，在曹寅当年，是很给予好评和寄予希望的，曹寅在诗里曾说："予仲多遗息，成材在四三，承家望犹子，努力作奇男。"②（另一刻本首二句作"世出难居长，多才在四三"）可是在雍正

---

① 见《关于江宁织造曹家档案史料》，第125页，中华书局1975年版。
② 按：曹频是曹宣的第四个儿子。此诗见《楝亭诗别集》卷四，第6页：《辛卯三月二十六日闻珍儿殇书此忍恸，兼示四侄，寄西轩诸友三首》。

时期的官方文书里，对曹頫却很少有好听的评语，巡视两淮盐课噶尔泰向雍正报告说："访得曹頫年少无才，遇事畏缩"，"人亦平常"。雍正则批云："岂止平常而已"，"原不成器"。① 这些话，简直像是针对着上面曹寅的诗句来的，但在唐《志》里，却对曹頫说了几句难得的好评："好古嗜学，绍闻衣德，识者以为曹氏世有其人云。"新发现的这几句对于曹頫的评语，在目前关于曹頫材料特少的情况下，也是极有参考价值的。

在查证上面这几个人的名字的过程中，我们还查出了曹世选的名字是出自《尚书·盘庚》，原文是："世选尔劳，予不掩尔善。"

另外，在唐《志》《曹玺传》里还说到曹寅与其弟子猷"讲性命之学"。"性命之学"就是程朱理学，这就是说曹寅与曹宣在哲学上是信奉当时的官方哲学程朱理学的。这对于我们研究曹雪芹的世界观和评价《红楼梦》的反孔孟之道，反程朱理学的进步思想倾向，是有重要的参考价值的，它可以帮助我们反证曹雪芹的进步思想是与他父祖辈的政治哲学思想根本对立的，曹雪芹的思想确是对传统的封建正统思想的一个勇敢的叛逆。

三、关于曹寅首次到江宁织造署任事的问题

关于曹寅首次到江宁织造署任事的问题，涉及两个问题：一是曹寅首次到江宁织造署任事究竟是何时？二是曹寅首次到江宁织造署任事究竟是何职？是江宁织造，还是"协理江宁织造事务"？

关于曹寅首次到江宁织造署的时间，按照尹继善《江南通志》的记

---

① 见《雍正朱批谕旨》第十二函第六册。

载是：康熙二十九年到三十二年，曹寅任苏州织造；康熙三十一年至五十二年，曹寅任江宁织造。其中三十一年至三十二年，曹寅兼任苏州和江宁两处织造。按照以上记载，则曹寅首次到江宁织造署任事的时期，最早也只能算是康熙三十一年。在以往研究曹雪芹家世的论著中，也一直是这样认为的。这次新发现的两篇《曹玺传》为我们提供了新材料，证明了曹寅首次到江宁织造署任事，是从康熙二十三年曹玺死后开始的，而不是《江南通志》所说的康熙三十一年。于成龙的未刊稿本《江宁府志》说：

　　甲子（康熙二十三年）六月，又督运，濒行，以积劳感疾，卒于署寝。……是年冬，天子东巡，抵江宁，特遣致祭，又奉旨以长子寅仍协理江宁织造事务，以缵公绪。①

唐开陶的《上元县志》：

　　玺在殡，诏晋内少司寇，仍督织江宁。

　　上面两段材料，确切地说明了曹玺死后，康熙即将曹寅升内务府任慎刑司郎中，② 同时又命曹寅"协理江宁织造事务"。特别是于成龙的《江宁府志》修成于康熙二十三年底，则此《志》记事的下限，决不能晚于这个时间。现在，他在《曹玺传》里已明确记载："是年冬……又奉旨以长子寅仍协理江宁织造事务。"则更足证明曹寅实际上到江宁织造署任事的时间，确在康熙二十三年。如果是在二十三年以后，甚至到

————————

① 着重点是引者所加，下同。

② 按：据《内务府奏请补放连生为主事掌织造关防折》说："查曹寅系由广储司郎中补放织造郎中。"则曹寅可能先任慎刑司郎中，后改广储司郎中。

三十一年，那末，于成龙怎么能把当时尚未发生的事情预先七八年就写入书里呢？

关于这一点，我们再从尤侗《艮斋倦稿》：《曹太夫人六十寿序》来看，《寿序》说：

> 逮公即世，仍命长子寅继之，旋移节于姑苏。

按：此《序》作于康熙三十年，《序》中把曹玺的死和曹寅的继事在时间上写得如此紧接，并且写明了"移节于姑苏"，足证：（一）曹玺死后，康熙"仍命"曹寅"继之"，曹玺死和曹寅继事这两件事是紧接的；（二）曹寅"协理江宁织造事务"，是在任苏州织造之前，即康熙二十三年。又《艮斋倦稿》中还有一首《楝亭赋》，此赋也是作于康熙三十年，赋前的《序》文说："司空曹公（曹玺），开府东冶。手植楝树，于署之野。爰筑草亭，阑干相亚。言命二子，读书其下。夏日冬夜，断断如也。我公即世，典刑徂谢。帝诏长君，嗣服官舍。攀条流涕，追思逝者。绘图在右，陈诗在左，竭来吴门，卷页盈把。"我所以引这长长的一段序文，是因为此文的时间先后写得十分清楚：从曹玺任江宁织造起，说到他植楝筑亭，命二子（曹寅、曹宣）读书其下，再说到曹玺死后，康熙命曹寅"继之"（"帝诏长君"二句），然后说到曹寅攀条思亲，绘图征题，最后说到曹寅到苏州任织造。把这篇《序》与上引《寿序》里的文字互相对照印证，不是问题更加清楚了吗？

另外，《八旗通志》卷五《旗分志》载正白旗包衣第五参领第三旗鼓佐领说：

> 郑连缘事革退，以曹寅管理；曹寅升任江宁织造郎中，以齐桑格管理。

周汝昌在旧版《红楼梦新证》中曾指出这段材料：

> 其误有二：曹寅出任织造，自苏州始，非直接升任江宁；
> 自佐领以至织造，中间必经先为内务府郎中员外，方得简用；
> 曹寅之晋郎中，早在二十三年玺卒后，所云"升任江宁织造郎
> 中"一语，自然是十分不通了！大概原意是说"由佐领升任
> 郎中"，即是二十四年初入内务府的事，而后来编《八旗通
> 志》的人嫌"郎中"欠精细，他又知道曹寅是做过江宁织造
> 的，故而增添楔入，其实是大错了。①

周汝昌指出的第二点，是符合内务府的一般惯例的，但却不完全符
合这个特例，他认为"升任江宁织造郎中"这句话"十分不通"，实际
上这句话倒是反映了当时的部分实情，它恰好证明了康熙二十三年曹玺
死后，曹寅就是从正白旗包衣第五参领第三旗鼓佐领的任上直接去江宁
织造署"协理江宁织造事务"的。但按照当时官方的升迁程序来说，则
确如唐开陶《上元县志》中说的："玺在殡，诏晋内少司寇，仍督织江
宁。"因为正如周汝昌所说"自佐领以至织造，中间必经先为内务府郎
中员外，方得简用"。因此康熙就先升曹寅为内务府慎刑司郎中；然后
随即又命他"协理江宁织造事务"。实际上当时曹寅并未到内务府任，
只是先给他一个内务府慎刑司郎中的名衔而已。所以从当时的事实来
说，曹寅正是从第三旗鼓佐领的任上直接到江宁织造署去"协理江宁织
造事务"的，因此这句话并非不通，只是没有能把上述这种曲折的情况
表达出来而已。

除此之外，还有一段曲折的情况，即二十三年六月曹玺死后，曹寅
即自京来江宁奔丧，这就是尤侗在《楝亭图》跋诗中所说的："今岁还

---

① 见《红楼梦新证》，第 243 – 244 页，1953 年版。

里，则司空已归帝乡；孝子奔丧之后，寄予画册。"曹寅升入内务府及协理江宁织造这两件事，我认为都是在他奔丧到江宁后发生的。曹寅二十三年六月到江宁，到第二年（乙丑）五月再回北京，即杜岕《思贤篇》诗叙里说的："送荔轩还京师，时乙丑五月，登舟日也。"曹寅此次回北京，大概就是去赴内务府的任（这一点周汝昌已经指出），而江宁织造一职，就由桑格任其事，因此康熙二十四年五月以后，江宁织造就是桑格，这是毫无疑问的。问题是二十三年六月到二十四年五月这一年，到底是谁任江宁织造，是桑格，还是曹寅？这就涉及第二个问题，即曹寅首次到江宁织造署究竟任何职的问题了。

　　关于康熙二十三年六月以后曹寅在江宁织造究竟是任织造，还是"协理"，这是于《志》和唐《志》等书所叙不同的地方。这个问题，我们认为：（一）于《志》说"协理"，可能是就曹寅父亲刚死的情况而说的，意即他父亲刚死，他到江宁协助处理织造事务，所以下文接着说："以缵公绪。"这里的"协理"并不是一种官职的名称。按乾隆元年《江南通志》载苏州织造的"僚属各有乌林大、乌林、笔帖式等员"，并没有"协理"。嘉庆《江宁府志》则说得更清楚：江宁织造局"督理织造一员，无常品（例以内务官员为之），驻江宁。司库一员，正七品。笔帖式二员，七品。库使二员，正八品，乌林大一员，未入流"。可见织造局根本无"协理"这个官职。又《清圣祖实录》里有于成龙年老，命徐廷玺协理这样的例子，① 在《八旗通志》里也有同样的例

----

① 按《康熙实录》卷一九一康熙三十一年："十二月，河道总督于成龙陛辞。上谕之曰：……河务浩繁，于成龙年已渐老，且一身难以兼顾。奉天府尹徐廷玺，曾任河工，尚谙练，着令前往协理河务。"又同书卷一五四康熙三十一年三月："乙丑，上谕大学士等，河工关系运道民生，非经历谙练之人，难以责成。靳辅赴任之前，朕召入内廷，与之久语，观其奏对情状，大非昔比，则其衰病可知。着顺天府府丞徐廷玺前往协理。"又同书卷一六三康熙三十三年四月："癸巳，谕吏部，前因靳辅年老，遣顺天府府丞徐廷玺佐理河务。"上面所引三条，两处用了"协理"，一处用了"佐理"，可见"协理"也相当于"佐理"的意思，也就是我们现在所说的"助理"。

子。可见"协理"一词，大致同于"助理"的意思。（二）我们上文引证的五种材料，前四种的编纂者和作者都是曹玺、曹寅的同时代人，他们与曹玺、曹寅及后来的曹颙、曹頫都曾有交往，其中尤侗更是曹寅的好友，上述这些人了解曹玺之死和曹寅到江宁织造署的情况，因而他们的记载总的来说是可信的，是第一手的资料，不能轻易否定。就是《八旗通志》初集，其年代也是较早的（始纂于雍正五年，成于乾隆四年），它所记的这一条材料也同样是有用的。何况如果说是曹寅到康熙二十九年才从内务府出任苏州织造，则《八旗通志》就不应该写"曹寅升江宁织造郎中"而应为"升苏州织造郎中"，现在《通志》的这种定法，虽不合当时内务府的惯例，但却反映了当时曹寅首次到江宁织造署任事的实情。但是，上述这些材料之间却存在着矛盾，这就需要分析。我们认为尽管唐《志》、尤侗的诗、文和《八旗通志》等书，都说康熙二十三年曹寅任江宁织造，似乎是"多数"，但这不是事物的本质。我们知道于成龙是与曹玺同时的江宁知府，就在曹玺死的这年，于成龙在江宁受到康熙的特殊褒奖，被誉为"居官廉洁"，赐给他康熙亲书的手卷一轴。于《志》正是成于此时，他既熟悉曹家，又为康熙所宠信，又是江宁知府，可见这"协理"两字，决不会是随便下的。如果当时康熙已任命曹寅为江宁织造了，于成龙就断断不能写"协理"，这个道理是很容易明白的。那末，尤侗、唐开陶为什么说是"督织"、"继之"呢？这是因为他们都是曹家的世交，写曹家总要说得好听一点。何况"继之"一词，词意笼统，并不能实指继织造之职。特别是唐《志》离当时已经三十七年了，更可以说得活一点。《八旗通志》的时代更远，说得就更简略一些，但大体上还应该认为这些记载都是极有价值的史料，于研究曹雪芹的家世是极有用的。（三）我们认为康熙二十三年的江宁织造确是桑格。在曹玺刚死（应注意曹玺是急病死的），曹寅奔丧到江宁的时候，当时康熙还不可能立即确定派谁去任江宁织造，因而江宁织造的事

14

务，就由曹寅"协理"。在曹寅"协理"过一段时间以后，康熙才确定由原苏州织造马偏俄（额）之子桑格（额）去任江宁织造，到第二年五月以前，桑格去江宁赴任，曹寅随即于五月间回内务府任职。在桑格到任以前，曹寅就是实际上的江宁织造，但在名义上没有给以江宁织造的职衔。所以江宁知府于成龙撰修的《江宁府志》用了并不表示实际职务的"协理"两个字，同时又用了具有实际继承意思的"以缵公绪"这样的句子。按"缵"字是继承的意思，"绪"字指事业。此语初见于《中庸》："武王缵太王、王季、文王之绪。"就是这个意思的准确用法。于《志》说曹寅"以缵公绪"，是就实际情况而说的，这就是说曹寅当时虽无江宁织造的正式职衔，却是继承了曹玺的江宁织造的事业。反过来说，如果当时康熙确已任命曹寅为江宁织造了，那么，怎么可能刚满一年就让他离任回内务府呢？只要想想曹玺在江宁任职达二十一年之久，曹寅却一年就离任，而又并没有什么特殊的原因，这样的事情，怎么能符合康熙与曹家的关系呢？（四）我认为康熙特地一下升曹寅为内务府慎刑司郎中，并同时命他"协理江宁织造事务"，是经过周密考虑后的安置，连同派桑格去任织造，也是全局中的一着。康熙的目的是在安定曹家，桑格是一个过渡，桑格的资历比曹寅高，所以决不可能是桑格当曹寅的副手。我们在分析这个问题时，应该充分注意到康熙与曹家的特殊关系，不能把这件事看作是一般官员的升迁任免的问题。康熙这样处理，是一种特例，目的是为了"矜全"曹家，其情景很有点类似于后来曹寅死，康熙随即任命曹颙继任；曹颙死，又立即命从曹荃的儿子中挑一个过继给曹寅，以继任江宁织造之职一样。康熙五十一年曹寅死后，康熙批谕说："曹寅在彼处居住年久，并已建置房产，现在亦难迁移，此缺著即以其子连生补放织造郎中，钦此。"[①] 康熙五十四年曹颙

---

① 见《关于江宁织造曹家档案史料》，第105页，中华书局1975年版。

死后，康熙又批说："现在倘若迁移，他的家产将致破毁。"① 看这两条批谕，我们就不难理解康熙安排曹寅去江宁织造署的问题了。如果当时康熙不作这样的特殊处理，则曹玺死后在南方的这一大家子，包括康熙的奶妈孙氏在内，在南方何以安置便成了问题。现在命曹寅仍"协理江宁织造事务"，则曹家就不至"迁移"。所以这年十一月，康熙南巡到上元时，还亲至织造署"抚慰诸孤"，则可见这时曹家仍未迁移。出于这样一种特殊的关系，所以曹寅才能实际上越过内务府而直接去江宁织造署任事。但内务府的惯例还是要维持的，所以康熙不仅要先将曹寅"诏晋内少司寇"，而且在第二年，曹寅仍要回京到内务府任职。但这时，曹家已稳定下来了，曹寅离开南京已不成问题了。

这就是曹玺死后，曹寅立即去江宁织造署"协理江宁织造事务"的全部曲折过程。

总之，曹寅初次到江宁织造署任事，是康熙二十三年而不是康熙三十一年或三十二年，曹寅首次在江宁织造署任事，是"协理江宁织造事务"而不是江宁织造。

这就是我们对这个问题的结论。

四、关于桑格

在上面一节里，提到了桑格这个人，根据现有的材料来看，此人不仅涉及康熙二十三年曹玺死后，曹寅是否立即继任江宁织造的问题，很可能他与曹家有更深的关系，为此我们对他进行了查考。但要查清此人，却非易事，最大的困难，是当时叫"桑格"这个满名的人太多，单

---

① 同前页注，第125页。

是《八旗通志》初集《旗分志》内，叫"桑格"的，就有二十一人，更不用说其他有关的史料了。不过，经过认真的搜查，毕竟还是找出了一点线索，我们首先从《清圣祖实录》卷一百五十六康熙三十一年九月，查到了"己巳，升江宁管理织造桑额为湖广巡抚"这一条。按尹继善《江南通志》记载，康熙二十三年至三十一年的江宁织造是"桑格"，则可证此"桑格"又作"桑额"，于三十一年九月升湖广巡抚。我们以此为线索，又从《八旗通志》：《八旗部院大臣年表》《直省大臣年表》中查出了桑额的官历，卷一百二十三《湖北巡抚》（原注：初称湖广巡抚，雍正二年定为湖北巡抚）下载："桑额，汉军镶蓝旗人，康熙三十一年九月任，十月调山东巡抚。"同卷《山东巡抚》下载："桑额，汉军正蓝旗人，康熙三十一年十月任，三十四年九月升漕运总督。"卷一百二十三《直省大臣年表》四，《漕运总督》下载："桑额，汉军镶蓝旗人，康熙三十四年九月任，四十九年十二月升吏部尚书。"卷一百十九《八旗部院大臣年表》二载："康熙四十九年，吏部尚书，桑格，十一月任"，一直到"康熙五十二年六月卒"。上述桑格历官年月，《清实录》、《清史稿》（《部院大臣年表》《疆臣年表》）等所载完全一致。①这样，桑格（额）这个人，从康熙二十四年以后，到康熙五十二年桑格死，这一段时间共二十八年的简历，算是弄清楚了。但是，康熙二十三年以前的情况，我们还是不清楚。经过继续努力，我们又查到《八旗满洲氏族通谱》卷七十四《尼堪姓氏》一，《马氏》下载：

马偏额：正白旗包衣人，世居沈阳地方，来归年份无考。

原任郎中，兼佐领。

---

① 按《清史稿·部院大臣年表）载："康熙五十一年壬辰，吏部尚书，桑额。四月丙子，吴一蜚吏部尚书。"这一点与《八旗通志》略有不同。

其子桑格，原任吏部尚书。

费雅达，原任陕西潼关总兵官。

马二格，原任佐领。

孙，马维品，原任副将。

萨齐库，原任郎中，兼佐领。

马维翰，原任佐领。

马维范，原任骁骑校。

曾孙，葛本额，现任护军校。

德林，现任千总。

倭升额，现任笔帖式。

元孙，永泰，现任二等侍卫。

这个"原任吏部尚书"的桑格，无疑就是我们要费力查考的桑格。根据以上线索，我们又从《八旗通志》卷五，《旗分志五·正白旗包衣第五参领所属四佐领一管领》下查到：

第四旗鼓佐领，亦系国初编立，以郎中费扬武管理。费扬武故，以郎中费雅达管理。费雅达故，以桑格管理。桑格故，以马二格管理。马二格故，以帕帕管理。帕帕故，以郎中萨齐库管理。萨齐库故，以吴尔呼管理。吴尔呼故，以云麾使马维翰管理。马维翰故，以郎中协理内务府总管兼监察御史郑禅保管理。郑禅保升山东布政使，以参领赫达色管理。

在这里，值得我们注意的是：费雅达、桑格、马二格、萨齐库、马维翰这五个人的名字，与上述《八旗满洲氏族通谱》中马偏额一家的五个人的名字完全相同。并且在上述书中，还注明马二格、萨齐库、马维

18

翰三人都任过佐领，与这里的叙述完全合拍。由此可证这两处所叙述的应是马偏额的一家人（其中费扬武、帕帕、吴尔呼、郑禅保等，当然除外）。这是一个极为重要的发现，由于这个发现，我们弄清楚了桑格或马偏额这一家的基本情况。但是，我们的认识并没有停止在这里，我们终于又从康熙二十五年的《苏州织造局志》查出了马偏额的情况。此书卷二《职员》下载"皇清"："马偏俄，满洲人，理事官，顺治十三年任。""马偏俄，司设局，顺治十五年再任。""马偏俄，内工部，康熙三年三任，卒于官。"此书卷九《宦迹》下载：

> 马偏俄，满洲人，理事官，顺治十三年任。为人峭直刚正，不事委曲。是时织造久停，机张朽腐，偏俄殚力修理，不以累匠役，工银丝料，亲行给发。役无侵扣，赏罚允当，人服其公。至有冤抑者，必为申理，虽强御不畏也。戊戌岁再任，丙午岁三任而卒，匠役为之泣下。

这里的马偏俄，毫无疑问就是马偏额，"俄"、"额"同音，故汉译时容易混用，而且《氏族通谱》"马偏额"下注明"原任郎中"，这当然就是指他终于任上的苏州织造郎中了。另外，在曹寅给康熙的奏折里，曾多次提到"漕臣桑格"（见康熙三十六年十月二十二日折），"总漕桑格"（见康熙四十七年三月初一日折），在李煦给康熙的奏折里，也提到过"总漕桑格"（见康熙四十七年三月二十六日折），这个桑格，当然也就是我们要考查的桑格（额）。这样，各方面的材料基本上都可以斗合起来了。现在我们给他排一个简历：

桑格，又作桑额。

父马偏额（俄），正白旗包衣人，世居沈阳地方，顺治十三年至康熙五年，曾三度任苏州织造，卒于任。

桑格的官历：

康熙二十年前后，任内务府郎中。①

康熙二十三年，《江南通志》说任江宁织造。唐开陶纂修康熙六十年《上元县志》等书说本年是曹寅任江宁织造郎中。我们认为《江南通志》的记载是对的。

康熙二十四年至三十一年，任江宁织造。

康熙三十一年九月任湖广巡抚，十月调山东巡抚。

康熙三十一年十月至三十四年九月任山东巡抚。

----

① 此文付排前，又承故宫博物院明清部朱金甫同志来信，他们提供的材料，极为有用，现将他的来信摘录于下：

"关于桑格出任江宁织造的确切时间，经我们查找康熙二十二年至二十五年的户科史书及同时期的内务府奏销档，均没有确切记载（奏销档只有满文的，故未能细查）。现从户科史书所录康熙二十四年四月十八日安徽巡抚薛柱斗的题本中可以确定，桑格从内务府郎中出任管理江宁织造这一差缺，至少是在二十四年四月以前。现将这件材料全文抄录如下：

巡抚安徽宁、池、太、庐、凤、和、广等处地方，提督军务、都察院右副都御史臣薛柱斗谨题，为销算上用缎匹等事。

该臣等看得原任江宁府管理织造理事官曹玺解过康熙二十一年分上用缎纱等项，共用银四万三千三百三十两零。部复行臣核减，随移管理织造、内务府郎中桑格，共核减银九百四十三两零，造册移送到臣备本。减数与部议不等，再经咨驳，复准咨称：系竭力严减之数，委难再减等因前来。谨题请旨。

康熙二十四年四月十八日题：

五月初十日奉旨，该部知道。

———康熙二十四年四月户科史书

从上述这材料中可以看出，薛柱斗具题日期是康熙二十四年四月十八日，在这以前，他先接部复，随移桑格核减，桑格核完移送给他，他又咨驳，桑格再行咨复，薛柱斗然后据此题奏。按当时官僚文牍主义的公文手续来算，这个运转过程是很费时日的，由此可以推定桑格之出任江宁织造是大大早于康熙二十四年四月，很可能是在该年年初，而玄烨简命之日，则又会远在此前。"

我认为朱金甫同志查出的材料和所作的分析都是很有说服力的，它说明康熙二十三年的江宁织造是桑格，决不是曹寅，桑格更不是曹寅的副手。同时，它还说明桑格在康熙二十四年以前，是在内务府任郎中。我估计他任内务府郎中的时间不会太短，那末有可能在康熙二十年前后，桑格就在内务府任郎中了。

康熙三十四年九月至四十九年十二月，升漕运总督。

康熙四十九年十二月升吏部尚书，至五十二年六月，卒。

上面叙述的这许多有关桑格的史实，当然还存在着一些问题，需要加以分析：（一）《八旗通志》《直省大臣年表》在"漕运总督"、"湖北巡抚"下都说桑额是汉军镶蓝旗人，"山东巡抚"下又说是汉军正蓝旗人，而《氏族通谱》则说他是正白旗包衣，这显然《氏族通谱》所说的"正白旗包衣人"是正确的，《八旗通志》是搞错了。因为只有上三旗才是属内务府并能出任织造，如果是汉军镶蓝旗或正蓝旗，就根本不可能去任江宁织造，更不可能被收进《八旗满洲氏族通谱》。（二）《八旗通志·旗分志五·正白旗包衣第五参领所属四佐领一管领》下："第四旗鼓佐领"内说"桑格故，以马二格管理"。这个"桑格故"肯定也是错的，因为桑格是康熙五十二年卒于吏部尚书任上，而不是死于佐领任上。

以上是我们对桑格其人全部调查所得的一个总结。

弄清桑格的目的，仍然是为了弄清曹家。我们知道曹寅的妻兄李煦，也是正白旗包衣，曾连任三十年苏州织造，并兼任巡视两淮盐课监察御使等职，是康熙时期与曹寅同时受玄烨宠信的显赫人物，也是一个著名的织造世家，是曹家的一门主要亲戚。我们又知道曹寅的母亲姓孙，是康熙的奶妈，有人曾分析说杭州织造孙文成有可能是曹寅的舅表兄弟，现在我们查得孙文成是正黄旗包衣。《八旗通志》卷四《旗分志四·正黄旗包衣第一参领所属一佐领三管领》下：

> 第四管领，系顺治十一年分立，初令包衣大杜尔白管理，……噶达浑调盛京佐领，以包衣大孙文成管理，孙文成升任苏州织造郎中，以包衣大七十管理。

有人曾猜测孙家不像是汉姓包衣，显然这是不符合事实的。联系曹寅曾在给康熙的奏折中说过："况孙文成系臣在库上时曾经保举，实知其人"（见《江宁织造曹寅复奏奉到口传谕旨折》，康熙四十五年七月初一日）的事实，联系到康熙也曾说过"三处织造，视同一体，须要和气，若有一人行事不端，两个人说他，改过便罢，若不悛改，就会参他"（同上折）等事实，说孙文成与曹、李两家沾亲这确是有可能的。现在要说到这个"桑格"的马家了。我们知道曹颙的妻子姓马，即李煦奏折里说的"曹颙之妻马氏"，曹頫也说过"奴才之嫂马氏"。那末，这个马氏是否会出自马桑格之家，也是值得注意的，因为他们不仅同是包衣，他们的上世在入关前同是"世居沈阳"，而且同是织造世家，当康熙三年马偏额第三次去任苏州织造时，曹玺正任江宁织造，后来桑格与曹寅又是先后任的江宁织造。

这样看来，这曹、李、孙、马四家，同属包衣出身（曹、李、马都是正白旗包衣），同是织造世家，他们的上世还可能同是"从龙入关"（曹、李两家已确知是"从龙入关"，余两家尚待考订），他们同是在顺治、康熙两朝做官，马家未在雍正朝败落，且费雅达有世职，乾隆朝尚有子求之档案资料，只是未做大员罢了。（前三家败落于雍正朝，马桑格则死于康熙五十二年，其后人的情况待考。）到孙文成之子普福，其子解任后，曾任杭州织造司库。他们做官时关系如此密切，除曹、李两家已确知是内亲外，孙、马两家与曹家也都具有一些姻亲关系的线索，那末，说这四家很可能"连络有亲"就不为无据了。

五、关于曹世选和曹振彦

现在我们能够确知的曹雪芹的六世祖是曹世选，《八旗满洲氏族通

22

谱》则作曹锡远。除这两个名字外，我们一直不知道他还有别的什么名字，这次发现的于《志》《曹玺传》却说："及王父宝宦沈阳，遂家焉。""王父"，就是祖父，因为这是《曹玺传》，是以曹玺的口气说的。那末下面的"宝"字，自然只能是他的名字了。这就是说曹世选，除"锡远"这个名字外，还有一个单名叫"宝"。这确是闻所未闻。但根据这篇传记所提供的其他方面材料可信程度很高的情况来看，这个"宝"字，也一定是可信的。至于为什么后来不再提这个名字了，看来另有原因。同时，我认为这个"宝"字应该是他的名，"世选"或者"锡远"恐怕是字。

另外，这两篇传记里，还提到他"宦沈阳"，"令沈阳有声"的问题，这直接关系到曹家上世的情况，需要进一步作查考。

关于曹振彦，于《志》说他"从入关"，唐《志》也说他"初，扈从入关"。在这两篇传记里，不提曹世选"扈从入关"，而提曹振彦"扈从入关"，这是值得注意的问题，很可能曹家以世选开始归旗的时间很早，到清入关的时候，曹世选的年纪已很老，因而未能入关，或者虽入关而已不能有所作为，只是跟随其子全家一起入关而已。

关于曹家上世的情况，在这次查阅有关资料时，也发现了极为重要的材料。《清太宗实录》卷十八，天聪八年甲戌（明崇祯七年，1634年）条说：

> 墨尔根戴青贝勒多尔衮属下旗鼓牛录章京曹振彦，因有功，加半个前程。

这段材料，是截至目前已发现的有关曹家上世的材料中最早的一条直接史料，这条材料，至少可以帮我们说明以下几个问题：

（一）曹家上世归旗的时间很早。在这条天聪八年的材料里，曹振彦已经是牛录章京（清入关后改称为佐领）了。按清太祖努尔哈赤于明万历二十九年规定每三百人中设一牛录额真（后改为牛录章京），则此时（天聪八年）曹振彦已经是带领三百人队伍的首领了，并且又立了功，升了级。我们知道努尔哈赤于万历四十四年建立后金，建元天命，万历四十七年即天命四年（1619 年）六月取开原，七月取铁岭，天启元年即天命六年（1621 年）三月取沈阳、辽阳，曹振彦归旗的时间我认为应该是沈、辽战争的时候，即天命六年。从天命六年到天聪八年，曹家归旗已有十四年的历史了，所以这时他已当上了牛录章京。

（二）这条材料，在"牛录章京"的前面，加上了"旗鼓"一词。这与《八旗通志》里曹尔正、曹寅都属第三旗鼓佐领是一致的。值得注意的是"旗鼓"这个词。按清福格《听雨丛谈》卷一说：

> 旗鼓多系左近长白山辽金旧部，有汉姓之人。盖久家朔方者也。

又说：

> 内务府三旗，分佐领管领，其管领下人，是我朝发祥之初家臣，佐领下人是当时所置兵弁。

据上引第一条材料，可证曹振彦是属于"久家朔方者"。曹家自明初移居辽东，[1] 至曹锡远的时代，已历二百五十来年，自然可以称得上

---

① 关于曹家上世的情况，我已有另文专论，此处不赘。

"久"了。曹家所住地点，此次发现的两篇传记，提出了襄平（即辽阳）和沈阳。按此两地都属于"左近长白山"，这可见传记材料与《听雨丛谈》所叙也是一致的。上引第二条材料所说的"佐领"，当然也包括旗鼓"佐领"。按《八旗满洲氏族通谱》内附载之尼堪姓氏，共分"包衣管领下人"、"包衣旗鼓人"、"包衣人"和"旗人"四种。盖满洲初期在战争中俘获之敌方将领、士兵和人民，一律拿来作为奴隶使用，分赐给有功之臣，并把他们编入旗籍，这些人统统称为"包衣"，这个"包衣"就是他们的基本身份，同时又把他们分为"管领下人"、"旗鼓人"和"包衣人"，少数特殊的例子，也有被免除"包衣"的身份，转入满洲旗籍的。所谓"管领下人"，是指主要从事生产的农奴、工奴和旗主家中的家奴，这部分人的来源主要是俘获的老百姓，也有俘获的士兵中丧失作战能力的人；所谓"旗鼓人"，是指专门从事作战的战斗队，这部分人的来源，主要是早期俘获的敌方士兵和老百姓。据抄本《八旗掌故》说："旗鼓佐领下人，多系国初民人投充。"所谓"投充"，实际上就是"俘掠"，则可证曹家也是所谓"国初民人投充"。"国初"，是指努尔哈赤建立后金的时候，即天命元年以后，我们认为曹家归旗是在天命六年。这就是说，在天命六年沈、辽战争中，曹家被俘掠归旗。从曹家的情况来看，可能被俘时是较下层的军官或士兵，也可能是老百姓，被俘掠后，随即被编为"旗鼓人"，成为"当时所置兵弁"，参加了清代初年的一系列战争。这一点，从上引《清太宗实录》的材料就可以得到证明。《实录》的材料本身就是说明曹振彦在从事战争，建立了军功。新发现的两篇《曹玺传》都说曹玺"随王师征山右建绩"（唐《志》"建绩"作"有功"），这也说明曹家确是以军功起家的，到曹玺和曹寅的时代，仍保持着"武"的传统，但从曹玺开始已逐渐重视"文事"，到曹寅才以诗文驰名当世，结交了许多学者名流，开始了曹家的文学传统。①

（三）我们知道曹家属正白旗包衣，是上三旗包衣之一，归内务府统辖。这条材料明叙曹振彦是"墨尔根戴青贝勒多尔衮属下"，多尔衮正是正白旗的旗主。有人说在满洲八旗中每旗都有旗鼓佐领，这是不符合事实的。我们检查了《八旗通志》，上三旗包衣每旗各有六个旗鼓佐领，下五旗包衣除正蓝旗有四个旗鼓佐领，镶蓝旗有一个旗鼓佐领，正红旗有四个旗鼓分管外，其余各旗，均无旗鼓佐领。这种情况，我们复检《八旗满洲氏族通谱》卷七十四至八十"附载满洲旗分内之尼堪姓氏"，计：镶黄旗包衣旗鼓人 84 人，正黄旗包衣旗鼓人 36 人，正白旗包衣旗鼓人 60 人，以上是上三旗包衣；下五旗则只有正蓝旗有包衣旗鼓人 30 人，正红旗有包衣旗鼓人 7 人。情况与《八旗通志》基本上相符。所以概括来说，旗鼓佐领属上三旗包衣，归内务府，因此又称"内府旗鼓"或"内旗鼓"。《听雨丛谈》卷一又说：

> 佐领一官，极为尊重，由此而历显官者最多。

曹家在天聪八年已任佐领（牛录章京），则可见其资历之老，归旗

---

① 关于曹寅的文学活动，周汝昌《红楼梦新证》已有详论。最近承李大珂、刘念兹同志借示抄本《不下带编》（原抄本藏谢国桢先生处，此为转抄本），其中记有两则关于曹寅的重要材料，现转录于下：

"甲申春杪，昉思应云间提帅张侯云翼之聘，依依别予去。侯延为上客，开长筵盛集文宾，将出观昉思所谱长生殿戏剧以为娱，时织部曹公子清寅闻而艳之，亦即延至白门，南北名流悉预为大胜会。公置剧本于昉思席，又自置一本于席，每优人扮演一折，公与昉思雠对其本，以合节奏，凡三昼夜才毕，两公并极尽其兴赏之豪，互相引重，致厚币睚其行，长安传为盛事。迨返棹过乌戍，昉思遽醉而失足为汨罗之投，士林竞为诗文以哀挽……"

"江宁织造曹公子清有句云：'赚得红蘸刚半熟，不知残梦在扬州。'自谓平生称意之句。是岁兼巡淮鹾，遂逝于淮南使院，则诗谶也。公素耽吟，擅才艺，内廷御籍，多命其董督，雕镂之精胜于宋版，今海内称康版者自寅始也。"

之早，满化程度之深了。

六、关于曹玺及其他

在曹家的家史上，曹玺是一个极为重要的人物。曹家所以有六七十年之久的兴旺发达的历史，曹振彦以军功起家，固然重要，但关键还在于曹玺的妻子孙氏当了康熙的奶妈，所以康熙一上台，从曹玺到曹寅，就一直交了六十多年的"好运"，而且泽及曹颙、曹頫。可以说，要没有曹玺及孙氏和康熙的关系，就不会有曹寅这样一个特殊的"贵族"官僚家庭，当然也就不可能有后来的抄家败落等等。而这一切，恰好是孕育伟大作家曹雪芹的客观条件之一。然而，对于曹玺这样一个关键性的人物，我们现在掌握的资料还很少，比起曹寅来，可以说是少得可怜。现在这两篇传记的发现，在很大的程度上，弥补了这个缺憾，增加了我们对曹玺和曹寅的了解。

（一）对于曹玺的历史，过去我们只知道他于康熙二年出任江宁织造之职，专差久任，一直到康熙二十三年卒于任所。而对于康熙二年以前的情况，简直是空白。现在我们得知，他在康熙二年以前：1. 已经"补侍卫之秩"；2. 顺治五年，参加了平姜瓖的叛乱，[①] 并且立了功；3. 因此被提拔为"内廷二等侍卫，管銮仪事"；4. 升内工部，即内务府工部郎中，康熙二年曹玺正是由内务府简派为江宁织造，专差久任的。

（二）对于曹玺在江宁织造任上的情况，同治《上江两县志》及乾隆十六年刊《上元县志》都只有"织局繁剧，玺至，积弊一清"等等

---

① 关于姜瓖的叛乱事件，可参阅《清实录》、《清史稿》、《八旗通志》关于多尔衮、阿济格等传。

极为简略的几句话，但在于《志》《曹玺传》里，从"康熙二年，特简督理江宁织造"两句以下，却多出自"江宁局务重大"到"郡人立生祠碑颂焉"一百六十五个字来，详细地叙述了他在江宁织造任上的一些经济措施，这些措施，我们今天当然要用马克思列宁主义的观点来加以批判分析，但这两篇传记提供的这方面的材料，无疑是极为重要的。

（三）这两篇《曹玺传》，还第一次直接提出了曹家的远祖是"出自宋枢密武惠王彬后"，即宋代的开国大将曹彬之后的问题，以及"著籍襄平"（按：即今辽阳）及"宦沈阳，遂家焉"等曹家的祖籍问题。这些情况，对于研究曹雪芹的家世来说，同样也是很重要的，值得进一步加以研究。

1975 年 12 月 26 日夜 11 时，初稿

1976 年 4 月 10 日改定

《大金喇嘛法师宝记》碑题名考

一、碑文及题名

原在辽阳旧城大南门外，现在保存在辽阳市文物保管所的《大金喇嘛法师宝记》碑，是后金时代有关我国西藏喇嘛教传入辽东地区的一件重要历史文物。对于这一历史文物，研究清史的人是很重视的，例如1914年写成，同年翻译成中文于1915年出版的日本稻叶君山的《清朝全史》，1923年出版的萧一山的《清代通史》，1938年出版的日本《东洋文化史大系清代之亚细亚》，1946年出版的郑天挺的《清史探微》等书，都著录了此碑。① 此碑碑阳为满、汉文对书，满文还是老满文，占碑的左半，共十二行半，右半是汉文，共十一行半，中间的半行满文与半行汉文共为一行，满文居上，汉文居下，故碑阳满、汉文共为二十四行，碑额刻云纹，中题汉文"敕建"二字。上述这些著作，前三种都录载了碑阳的汉文，但有错误和脱漏。对于碑阴的题名，却都未录载，然而从研究当时明、金的战争史来说，却是十分重要的历史文献。特别是

---

① 《东洋文化史大系·清代之亚细亚》一书，还刊载了此碑碑阳的全幅照片。

29

题名中有《红楼梦》作者曹雪芹的高祖曹振彦的名字，它更是研究曹雪芹家世的极为珍贵的实物文献资料。碑阴共有总镇、副、参、游、备等官并石匠、铁匠七十二人的名字，另外还有喇嘛门徒瓮卜、班第、贾友明、范和尚等约四十多人，侍奉香火看莲僧大成、大塔等约十人，西僧广祐、大宁等三十人左右，以上喇嘛门徒、侍奉香火看莲僧、西僧三类人名共计八十人左右，因碑文剥蚀，无法确认，故暂置不论。又碑阳题名有"钦差督理工程驸马总镇佟养性，委官备御蔡永年、游击大海、杨于渭"以及喇嘛僧人白喇嘛等共五人。

现在将碑阳的碑文及碑阴的题名录载于下：

碑阳碑文：

大金喇嘛法师宝记

法师斡禄打儿罕囊素，乌斯藏人也，诞生佛境，道演真传，既已融通乎大」①法，复意普度乎群生。于是不惮跋涉，东历蒙古诸邦，阐扬圣教，广敷佛惠，□」蠢动含灵之类，咸沾佛性，及到我国，蒙」

太祖皇帝敬礼尊师，倍常供给，至天命辛酉年八月廿一日，法师示寂归西」

太祖有敕，修建宝塔，敛藏舍利。缘累年征伐，未建寿域。今天聪四年法弟白喇嘛」

奏请，钦奉
皇上敕旨

八王府令旨，乃建宝塔，事竣镌石以志其胜，谨识。时

---

① "」"号表示原碑文字一行之迄。

《大金喇嘛法师宝记》碑题名考

大金天聪四年，岁次庚午孟夏吉旦。同门法弟白喇嘛建
钦差督理工程驸马总镇佟养性

委官备御　蔡永年

游击 大海 撰
杨于渭

碑阴题名：

总镇副参游备等官　马登云、黑云龙、石 国柱 、高鸿中、金
廷

励、佟延、鲍承先、祝 世昌 」李思中、殷廷辂、杨万
印

朋、佟整、张世爵、李灿、张士彦、李世新、范登

仕」张大猷、高仲选、吴守进、刘士璋、闫印、杨可

大、崔应太、朱计文、吴裕」金玉和、甯完我、崔

名信、杨兴国、李光国、金孝容、俞子伟、赵梦豸、

段成梁」殷延枢、李延庚、秃占、秃赖、才官、率

太、尤天庆、黄云龙」

教　官　高应科、朱□□、郑文炳、冉启悰、王之哲、冯志

祥、曹振彦、蔡一品、张□□」李芳浦、高大功、严

仲魁、韩士奇、薛三、樊守德、陈玉治、林友成、

王友明」

千　总　房可成、李三科、崔进中、周尚贵、木匠赵将、石匠

信倪、宽□」

金世逵、韩尚武、铁匠潘铁、□匠胡净」

以上总镇、副、参、游、备、教官、千总及碑阳的题名五人，共计七十七人（前述碑阴的喇嘛门徒、侍奉香火看莲僧、西僧不计在内）。①

二、关于佟养性

碑阳碑文的末尾，具名"钦差督理工程驸马总镇佟养性"，可见此项工程，是由佟养性督理监修的，碑阴"总镇副参游备"以下的名单，应该都是佟养性的属下。换句话说，天聪四年（明崇祯三年，1630年）时的曹振彦，应该也是佟养性的属下。为此弄清楚佟养性的情况，对了解曹振彦有一定的用处。佟养性其人，在《清史稿》、《清史列传》、《国朝耆献类征》（初编）、《国朝先正事略》、《满汉名臣传》等书里都有他的传，《清实录》里也有关于他的活动的大量记载，不难看到。这里只就有关的几个问题略加考述：

（一）关于佟养性的氏族问题

《清史稿》本传说：

> 佟养性，辽东人。先世本满洲，居佟佳，以地为氏。有达尔哈齐者，入明边为商，自开原徙抚顺，遂家焉。

《满汉名臣传》则说：

---

① 此处所录碑阳的碑文及碑阴的题名，是据此碑拓本的图片。图片是承辽宁博物馆的曹汛同志供给的，碑阴题名中有"曹振彦"的名字也是曹汛同志发现的，他已有文章介绍此碑，在《文物》1978年第五期发表，故有关此碑的其他情况，本文从略。

> 佟养正，辽东人，其先为满洲，世居佟佳，以地为氏，祖
> 达尔哈齐以贸易寓居开原，继迁抚顺，遂家焉。天命初，养正
> 有从弟佟养性输诚太祖高皇帝。（下略）

这里明确说佟养性是佟养正的"从弟"，又明确说"祖达尔哈齐"。按文义佟氏似确为满洲人，但这些记载，都是不实之辞。郑天挺《清史探微》一书之"佟氏与汉人"一节，于佟氏之出处及其氏满人之可疑处，考订极为精详，已确证佟氏实为汉人，决非满人；所谓"达尔哈齐"实无其人，系佟氏当时为了攀附满洲而伪托。且佟氏子孙，皆隶汉军旗，可见佟养性确是汉人而非满人，事已昭然，无须再加论证。但明确此点对于我们下文的论述至关重要，故不能不首先加以揭示。

（二）佟养性归附后金的年代

《清史稿》本传说：

> 天命建元，太祖日益盛强。养性潜输款为明边吏所察，置
> 之狱。脱出归太祖，太祖妻以宗女，号施吾里额驸，授三等副
> 将，从克辽东，进二等总兵官。

《满汉名臣传·佟养正列传》说：

> 天命初，佟养正有从弟佟养性输诚太祖高皇帝，于是大军
> 征明，克抚顺，佟养正遂挈家并族属来归，隶汉军。

按抚顺是天命三年（明万历四十六年，1618 年）四月为后金所攻取的。《清太祖实录》卷五说：

> 天命三年夏四月，上率步骑兵二万征明。临行，书七大恨告天。（中略）围抚顺，李永芳降。留兵四千，毁抚顺城，论将士功行赏，以俘获人口三十万分给之，其归降人民编为一千户。（第 16—17 页）

由此可证佟养正是天命三年随着抚顺守将李永芳（当时李永芳为抚顺游击）归附后金的，当佟养正归附后金的时候，佟养性早已归附后金了，结合佟养性本传说"天命建元……脱出归太祖"云云，则可确定佟养性实际是在天命元年（明万历四十四年，1616 年）归附后金的。那末，《清史稿·李永芳传》说：

> 太祖伐明取边城自抚顺始，明边将降太祖亦自永芳始。

是否与说佟养性在天命元年就归附后金有矛盾呢？这一点也不矛盾，因为《李永芳传》所说的是"明边将降太祖亦自永芳始"。重点是说"边将"。佟养性不是边将，依本传所述，佟家是一个大商人，《清乾隆一统志·奉天府人物佟养性传》还说："世居抚顺，为商贩，以赀雄一方。"可见他是作为一个大商人归附后金的，时间确比李永芳早。

明确佟养性归附后金的年代，这对于弄清楚曹振彦及其父亲曹锡远归附后金的年代，就有了一个上限，作为佟养性属下的一名教官曹振彦，其归附后金的年代，大致只会在佟养性之后。

（三）天聪四年时之佟养性

查《清太祖实录》，天聪三年、五年都有关于佟养性的记载，惟独天聪四年这一年，没有一条记载。《清史稿》本传则说：

> 从克辽东，进二等总兵官。

《清史列传》则说：

> 从克辽阳，晋二等子。

《满汉名臣传》与之同。按努尔哈赤取沈阳、辽阳，是天命六年（明天启元年，1621 年）。远在天聪四年之前九年。《清史稿》本传接着就说"天聪五年正月命养性为昂邦章京"的事，《清史列传》、《满汉名臣传》也是接着就说天聪五年太宗"命督造红衣炮"的事，于天聪四年佟养性的活动，一无载记。此《大金喇嘛法师宝记》碑恰好是天聪四年所产，并叙明"钦奉皇上敕旨，八王府令旨，乃建宝塔事竣"，而佟养性却是"钦差督理工程"。则这一碑记可补佟养性史传以及《清太祖实录》之缺。那末，在碑阴题名的曹振彦以及其他人等，是否都与这项工程无关呢？鉴于碑阴末尾题名有木匠、石匠、铁匠的名字，看来，这些题名的官员也是当时的工程人员，这种可能也是存在的。总之，这块碑，不仅补了天聪四年佟养性的有关史传的缺失，而且也提供了极为珍贵的有关曹振彦在天聪四年的活动情况。

（四）佟养性所率的"汉兵"和他们的活动

佟养性于天命元年归附后金后，努尔哈赤当即妻以宗女，号"施吾理额驸"（《清史列传》作"西屋里额驸"，《满汉名臣传》同，《大金喇嘛法师宝记》碑则称"驸马"），授三等副将，天命六年以从征沈、辽有功，又晋为二等总兵官。《清太宗实录》卷八说：

> 天聪五年辛未春正月乙亥朔卯刻，上率诸贝勒大臣诣堂子行礼，还宫拜神。上御殿，两大贝勒列坐于侧，诸贝勒大臣左右侍立。首蒙古科尔沁国土谢图额驸奥巴。（中略）次总兵官额驸佟养性率汉官生员，（下略）各分班朝贺毕。（第2页）

同卷又说：

> 乙未，敕谕额驸佟养性曰：凡汉人军民一切事务，付尔总理，各官悉听尔节制。如属员有不遵尔言者，勿徇情面，分别贤否以闻。尔亦当殚厥忠忱，简善绌恶，恤兵抚民，竭力供职。（中略）又谕诸汉官曰：凡汉人军民一切事务，悉命额驸佟养性总理，尔众官不得违其节制，如有势豪嫉妒，藐视不遵者，非仅藐视养性，是轻国体而违法令也。似此媢嫉之流，必罹祸谴。如能恪遵约束，不违节制，非仅敬养性是重国体而钦法令也。（下略，第4页）

从上面两条史料来看，天聪五年（明崇祯四年，1631年）时的佟养性，不仅是"汉人军民"的最高权力者，而且把他的地位竟然抬到了与后金的"国体"和"法令"同样不可侵犯的地位。那末，佟养性"总理""汉人军民一切事务"的"权力"是否仅仅是从天聪五年开始的呢？这块《宝记》碑本身，就说明至少在天聪四年的时候，他就统率着大批的汉官了，不过那时的权力，还没有如天聪五年经皇太极"敕谕"以后那末大，那末显赫而已。

与上述问题关联的是关于"汉兵"、"汉军"、"乌真超哈"等名称的问题。

按《清太宗实录》天聪五年八月丙午条说：

> 总兵官额驸佟养性，率旧汉兵载红衣炮……（卷九，第22页）

卷九第36页说：

> 佟养性所部旧汉兵五百及车盾……

卷十第24页说：

> 额驸佟养性，率旧汉兵以红衣将军炮攻马家湖台……

天聪六年春正月癸亥条说：

> 上幸北演武场阅兵，额驸佟养性率所统汉兵，摆甲胄……（卷十一，第12页）

天聪七年甲辰条说：

37

满洲八旗，蒙古二旗，旧汉兵一旗，各牛录额真等……
（卷十三，第6页）

同年五月己卯条说：

遣兵部贝勒岳讬……及旧汉军额真石廷柱……（卷十四，
第29页）

同年秋七月辛卯条说：

命满洲各户有汉人十丁者，授绵甲一，共一千五百八十
户，命旧汉军额真马光远等统之……（卷十四，第32页）

以上各条说明，在天聪七年以前，凡明兵之归附后金编入部伍者，
一般称为"旧汉兵"，有时也称"旧汉军"。对于原住辽东一带未编入
伍的汉人，一般称为"旧汉民"，① 如天聪五年十一月条说："其军士分
定河东河西，以河西人归于八旗旧汉民内。"对于归附后金的明官吏，
一般称"旧汉官"，如同上条说："都司守备等百余员，俱付旧汉官收
养。"

但是到了天聪八年五月汉军旗正式成立时，② 对于上述这种不统一

---

① 按："旧"的提法，是后人加的，为了与"新"相区别，当时是为了和孔有德的
汉兵相区别，以后则凡辽人皆为旧人，"新、旧"用以区别归附之先后。

② 按："汉军"初成立于天聪五年，当时后金将各旗汉人拨出，另编一旗，由佟养
性"总理"，至天聪八年，汉军旗正式成立，名称亦得到了统一。所谓"汉军"，《承德县
志》上册说是"汉人之投充军籍者"。《啸亭杂录》卷二说："国初时，俘虏辽沈之民，悉
为满臣奴仆。文皇帝悯之，拔其少壮者为兵，设左、右两翼，命佟驸马养性、马都统光远
统之。""盖虽曰旗籍，皆辽沈边氓及明之溃军败卒。"实际上，"汉军"就是在后金入关以
前已投降后金或被俘虏，被编入伍的一支汉人的军队。

38

的称呼，皇太极就作了统一规定：

> 庚寅……上谕曰：朕仰蒙天眷，抚有满洲、蒙古、汉人兵
> 众，前此骑步守哨等兵，虽各有营伍，未分名色，（中略）今
> 宜分辨名色，永为定制，随固山额真行营马兵，名为骑兵，
> （中略）旧蒙古右营为右翼兵，左营为左翼兵，旧汉兵为汉军，
> 元帅孔有德兵为天祐兵，总兵官尚可喜兵为天助兵。（卷十八，
> 第 21 页）

经过这次规定后，对于在孔有德以前归附后金被混称为"旧汉兵"、
"旧汉军"的那些军队，一律统称为"汉军"。对于随孔有德、耿仲明
一起归附的那些军队，则统称为"天祐兵"；对于随尚可喜归附的那些
军队，则统称为"天助兵"。

又《清史稿·佟养性传》说：

> 太祖用兵于明，明边吏民归者籍丁壮为兵，至太宗天聪
> 间，始别置一军，国语号乌真超哈。五年正月命养性为昂邦章
> 京。

《清太宗实录》天聪六年正月癸亥条说：

> 上幸北演武场阅兵，额驸佟养性率所统汉兵擐甲胄，执器
> 械列于两旁，置铅子于红衣将军炮内，树的，演试之，上见其
> 军容整肃。（卷十一，第 12 页）

同一事情，在《清史稿·佟养性传》里则说：

六年春正月，上幸城北演武场阅兵，养性率所部乌真超哈试炮，擐甲列阵，军容甚肃。

可证当时佟养性所统率的"汉军"，又叫"乌真超哈"。"乌真超哈"是满语，汉译的意思是"重兵"，就是指使用佟养性督造的红衣大炮的这支部队，用现代的话来说，也就是炮兵部队。这支炮兵部队最初的建立是在天聪五年。

关于佟养性督造红衣大炮，《清太宗实录》卷八第3页说：

造红衣大将军炮成，镌曰：天祐助威大将军，天聪五年孟春吉旦造，督造官总兵官额驸佟养性，监造官游击丁启明，备御祝世荫，铸匠王天相、窦守位，铁匠刘计平。先是我国未备火器，造炮自此始。

同一件事，在《清史稿·佟养性传》里说：

是岁（天聪五年）初铸炮，使养性为监，炮成，铭其上曰：天祐助威大将军。凡四十具，师行则车载以从，养性掌焉。

佟养性所掌握的这支乌真超哈部队，在当时的明、金战争中，发挥了巨大的作用，特别是大凌河之战攻克于子章台，对这一战役起了决定性的作用。《清太宗实录》卷十天聪五年八月条说：

是台峙立边界，垣墙坚固。我军连攻三日，发红衣大将军炮，击坏台垛，中炮死者五十七人。台内明兵惶扰不能支，乃

出降。是台既下，其余各台，闻风惴恐，近者归降，远者弃
走，所遗粮糗充积，足供我士马一月之饷。至红衣大炮，我国
创造后，携载攻城自此始。若非用红衣大炮攻击，则于子章台
必不易克，则其余各台不逃不降，必且固守，各台固守，则粮
无由得，即欲运自沈阳，又路远不易致，今因攻克于子章台，
而周围百余台闻之，或逃或降，得以资我粮糗，士马饱腾，以
是久围大凌河克成厥功者，皆因上创造红衣大将军炮故也。自
此凡遇行军必携红衣大将军炮云。（第 5 页）

同卷第 21 页说：

> 以大凌河所获大小火炮三千五百位，并鸟枪火药铅子，命
> 总兵官额驸佟养性管理。

可见大凌河之战，后金所得的胜利是巨大的。关于后金的乌真超哈
部队，实际上有两部分，一部分就是佟养性所率领的，于天聪五年春铸
造成炮的部队，监制者是丁启明。《清太宗实录》天聪七年（明崇祯六
年，1633 年）八月条说：

> 授丁启明为二等参将。启明系明末弁，被擒收养，因善铸
> 红衣炮，故授是职。（卷十六，第 7 页）

可见丁启明也是归附后金的明军。但是由于他归附的时间早，他们
是利用丁启明原有的造炮技术在后金部队里自铸红衣炮的，因此后金把
这支部队看作是自己的炮兵部队，把丁启明造的红衣大炮甚至看作是
"皆因上（指清太宗皇太极）创造红衣大将军炮"。（《清太宗实录》卷

十，第6页）

另一部分就是孔有德、耿仲明带到后金去的红衣大炮。孔、耿给皇太极的信里就说：

> 何况本帅现有甲兵数万，轻舟百余，大炮火器俱全。

事实上，天聪七年孔、耿归附后金时，"以部众家口兵器枪炮数百艘尽运江岸，不遗一物"（《清太宗实录》卷十四，第9页）。孔、耿的红衣炮得之于登莱巡抚孙元化。孙元化于明天启六年（后金天命十一年，1626年）二月受命制红衣炮，其技术直接得之于葡萄牙人，较佟养性、丁启明所铸有可能要先进一些。后来登、莱被孔有德攻下，孙元化所铸之大炮，遂全部为孔、耿所得。但天聪七年孔、耿归附后金之先，后金早已用"自铸"的红衣大炮取得了重大的胜利。后来又得到孔、耿带来的大炮，其战斗力自然激增。因为孔、耿所率也有炮兵，所以史书上也称孔、耿的部队为乌真超哈。例如《清史稿·石廷柱传》说：崇德"四年，上自将伐明，乌真超哈诸将孔有德、耿仲明、尚可喜、马光远及廷柱皆率所部从"。这就把孔、耿的部队同样称为"乌真超哈"了。再有孔、耿的部队被定名为"天祐兵"，而佟养性所铸红衣炮又命名为"天祐助威大将军"，这也往往容易致混。实际上当时后金军队里的这两支乌真超哈是各有渊源的。

现在归纳一下以上所论，我们可以明确以下几点：（一）佟养性的部队在天聪八年五月以前名称不统一，一般称"旧汉兵"，有时也称"旧汉军"，天聪八年五月起汉军成立，就统称为"汉军"。由此可知，早在天聪四年时已属佟养性的曹振彦（曹振彦最早是何时归属佟养性的，现在尚不可知，但完全有可能比这个时间早得多，我认为他极可能是在天命六年的沈、辽战役中归附后金的，若然，则早在天聪四年之前九年就已成为佟养性的属下了），毫无疑问地他最早也应是"旧汉兵"、"旧汉军"或"汉军"。（二）天聪四年孟夏曹振彦是佟养性属下的教官，天聪五年春，佟养性、丁启明即铸成红衣大炮，那末，此时的曹振彦，应该也还是这支红衣大炮部队里的一员。（三）大凌河之战是天聪五年八月开始的，皇太极命"总兵官额驸佟养性，率旧汉兵载红衣炮、将军炮当锦州大道而营"（《清太宗实录》卷九，第22页）。又"命佟养性部众屯于敌营东，发大炮火箭，毁其营"（卷九，第22页）。这一重大战役，曹振彦无疑是会参加的，后来天聪八年四月的"因有功，加半个前程"，这个"功"，也许就是从征大凌河立下的。（四）天聪六年皇太极在阅兵以后，见佟养性的部队"军容整肃，且以出征大凌河时能遵方略，有克捷功，赐养性雕鞍良马一匹，银百两，并赐六甲喇额真副将石国柱、金玉和、高鸿中、金砺、游击李延庚、备御图瞻、精兵额真副将石廷柱、步兵额真参将祝世昌等鞍马各一匹，其余将士分赏银两布匹有差。养性率众官谢恩"（卷十一，第12页）。这次受到赏赐的石国柱、金玉和、高鸿中、金砺、石廷柱、祝世昌等，都是列名碑阴的，并且都是列在"总镇副参游备等官"这个头衔下的，教官以下的名字一个也没有，当时曹振彦是"教官"，地位比他们低。这次赏赐，应该也有曹振彦，但他可能被淹没在"其余将士分赏银两布匹有差"里面了。

三、碑阴题名考略

这座碑的碑阴共有"总镇副参游备等官"的题名七十二人，加上碑阳题名五人，共七十七人。前引《清史稿·佟养性传》说：

太祖用兵于明，明边吏民归者籍丁壮为兵，至太宗天聪

间，始别置一军，国语号乌真超哈，五年正月命养性为昂邦章京。谕曰："汉人军民诸政，付尔总理，各官受节制。"（下略）

又谕诸汉官曰："汉人军民诸政，命额驸佟养性总理，各官受节制。其有势豪嫉妒不从命者，非特藐养性，是轻国体衰法令也，必谴毋赦。"（下略）

（天聪）六年春正月……养性疏言新编汉兵马步仅三千有奇，宜尽籍汉民为兵，有事持火器而战，无事则为农。

上引这些史料，明确地说明佟养性所节制的，都是"汉人军民"，因此在他属下的这些"总镇副参游备等官"以及"教官"、"千总"、"木匠"、"石匠"、"铁匠"等等，无不都是汉人。这些人的来源，除了天聪六年疏言"尽籍汉民为兵"，也就是把占领区的汉民进行军事编制，改编为军队外，其余的都是在明、金战争中俘获的明军士兵及军官。上述七十余人，我们不可能每个人都查清楚他们归附后金的具体时间和情节，但查清楚一部分人和对一部分人查出些线索，这是可能的。那末，这些人归附后金的情况，对于我们了解曹锡远或曹振彦的归附后金，也不会没有参考价值。现在将已查得的一部分人的情况，节述于下，因为目的只在了解这些人是何时归附以及如何归附后金的，因此与此关系不大的资料一概省略：

（一）石廷柱

《清史稿》本传说：

石廷柱，辽东人。先世居苏完，姓瓜尔佳氏。明成化间有布哈者，为建州左卫指挥。布哈生阿尔松阿，嘉靖中袭职。阿尔松阿生石翰，移家辽东，遂以石为氏。石翰子三：国柱、天柱、廷柱。万历之季，廷柱为广宁守备，天柱为千总。太祖师至，巡抚王化贞走入关。天柱先与诸生郭肇基出谒，且曰："吾曹已守城门矣。"翌日入城，廷柱从众降。授世职游击，俾辖降众。（下略）

（天聪）五年，明总兵祖大寿筑城大凌河，上自将围之，大寿穷蹙，使从子泽润射书请降，并乞上令廷柱往议，廷柱与达海（按：即碑阳与杨于渭同署名的"大海"）至城南，先使姜桂诇大寿。桂故明千总，为我军所俘，大寿使游击韩栋从桂出迎廷柱，并以其义子可法为质。廷柱乃逾濠与语，大寿言决降，惟乞速取锦州，俾妻子得相见，廷柱以告，上复遣廷柱谕旨，大寿乃降。是时佟养性为乌真超哈昂邦章京，廷柱为副。六年养性卒，廷柱代为昂邦章京。

以上所述，石廷柱原为明广宁守备，天命二年（明天启二年，1622年）归附后金，又在天聪五年（明崇祯四年，1631年）的大凌河战役中劝降了祖大寿。后来与佟养性一起共管汉军，石廷柱为副。佟养性于天聪六年死后，就由石廷柱为汉军的昂邦章京。至于本传开头说"先世居苏完，姓瓜尔佳氏"云云，与佟养性一样，是冒充满洲人，《清史探微》早已确证过了，毋庸赘述。

（二）李思忠

《清史稿》本传说：

李思忠，字葵阳，铁岭人。父如梃，明辽东总兵官宁远伯成梁族子也，仕明为太原同知，罢归居抚顺。太祖天命三年，始用兵于明，克抚顺，得思忠。如梃徙还铁岭，明年师下铁岭，如梃及弟如梓、一忠、存忠死之。六年，定辽阳，敕思忠收其族人，俾复故业，即授牛录额真，予世职备御。

《清太祖实录》：

天命三年夏四月，上率步骑兵二万征明，临行，书七大恨告天。（中略）围抚顺，李永芳降，留兵四千，毁抚顺城，论将士功行赏，以俘获人口三十万分给之，其归降人民编为一千户。（卷三）

天命四年夏四月，壬戌，选兵千骑，略铁岭，俘获千人。（卷三）

七月丙午，攻铁岭，阵斩明游击喻成名、史凤鸣、李克泰，尽歼其众。上遂入城，驻军铁岭城三日，论功行赏，以所俘获分赉将士有差。（卷六）

据以上材料，可知李思忠是在天命三年（明万历四十六年，1618年）后金攻取抚顺时归附后金的，同时归附的还有抚顺游击李永芳。而他的父亲和三个弟弟却不愿归附，迁到铁岭，直到铁岭被攻取时，都死于此役。

（三）金玉和

《清史稿》本传说：

金玉和，辽东人，仕明为开原千总。太祖克开原，玉和降，授甲喇额真，予世职，三等副将。汉军旗制定，隶正黄旗。

《清太祖实录》：

天命四年六月辛酉，上率兵四万，取明开原城。（下略）

七月，明原任开原城千总王一屏、戴集宾、金玉和、白奇策等，守堡戴一位等，因觅妻子率二十馀人降。（卷六）

据上述材料，可知金玉和是在天命四年（明万历四十七年，1619年）后金攻取开原城时归附后金的，当时他是明开原城的"千总"。

（四）甯完我

《清史稿》本传：

甯完我，字公甫，辽阳人。天命间来归，给事贝勒萨哈廉家，隶汉军正红旗。天聪三年，太宗闻完我通文史，召令直文馆。完我入对，荐所知者与之同升，鲍承先其一也。寻授参将。四年，师克永平，命与达海宣谕安抚，又从攻大凌河。（下略）

《满汉名臣传》本传：

（天聪）五年十二月上疏言：臣蒙皇上出之奴隶，登之将列，不揣庸愚，妄自期许。（下略）

据以上两种本传来看：1. 甯完我于天命间归附后金，具体时间大约是在天命六年，因努尔哈赤攻下辽阳是在这一年。2. 甯完我与其他诸人不同，他可能归附后金时是白身，是被俘的普通"民人"，即普通老百姓（当然他被俘前原是在学的生员），所以会"给事贝勒萨哈廉家"，也即是当贝勒萨哈廉家的"包衣"。① 3. 《清太宗实录》，天聪三年八月乙亥，皇太极上谕说：

自古国家文武并用，以武功戡祸乱，以文教佐太平。朕今欲振兴文治，于生员中考取其文艺明通者优奖之，以昭作人之典，诸贝勒府以下，及满汉蒙古家所有生员，俱令考试。于九月初一日，命诸臣公同考校，各家主毋得阻挠，有考中者仍以别丁偿之。九月壬午朔，考试儒生。先是乙丑年十月，太祖令察出明绅衿尽行处死，谓种种可恶，皆在此辈，遂悉诛之。其时诸生隐匿得脱者约三百人，至是考试分别优劣，得二百人。凡在皇上包衣下，八贝勒等包衣下，及满洲、蒙古为奴者，尽皆拔出，一等者赏缎二，二等三等者赏布二，俱免二丁差徭。（卷五）

按：甯完我上疏自称"臣蒙皇上出之奴隶"，而天聪三年后金开始考试，"凡在皇上包衣下，八贝勒等包衣下及满洲、蒙古为奴者，尽皆

---

① 萨哈廉，又作萨哈璘。清太祖努尔哈赤次子礼烈亲王代善的第三子。见《清史稿·礼烈亲王代善传》。

拔出"。《清史稿》本传说："天聪三年，太宗闻完我通文史，召令直文馆。"则可见甯完我原在贝勒萨哈廉家为"包衣"，天聪三年经考试"拔出"，复经皇太极"召令直文馆"。以上可见甯完我的经历与其他原在明军中有职衔，归附后金后仍继原职衔者有所不同。

（五）鲍承先

《清史稿》本传：

鲍承先，山西应州人。明万历间积官至参将。泰昌元年从总兵贺世贤、李秉诚守沈阳城，迁开原东路统领新勇营副将，城守如故。经略熊廷弼疏请奖励诸将，承先预焉，加都督金事衔。是岁为天命五年。太祖已克开原，乃自懿路、蒲河二路进兵向沈阳，承先偕世贤、秉诚出城分汛驻守，见太祖兵至，皆不战退。上令左翼兵逐承先等迫沈阳城北，斩百余级而去。七年三月，上克沈阳、辽阳，世贤战死，承先退保广宁。八年正月，克西平堡，承先从秉诚及总兵刘渠、祁秉忠等自广宁赴援，渠、秉忠战死，承先与秉诚败走，全军尽殪。巡抚王化贞弃广宁走入关，游击孙得功以广宁降。承先窜匿数日，从众出降，仍授副将。天聪三年，太宗自将伐明，自龙进关入边，（中略）师进薄明都，承先复招降牧马厂太监，获其马骡以济师。明经略袁崇焕，以二万人自宁远入援，屯广渠门外，凭险设伏，贝勒豪格督兵出其右，战屡胜。是时承先以甯完我荐直文馆，翌日上戒诸军勿进攻，召承先及副将高鸿中授以秘计，使近阵获明内监系所并坐，故相耳语云："今日撤兵，乃上计也。顷见上单骑向敌，有二人自敌中来见上，语良久乃去。意

49

袁经略有密约，此事可立就矣。"内监杨某佯卧窃听，越日纵
之归，以告明帝，遂杀崇焕。

《清太宗实录》天聪三年十一月，丙午：

> 上命自克遵化以来所获马骡，均赏兵丁，人各一匹。丁未
> 进兵，距关厢二里而营。戊申，上闻袁崇焕、祖大寿复聚败兵
> 营于城东南隅，竖立栅木，因令我兵列阵逼之而营。上与诸贝
> 勒率轻骑往视进攻之处，云：路隘且险，若伤我军士，虽胜不
> 足多也，此不过败残之余耳，何足以劳我军，遂还营。先是获
> 明太监二人，令副将高鸿中、参将鲍承先、甯完我、巴克什达
> 海监守之，至是还兵。高鸿中、鲍承先遵上所授密计，坐近二
> 太监，故作耳语云："今日撤兵乃上计也。顷见上单骑向敌，
> 敌有二人来见上，语良久乃去，意袁巡抚有密约，此事可立就
> 矣。"时杨太监者佯卧窃听，悉记其言。庚戌，纵杨太监归。
> 后闻杨太监将高鸿中、鲍承先之言详奏明主，明主遂执袁崇焕
> 入城磔之。锦州总兵祖大寿大惊，率所部奔锦州，掠夺民物，
> 毁山海关而出。时围困燕京，统兵诸贝勒大臣俱请攻城。（卷
> 五）

据以上史料，可知鲍承先原是明军的军官，职衔是"参将"、"副
将"加"都督佥事"，守沈阳。努尔哈赤攻下沈阳后，退至广宁，广宁
失守，鲍承先就归附后金。天聪三年（明崇祯二年，1629 年），皇太极
率兵越过袁崇焕防区，攻陷遵化，包围北京。袁崇焕从山海关回师救
援，皇太极用计假手崇祯杀袁崇焕。在这一场斗争中帮助皇太极制造假
情报欺骗杨太监以达到欺骗崇祯除掉袁崇焕的目的的，就是这个鲍承先

和另一个高鸿中，这个高鸿中，也是在碑阴题名的人物。

（六）金　砺

《清史稿·金玉和传》附《金砺传》说：

金砺，辽东人，明武进士，为镇武堡都司。初降，授甲喇额真，予世职，三等副将。天聪五年始设六部，以砺为兵部承政。

（七）祝世昌

《清史稿》本传：

祝世昌，辽阳人，先世在明初授辽阳定边前卫，世袭指挥，十数世传至世昌为镇江城游走。天命六年，太祖克辽阳，世昌率三百余人来降，仍授游击，统其众。命董筑沈阳、辽阳、海州三城，事竟授沈阳城守昂邦章京。天聪五年从征大凌河，六年太宗阅乌真超哈兵，赉诸将，世昌与焉。

（八）吴守进

《满汉名臣传·吴守进列传》：

吴守进，辽阳人，后隶汉军正红旗。初事太祖高皇帝，以功授三等轻车都尉，予世职。天聪五年，太宗文皇帝诏定官

51

制，设六部，守进任户部承政。

据以上传记来看，吴守进在明朝并未任职，可能是个普通"民人"，在辽阳被后金攻取时，归附后金，以功授官职。

（九）张大猷

《清史列传》本传：

> 张大猷，辽阳人，后隶汉军镶黄旗。大祖高皇帝天命六年，大兵克辽阳，大猷时为明千总，自广宁来降，授佐领。

（十）李率泰（太）

《满汉名臣传》本传：

> 李率泰，汉军正蓝旗人，李永芳次子也，初名延龄，年十二即入侍禁廷，太祖高皇帝赐今名，年十六以宗室女妻之。

按：这个李率泰，也就是碑阴题名里的"率太"，他与上面这些人不一样，他已经是归附后金的第二代了，他是李永芳的儿子，率泰（太）这个名字是努尔哈赤的赐名。

以上我们从《清史稿》、《满汉名臣传》、《清史列传》等书里查得在碑阴题名的十个人的传记材料，加以摘录。① 另外，在《清实录》

---

① 碑阳署名撰文的"大海"，就是达海，他是满文的改革和制定者，是满人。当时后金的不少文献，都出自他的手笔，《清史稿》等书里都有他的传。

里，除上述十人之外，还查到了在碑阴题名的高鸿中、黑云龙、麻登云、石国柱、李延庚、吴裕、杨于渭、李世新（时馨）、张士彦、杨兴国等人的活动情况，例如天聪三年皇太极围北京，"生擒总兵黑云龙、麻登云"的情况（见《清太宗实录》卷五），天聪五年定官制、设立六部，命李延庚、吴守进、金玉和、金砺、高鸿中各为"汉承政"的情况（见《清太宗实录》卷九），天聪九年乙亥秋七月，"分别管理汉人官员，以各堡生聚多寡黜陟之"，李思忠、杨于渭、吴裕等三人，都因所管人口增加而升官，高鸿中、张士彦、金玉和、李时馨（世新）、张大猷、吴守进、杨兴国等七人，都因所管人口下降而遭到"各罚银百两"的处分，严重的如杨兴国，除罚银百两外，还"革职为民"（见《清太宗实录》卷二十四）。此外，还查到了"钦奉皇上敕旨，八王府令旨"主持建碑事宜的"白喇嘛"的一些线索。天聪五年十一月，《清太宗实录》说："监军道张春不肯剃发（即不肯投降），令与白喇嘛同居三官庙。"（卷十）可见这个白喇嘛曾住三官庙。

以上查得的这些人（目前只查得二十人）的基本情况是：（一）他们都是汉人；（二）他们大都是明军中的军官，在明、金战争中战败被俘或投降过去的；（三）他们大都是在居住地、任职地被攻陷时归降后金的，因此世居沈阳的曹锡远、曹振彦也完全可能是在天命六年后金攻下沈阳时归降的；（四）有个别情况是例外，如甯完我被俘时大概还是生员，被俘后当了包衣，在考试中被"拔出"。李率泰是归附者的第二代。张大猷、吴守进都是辽阳人，被俘时可能没有任明朝的官职，是普通"民人"，等等。总起来说，他们都是汉人之被俘者，所以他们属于佟养性管理。在立碑的时候，他们还是"旧汉兵"、"旧汉军"，不久以后他们便被统编统称为"汉军"。

在这座碑的碑阴题名中，曹振彦被列于"教官"这个职衔下，从这一点，可知他原是明军中的一个小军官，归附后金以后暂时没有升任。①

四、曹振彦碑阴题名发现的意义

《大金喇嘛法师宝记》碑碑阴曹振彦的题名的发现，对于研究曹雪芹的上世的情况，是极有意义的：

（一）对于《石头记》的作者，我国伟大的小说家、思想家曹雪芹的家世，几十年来，人们虽然已经作了不少考证和研究，写出了不少专门性的著作，但是，对于他的上世的最早最可靠的直接的史料，却只有《清太宗实录》卷十八，天聪八年甲戌（明崇祯七年，1634 年）的一条：

> 墨尔根戴青贝勒多尔衮属下，旗鼓牛录章京曹振彦，因有
> 功，加半个前程。

比这更早的一些说法，便都是一些间接的或者推测性的了。现在这个天聪四年的碑阴题名的发现，把曹雪芹上世的信史，又往前推进了四年。不仅如此，康熙六十年刊《上元县志》的《曹玺传》说："著籍襄平，大父世选，令沈阳有声。"康熙二十三年未刊稿本《江宁府志》的

---

① 曹振彦如系被俘后立功授官，则《清实录》中一般都例应标出。如天聪三年十一月攻克遵化城时，"竖梯城下，正白旗小卒萨木哈图先登，遂克其城"，"上以萨木哈图先登，酌金屇劳之。因传谕曰：'我军年来皆怯于攻城，况此城较前所攻之城更坚，萨木哈图奋勇先登，殊可嘉也，宜优录之。'"（《清太宗实录》卷五）再如同上卷十六说："授丁启明为二等参将，启明系明末弁，被擒收养，因善铸红衣炮故授是职。"可见曹振彦如系立功授教官，《实录》是会标出的，观《实录》中并无此类记载，则可见曹振彦被俘前应是相当于教官的军官。

《曹玺传》也说："及王父宝宦沈阳，遂家焉。"现在发现的这个碑阴题名，这座碑就建在辽阳大南门外。"襄平"就是辽阳的旧称。那末，这座碑对曹家原先"著籍襄平"的说法，就是一个有力的旁证，何况碑阴题名中的吴守进、张大猷等人，也就是辽阳人。联系到曹寅在他的《楝亭诗钞》、《楝亭诗别集》、《楝亭词钞》、《楝亭文钞》等书上都署"千山曹寅子清撰"，这个"千山"，是辽东著名的名胜，就在辽阳城东南，所以"千山"也就成为辽阳的代称。以上这些情况，更使我们相信曹家的祖籍确是"著籍襄平"，后来因曹锡远"宦沈阳，遂家焉"，才迁居沈阳的。

（二）关于曹家的旗籍，过去有不少著作，都说曹家是汉军。如《四库提要》载：

> 居常饮馔录一卷
>
> 　国朝曹寅撰。寅字子清，号楝亭，镶蓝旗汉军。康熙中巡视两淮盐政，加通政司衔。（下略）

《清史稿·李锴传》附传说：

> 曹寅字楝亭，汉军正白旗人，世居沈阳，工部尚书玺子。
>
> （下略）

《八旗艺文编目》载：

> 居常饮馔录：
>
> 　汉军曹寅著。寅字子清，一字幼清，一字楝亭，号荔轩

（中略）世居沈阳，隶正白旗。（下略）

《八旗画录》说：

> 曹宜，字子猷，号筠石。汉军正白旗人。
> ……
> 曹霑，号雪芹，宜从孙。

《枣窗闲笔》（稿本，裕瑞著）说：

> 雪芹二字，想系其字与号耳，其名不得知。曹姓，汉军人。亦不知隶何旗。（下略）

《梦痴说梦》说：

> 《红楼梦》一书，作自雪芹先生。先生系内务府汉军正白旗人。（下略）

《寄蜗残赘》说：

> 《红楼梦》一书，始于乾隆年间，（中略）相传其书出于汉军曹雪芹之手。（下略）

以上各书的记载，虽然说法有种种差异（而且还有不少错误，本文未全引录），但认为曹家是"汉军"这一点是完全相同的。过去对这种说法，常常把它看作是一种误解，认为因为曹家是汉人，因而把他们误为汉军旗下。现在看来，说曹寅、曹宜、曹雪芹是汉军，虽然确是错误的，但并非没有历史渊源。很可能就是因为曹家最初归附后金的时候，有一段时间（大约从天命六年到天聪六年，1621—1632 年）确是"旧汉兵"、"旧汉军"，属于佟养性的部下的缘故。

（三）上面这些情况，给我们带来了一个新的问题，即曹家究竟从何时开始转为满洲正白旗的。前面已经引到，天聪八年，曹振彦已经是多尔衮属下的旗鼓牛录章京了。这是讨论这个问题的时间下限，这个问题的时间上限，就是这座喇嘛碑的建碑时代——天聪四年。由此可知，曹家的这一次重大变化，只可能在天聪四年到天聪八年之间，其中四年和八年这两年又当除外，因为不大可能恰好就是四年或八年发生此重大变化的。因此实际上这一变化只可能发生在五年到七年这三年之中。据《清史稿·佟养性传》，佟养性死于天聪六年。我推测极有可能在佟养性死后，曹振彦即因某一契机，转到多尔衮属下去了。据孟森的考证，多尔衮在天命十一年努尔哈赤死时，已为正白旗的固山贝勒，[①] 那末曹振彦转到多尔衮属下，职衔是"旗鼓牛录章京"，率领三百人，则自然也就是从"旧汉兵"、"旧汉军"的教官，转而成为正白旗的旗鼓牛录章京了。

至于究竟是怎样的一种契机，又是如何转到多尔衮属下去的，这些具体问题，因为史料缺乏，无法加以论证。就连我们上面的这种推测，也还不能把它作为历史事实来看，而只能期待由将来进一步的考查来加以论证或纠正。

然而，就是从以上几个方面来看，这个碑阴的曹振彦题名的被发

---

① 孟森：《明清史论著集刊·八旗制度考实》。

现，已经促使我们对伟大作家曹雪芹的上世的历史情况的认识，又大大地前进一步了。人们对客观世界的认识，永远是不会满足现状的，那末，这前进的一步，又将成为我们考查曹家家世的新的认识的起点。

> 1978 年 2 月 13 日夜 1 时半写毕初稿于宽堂，
> 2 月 18 日修改，8 月 10 日至辽阳与辽宁
> 大学中文系的张震泽、孟庆文、冯宝忠、
> 朱眉叔、陆贵山，辽宁博物馆的曹汛，
> 辽一师的马国权等同志同去查看此碑并
> 登千山，8 月 18 日凌晨改定

《大金喇嘛法师宝记》
碑"教官"考论

周汝昌先生在《红楼梦新证》里说：

后金天聪四年《大金喇嘛法师宝记》碑阴振彦列名于"皇上侍臣"。至《清太宗实录》天聪八年振彦为多尔衮属下之旗鼓（包衣）牛录章京，因功纪叙。证明其时家世确为包衣身份，隶于多尔衮镶白旗，与"汉军旌"（按"旌"误，应作"旗"——庸）无关。

又按，有人引《大金喇嘛法师宝记》碑阴振彦列名，称言其职衔是"教官"，于是又断言振彦乃"红衣大炮"兵队之"教官"云云。实则振彦列名在"皇上侍臣"项下之第四行第九名，此行第一名为"偏姑"，次名为"敖官"，本无所谓"教官"之任何存在痕迹。敖官系人名，与前行之"才官"一名类同，十分明显。而"红衣大炮教官"之说纯属捏造（其辑录碑文竟将"皇上侍臣"重要字迹遗缺不书，将"敖官"改为"教官"，且提行排列，予人以极大错觉。其做

59

法之荒唐，实为学术界罕见。①

在上引这段文字里，涉及四个问题，一是曹振彦天聪八年以前的经历身份，二是《大金喇嘛法师宝记》碑碑阴与"总镇副参游备等官"并列的究竟是职衔"教官"呢，还是人名"敖官"？是研究的人有意提行台头呢，还是原本就是提行台头？三是碑阴所刻"皇上侍臣"等人名究竟是原刻还是后加，曹振彦是否在天聪四年当了"皇上侍臣"？四是周汝昌提出的"敖官"究竟有没有根据，如果有，他为什么违反了学术的常规和考证学最根本的原则不肯出示证据？至于他在这段文字里使用"捏造"、"其做法之荒唐，实为学术界罕见"等词语，等本文将有关资料全部公布之后，读者自己会判断，这几句话，究竟是对谁最适用，所以这就不再论辩了。

曹振彦在天聪八年以前的经历、身份、职衔
和他与佟养性的关系

我于 1975 年 12 月从《清太宗实录》天聪八年下发现了曹振彦的重要材料：

> 墨尔根戴青贝勒多尔衮属下，旗鼓牛录章京曹振彦，因有功，加半个前程。
>
> 《清太宗实录》卷十八甲戌

---

① 见周汝昌《红楼梦新证》上册，第 16 页，华艺出版社 1998 年版。此处原文缺下括号。

我于同年 12 月 26 日写成《曹雪芹家世史料的新发现》一文，在文中公布了新发现的两篇《曹玺传》和上引曹振彦的资料以及马桑格之父马偏额的资料等等。由于两篇《曹玺传》的发现，特别是曹振彦史料的发现，开始揭开了曹家上世入关以前在沈阳和辽阳的家世状况和对它的研究。

据史载，曹雪芹的六世祖曹锡远于明末时在沈阳做官，[①] 而天聪四年的《喇嘛碑》碑阴又有曹振彦的题名，属后金额驸佟养性的部下。按努尔哈赤于天命六年（明天启元年，公元 1621 年）三月攻下沈阳和辽阳，据此推断，曹振彦和他的父亲大约是于此时归附后金的。

那末，曹振彦又如何成为佟养性的属下的呢？据《满文老档》第十五册天聪二年"天聪颁发汉官臣敕书"云：

> 汗曰："佟养性，尔原系抚顺城商人，因与我通好，为明帝监禁于辽东城。迫获释后，来归有功，妻女为婿，授副将职，克辽东后，升为总兵官，交办俘获汉民事务，倘失职获

---

① 康熙二十三年未刊稿本《江宁府志·曹玺传》说："及王父宝（指曹锡远）宦沈阳，遂家焉。"康熙六十年刊本《上元县志·曹玺传》说："其先出自宋武惠王彬后，著籍襄平。大父世选，令沈阳有声。"又据顺治年间曹振彦在山西吉州和浙江等地任职的"职官表"，都一律是"奉天辽阳人"或"辽东辽阳人"。《八旗满洲氏族通谱》卷七十四：附载满洲旗分内之尼堪姓氏："曹锡远，正白旗包衣人，世居沈阳地方，来归年份无考。"据此综述，曹振彦自报"奉天辽阳人"，《上元县志》说"著籍襄平"，当皆可靠，且与"世居沈阳地方"、"宦沈阳，遂家焉"等并不矛盾。《八旗满洲氏族通谱》是乾隆初年修的，未刊稿本《江宁府志·曹玺传》是康熙二十三年撰写的，且是稿本，未正式刊行。到康熙六十年重写《曹玺传》时即改为"著籍襄平"。两篇《曹玺传》后者改变前者的说法，或有更正之意，且前传并未刊行，所以与后传略有区别。而《氏族通谱》修成于乾隆九年（1744 年），距曹氏归附后金已隔一百二十多年，撰谱人已搞不清曹家上世的历史，曹家亦已衰微（曹家乾隆改元后再度中兴之说，于此亦可证其妄，如曹家于乾隆改元后已再度中兴，则撰谱者岂能渺茫其辞，完全可以直接征询曹家）。"来归年份"既"无考"，落籍确切的地点也说不准，所以只用泛称"沈阳地方"。而曹振彦的职官表上是自报的籍贯，其任职年份又是顺治九年至十三年，离曹家在辽阳时还只有十年左右，其准确性自无可疑。

罪，依法赎罪。此职子子孙孙世袭罔替。"

《清史稿》本传则说：

> 天命建元，太祖日益盛强。养性潜输款为明边吏所察，置
> 之狱。脱出归太祖，太祖妻以宗女，号施吾里额驸，授三等副
> 将，从克辽东，进二等总兵。

以上两条合看，可知佟养性于天命元年归附努尔哈赤，努尔哈赤即
妻以宗女，号施吾里额驸，授三等副将，交办俘获汉民事务，即管理和
统辖被俘或投降的汉人军民。

《清太宗实录》卷八还说：

> 乙未，敕谕额驸佟养性曰：凡汉人军民一切事务，付尔总
> 理，各官悉听尔节制。如属员有不遵尔言者，勿徇情面。（中
> 略）又谕诸汉官曰：凡汉人军民一切事务，悉命额驸佟养性
> 总理，尔众官不得违其节制，如有势豪嫉妒、藐视不遵者，非
> 仅藐视养性，是轻国体而违法令也。（下略）

从上面所引史料来看，佟养性自天命元年归附努尔哈赤后，后金方
面就一直让他管理投降和俘获的汉人军民，到天聪五年，更把他的地位
提高到"国体"和"法令"（即国法）的高度。

又《清史稿·佟养性传》说：

> 太祖用兵于明，明边吏民归者籍丁壮为兵。太宗天聪间，
> 始别置一军，国语号乌真超哈。五年正月命养性为昂邦章

京。

　　是岁，初铸炮，使养性为监。炮成，铭其上曰"天祐助威大将军"，凡四十具。师行则车载以从，养性掌焉。……六年春正月，上幸北演武场阅兵，养性率所部乌真超哈试炮，擐甲列阵，军容甚肃，上嘉养性能治军。

"乌真超哈"是满语，译为汉语是"重兵"，重武器，也就是指红衣大炮。所以佟养性的部队是一支炮兵部队，而且他的红衣大炮是后金自铸成功的，佟养性是督造官，铸造者是游击丁启明等。丁启明也是被俘后投降的。

红衣大炮在攻克于子章台时，起了重大作用。

《清太宗实录》卷十天聪五年八月说：

　　是台峙立边界，垣墙坚固。我军连攻三日，发红衣大将军炮，击坏台垛，中炮死者五十七人。台内明兵惶扰不能支，乃出降。是台既下，其余各台，闻风惴恐，近者归降，远者弃走，所遗粮糒充积，足供我士马一月之饷。至红衣大炮，我国创造后，携载攻城自此始。若非用红衣大炮攻击，则于子章台必不易克，则其余各台不逃不降，必且固守，各台固守，则粮无由得，即欲运自沈阳；又路远不易致，今因攻克于子章台而周围百余台闻之，或逃或降，得以资我粮糒，士马饱腾，以是久围大凌河克成厥功者，皆因上创红衣大将军炮故也。自此凡遇行军必携红衣大将军炮云。

后文又说：

　　以大凌河所获大小火炮三千五百位，并鸟枪火药铅子，命
总兵官额驸佟养性管理。

　　以上史料说明，佟养性所率领的确是一支炮兵部队。

　　前面已经说过，曹振彦归附后金，是在后金攻克沈阳和辽阳的时
候，时在天命六年三月，佟养性是"从克辽阳"的，而佟养性又是奉旨
总理"汉人军民一切事务"的，所以归附后的曹振彦自然成为佟养性
的"属下"了。

　　佟养性的这支"乌真超哈"部队，因为都是汉人，即明朝士兵和军
官被俘或投降者，所以又称"旧汉兵"或"旧汉军"、"汉军"，例如：
《清太宗实录》天聪五年八月丙午说："总兵官额驸佟养性，率旧汉兵载
红衣炮。"同卷又说："佟养性所部旧汉兵五百及车盾。"卷十又说：
"额驸佟养性，率旧汉兵以红衣将军炮攻马家湖台。"天聪六年春正月癸
亥又说："上幸北演武场阅兵，额驸佟养性率所统汉兵，擐甲胄。"天聪
七年甲辰说："满洲八旗，蒙古二旗，旧汉兵一旗，各牛录额真等。"同
年五月己卯说："遣兵部贝勒岳托……及旧汉军额真石延柱。"同年秋七
月辛卯又说："命旧汉军额真马光远等统之。"直到天聪八年五月汉军旗
正式成立时，才将上述这三种不同名称，统一称为"汉军"。[①] 周汝昌
说："天聪八年振彦为多尔衮属下之旗鼓（包衣）牛录章京，因功纪叙。
证明其时家世确为包衣身份，隶于多尔衮镶白旗。与'汉军旗'
（'旗'，周文误排为'旌'）无关。"按汉军旗成立于天聪八年五月，此
时曹振彦已属多尔衮属下，自然不在汉军旗下。但历史是有一个发展过
程的，曹家的历史，据现有的史料来看，并非始于天聪八年。努尔哈赤
于天命六年攻下沈阳和辽阳后，曹家在后金的历史应该已经开始了，但

---

　　① 见《清太宗实录》卷十八，第21页。

从天命六年到天聪四年，首尾共十年，除去天聪四年这一年，则有九年的空白，尚待求证。但从天聪四年开始，由于《大金喇嘛法师宝记》碑曹振彦题名的发现，我们就掌握了曹家最早的信史，[①] 而这时的曹振彦正在佟养性的属下当"教官"（周汝昌说是"敖官"，不是"教官"，是人名，不是职衔。误，说详后）。佟养性的部队是乌真超哈，汉译是"重兵"，也即是炮兵部队，而这支部队，在《清太宗实录》里又称"旧汉兵"、"旧汉军"、"汉军"，到天聪八年五月成立汉军旗时才明确规定。《清太宗实录》卷十八说：

> 庚寅……上谕曰：朕仰蒙天眷，抚有满洲、蒙古、汉兵兵众，前此骑步守哨等兵，虽各有营伍，未分名色，（中略）今宜分辨名色，永为定制。随固山额真行营马兵，名为骑兵，（中略）旧蒙古右营为右翼兵，左营为左翼兵，旧汉兵为汉军，元帅孔有德兵为天祐兵，总兵官尚可喜为天助兵。

这里明确说明"旧汉兵为汉军"，也就是说新成立的"汉军旗"是以佟养性总理的"旧汉兵"、"旧汉军"、"汉军"成立的。新建的汉军旗的成分，还就是由佟养性管理的曹振彦曾任"教官"的那支老部队，这支部队拥有强大的炮兵火力，光是大凌河新获的"大小火炮"就有"三千五百位"，统由"总兵官额驸佟养性管理"。这明摆着的历史，能说"与汉军旗无关"吗？研究历史是要把历史发展的进程切断呢，还是要把前后发展的线索联系起来呢？读者自然明白。

那末，曹振彦是何时从佟养性属下转到多尔衮的属下的呢？现在还

---

① 《五庆堂辽东曹氏宗谱》上的曹俊，是曹锡远、曹振彦的最远的始祖，详见拙著《曹雪芹家世新考》。此处只是说曹家的近史，故不远溯。

无确切的史料，但据《清史稿·佟养性传》，佟养性死于天聪六年，也许就在这时曹振彦转到多尔衮的属下，但这也还待证实。

《大金喇嘛法师宝记》碑的由来和碑文的解读

《大金喇嘛法师宝记》碑碑文说：

> 法师斡禄打儿罕囊素，乌斯藏人也。（中略）不惮跋涉，东历蒙古诸邦，（中略）及到我国，蒙太祖皇帝敬礼尊师，倍常供给，至天命辛酉年（天命六年，1621 年）八月廿一日，法师示寂归西。

关于斡禄打儿罕囊素，在《满文老档》里也有记载，第四十册天命七年三月至四月有记载云：

> 蒙古科尔沁之囊苏喇嘛，闻英明汗敬养之善，初曾来往二次，得辽东后，该喇嘛来曰：“我虽身体不适，但仍抱病离故土而来，愿在英明汗处弃我骸骨。”不久病危，终前该喇嘛嘱曰：“如蒙恩爱，待我死后，将我遗交与在辽东之巴噶巴喇嘛，令其祭之。”辛酉年十月十日圆寂，遂于辽东城内南门外韩参将之园屯舍内处修庙治丧。英明汗命巴喇嘛祭之。（下略）

上引文字里的“巴噶巴喇嘛”和“巴喇嘛”，就是碑文里的“白喇嘛”。这个喇嘛塔园，就是他奏请皇太极批准修建的。遗址在辽阳旧城大南门外一公里喇嘛园村。

　　这个白喇嘛，是个政治喇嘛，曾被皇太极派往明朝谈判，被明朝扣押，后又放回，这在《满文老档》里有详细的记载。

　　我是1977年见到此碑的，当时沈阳辽宁博物馆的曹汛同志写信告诉我此碑题名中有曹振彦的题名，他还寄给我此碑的拓本，我才到辽阳去验看此碑。当时此碑保存在辽阳文管所，我是在文管所看到此碑的。不久，辽阳又发现了玉皇庙碑，我又去了一次。这一次还在一所小学的教室外，看到了一块矗立着的巨碑，我借小学的课桌爬上去识读碑文，找到了《辽东五庆堂曹氏宗谱》上三房的三个人名，他们都是孔有德部下的人。证明此碑与曹家上世也有关系，此碑名"弥陀寺碑"。现在这几块碑都已移到辽阳市博物馆陈列起来了。今年6月4日，我又去辽阳验看了《大金喇嘛法师宝记》碑，并请人作了拓本，拍了全照和局部特写的照片。

《大金喇嘛法师宝记》碑碑阳

67

《大金喇嘛法师宝记》碑碑阴

此碑碑额碑身与插榫为一块整石，碑身除插榫统高 95 厘米，宽 66 厘米，厚 11.5 厘米。两面刻字，正面是碑文，背面是题名，碑额中刻"敕建"两大字，两边是云纹，下面刻两道横线，横线以下是碑文。现将碑文和题名分别移录于后。原文是竖行，正文满汉文对照，右半是汉文，左半是满文，满文还是老满文，到天聪六年正月，即进行改革。关于此事，《满文老档》亦有记载：

　　十二字头，原无圈点。上下字无别，塔达特德、扎哲、雅叶等，雷同不分。书中寻常语言，视其文义，易于通晓。至于

人名、地名，必致错误。是以金国天聪六年春正月，达海巴克
什奉汗命加圈点，以分晰之，将原字头，即照旧书于前。使后
世智者观之，所分晰者，有补于万一则已。倘有谬误，旧字头
正之。

是日，缮写十二字头颁布之。①

所以，此碑尚存改革前之老满文，实甚珍稀。此碑右边书汉文正文
十一行半，左边书满文十二行半，汉满文各有半行，是合用一行，此行
上半行是满文的开头，即"大金喇嘛法师宝记"的对译。下半行是汉文
的"游击 大 海 撰"数字，上下合占一行。这个"大海"也就是后来
杨于渭
进行满文改革的"达海"，正面的满文是对汉文的对译。

以下是碑文正文的移录，原书是竖行，现依原格式改为横行，但可
与所附图片对照。

《大金喇嘛法师宝记》碑碑阳汉文：

大金喇嘛法师宝记

法师斡禄打儿罕囊素，乌斯藏人也，诞生佛境，道演真
传，既已融通乎大」②法，复意普度乎群生。于是不惮跋涉，
东历蒙古诸邦，阐扬圣教，广敷佛惠，□」蠢动含灵之类，
咸沾佛性，及到我国，蒙」

太祖皇帝敬礼尊师，倍常供给，至天命辛酉年八月廿一日，法
师示寂归西」

---

① 《满文老档》下册，第 1196－1197 页，中华书局 1990 年版。
② "」"号表示原碑文字一行之讫。

太祖有敕，修建宝塔，敛藏舍利。缘累年征伐，未建寿域。今
天聪四年法弟白喇嘛⌐

　　奏请，钦奉
皇上敕旨
　　八王府令旨，乃建宝塔，事竣镌石以志其胜，谨识。时
　　大金天聪四年，岁次庚午孟夏吉旦。同门法弟白喇嘛建
　　钦差督理工程驸马总镇　佟养性

　　　　　　　　　　　委官备御　蔡永年

　　　　　　　　　游击 大　海 撰
　　　　　　　　　　　 杨于渭

以上是碑阳汉文的移录。

　　这篇碑文，简要地介绍了囊素的经历和逝世的日期，这与《满文老档》有些出入，当以碑文的日期为准。其次是说明了白喇嘛奏请皇太极赐建宝塔和皇太极敕旨修建。再次是这个修建工程是由"钦差督理工程驸马佟养性"总管，"蔡永年"是佟养性手下具体监管这项工程的，碑文是"游击大海、杨于渭"撰写的。工程竣工的时间是"大金天聪四年，岁次庚午孟夏"。这篇碑文文字虽不长，但关键问题都说清楚了。特别重要的是，这项工程是皇太极特旨命驸马佟养性"督理"的，所以参与这项工程的人员，除"喇嘛门徒"、"侍奉香火看莲僧"、"西会广祐大宁慈航寺僧"等外，主要是佟养性所率领的"旧汉兵"、"旧汉军"或"汉军"的人员。前面这些僧侣只是署名或曾捐款，"总镇副参游备"、"教官"、"千总"这些人，可能既是参与工程而更是捐款者。而这些人都是佟养性的部下，而且大都是明朝的降兵降将。在《清实录》、《清史稿》、《满文老档》等书里，可以查出他们一大批人名和他们归降的情节来。

在碑文七、八两行下，即"奏请钦奉"这一行和"皇上敕旨"这行下——因这两行都是四个字一行，下边各有半行空白，合起来是两个半行的空白并列，——在这两个半行空白处，又楔进去三行刻文："总兵耿仲明、都元帅孔有德、总兵尚可喜。"这三行是并列的文字，孔有德的官称比其余两人高出一字。这三行文字，不言而喻，是后来硬楔进去的，不是碑文的原文。因为孔有德、耿仲明都是在天聪七年四月降金的，皆赐称"天祐兵"，旗纛皆白镶皂。尚可喜是天聪八年降金的，赐称"天助兵"，纛旗皂镶白。尚可喜的降金时间比建碑的时间整整晚了三年多，三个人的名字刻在一起，则时间更晚。所以，当天聪四年建碑时，孔有德等还是明朝的将官，还在与后金敌对，哪有可能来参与立碑？再者，此三人署名的位置，一看就明白完全不合碑文的体制和格局，且左边老满文的对译也无此三人，更可见绝不是原文。特别是孔、耿、尚三人投降后，仍各自将一军，与佟养性的部队不是一回事，佟养性也无权"督理"他们，所以这三行名字，与此碑的正文无关。更与此碑的建立无关。

下面再说碑阴的题名：

喇嘛门徒　甕卜、班第、扒必知、闪把、孛代、咱□□、罗布藏^{端州}」齐榜识、率尼榜识、战麻、毛胡赖、布希孩、□牛、孛治」摆晒、麻害、来福、路子、小保子、□□□、贾友登」贾友明、重阳、夏永时、王善友、把大□、□□□、徐计忠」范和尚、朱朝功、王厨子、洪文魁、洪□□、王□中、王尽中

」贾计祖、徐 德、王 二、小倪子、明□□、

祖 喜、玄 方」

侍奉香火看莲僧　大 成、大 塔、金刚保、常 会、大 士、

大 召、妙 意、宽 德、宽 伏、□ □、祖 俊」

西会广祐大宁慈航寺僧　　信 海、信 椿、洪 果、信 稻、

性 惠、果 正、常 镇、洪 德、□ □、□ □」性

宗、信 清、镇 龙、洪 湛、大 常、大 京、大

玲、大 清、妙 本、宽 然、玄 龙、玄 乐、妙

感」玄 维、召 贞、信 福、惠 静、性 朝、游备

郎 位、郎熙载、臧国祚」

总镇副参游备等官　　马登云、黑云龙、石国柱、高鸿中、

金 励、佟 延、鲍承先、祝世印昌」李思中、殷廷

辂、杨万朋、佟 整、张世爵、李 灿、张士彦、

李世新、范登仕」张大猷、高仲选、吴守进、刘

士璋、闫 印、杨可大、崔应太、朱计文、吴

裕」金玉和、甯完我、崔名信、杨兴国、李光

国、金孝容、俞子伟、赵梦豸、段成梁」殷延

枢、李延庚、秃 占、秃 赖、才 官、率 太、尤

天庆、黄云龙」

教　官　高应科、朱□□、郑文炳、冉启倧、王之哲、

冯志祥、曹振彦、蔡一品、张□□」李芳浦、

高大功、严仲魁、韩士奇、薛 三、樊守德、陈

玉治、林友成、王友明」

千　总　房可成、李三科、崔进中、周尚贵、木匠赵将、

　　　　石匠信倪、宽□」金世逮、韩尚武、铁匠潘铁、

　　　　□匠胡净」

　　以上是碑阴题署的名字，这一批名字，是立碑时的正式题名（其中"西会广祐大宁慈航寺僧"下第三行"游备郎位、郎熙载、臧国祚"三人也是后添，字迹显然不同，特别是"游备"是官名，不可能与僧侣混在一起）。还有两组名字是后加的，与奉敕建碑之事无关。一组是在"总镇副参游备"的左边，也即是下首，碑阴的左上端刻"皇上侍臣"四字，"皇"字高一格，然后横排向左顺次刻"库 滴、义马哈、龙 十、偏 姑、温□十、木 青、乞力干、□ □、何不利"等九人的名字，这九个人的名字是自右向左并列的，不是上下竖行衔接的。另一组是"副将佟一朋"，这五个字是硬插在"千总金世逮"下的。接着是此碑题名的最末行，顶着上边"皇上侍臣"下最后两个模糊不清的名字，刻"柯参将"。此三字与右边的"千总"两字并齐。这样，碑阴的题名便成为"参将"在"千总"之后，与"千总"并齐，然后下刻"杨旗鼓、马应龙、陈 五、炮塔泥水匠崔果□"等等"。这一组当然与""皇上侍臣"等是另一批人，都是后刻的。这所谓"后刻"，不是当时原应该刻他们的名字，因为疏忽遗漏了，再加补刻，完全不是这个意思。可以明确地说，碑阳的孔有德等三人，和碑阴的"皇上侍臣"、"副将佟一朋"等，都与这项工程无关，与佟养性也无关。这三组名字，至少要晚了好几年才刻上去的。佟养性死于天聪六年，尚可喜是天聪八年降金的，也不可能刚投降，就赶快来署名。这样，这类添刻的名字，至少在天聪八年以后若干年，甚至更长一点的时间才添刻上去的（请参看后面曹汛先生的

摹本）。

周汝昌说曹"振彦列名于'皇上侍臣'"，又说"实则振彦列名在'皇上侍臣'项下之第四行第九名，此行第一名为'偏姑'，次名为'敖官'，本无所谓'教官'之任何存在痕迹"。"将'敖官'改为'教官'，且提行排列，予人以极大错觉"。

曹振彦是否于天聪四年就当了皇太极的"皇上侍臣"，碑阴题名究竟是"教官"还是"敖官"，"教官"两字究竟是移录时有意提行还是原碑的格式，这些问题，都放在下文辨析。

《大金喇嘛法师宝记》碑的著录和研究状况

《大金喇嘛法师宝记》碑建于天聪四年，公元 1630 年，至今已历 377 年。据我所知，最早著录此碑的，是写成于 1914 年，同年译成中文于 1915 年由中华书局出版的日本稻叶君山的《清朝全史》，该书说：

> 天聪朝有白喇嘛者，往来于明袁崇焕之处，又有满朱习礼库图克图喇嘛者，自蒙古喀喇沁部来，在此前后而来者曰卫征囊素喇嘛，曾带国书至袁崇焕处。（中略）太祖初年即金国创业之时，早宣传于长白山下之城寨，此于斡禄打儿罕囊素法师，远自乌斯藏（西藏）而来满洲，可以证之。法师行事，佚不传。幸《大金喇嘛法师宝记》之碑文尚详。[①]（以下即录碑文，略）

---

① 见 1915 年版《清朝全史》上册，第 104－105 页，中华书局版。

此外如 1923 年出版的萧一山的《清代通史》，于该书 64 页，亦有较详之论说。至 1938 年出版的日本《东洋文化史大系清代之亚细亚》，则更有此碑碑阳的照片。1946 年出版的郑天挺的《清史探微》，于论佟养性时，亦提及此碑。以上四书，前三书都是论佛教之传入东北地区，后一书是论佟养性，皆未及碑阴之题名，更未注意到曹振彦，也未对碑阳碑阴的文字全录。

一、《奉天通志》

1934 年，由翟文选、臧式毅主修，白永贞、袁金铠等纂成《奉天通志》二百六十卷，同年在沈阳刊印。2003 年，此书又由辽海出版社影印重出，合订六巨册，在第六册 5746 至 5747 页，全文刊载此碑碑阳的碑文和碑阴的题名。现将此碑碑文和题名影印如下：

碑阳碑文

碑阴题名

这是为《大金喇嘛法师宝记》碑第一次作的文献著录，全文移录了碑阳和碑阴的文字，本是一件大好事，但却错误迭出，简直令人不可置信，也为后世造成了混乱。

错误之一：是把碑阳碑文中后来楔加的"都元帅孔有德、总兵耿仲明、总兵尚可喜"三行字，移到了碑文的末尾，与"钦差督理工程驸马总镇佟养性"并齐，三个人姓名的末一字恰好与佟养性的"性"字齐。这就造成一个错觉，使人感到此三人也是"钦差督理工程"的。

错误之二："侍奉香火看莲僧""看莲"原刻清晰无误，至今仍是如此，此书却误成"者连"，此句便成为"侍奉香火者连僧"，令人不可解读。

错误之三：是"西会广祐大宁慈航寺僧"这行字原是台头与"喇嘛门徒"、"侍奉香火看莲僧"及后边的"总镇副参游备等官"并列的，此书却把它紧接"侍奉香火看莲僧"下最后一个名字"祖俊"之后，使人不解其意。因为这一行原本台头与"侍奉香火看莲僧"并列的文字，是四个寺名的合写，点断了就是"西会、广祐、大宁、慈航"四个寺，现在紧接在上项人名之后，既破坏了原碑的规格体制，也使人摸不着头脑。

错误之四：是原"总镇副参游备等官"的名目下共有四十五人，现在却缩减成九人，而且九人中有两人无名字，都是打"□"，实存七人，而七人中还有两人只有姓，名字也是"□"，所以实存五人和两个姓，这完全不符合原碑的情况，今原碑尚在，可以验证，况且这些打"□"的人实际上碑上字迹都可辨认，这就是"金励、佟延、鲍承先、祝世印昌"。

错误之五：是把后加的"皇上侍臣"等人当作是原刻，并且不顾"皇上侍臣"官称下和横列的人名下，原碑上都留有一个人名的空白。自右到左，共有四个空白。直到第五行（自李思中数起）"教官"两字因提行台头，故上面只剩一个字的空白。但"教官"一行的左边，又是连空三个字的空白，直到下一行"千总"，又提行台头剩一个字的空白。但"千总"以后，即在"金世选"的名字上面，又是三个字的空白，这已是碑阴原文的末行。"皇上侍臣"与下边原有题名之间，有这么明显的空白相隔，明显地表明，上排的名字与下边的名字不是一回事，但此书却不顾原碑的书写格式，也不顾"皇上侍臣"等名字分明是后加的事实，竟将"皇上侍臣"等名字与下边的名字对行紧接，取消了中间具有隔断意义的空白。按照这样的格式来算，"皇上侍臣"名下，竟有六十五人之多（自李思中起到周尚贵止）。这项工程碑文上明明写着"钦奉皇上敕旨"，是由"钦差督理工程驸马总镇佟养性"来总理的，但属于他的部下，由他"督理的"却只有九个人，而"皇上侍臣"却有六十五人之多。这显然不符合当时的实情，也不是碑阴题名的真实情况。佟养性是"旧汉兵"、"旧汉军"、"汉军"的总理（此时名称尚未统一），他只能统率和指挥明朝投降过来的降兵降将，无权统率"皇上侍臣"，何况，总镇副参游备以下碑上的原题名，都属佟养性的部下，都是明朝投降过来的降兵降将，这都有史料可查的，哪有可能一下子都变成了皇太极的"皇上侍臣",所以,实际上他们都与"皇上侍臣"无关。特别是"皇上侍臣"左边的九个人(其中一人名字剥落)都是满人,他们都是皇太极的宫廷"侍卫",不是朝中的大臣,所以他们都是满族,这一点,与佟养性的部下都是汉人也有明显的区别,不能混淆不分。所以此书的这种排列,不仅破坏了原碑的书写格式,而且造成了混乱。

错误之六:是把碑上提行刻写的职衔名"教官"改为人名"敖官"。此前不久,我又专程到辽阳验看此碑和碑上此字,分明是"教官"而且分明是提行台头书刻无误,我为此特拍了照片,拓了拓片(见附图)。特别有幸的是我找到了 1937 罗振玉作序、罗福颐编纂的《满洲金石志》。此书只晚于《奉天通志》两年多一点(《通志》成于 1934 年 11 月,《金石志》成于 1937年 5 月),但已纠正了《奉天通志》的错误,已将孔有德三人的名字移归原处,已明确书"教官"而不是"敖官"。可证"教官"之误,早已得到纠正。

错误之七:此书更重要的错误,是竟然在碑阴题名中,没有了曹振彦的名字,在原有曹振彦名字的位置上,只有"曹振"两字,并没有留下缺字的"□"标记,这表明书中著录的是"曹振","曹振"当然不是"曹振彦"。于是这块碑也就与曹雪芹的上祖无关了。这是多大的失误!

错误之八:是原碑碑阴最后一个职衔是"千总",并且是提行与"教官"并列的,位置是在"房可成"的名字之上。现在只有"房可成"的名字,没有了他的职衔"千总",这等于是把一个"千总"房可成升格到"皇上侍臣"了。

以上所列，就是《奉天通志》著录《大金喇嘛法师宝记》碑碑文的主要错误，而奇怪的是，这些错误全成了周汝昌批判别人的依据，但他却又不说明是据此书著录，不知是何缘故，难道是"巧合"，难道周汝昌竟没有见过此书？这当然不可能。那末，他为什么不注明出处，难道这是学术常规吗？难道考证而可以无证吗？那末他为什么不肯示人以证呢？这只有他自己心里明白了。

二、《满洲金石志》

此书由贞松老人罗振玉作叙，由罗福颐纂辑校录，于 1937 年夏天出版，满日文化协会印行、线装。此书卷六之 75 至 78 页，载有《敕赐大金喇嘛法师宝记》碑的阳面碑文和阴面题名，现将碑阳的碑文和碑阴的题名复印于下：（参见附图）

勒賜
大金喇嘛法師寶記
高四尺零六分廣二尺六寸碑陽滿漢文
各十三行行于不等額題勒建二字正書
大金喇嘛法師寶記
法師幹祿打兇罕囊素烏斯藏人也誕生口境道演
真傳既己融通乎法口意普度乎群生共是不憚跋
涉東歷蒙古諸邦闡揚聖教廣敷佛惠
蠢動含靈之
類咸沾佛性及到我國蒙
太祖皇帝敬禮尊師倍常供給至天命辛酉年八月廿一日
法師示寂嵤西
太祖有勒修建寶塔斂藏舍利緣累年征伐未建壽城今天
聰四年法弟白喇嘛
奏請欽奉
都元帥耿仲明
總兵尚可喜
皇上勒旨
八王府令旨乃建寶塔事竣鐫石以誌其勝謹識昔
大金天聰四年歲次庚午孟夏吉旦同門法弟白喇嘛
建
欽差督理工程駙馬總鎮佟養性
委官備禦蔡永年
遊擊楊大于渭撰

此书虽只晚于《奉天通志》两年多一点，但在《大金喇嘛法师宝记》碑的志录上，却纠正了《奉天通志》对此碑志录的多处重大错误：

（一）此书将孔有德、尚可喜、耿仲明三人的题名，回复到碑的题名处，这样从碑文的格式上，人们一看就知道这是后加的，不是原刻，因为它题名的位置完全不对。至于熟悉明清史的人，更知道孔有德、耿仲明是天聪七年降金的，尚可喜是天聪八年降金的，天聪四年他们不可能在后金的碑上题名，他们那时还是明将。从这一点，更可以看出此是后加。

（二）在碑阴的题名上，恢复了"教官"的职衔，而不是人名"敖官"。这样，实际上也把高应科、曹振彦等十八人，从误列入"皇上侍臣"的行列里区别了出来，恢复了他们原来的职衔，也使"曹振彦"这个特殊的历史人物的名字，继续保存在历史文献里。如没有此书，则这个碑阴的题名里只有"曹振"，在文献著录上再也找不到"曹振彦"了。

（三）此书除恢复了"教官"这个职衔外，又恢复了"千总"这个职衔，使房可成等五人，也从"皇上侍臣"的行列里区别了出来。

以上这几点，都是此书的重大贡献。

但此书也还留下了未曾解决的问题，即此书还未能鉴别出"皇上侍臣"这一排名字是横列，而且是后刻，不能与碑阴原题名上下连行，把它看作是原刻。这个问题，还要等待后人来解决。但《满洲金石志》距《奉天通志》只有两年多一点，就纠正了《通志》上关于此碑的最严重的三处错误，也已经是足够庆幸的了。

三、曹汛对《大金喇嘛法师宝记》碑的研究

大金喇嘛法師寶記

法師翰祿打兒罕裏素烏斯藏人也誕生佛境道演真傳既己融通乎大

法復意普度乎群生於是不憚跋涉東歷蒙古諸邦闡揚聖教廣敷佛惠□

蠢動含靈之類咸沾佛性及到我國家 至天命辛酉年八月廿一日法師示寂歸西

太祖皇帝敬禮尊師倍常供給

太祖有勅修建寶塔欽藏舍利錄累年征伐未建壽域今天聰四年法弟白喇嘛

奏請欽奉

皇上勅旨

八王府令旨乃建寶塔竣鐫石以誌其勝謹識　當

大金天聰四年歲次庚午孟夏吉旦同門法弟白喇嘛建

欽差督理工程駙馬總鎮佟養性

委文官備禦蔡永年

遊擊揚于渭撰

（印：都元帥尚可德　總兵孔有德）

1978 年第五期《文物》发表了曹汛对《大金喇嘛法师宝记》碑的研究文章，题为《有关曹雪芹家世的一件碑刻史料》，副题是"记辽阳喇嘛园《大金喇嘛法师宝记》碑"。

我认为到目前为止，这篇文章是对此碑研究最正确、最全面的文章，可以说，上面的这些问题，在这篇文章里都得到了正确的解决。

下面我附载曹汛同志依原碑格式准确摹写的碑阳、碑阴的文字并摘录此文的重要段落，以见此文的学术成果，同时也可以看到，上面所涉及的这些问题，此文确已解决。

《大金喇嘛法师宝记》是清代早期碑刻，尚用大金国号。碑文汉文与老满文对书，老满文即无圈点满文，这种文字传世实物不多……碑文透露出清初尊重喇嘛教的情况，还表明修建喇嘛塔是由佟养性及其属下的汉军官员负责。碑阴留名的总镇副参游备和教官等，都是明朝降将、俘虏或他们的子侄，这时都受佟养性统辖。这些官员当中，第十六行教官行列内之曹振彦，即《红楼梦》作者曹雪芹的高祖。……碑的两面还有后来补刻，碑阳第七、八行"奏请钦奉皇上圣旨"句下的"都元帅孔有德、总兵耿仲明、总兵尚可喜"三人衔名，碑阴左肩第十二至二十行上端的"皇上侍臣库滴、义马哈、龙十、偏姑、温台十、木青、乞力千、□□、何不利"一横列衔名，还有第十九行上部，第二十行全部，都是后来补刻的。为复原书丹刻字立碑当时的面目，现把整理后的汉文碑文和碑阴全文摹出来，凡属补刻的部分一概圈出。

佟养性节制下的总镇副参游备以及教官等名列碑阴，应该都是舍金资助做"功德"。至于皇上侍臣库滴等，是后刻的，他们都是满族，不隶于佟，与建塔无关。（此处作者有注云：

这些字书写拙劣，皇上侍臣库滴等插空横排，格式也不对。库滴等都是满族，龙十、偏姑〈《实录》作龙什、篇古〉还是宗室，不受佟的节制。）

官员名单中，教官列在总镇副参游备之后，千总之前，其官阶地位约略与备御相当或稍小，要大于千总，天聪八年（1634年）四月辛酉，官名"易以满语"，"凡赏册书名悉以厘定"，于是备御改为牛录章京。就在这一天，"墨尔根戴青贝勒多尔衮属下旗鼓牛录章京曹振彦，因有功，加半个前程"。

(《太宗实录》卷十八) 可见在天聪四至八年间，曹振彦已由教官做了备御。

关于曹家的旗籍，也有过不同的说法。现在知道天聪八年曹振彦曾任旗鼓牛录章京，隶多尔衮。当时确已归入满洲正白旗。（庸按：当时多尔衮是镶白旗旗主，多铎是正白旗旗主。所以曹振彦此时应属镶白旗，大概在崇德末年或顺治初年，多尔衮与多铎互换旗纛，多尔衮改为正白旗旗主，曹振彦当也跟着改换到正白旗。）今据这一碑记，又知道在天聪四年时，曹振彦曾任教官。隶佟养性，属于乌真超哈即后来所谓的老汉军。因此得知，曹家并不是一开始就归入了满洲旗分的。

以上是我摘录的曹汛先生的原文，当然只是择要摘录，但我觉得仅凭这几段摘录的文字，已经把上面这些问题说清楚了，何况还有他的摹本，将后加的文字都已圈出，这就更容易让人明白问题的真相了。这篇文章发表至今已经三十年了，没想到竟还有人倒退了回去。

余　论

一、关于"教官"问题的辨析

我于今年 6 月 3 日去沈阳，6 月 4 日从沈阳出发去辽阳，承辽阳市领导和朋友的帮助，到博物馆后，随即将已用玻璃罩封闭的《大金喇嘛法师宝记》碑外面的玻璃罩拆掉，然后仔细观看全碑和认真细看了"教官"两字。经仔细反复多人观察，一致认为是"教"字。但这个"教"字的写法，与一般的写法稍有不同。现将碑上这个字的写法摹写如下：

教。这个"教"字的写法，"子"字的第一横笔特别长，长到比上面"土"字头的第二笔还长，而"孝"字的一撇，又没有出"土"字的第二横画，半边形成了这样的字形：孝。这种特殊的写法，再加天聪四年（1630 年）至今三百七十多年的风化剥蚀，自然就容易模糊了。无独有偶，当时又发现了紧挨此碑有一块康熙初年的大碑，文字完好清晰，上面恰好有三个"教"字和一个"孝"字。其写法与《宝记碑》的写法一模一样，都是"子"字的第一横笔长于"土"字头的第二笔，形成"孝"的字形。这样无怪乎《奉天通志》会把它误成"敖"字了（参见图片）。

有人说，根本没有"教官"这个职衔。我查了不少书，查了《满文老档》、《清实录》等书，只查到了教授汉文的"教习"，如《满文老档》天聪六年十月二十一日说："教习汉文之生员四人，我等教授两旗子弟已十二年矣。""正黄旗因生员超额，仅命董生员、黄生员教习。"（1346 页）这说明当时后金是有教授汉文的教师的，但这里的"教习"似也不是职衔，但《宝记》碑上曹振彦确是列在"教官"的职衔下，"教官"两字还提格与"千总"、"副参游备"等并齐，这是十分清楚的事实。此事我正在纳闷的时候，忽然辽阳原文管所的邹宝库同志告诉任晓辉说，《宝记》碑上是"教官"两字（此碑从收集起直到他退休一直是他保管），并且他还说明万历四十五年"礼部榜文"的碑刻上就有"教官"的名称。随即由辽阳的朋友到博物馆查核了此碑，果然找到了此碑并且找到了碑上"教官"的名称，随即拍了照片传送过来。我仔细看了照片，不仅是"教官"两字，而且"教"字的写法居然与《宝记》碑的"教"字写法完全一样（参见后附图片）。恰好我手头有邹宝库编的《辽阳金石录》，检查此书，很快就找到了《礼部榜文》的碑文。文很长，现只录有关的这一条文字：

> 生员内有学优才瞻，深明治体，果治何经，精通透彻，年及三十愿出仕者，许敷陈王道，讲论治化，述作文辞，呈禀本学教官，考其所作，□□理连金其名，具呈提调正官，然后亲□赴京奏闻，再行面试。如果真才实学，不待选举，即时录用。①

这段文字里的"教官"确是职衔，而且不是与老师、先生、教授一样的意思，而是职衔，但这不是武职的"教官"，而是文职的"教官"，可能相当于校长之类的职务。

　　大家知道，后金早期，一直是沿用明制，如《宝记》碑上的这些"总镇副参游备"以及"千总"等武官的职称，都是明朝的军职，可见曹振彦头上"教官"的职衔，也是沿用明朝的旧称。由此可证，曹振彦是佟养性乌真超哈部队即红衣大炮部

---

① 邹宝库辑注，辽阳市档案馆、辽阳博物馆编印：《辽阳金石录》，第77页，1994年出版。

队的 "教官" 当是无可怀疑了。至于他到底是文职教官,还是武职教官,还有待进一步考实。我们先看一些有关的资料,据《满文老档》:

天聪六年正月二十二日

午,大贝勒、诸台吉、众大臣等,往北教场阅视西乌里额驸(佟养性——庸注)部下汉兵擐甲胄及列纛,施放红衣炮,出后先至西教场阅视诸申兵施放枪炮,又西乌里额驸部下汉兵置铅子于红衣炮,发煩炮,将军炮内,树的、演视之。乃复列小炮,同施放毕。(下册 1225 页)

......

二月初五日,汗幸教场,集其二旗护军,命擐甲胄,阅其步射、骑射。

十五日,汗幸教场,集正黄旗护军,命自杨古利额驸以下尽擐甲,以纛旗列于两翼,阅各甲喇依次演射。次谕大凌河新降三副将曰:"尔等已忘执弓,近来尔等居家无暇射箭,尔等可试演之。"三副将奉命射毕。(中略)随汗同往之八旗诸贝勒,亦各赴教场,率护军演射毕,杀牛羊筵宴。(下册 1233 页)

二十五日,八旗护军集于额尔克楚虎尔之教场,命贝勒及其部下皆擐甲,各按旗序列方形队,于队内侧,命精选护军分两翼按旗序排列,列红衣炮于中。汗、大贝勒、莽古尔泰贝勒率众台吉环营挨次检阅。(下册 1246 页)

以上仅天聪六年正月二十二日到二月二十五日,才一个月又三天,就阅兵四次,这样频繁的演习,足见后金对军队训练之重视。那末,为什么从未见到有 "教官" 的记载呢?难道真是没有教官的吗?这不可能,不要说红衣大炮部队不可能没有教官，就是步兵、骑兵步队也不可能没有教官，连使用的战马都要有训练，怎么会没有训练军队的"教官"呢？查《八旗通志·兵制志五》，康熙"二十二年五月丙午，都察院左佥都御史陈汝器条奏：'每旗应设一营操练火器。'上曰：'所奏甚是。'……"雍正三年，又有"左营教习蔡永"，"右营教习林全"的记载。同年十二月二十日，兵部呈奏："查江宁为省会重地，京口系水陆要冲，江宁省城，各门城上俱有炮台，安设大小炮位，（中略）每年九月间演放一个月，（中略）仍令现在管理鸟枪之每翼协领一员，每旗佐领，及拖沙喇哈番品级章京，骁骑校各一员，教习演放。"《兵制志六》第一项就是"大阅、训练、防守"，"大阅"就是康熙检阅军队演习，其中就有"八旗所列红衣将军及诸火器，一时尽发，凡二次，声震天地。巨炮所击，树侯栏墙，莫不应声而倒"的记载。雍正九年曾降谕旨"命都统等善为训练"。雍正十年正月，又有"上谕八旗操演兵丁"，说："兵丁之演习武艺，亦未有不勤加训练而能有成者。"四月又有谕旨，说："着交与训练兵丁之大臣"，"八旗训练兵丁之大臣等，其如何训练之处，并不议令画一，彼此不同。"又金德纯的《旗军志》载康熙时火器营一营"置操练尉二员，正五品，副尉二员，正六品"。①

以上情况说明，清代从后金时代到康、雍之世，都是十分重视军队的训练的，而且不断地举行演习，但训练的方式并不划一，管理训练之事的官员只记到领导层，所谓"训练兵丁之大臣"等。因为并不划一，所以并无统一的"教官"之类的名称，但"操练尉"之类不同的名称是有的。

应该注意到《宝记》碑是后金时代天聪四年的碑刻，那时军队职衔，都沿用明代旧称，就是这块碑上所列的"总镇副参游备"等以至于

① 《昭代丛书》乙集卷十，第5页。道光癸巳年镌世楷堂本。

88

"教官"、"千总"也都是明代的旧称，明代的"教官"现在见到的万历四十五年碑刻是文职"教官"，也可能后金时代借用时并不严谨，也可能当时曹振彦是文职"教官"。但据我的分析，不大可能是文职，因为四年后他就是"旗鼓牛录章京"了，而且还"因有功，加半个前程"。"旗鼓牛录章京"是武职，是带兵打仗的，那时刚刚打完大凌河之战不久，佟养性的红衣大炮部队发挥了重大的作用。曹振彦"因有功"，当然是军功，不可能是教书的"功"。何况，进关时他参加了山海关战役，顺治年间，又参加了平山西大同姜瓖之乱的战斗，如果他在红衣大炮部队时不是武职而是文职"教官"，怎可能有后来这些战斗经历和军功？

所以归结起来，《宝记》碑上确是"教官"，"教官"两字原刻就是提行抬头，与右边的"副参游备"，左边的"千总"并齐，并不存在故意"提行"之类弄虚作假。而曹振彦决非"皇上侍臣"，周汝昌把他列入"皇上侍臣"是不符合事实的，硬要说曹振彦在天聪四年就当了皇太极的"侍臣"，是制造新的混乱。他这时还在佟养性属下当一名比"千总"地位稍高的"教官"，连多尔衮的属下也还不是，怎么能一下从一个投降过去的低级汉人降官变成"皇上侍臣"呢？

二、此碑题名中"高鸿中、鲍承先"两人所隐含的重大历史事件

此碑碑阴题名在"总镇副参游备等官"一行下有"高鸿中"（第四名）和"鲍承先"（第七名）两人的名字，此两人却联系到明末的一桩重大的历史事件，即抗后金名将袁崇焕的冤死。《满文老档》第十九册，天聪三年十一月末，有一条记载：

> 二十九日，遣杨太监往见崇祯帝。杨太监以高鸿中、鲍承

先之言，详告明崇祯帝。遂执袁都堂，磔之。(962 页)

这件事，在《清太宗实录》卷五第81—82页，有详细记载：

先是获明太监二人，令副将高鸿中，参将鲍承先、甯完我、巴克什达海监守之，至是还兵。高鸿中、鲍承先遵上所授密计，坐近二太监，故作耳语云：今日撤兵，乃上计也。顷见上单骑向敌，敌有二人来见上，语良久乃去。意袁巡抚有密约，此事可立就矣。时杨太监者，佯卧窃听，悉记其言。庚戌，纵杨太监归，后闻杨太监将高鸿中、鲍承先之言，详奏明主。明主遂执袁崇焕入城，磔之。锦州总兵祖大寿大惊，率所部奔锦州，掠夺民物，毁山海关而出。

这件事，在《清史稿》卷二三二《鲍承先传》里也有记载：

翌日，上诫诸军勿进攻，召承先及副将高鸿中授以秘计，使近阵获明内监系所并坐，故相耳语，云："今日撤兵乃上计也。顷见上单骑向敌，有二人自敌中来，见上，语良久乃去。意袁经略有密约，此事可立就矣。"内监杨某佯卧窃听，越日，纵之归，以告明帝，遂杀崇焕。(9366 页)

袁崇焕之冤死，加速了明朝的灭亡，想不到为皇太极使用反间计的两个人，都在这块碑上列名，其余二人，甯完我和巴克什达海，也列名在这块碑上。巴克什达海，就是撰写碑文的大海，"巴克什"是赐号。甯完我的名字在"总镇副参游备等官"以下的第四行第二名（在金玉和之下）。这样施行这项反间计的四个人，全在这块碑上，当时他们都是佟养性的属下。

1978 年，我写了《〈大金喇嘛法师宝记〉碑题名考》，考出了碑阴题名十人。这次我检读《满文老档》等书，又查出了将近十来个人的事迹，特别是弄清了他们投降后金的过程，还查出了《五庆堂重修曹氏宗谱》上五房第十世的"曹恭诚"的多条资料。碑阴题名此次续考出来的人名和事迹，因为文字太长，本文无法容纳，只好另文发表了。

三、对《大金喇嘛法师宝记》碑的研究并未终结

这块《大金喇嘛法师宝记》碑所含的历史信息量是很大很深的，后金早期的史料有不少已经失传了，就是《满文老档》也可见有很多断烂残缺，书上都有表明。这块天聪年间老满文与汉文对书的碑，又拥有原称"旧汉兵"、"旧汉军"、"汉军"或"乌真起哈"部队的大批人名，计碑阳和碑阴题名共一百六十二人，其中无法辨认和仅存姓者不计在内，特别是这一百六十多人，有一半左右是属于佟养性的部下，也就是后来建立汉军旗的前身，这对研究清朝后金时代的历史、宗教，无疑是有重大史料价值的。

遇到像"教官"这类非常陌生的名称，是把它另作解释，随意说成是人名了事呢？还是以此为线索进一步去搜索呢？这是截然不同的两种学术态度。在我看来，这"教官"两字，正好补史书之所缺，这是十分珍贵的线索，不能随意解释把它抹去。历史是客观的，不能以个人的意愿来曲解的。如果以认真严谨的态度来研究这块碑记，则我认为还有许多线索可寻。

周汝昌先生用了非常尖锐刻薄的话来攻击认为是"教官"的人。但

事实上认为是"教官"的不仅仅是我一人，自贞松老人罗振玉①起，到罗福颐、曹汛已有三人，我是对此碑最后写文章的人，此外还有未曾写文章的不少人。如此看来，周汝昌的攻击面就不算太小了，但遗憾的是恰好是周汝昌先生的观点与《奉天通志》所刊的《大金喇嘛法师宝记》的文字和识读完全一样。《奉天通志》的失误，前面已经分析过了。那末周汝昌先生的那几句话，给谁用最为合适呢？这读者心里是有杆秤的，读者是公正的，那就请读者去评判罢。

　　但是我认为，从事学术工作的人，最好不要使用这种语言，因为真理不需要用这种语言来阐述，这种语言也恫吓不倒别人。相反，真理自身是具有强大的生命力和说服力的，当读者看到了事实的真相以后，一切虚张声势的恫吓反而显出了它自身的空虚无力。所以，学术的商讨，还是用学术的语言为好！

2007 年 6 月 27 日夜 12 时

写毕于瓜饭楼，时值酷暑 37℃

---

　　① 罗振玉先生并不是仅仅写篇序文，他是亲手收集碑石墨拓并"悉心手校"、"详细谛审，期无乖失"的。可以说他实际上是此书的主编。请看他的序言说：（前略）"予频年以来，搜求墨本，命儿子福颐编《满洲金石志》，苦求备之不易。（中略）儿子乃以一岁之力，成书六卷。予念辑录一事，莫要于移写，亦莫难于移写。乾嘉以来，金石著录众矣，于移录殆均不能无憾。（中略）今兹所录，皆悉心手校，其石刻残泐或拓墨粗劣者，必详细谛审，期无乖失。虽不敢遽谓美善，然亦可略弥前贤著录之憾矣。"

再论曹雪芹的家世、祖籍和
《红楼梦》的著作权

　　近年来，"红学"显得特别热闹，倒不是整个红学界卷入了这个"热潮"，而是少数人在哄炒。

　　在南方是以欧阳健为代表的脂本否定派，他们一口咬定脂本是伪本，程甲本是最早最真的《红楼梦》本子，他似乎不知道连程甲本也是从脂本来的，至今程甲本正文里还混有脂批的文字。他们说程甲本被压抑五十年后由欧阳健第一次校点出版。事实上1987年由启功先生任顾问的程甲本校注本已由北京师范大学出版社隆重出版了，其首发式是在深圳举行的；1992年，又有书目文献出版社出版的影印程甲本，书名就叫《程甲本红楼梦》。此外，上海古籍出版社有《三家评本红楼梦》，北京文化艺术出版社有《八家评批红楼梦》，正文都是程甲本。是否还有别的程甲本问世，我闻见有限，说不定还有遗漏。是谁先出，这是历史事实，没有任何可资借口的。但他们竟然可以无视客观历史事实，吹嘘自己的校本是程甲本的第一次校订出版。

　　在北方，是以杨向奎先生为代表的曹雪芹祖籍丰润说，一时甚嚣尘上。他们借着丰润发现曹鼎望墓志铭、曹铨墓碑而大肆吹嘘，进而篡改曹家家世，更进而否定曹雪芹的著作权，抬出一个丰润曹渊来冒充所谓《红楼梦》的原始作者，竟然提出今后出版《红楼梦》，"可以署：创始者：曹渊（方回），增删者：曹沾（雪芹）"。由坚持曹雪芹的祖籍丰润说进而发展到否定曹雪芹对《红楼梦》的著作权，提出《红楼梦》的创始者是丰润人曹渊。杨向奎先生在没有任何证据的情况下，竟然否定中国文学史上最伟大的小说家曹雪芹对《红楼梦》的著作权，并且把它掠夺到名不见经传的丰润曹渊的名下，其勇气实在令人震惊！

历史是不以人们的意志而转移的，脂本的真实性决不会由于欧阳健的怀疑而产生一丝一毫的动摇，而曹雪芹对于《红楼梦》的著作权，更不会因为杨向奎先生的无端妄疑而被否定。而所谓的那个丰润曹渊，到头来也只能仍旧剩下"曹渊"两个字，除此以外依旧一无所有。

对于欧阳健的妄论，我已有文章驳斥；对于杨先生的论点，则本文准备商榷。

红学：喧闹的 1993 年和 1994 年

1993 年下半年到 1994 年上半年，"红学"又出现了一阵喧闹。并不是真正有了什么重大的发现和突破，而是有些人利用宣传手段，夸大事实，制造虚假突破，以追求所谓"轰动效应"。

兹将部分重要的新闻报道稍稍排列，以见一斑：

（一）1993 年 6 月 6 日，《光明日报》发表题为《丰润发现曹氏重要墓志铭和墓碑》的消息。说："据著名清史专家杨向奎教授研究认定，曹鼎望为曹雪芹祖父，曹铨为曹雪芹的父亲，但研究他们的资料一直极少，其中曹鼎望生卒年，死后葬地，曹寅称曹铨四兄，与家谱载鼎望三子不合等疑难问题，一直难以说清。这些志碑的发现不仅可以解决上述问题，对涭阳曹氏历史的研究也将有重大作用。"说曹雪芹的祖父不是曹寅而是丰润的曹鼎望，说曹雪芹的父亲不是曹颙或曹頫而是丰润曹铨，这消息确是具有强烈的"轰动性"的。

（二）1993 年 7 月 3 日《光明日报》再次发表题为《丰润县就曹氏墓志铭、墓碑举办研讨会，曹雪芹祖籍研究有新发现》的消息。说："著名历史学家杨向奎说，在清初，丰润曹和辽阳曹均参与平定大同姜瓖之乱，从此两家来往密切。《红楼梦》中的宁国府当指丰润曹，荣国府当指辽阳曹。曹寅之父过继丰润曹鼎望之子曹铨，后来又生曹寅，所以曹寅称曹铨为兄。曹铨后人皆以水旁字命名，所以曹雪芹（霑）当为曹铨之子。"前引 6 月 6 日《光明日报》刚刚报道过"著名清史专家杨向奎教授研究认定，曹鼎望为曹雪芹祖父，曹铨为曹雪芹的父亲"。按照这一说法，那末，曹雪芹自然是地地道道的丰润人了，何止于祖籍是丰润呢？然而隔了不到一个月，还是这家报纸，还是报道这位"著名历史学家杨向奎"的说话，却一变而为"曹寅之父过继丰润曹鼎望之子曹铨"。大家知道，曹寅之父是曹玺，康熙老佛爷的奶父。大家又知道，曹寅一系，包括曹玺、曹尔正、曹振彦、曹世选、都是"著籍襄平"的，曹世选还"令沈阳有声"，因此他们当然是辽阳曹。上面 7 月 3 日报道的杨老先生的意思，分明是丰润曹过继给了辽阳曹。按照封建宗法制度，过继后生的儿子只能算是过继一方的，不能算作过继前的本家的。杨先生对这一点当然是很清楚。那末这就是说，曹雪芹的祖父又只能是曹玺。有趣的是杨老先生刚刚"认定曹鼎望为曹雪芹的祖父"，现在这么随便一变，曹雪芹不仅一会儿要当丰润曹鼎望的孙子，一会儿又要当辽阳曹玺的孙子，这实在太委屈了这位伟大的天才作家了。但让曹雪芹更加为难的是曹寅原是他的祖父，现在却成了他的父辈，曹雪芹又无缘无故地被提高了一辈。倘使雪芹见到曹寅，其尴尬之状是可以想见的。所以，这样的报道自然会起到更加强烈的"轰动效应"了。

（三）1993 年 8 月 15 日，《中国文物报》以头版头条新闻报道：《丰润发现清曹雪芹先祖碑刻》。副题是："为考证、研究曹雪芹家世提供珍贵实物资料。"该文报道说："据史学家杨向奎先生考证，'曹雪芹即丰润曹鼎望之嫡孙，曹铭（铨）之子，自幼寄养在辽东曹寅家，曹雪芹便在曹寅家长大'。"从 7 月 3 日到 8 月 15 日，才过了一个月又十二天，杨先生的意见又变了，变作了曹雪芹是"丰润曹鼎望之嫡孙"，而且是"自幼寄养在辽东曹寅家，曹雪芹便在曹寅家长大"。这就是说，杨先生不再让"曹寅之父过继丰润曹鼎望之子曹铨"了，曹雪芹只是"自幼寄养在辽东曹寅家"了。这样一来，自然是两全其美，曹雪芹既拨归了丰润曹，又与辽阳曹沾上一点关系，而又不说是曹寅之子辈还是孙辈，这当然是灵活宽松得多了。但是人们不禁要问，这位清史专家怎么会如此善变，从 6 月 6 日到 8 月 15 日，时间才不过过了两个月又九天，杨老先生的说法已经变了三次，这真叫人望尘莫及。

（四）1994 年 1 月，《齐鲁学刊》1994 年第一期发表杨向奎先生的文章：《关于〈红楼梦〉作者研究的新发展》。[①] 文章说：

> 1. 在曹寅系统内找曹沾[②]永远是徒劳的。于是有近来研究方向的转折。
>
> "我们在研究曹雪芹世家……过去只限于尔正、曹玺、曹寅的一系，如能放眼丰润曹霑一族，所得或多。铨幼年或曾过继曹玺家，以致曹寅视之为同胞、骨肉"。曹铨子侄辈皆水字旁，而曹沾（霑）亦如此，则曹寅与雪芹之亲属关系，仍有研究余地……此时我对于曹沾之出自丰润曹铨家，尚未完全肯

---

① 此文又刊于 1994 年 3 月 9 日《中国文化报》。

② 按：曹霑的"霑"字是"雨"字头的"霑"，此处去掉"雨"字头，是杨先生特意去掉的，不是排错或笔误。下文当讨论，此处暂不枝蔓。

定。但后来不久在与周汝昌先生的通信内即完全肯定了此说，而认为曹沾为曹铨子，铨曾寄养于曹寅父家，生子曹沾，又为曹寅嗣子。

2. 我的结论是：

曹沾（雪芹）是丰润曹鼎望三子曹铨之子而过继给曹寅。

这一"过继"的程序，我坚信不疑，在两次有关曹雪芹的会议上，我都是依此说发言。但在丰润曹家的族谱中，在当时有关诗文及其他记载中都找不到旁证，找不到这两个曹家曾经有过"过继"的事实。巧得很，当人们再追问这"过继"的明确记载时，丰润青年学者王家惠同志的《曹渊即曹颜——曹寅曾过继曹铨之子》一文出世（见 1994 年 1 月北京《文艺报》）。这在有关《红楼梦》作者问题的研究上又向前推动了一步，建立了一新起点的基石。

3. 但曹渊、曹颜究竟与《红楼梦》的作者有何关系？我曾向王家惠同志说，一百步的工程，你走了大半，应当追下去问：《红楼梦》作者是谁，他与"颜渊"① 是否相关？王家惠同志尚未作答；而另一位丰润青年学者刘润为同志写出《曹渊：〈红楼梦〉的原始作者》。这是画龙点睛的著作，王家惠同志画龙，而刘润为点睛。有此一"点"，全龙活了，而《红楼梦》一书的原始作家出现，七十年来的悬案至此解决。

4. 曹雪芹对于《石头记》作了增删，"增删"不是著作，

---

① 原文如此，引者。

孔子曾"删诗书",不能说孔子曾"著诗书"。

上面我引了杨先生文章中的四大段文字,为了清楚起见,每段前我加了标号。

以上就是1993—1994年上半年少数人造成的喧闹的红学的一个大概。

对以上几种新论点的驳论

看了上文所涉及的有关文章,其中主要是杨向奎、王家惠、刘润为的文章和报纸的一些重要报道,以及摘录的这些主要论点,我觉得杨老先生似乎庆功庆得太早了,什么"七十年来关于《红楼梦》作者的悬案,完全解决了"云云,更是不知所云。《红楼梦》或《石头记》的作者,从曹雪芹的时代起,文献记载的就是曹雪芹,根本不存在什么"悬案"。"悬案"论不过是杨先生的夸大其辞,实际上,它从来未被大众所公认作"悬案"。前几年由戴不凡发起的否定曹雪芹对《红楼梦》著作权的论辩,最后仍然以戴不凡的观点被否定为结束。

现在,杨向奎否定曹雪芹对《红楼梦》的著作权,明确提出"曹雪芹对于《石头记》作了增删,'增删'不是著作",并且提出了"《红楼梦》的创始者是曹渊"。这是公然剥夺曹雪芹对《红楼梦》的著作权,同时又用曹渊的名义掠取了《红楼梦》的著作权。杨老先生的勇气固然是惊人的,但可惜他的理论,自相矛盾,不堪一驳。前面我列举四点的时候,已稍稍揭示了他的理论的混乱和自相矛盾了,下面再进一步地揭示他的论点的主观性和随意性。实际上他所有的论点都是建立在猜测上,而且无视早已发现并被公认的大量曹家的家世史料,因此,他的理论必然是一团混乱和自相矛盾，最后是自我否定。

现在我就以上的一些主要论点，作一些分析：

一、关于曹鼎望墓志和曹铨墓碑

杨先生这次重新提出丰润说，是以丰润发现曹鼎望的墓志铭、曹铨的墓碑为契机的，报纸上一再宣传说，杨先生"研究认定，曹鼎望为曹雪芹祖父，曹铨为曹雪芹的父亲……这些志碑的发现不仅可以解决上述问题"，"曹雪芹祖籍丰润已成定论"，"尚古庄村发现曹雪芹祖父及父亲的墓碑，其祖父墓志铭记述曹氏先世迁徙等史事，与周汝昌先生考证相符"。据报道，曹鼎望墓志"全文共 1342 字"（《文物报》），《光明日报》和《文汇报》的报道都说是"共 3000 多字"。曹铨墓碑共多少字未见明确报道。既然这两件碑志的发现如此重要，奇怪的是有关丰润曹与辽阳曹的关系，有关曹雪芹的祖父是曹鼎望，父亲是曹铨的文字，却只字未引。我们从去年 6 月一直等到今年 5 月，依然未见公布。据熟知内情的朋友转告说，无论是墓志或墓碑，都根本没有这方面的任何记载。我不知道这位朋友说的是否是事实，但不管是否是事实，要求全文公布墓志和碑文，并刊登清晰的照片这总是合理的。不然，仅仅一块曹鼎望的墓志盖，怎么能说明这么多的问题呢？应该尊重读者，让读者自己去思考，所以敢不敢和肯不肯全面地真实地、没有丝毫弄虚作假地公布这两块墓志和墓碑上的资料，是考验杨老先生和丰润县文史办对待读者是否诚实的根本问题。如果你们有充分的信心，你们就不必躲躲闪闪，藏头露尾，你们应该让事实出来说话！如果你们不敢和盘托出，不敢全面地真实地公布碑志上的资料，那末我们只能相信那位朋友的话。

二、关于曹熹

据 1993 年 11 月 1 日《文汇报》报道：《曹雪芹的祖籍丰润已成定论》，说："在这次丰润召开的曹雪芹祖籍研究会上，著名红学家杨向奎先生说：据史料记载，曹鼎望、曹铨是曹氏家族中历史上活动最多，影响最大的两个人物。曹鼎望字冠五，别号澹斋，官至翰林院庶吉士，陕西凤翔府、安徽徽州府、江西广信府知府。曹鼎望告老还乡后，在家乡丰润修志续谱，多有崇文义举。曹铨字冲谷、松茨，官至国子监主簿、理藩院知事，善诗书，与曹寅交往甚密，屡称骨肉同胞。曹鼎望多子，而其弟曹熹早年死子，便将三子曹铨过继给曹熹为子。后曹熹生了曹寅。故曹寅称曹铨为'骨肉同胞'。曹铨生子名霑，即曹雪芹。既然曹鼎望、曹铨生死在丰润县，其子孙曹雪芹必定是丰润人。"

依照上面这段叙述，其谱系应该是这样的：

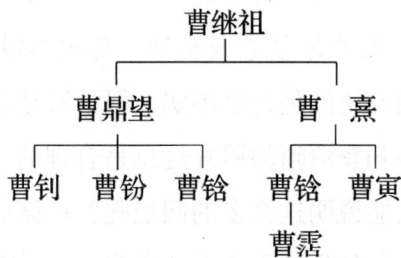

```
                        曹继祖
            ┌─────────────┴─────────────┐
         曹鼎望                        曹　熹
     ┌─────┼─────┐              ┌───────┴───────┐
   曹钊  曹钤  曹铨           曹铨           曹寅
                               曹霑
```

这里曹鼎望之上，当然是曹继祖，这是曹鼎望之父，是《浭阳曹氏族谱》上载明的，但曹鼎望并没有弟弟叫"曹熹"。按照《浭阳曹氏族谱》，曹继祖有七个儿子，曹鼎望是老大。也就是说曹鼎望有六个弟弟，分别叫：民望、斗望、人望、德望、伟望、令望。这里没有一个叫"曹熹"的。那末，是否是指曹鼎望的堂弟呢？我们再看曹继祖的弟弟曹继参的情况，继参有两个儿子：首望和云望，也没有一个叫"曹熹"。首望有三个儿子，分别叫：曹鋪、曹锟、曹钤。云望有六个儿子，分别叫：曹镶、曹锦、曹链、曹铮、曹镶、曹锃。总之，查遍了《浭阳曹氏族谱》，曹鼎望并没有一个弟弟叫"曹熹"，即使在他的堂兄弟一辈找，也绝无此人，甚至到下一辈中去找，也根本无此人。这里，我们不得不请问杨老先生，你用的是什么样的《浭阳曹氏族谱》呢？能不能公开给大家看看呢？

杨老先生既然说"曹熹生子曹寅"，那末我们自然可以从曹寅一系来查找。查《五庆堂曹氏宗谱》四房曹智以下第九世载曹锡远，十世：曹振彦，十一世：曹玺、曹尔正，十二世：曹寅、曹荃、曹宜（尔正子），十三世：曹颙、曹頫、曹顺（宜子），十四世：曹天佑（颙子）。这里谱文载曹寅的父亲叫"曹玺"，他是康熙帝的奶父，江宁织造，这是大家所熟知的。但一，他是叫"玺"而不是"熹"；二，他是曹寅的父亲，但根本不是什么丰润曹鼎望的弟弟。

我们再来看看《八旗满洲氏族通谱》，《通谱》卷七十四：《附载满洲旗分内之尼堪姓氏》：

> 曹锡远
>
> 正白旗包衣人。世居沈阳地方，来归年分无考。其子曹振彦，原任浙江盐法道。孙曹玺，原任工部尚书，曹尔正，原任佐领。曾孙曹寅，原任通政使司通政使，曹宜，原任护军参领、兼佐领，曹荃，原任司库。元孙曹颙原任郎中，曹頫，原任员外郎，曹顺，原任二等侍卫兼佐领。曹天佑，现任州同。

这里，曹寅的父亲也是曹玺，而不叫"曹熹"，与《五庆堂谱》一样。由此我们可以得知，无论是《浭阳曹氏族谱》还是辽东《五庆堂曹氏宗谱》都没有这个"曹熹"，这个"曹熹"究竟是何来历，杨向奎先生当然明白。

那末，为什么要弄出这样一个"曹熹"来呢？或曰：此"画家烟云模糊法"也。然而这是历史研究，是模糊不得的，历史研究的任务是要把模糊的东西弄清楚，把歪曲的事实弄正确，而不是把原来清楚的问题弄模糊，把原来正确的东西加以歪曲。又或曰：此"移花接木"法也。其目的是要把原来的辽阳曹，嫁接到丰润曹上去。这样一来，不是连曹寅也成了丰润曹鼎望弟弟"曹熹"之子了吗？如此一来连曹寅也变成了丰润籍！旨哉斯言，真是一语中的！然而烟云模糊法也是有作用的，所以"观者万不可被作者瞒蔽了去，方是巨眼"！

现在，不管他是烟云模糊法，还是移花接木法，总之，这个"曹熹"是假的，是杜撰出来的，实际上并无其人，因而是完全不足为据的。

三、关于曹渊

王家惠在《曹渊即曹颜 —— 曹寅曾过继曹钤之子》一文里说：

《浭阳曹氏族谱》亨下卷四，第十四世曹鼎望名下载有：（上略）钤，字宾及，号癭庵；行二，岁贡，任内阁中书。配张、王氏，子四：汉、渊、湛、泳。渊出嗣。（下略）

这里载明了曹钤的二子曹渊出嗣，可是在第十五世，曹钤名下，又见此曹渊。

钤，行二，子四。汉，字碧璋，行一。配陈氏，子三：树功、树本、树深出嗣。渊，字方回，行二，庠生。配郑、于氏，嗣子树深。

从谱文看，这个曹渊曾出嗣于外，后不知什么原因又归回本宗，娶妻两房，无子，过继其兄曹汉之子树深①为嗣。

这就给我们提出了两个问题：第一，曹渊曾嗣与谁为子；第二，他为什么又回归本支。第二个问题与第一个问题有连带关系，容以后讨论，这里只讨论第一个问题，他曾嗣与谁？

王家惠研究的结果是，根据康熙二十九年四月初四日《总管内务府为曹顺等人捐纳监生事咨户部文》，内有："三格佐领下苏州织造，郎中曹寅之子曹颜，情愿捐纳监生，三岁。"这一段文字，他认为：

此曹颜显非曹寅亲子，而是曹寅过继丰润曹钤之子曹渊。曹钤兄弟诸子皆排"水"字旁，曹寅子侄皆排"页"字旁，嗣与曹寅后改"渊"为"颜"，在情理中，何况曹渊字方回，名与字明以孔门大弟子颜渊相似，改"渊"为"颜"，名虽换而义实同。很可能在康熙五十一年曹寅去世前，此曹颜因为某种机缘又回归丰润本支了。

如果仅仅根据以上两项资料的关合而论定曹颜即是曹渊，理由显然是不充分的。我们觉得这一论断之能够成立，起码须满足三个条件：一、两家是同姓同宗；二、两家有密切的交往；三、有别项资料以资佐证。下面我们试从这三个方面加以分析。

丰润曹家与曹寅一支系同姓同宗。

……

曹寅本人对于他与丰润曹家的这种同姓同宗关系也是直言不讳，且引以为荣的。

---

① 王文误作"树森"，上文亦误，兹据谱文改正。

《楝亭诗钞》卷一页十七，有《松茨四兄（指曹钤）远过西池，用少陵"可惜欢娱地，都非少年时"（庸按：原作"少壮"，王文误）十字为韵，感令（庸按：原作"今"，王文误）悲昔，成诗十首》，其第六首谓："吾宗诗渊源，大率归清腴。"

《楝亭诗钞》中还有《病中冲谷四兄寄诗相慰，信笔奉答，兼感两亡兄》四首，其第二首谓"为吏何妨知米价，吾宗自古占骚坛"。这两首诗都是曹寅写给曹钤的，这里他明确指出他们共同的祖先——魏武曹操，两个"吾宗"的运用，用俗语讲，说的是"伙语"。

据此，曹寅与丰润曹家确系同姓同宗，当无疑义。① （下略）

我这里引文比较长了一点，但我还希望有兴趣的读者能去读一读《文艺报》上的原文，以便了解得更全面。

按关于曹渊的"出嗣"或"入嗣"的问题，在《浭阳曹氏族谱》上有三处记载。两处已在王家惠文章里引录，一处是说"渊出嗣"，另一处是说曹渊"嗣子树深"，这是说曹渊并未出嗣而且是过继了他哥哥曹汉的儿子树深作为自己的嗣子。另一处记载是在《此单序丰润一支图》。这是丰润曹氏的谱系图表。在这个谱系图表里，出嗣和入嗣的问题，表现得很清楚。② 在这个谱系图表里出嗣入嗣共有五组：第一组：曹汉子"树深出嗣"，在另一处标："渊嗣子树深"。第二组：曹鋕子"涉出嗣"，在另一处标："令望嗣孙涉"，因为是隔了一代，所以在中

---

①　引自 1994 年 1 月 8 日《文艺报》。
②　请参见《曹雪芹家世新考》所附《浭阳曹氏族谱》的世系表图版。

间标一个圆圈，以示令望之子的一代。第三组：曹铮之子"永端出嗣"，在另一处标：曹"铠嗣子永端"。第四组：曹采之子"司铨出嗣"，在另一处标：曹"燮嗣子司铨"。第五组：作梅之子"汝翼出嗣"，在另一处标："作楫嗣子汝翼"。在这个单序丰润一支的谱系表上，一共即此五组出嗣和入嗣，都表现得清清楚楚，不存在出嗣后找不着入嗣。因此即使王文所举一处有"渊出嗣"三个字，那末也要考虑还有两处表示曹渊未出嗣而是入嗣树深为子。特别是谱系表上用线条表示得清清楚楚。如果曹渊正是出嗣后又回归的，在谱系表上也有另一种表现方式，类似注文，如十二世曹桢名字的右侧用小字表明"入汉军正红旗"，在"登均"的名字下右侧，用小字表明"此支另序在后"等等。假定曹渊确是出嗣的话，完全可以在曹渊名字下右侧用小字表明"出嗣某其后回归"。现在全谱有两处表明曹渊未出嗣而是入嗣，只有一处表"渊出嗣"，那末这一处难道就绝无可疑了吗？

再说我们姑且退一步，假定曹渊出嗣的话，那末，有没有可能嗣与属辽东曹的曹寅呢？按封建宗法制度，这种承嗣关系，一般只能在亲兄弟之间，在无亲兄弟或亲兄弟也无子可继的特殊情况下才可能由从兄弟承嗣。

关键问题是财产继承问题，例如同父母兄弟，在分家时，一部分财产来自父母，如哥哥无子，由弟弟之子入嗣，则来自父母的一份财产，仍归在自己的嫡系血统之内，扩大到从兄弟，则财产就稍稍外溢了。也有兄弟之间不和，一方不愿另一方来作嗣子的，实质上就是不愿把家财送给他。那末，就只好另想办法，如抱养婴儿以为自己的养子等等，但这已不属出嗣入嗣的范围了。

王家惠的文章说曹寅和曹钤的共同祖先是曹操，并引两个"吾宗"以为证据，这是毫无实际意义的。曹操生于公元 155 年（汉永寿元年），曹寅生于公元 1658 年（清顺治十五年），两者相距一千五百多年，能据这样的"吾宗"来作为承继条件吗？如果要说到辽阳曹和丰润曹的共同祖先的话，自有康熙二十三年和康熙六十年的两篇《曹玺传》在，在这两篇传里说："宋枢密武惠王裔也"，说"其先出自宋枢密武惠王彬后"，而《浭阳曹氏族谱》也说："曹氏之先世居真定，宋乾德初，讳彬者仕神武将军，兼枢密承旨。"这个同宗，要比曹操近得多，但相差也有七百多年。丰润曹与辽阳曹两家的远祖是共同的，这是没有争论的。争论的根本问题是曹雪芹的祖籍是否是丰润的问题。由此而涉及丰润曹渊是否出嗣给曹寅并改名曹颜，后来并成为《红楼梦》的"原始作者"的问题。所以现在仍需回到丰润曹与辽阳曹这样的远祖同宗，是否可能出嗣承继的问题上来。

按中国的封建制度，是以父系为中心的男权社会制度。

> 以父宗而论，则凡是同一始祖的男系后裔，都属于同一宗族团体，概为族人。其亲属范围则包括自高祖而下的男系后裔。以世代言之，包含自高祖至玄孙的九个世代，所谓九族是。以服制言之，由斩衰渐推至缌麻，包含五等服制。《礼记》云："亲亲以三为五，以五为九。上杀，下杀，旁杀而亲亲毕矣。"[①] 又说，"四世而缌，服之穷也，五世而袒免，杀同姓也，六世亲属竭矣"。[②] 很明显的所谓亲属团体，是以四世为限，缌服为断的。服制的范围即亲属的范围，同时服制的轻重亦即测定亲属间亲疏远近的标准。[③]

---

① 《礼记·丧服小记》。庸按："以三为五"者，己，己之父，己之子，为三也。再上下各推一世，则为五也。再上下各推二世，则为九也。杀，衰也。

② 同上，《大传·疏》："五世，谓共承高祖之父者也，服袒免而无正服，减杀同姓也。"孙希旦集解："五世在九族之外，不得为同族，但同姓而已。同姓既疏，故杀其恩谊，但为之袒免而无服也。"

③ 以上引自瞿同祖《中国法律与中国社会》，中华书局1981年版。

上面这段文字把问题说得很清楚，所谓同宗的亲属关系，自玄孙上推至高祖共九世，九世而外，就不再算血统关系了。古代以三十年为一世，九世共二百七十年。也就是说这种同宗关系，最多也只能二百七十年。事实上，这已经是够长的了，在实际生活中，同宗亲属能维系至二百七十年的，除曲阜的孔府外，此外就少有所闻了。曲阜孔府，当然是特殊的情况，非常情所可类比了。

上文说过，过继或入嗣的问题，实质性的问题是财产的继承和官职封荫的继承问题。为祖宗接续香火、主持祭祀的问题，从理论上来说是封建宗法制度的头等重要的问题，但实质上也与财产的继承是一致的。因此，根本问题是财产继承和官职封荫的继承问题。那末，曹寅自己有亲弟弟曹宣，而且曹宣多子，曹寅本身又是内廷侍卫，后来又任苏州织造和江宁织造等职，咫尺天颜，怎么可以舍自己的亲侄而入嗣一千五百年前是一家或七百年前是一家的同姓子弟呢？

四、关于曹颙

曹颙的名字过去大家都不知道，直到1984年第一期《红楼梦学刊》刊出中国第一历史档案馆提供公布的《总管内务府为曹顺等人捐纳监生事咨户部文》后，人们才第一次知道这个曹颙。《咨文》说："三格佐领下苏州织造、郎中曹寅之子曹颙，情愿捐纳监生，三岁。"说曹颙是曹寅之子，这一点肯定是错了。康熙五十一年九月初四日《曹寅之子连生奏曹寅故后情形折》说：

奴才年当弱冠，正犬马效力之秋，又蒙皇恩怜念先臣止生奴才一人。①

按这里"止生奴才一人"是指长大成人的，此外曹寅还有一子珍儿，比曹颙小，于康熙五十年早殇，除此之外，曹寅再无别子。连生就是曹颙，康熙五十二年正月初九日《内务府奏请补放连生为主事掌织造关防折》说：

（上略）奉旨：依议。连生又名曹颙，此后着写曹颙。钦此。②

关于这个曹颜，赵冈先生认为就是曹寅诗《辛卯三月二十六日闻珍儿殇，书此忍恸，兼示四侄，寄西轩诸友三首》里的"珍儿"。他说："去世之珍儿就是曹荃之第三个儿子——曹颜，去世时年二十四岁。"③曹寅诗里说得很明白："零丁摧亚子，孤弱例寒门。"亚子，是指次子，即老二。珍儿比曹颙小，正是曹寅男孩子中的"亚子"，"殇"是指未成年而夭亡，可见"珍儿"死时年纪还很小，与这个曹颜不相干。再有曹荃共有四个儿子，假定"珍儿"是曹荃的第三个儿子，那末曹寅诗"孤弱例寒门"也对不上，因为曹荃还有三个儿子，称"孤弱"词意就不合。反过来指曹寅的次子，就很贴切。因为曹寅只剩曹颙一个儿子了。再从全诗来说，第一首是自写，恸珍儿之殇，诗意十分沉痛，如"尤难断爱根"，"拭泪知吾过，开缄觅字昏"等句，字眼用得都很重，用在侄子身上，就不能这样。第二首是写其弟曹荃的子息，诗意寓寄赞

① 见《关于江宁织造曹家档案史料》，第 102 页，中华书局 1975 年版。
② 见《关于江宁织造曹家档案史料》，第 110 页，中华书局 1975 年版。
③ 原载台湾《中国时报》1993 年 12 月 29 日，此处转引《江海学刊》1984 年第四期。

赏希望和勉励；第三首是曹寅自咏。所以这三首诗层次分明，诗意轩豁，珍儿是曹寅的儿子是不成问题的，更不可能是曹颜。

张书才先生的意见，认为这个"'曹寅之子曹颜'的记载，是真实可信的，不存在把'曹荃之子'误为'曹寅之子'的问题"。[①] 我认为说曹颜真是曹寅之子，更不可能，因为它直接与曹寅、曹頫的自述相抵牾。曹寅康熙四十八年二月初八日《江宁织造曹寅奏为婿移居并报米价折》说：

> （上略）臣有一子，今年即令上京当差，送女同往，则臣
> 男女之事毕矣。[②]

这里明确说"臣有一子"，则曹寅断不可能有另一个儿子，因为这是给康熙写的奏折，不能有丝毫玩忽的。当时"珍儿"尚未出生，我分析珍儿可能就是康熙四十九年生的，到康熙五十年辛卯就夭折了，所以诗里称"殇"。因此在这个奏折里就不可能提到，因为还没有出生，所以曹寅才说"臣男女之事毕矣"。

再从前引康熙五十一年九月初四日曹頫的奏折说：

> 又蒙皇恩怜念先臣止生奴才一人。

与曹寅所说完全一样，这时珍儿已在前一年殇，连曹寅也已去世了，可见曹寅确实只此一子。由此可证《咨文》上所说"曹寅之子曹颜"确是误记。

---

① 张书才《关于曹寅子侄的几个问题》，《江海学刊》1984 年第四期。
② 见《关于江宁织造曹家档案史料》，第 63 页，中华书局 1975 年版。

　　那末，这个曹颜究竟是谁的儿子呢？我同意朱淡文女士的意见，曹颜就是曹荃的第三个儿子小名曹桑额。① 我昔年在拙著《曹雪芹家世新考》（上海古籍出版社 1980 年版）里曾考证过这个曹桑额，进而对曹宣的四个儿子都作了考证，我把曹宣的儿子桑额和后来设计逮捕曹家人吴老汉的桑额区别了开来，证明两个桑额不是一人。我又排列了曹宣四个儿子的名次是曹顺、曹桑额、曹骥、曹𬤇。现在来看这四个人名字都对了，但序次曹骥即骥儿，也即曹頫，应是老二，曹桑额即曹颜应是老三，他是于康熙五十年四月录取在宁寿宫茶房当茶上人的。

　　那末，这个曹颜有没有可能就是丰润的曹渊过继给曹寅并因而改名为"颜"呢？我认为绝无可能。第一，上文说过，按照封建宗法制度，一千五百年前同宗的同姓，早已超越九世，已不再算是血统关系了。第二，出嗣或入嗣，即过继，主要是亲兄弟之间，在亲兄弟无可过继的情况下，才能考虑到从兄弟。曹寅的亲弟弟曹宣明明有四个儿子，曹寅怎么可能舍自己的亲侄而入嗣与自己不属一个血统的同姓子弟呢？第三，王家惠的文章只有揣测而绝无证据，无证不信，且与曹寅实际情况扦格牴牾，如何可以当真呢？

五、自相矛盾的"过继说"

　　杨向奎先生创立的"过继说"是自相矛盾、混乱不堪的。试以他的近作《关于〈红楼梦〉作者研究的新发展》② 一文为例。他在这篇文章里说：

---

　　① 见朱淡文著《红楼梦研究》，第 379 页，台湾贯雅文化事业有限公司 1990 年出版。
　　② 见《齐鲁学刊》，1994 年第一期。

铃幼年或曾过继玺家，以致曹寅视之为"同胞"、"骨肉"。

这里是说曹铃过继给曹玺。但是就在这句话的下面，只隔开四行，又说：

铃曾寄养于曹寅父家，生子曹沾，又为曹寅嗣子。

这里又变成曹铃不是"过继曹玺"而是"寄养""于曹寅父家"了。上文所说的曹铃对曹玺的"过继"关系又取消了。而代之以曹铃之子曹"沾""为曹寅嗣子"。这样，曹"沾"又成为了曹寅的过继儿子了。在杨老先生的同一篇文章里，只隔开四行，就出现了完全不同的两种说法。接着在下面又重申：

我的结论是：
曹沾（雪芹）是丰润曹鼎望三子曹铃之子而过继给曹寅。
这一"过继"的程序，我坚信不疑。

似乎杨先生的这一"结论"应该是不可动摇的了。但是紧接着"我坚信不疑"这段文字的下面，又出来了这样一段文字：

巧得很，当人们再追问这"过继"的明确记载时，丰润青年学者王家惠同志的《曹渊即曹颜——曹寅曾过继曹钤之子》一文出世。这在有关《红楼梦》作者问题的研究上又向前推动了一步，建立了一个新起点的基石。
……
王家惠同志的考据出色当行，完全可以成立。

111

杨先生上文讨论的是：曹铨过继给曹玺，后来又改变为：曹"沾"（雪芹）过继给曹寅。"人们追问他'过继'的明确记载"当然也是指上面所说的两种"过继"的根据。想不到杨先生却用曹钫之子曾过继给曹寅为答，而且还称赞为"新起点的基石"。这个回答，可说是真正的答非所问！

　　现在在杨先生的文章里提出了三种"过继"说。一是曹铨过继给曹玺，二是曹"沾"过继给曹寅，三是曹钫之子曹渊过继给曹寅。以上这三种"过继"请问是否都能成立？如果都能成立，那末，曹铨为什么又不过继给曹寅之父曹玺了？曹寅过继了所谓曹铨之子曹雪芹，为什么又要过继曹渊，他为什么要连续过继两个儿子？这一连串的问题，杨先生将如何解答呢？

　　更加意想不到的是杨先生挖空心思的"过继说"，恰好彻底摧毁了他所极度激赏的刘润为的"曹渊——《红楼梦》原始作者"说！

　　杨先生"坚信不疑"的曹"沾"（雪芹）过继给曹寅的结论，并没有说明具体的时间。但不管怎样，总该是在曹寅在世的时候吧。退一万步说，就算是曹寅去世之年曹雪芹过继给曹寅的；再退一万步说，曹雪芹就算是当年刚出生。按曹寅死于康熙五十一年（1712 年），那末，康熙五十一年也就是曹雪芹的生年。姑且依此推算，到雍正五年底曹頫抄家，曹雪芹的虚龄（按旧时都以虚龄算）应该是十六岁。到乾隆壬午（1763 年）除夕逝世，应该是五十一岁。刘润为新说的理论之一是《红楼梦》的"原始作者起码应当具备三个条件：一是曾亲历富贵荣华，非如此则不具备封建贵族生活的深切体验"。现在杨先生把曹雪芹的生年意外地提前了，到曹家被抄时曹雪芹当时起码已虚龄十六岁，也就是说已经经历了十六年的富贵荣华了，这应该说可以符合刘润为的理论标准了吧。那末，曹雪芹对《红楼梦》的著作权，刘润为的那条"理论"就不足以剥夺了。再进一步说，杨先生让曹雪芹当曹寅的嗣子，则他的年龄大约也应相当于曹颙或曹頫。今姑以曹宣的第四子曹頫的生年作为"曹寅嗣子"雪芹大概的生年（曹頫是曹宣诸子中最小的），则雪芹大约应生于康熙三十二年（1693 年），到雍正五年抄家时，雪芹应是三十五岁，这就是说，他已经经历了三十五年富贵荣华的生活。到壬午除夕逝世时，雪芹已是七十岁的古稀老人了。然而这样一来，雪芹现有的全部历史资料就与这个年龄对不上号了，所谓"四十年华"，所谓"年未五旬而卒"，所谓雪芹是曹寅之孙等等，就没有一条可以与杨先生的这个新论符合的。难道是这些历史记载全错了？即使是这些记载错了，作为历史研究也应该对这些历史资料作出分析，指出其错误，而不应该只字不提这些资料的存在。

这个依照杨先生的雪芹为曹寅嗣子说的年龄推算的结果，对历史地科学地研究曹雪芹当然是毫无用处的。但它有一个作用，就是它能显示出这种杜撰的"过继"说的荒诞不经和所谓曹渊是《红楼梦》原始作者说的纯属无稽之谈。

或曰：雪芹生年仍应按雍正二年说。然而雍正二年，曹寅早已去世，曹鼎望去世得更早，曹钊、曹钤也已去世，就是那个曹铨，即曹冲谷，他的年龄也比曹寅大，此时他可能也已经去世了。那末，是由谁来主持这个"过继"之事呢？

由此可见，所谓丰润曹铨之子曹雪芹过继给曹寅的这种新说，实在是没有任何一点根据的。何况曹雪芹是曹铨之子的这种说法，本身就是向壁虚构！

那末，曹寅有无过继之事呢？那是有的。这就是在曹寅之子曹颙去世后，由康熙下旨，在曹寅亲弟弟曹宣诸子中挑选一位"能奉养曹颙之母如同生母之人""给曹寅之妻为嗣"。[①] 后来就挑选了曹頫。这一事

---

① 见《关于江宁织造曹家档案史料》，第 125 页，中华书局 1975 年版。

实，正好说明了曹寅决不可能在自己亲弟弟之外挑选仅仅是属于同姓之谊的子弟来入嗣。康熙的选择就是明证。特别是曹寅的后嗣承继竟惊动到康熙皇帝，那末，曹寅如要嗣子，也决不能随意乱来。

六、关于"曹沾"

杨向奎先生在《曹雪芹世家》①　一文中说：

> 曹铨子辈命名有水旁，而"曹霑"亦如此，则曹寅与雪芹之亲属关系，仍可深究。

这是杨先生首次提出曹霑的"霑"字是"水"旁的问题。接着，刘润为即说："雪芹名霑，霑即沾。"②　之后，杨先生发表《关于〈红楼梦〉作者研究的新发展》③　一文，通篇曹霑的霑字，全部改为"沾"字，于是《红楼梦》的作者"曹霑"，便变成了"曹沾"。"霑"字属"雨"字头，"沾"字属"水"旁，这是尽人皆知的，从《说文解字》到新旧《辞海》、《辞源》无不如此。杨先生不顾最起码的事实，竟说："曹铨子辈命名有水旁，而'曹霑'亦如此。"我们不禁要问，杨老先生何不顾事实乃尔！

或曰："霑"与"沾"是可通的。

按"霑"、"沾"是否可通，是古文字研究的问题，曹雪芹名"霑"，是历史事实。他用的是雨字头的"霑"而不是三点水的"沾"，请看敦诚《四松堂集》诗题云：

---

① 见 1988 年第六期《文史哲》。
② 见刘润为：《曹渊：〈红楼梦〉的原始作者》，《文艺报》1984 年 1 月 8 日。
③ 见《齐鲁学刊》，1994 年第一期。

寄怀曹雪芹霑

敦敏《懋斋诗钞》诗题云：

芹圃曹君霑别来已一载余矣。

张宜泉《春柳堂诗稿》诗题云：

题芹溪居士姓曹名霑，字梦阮，号芹溪居士，其人工诗善画。

西清《桦叶述闻》：

雪芹名霑，汉军也。

以上这些记载，无一不是雨字头的"霑"，怎么可以借"霑"、"沾"通用的"理由"，将雨字头的"霑"改变成三点水的"沾"以曲就己说呢？甚至进而竟要求今后印《红楼梦》署"创始者：曹渊（方回），增删者：曹沾（雪芹）"。这样的想法未免太离奇也太悖于情理了！大家知道，曹霑的"霑"，是用的《诗经·小雅》"即霑既足"的"霑"。改成了"沾"，一方面是无典可据，另一方面，势必造成混乱。例如我们如果把曹丕改成曹不，把郭泰改成郭太，把钟繇改成钟由，把潘岳改成潘嶽，把陆机改成陆几等等，读者还能搞得清楚是谁吗？尽管所改之字与原字都是通的，但这些历史人物的名字，文献记载就是如此，而且人们早已熟记在心，不可更改了，如果改变了他们的名字，那末人们就将以为是另一个人了。如果我们的古籍整理，都照杨先生的方式去做，岂不要造成一片混乱。所以杨先生的这种主张，在理论上是完全不对的，在实践上是容易引起混乱的。尽管我的话说得比较直率，但事关文化事业的前途，我不能不直陈拳拳之忧。

曹雪芹的家世不容篡改

在中国历史上古往今来的大作家中，曹雪芹上世的家世史料，应该说是保存得比较丰富和完备的。官修的书有《八旗满洲氏族通谱》，此书由清高宗弘历敕修，始修于雍正十三年（1735 年），完成于乾隆九年（1744 年），其时，曹家早已于雍正五年抄家败落，但在此书的卷七十四《附载满洲旗分内之尼堪姓氏》中，仍备载了自曹锡远到曹天佑共六代十一人，并附其官职（已见前引）。在私家的谱牒中，有《五庆堂重修曹氏宗谱》，此谱始修于何时已不可知，但顺治十八年曾重修一次，重修时谱文里仍保留老谱的文字。乾隆时期也重修过一次，到同治十三年又重修过一次。今在此谱中，仍保存着九世曹锡远到十四世曹天佑共十一人。所载人员与《八旗满洲氏族通谱》同，但名字下的说明，较《通谱》要详。除了以上两种官、私谱牒外，在官书中，如《清太宗实录》、《清史稿》、康熙二十三年抄本《江宁府志》、康熙六十年刊本《上元县志》、《八旗通志》、《康熙山西通志》、《吉州全志》、《敕修浙江通志》、《重修两浙盐法志》等等，也都有记载。另外，辽阳还有天聪四年（1630 年）四月的《大金喇嘛法师宝记》碑和同年九月的玉皇庙碑，碑阴都有曹振彦的题名和职衔。特别是康熙二十三年未刊稿本《江宁府志》里的《曹玺传》和康熙六十年刊《上元县志》里的《曹玺传》，叙曹家家世人物甚详。另外，曹玺、曹寅、曹颙、曹頫向康熙所陈奏折甚多，李煦亦有涉及曹家家事之奏折。所有以上种种文献资料里，没有一处涉及与丰润曹的关系。

不仅如此，就连康熙九年曹鼎望监修的《浭阳曹氏族谱》也只字未提曹寅一系。如果曹寅真的是那个"曹熹"之子，那曹鼎望能把自己亲弟弟之子排除在族谱之外吗？如果曹寅真是与丰润曹有血统关系，曹鼎望能不要曹寅这个血统关系吗？不仅此也，还有康熙三十一年罗景泐、曹鼎望等修的《丰润县志》，也同样只字未提曹寅一系，这是什么原因呢？这难道不值得我们深思吗？明明所有有关的文献都只字未提曹寅一系与丰润曹的血统关系，杨向奎先生等人却硬是要使辽阳曹与丰润曹成为一个血统。办法之一，就是这个"过继"法。他们一会儿说：

> 曹鼎望多子，而其弟曹熹早年死子。便将三子曹铨过继给曹熹为子，后曹熹生子曹寅，故曹寅称曹铨为"骨肉同胞"。曹铨生子名沾，即曹雪芹。①

一会儿又说：

> 曹寅之父过继丰润曹鼎望之子曹铨，后来又生曹寅，所以曹寅称曹铨为兄。曹铨后人皆以水旁字命名，所以曹雪芹（沾）当为曹铨之子。②

一会儿说"铨幼年或曾过继曹玺家"，以致曹寅视之为"同胞"、"骨肉"，一会儿又说"铨曾寄养于曹寅父家，生子曹沾，又为曹寅嗣

---

① 《文艺报》1993年11月1日。
② 《光明日报》1993年7月3日。

子"。一会儿又说：曹钤之子曹渊曾过继给曹寅为嗣子，改名曹颜。而后来这个曹渊，又回归了丰润本支。[①]

总之，这个"过继"说，是他们手上的一支黏合剂，是可以任意使用的。然而，这种掩耳盗铃的手段是篡改不了曹雪芹的家世的，曹雪芹的家世也是不可篡改的，因为他一家的家世史料实在太丰富了，公私谱牒俱在，档案史料五世并存，昭昭信史，如何可以歪曲篡改呢？区区"过继法"又何济于事呢？真正是"可怜无补费精神"！

杨向奎先生说："因为冯其庸先生反对辽东曹与丰润曹有任何关系，而使已经平息了的学术问题波澜再起，我使两个曹家的关系更加紧密起来，因而可以解释《红楼梦》中似亲而疏的宗族关系，更可以找到曹沾籍贯来源。"[②] 杨先生的这段话，是不符合事实的，过去关于曹雪芹祖籍的争论，并不是我造成的"波澜再起"，我实在没有这么大的能力和作用，但我知道，这个问题的争论，最早是 1931 年 3 月奉宽在《北大学生》上发表《〈兰墅文存〉与〈石头记〉》一文，文中指出"雪芹为江宁织造曹頫子，頫亦载《八旗满洲氏族通谱》，旗分且符"。在这篇文章的注解里，又全录了《氏族通谱》有关曹锡远及其子孙的全文。按《氏族通谱》载："曹锡远，正白旗包衣人，世居沈阳地方，来归年分无考。"这就首次提出了曹雪芹祖籍沈阳说。[③] 接着 1931 年 5 月，李玄伯在《故宫周刊》上发表《曹雪芹家世新考》一文，提出曹雪芹祖籍丰润说。这是有关曹雪芹祖籍的第一次争论，两种见解，差不多是同时发表的。到了 1947 年，署名"守常"的作者又发表了《曹雪芹籍贯》一文，再提曹雪芹祖籍丰润说，接着杨向奎就从山东大学写信给胡适说：

---

① 1994 年 1 月 8 日《文艺报》载王家惠《曹渊即曹颜》。
② 《齐鲁学刊》1994 年第一期。
③ 见《红楼梦研究参考资料选辑》，人民文学出版社 1976 年版。

> 丰润在明末清初有四大姓，为谷、鲁、曹、陈。而明末满
> 人入关，丰润为必经之地，被虏为包衣，遂称沈阳人……汉军
> 旗本为丰润人而说为东北人者，又有端方。端方姓陶。丰润城
> 北人，后在旗，乃讹为沈阳。

胡适才写文作答，他指出说曹雪芹祖籍是丰润是因为读错了《松茨诗稿序》，《序》里并没有说曹寅祖籍是丰润。胡适说：

> 我们只能说：曹雪芹的家世，倒数上去六代，都不能算是
> 丰润人。

以上两段引文，均见胡适的《曹雪芹家的籍贯》，见《红楼梦研究参考资料选辑》第三辑。人民文学出版社 1976 年版。

胡适的回答是够干脆的，这可以算是第二次的"波澜"罢。到 1953 年，周汝昌先生的《红楼梦新证》出版，再度提出丰润说，一时大家确实都相信此说。但到 1957 年《文学遗产增刊》第五辑发表了贾宜之的《曹雪芹的籍贯不是丰润人》一文，对周汝昌先生的丰润说提出了批评，认为曹雪芹的祖籍是辽阳。之后，到 1963 年曹雪芹逝世二百周年的时候，又展出了《五庆堂重修辽东曹氏宗谱》，已故的朱南铣先生据《宗谱》写出了《关于〈辽东曹氏宗谱〉》一文，指出：

> 从曹锡远再上溯到三世曹智，均属辽东四房，并无来自丰
> 润的痕迹。若就曹雪芹本人来说，固然是满族人，北京籍；若
> 就曹雪芹上代来说，远至明初，祖籍仍是东北。[1]

---

① 请参见《曹雪芹家世新考》。

　　这可算是第三次的"波澜"。到了20世纪70年代，有关曹雪芹祖籍辽阳的文献资料不断有所发现，这些资料是完全真实可靠的，不是任何人胡编或杜撰的，于是红学界对这个问题的认识才逐渐一致起来。我在史料的发掘上是做了一点点工作，后来我又根据这些史料，写成了《曹雪芹家世新考》，我在《新考》里收了有关曹雪芹家世的图片一百零二幅，并全文刊载了这些史料。特别是康熙二十三年和康熙六十年的两篇《曹玺传》和《五庆堂曹氏宗谱》，还有《清实录》里有关曹振彦的一条重要史料和辽阳发现的有曹振彦题名的天聪四年碑等等。在这本书里都完整地刊出了。当然这些史料，从官私谱牒到有关曹家的家世传记，无一不是说曹家是奉天辽阳人，或"世居沈阳地方"。也许这就是杨向奎先生所说的我的"波澜再起"罢！

　　前些年，杨向奎先生写信给我，希望看到这本书，我很恭敬地送了一本给杨老先生。到1988年第六期《文史哲》，杨先生发表《曹雪芹世家》一文，坚持他40年代的看法，提倡丰润说，反对辽阳说。杨先生将该文寄给了我，并写信希望我写文章，我至今一直没有答复他。以上都是事实。杨先生说我"波澜再起"，这并不可怕，只是不符合事实，我受之有愧。实际上再度掀起这场"波澜"的，恰恰是杨先生自己。杨先生一篇文章连续在两家报刊上刊出，并有王家惠、刘润为予以配合，事先还有十多家报纸报导杨先生的新观点，而杨先生又大加称赞王家惠是画龙，刘润为是点睛，"有此一'点'，全龙活了"！既然"全龙活了"，自然要"波澜再起了"，事实不正是这样吗？

　　但是我仍然要说句泄气话，你们画的不是龙，连蛇也没有画像。所以你们的"丰润说"，经你们这次的"波澜再起"，可以说人们看得更清楚了，原来仍不过是一句空话而已！

　　我敢说，要推翻曹雪芹祖籍"辽阳说"是很困难的，因为真正提出"辽阳说"的，不是别人，正是曹锡远、曹振彦、曹玺、曹寅他们自己。

除非杨老先生能够驳倒曹锡远、曹振彦、曹玺、曹寅等人自己提出的"世居沈阳地方"、"奉天辽阳人"、"著籍襄平"、"千山曹寅",并且证明他们确实是自己弄错了自己的籍贯了!除非杨老先生能够让普天下的人都相信你的"过继说"而不相信曹振彦他们的历史档案资料!否则,这个"辽阳说"就无法驳倒,而"丰润说"也永远只能是一句空话!

留此空话,作为坚持己见的一种典式,也并不是没有意义的,所以我认为大可不必要求"观点一致"!

曹雪芹对《红楼梦》的著作权不容剥夺

杨向奎先生说:

> 王家惠同志之找到曹渊即曹颜,说明两个曹家之合为一家的由来,是为寻找《红楼梦》作者画了一条龙。
> 刘润为同志遂画龙点睛,指出曹渊即《石头记》的创始者,曹沾是增删者,曹沾是曹渊的丰润本家幼弟。
> 于是我们在出版《红楼梦》一书时,可以署:
> 《红楼梦》创始者:曹渊(方回)
> 增删者:曹沾(雪芹)

请普天下的人都来看看,这一结论是考证出来的吗?"考"在哪里?"证"又在哪里呢?请普天下的人再来看看,这是理论吗?它哪一点是讲得有道理的呢?不客气地说,这是蛮不讲理的"理论",这是剥夺曹雪芹对《红楼梦》的著作权的歪论!

我们中华民族之所以伟大,是因为有悠久的历史,灿烂的文化,有一大批英雄豪杰、志士仁人。其中包括着屈原、司马迁、李白、杜甫、白居易、苏轼、陆游、辛弃疾、关汉卿、王实甫、施耐庵、罗贯中、曹雪芹等等。他们的名字在历史上永远放射着光芒，他们的名字是黄金铸就的，他们的名字，是我们爱国主义内容的一部分，是我们民族的骄傲，他们的名字，是我们后世子孙万代的无上光荣！然而，杨向奎先生却倡议要把曹霑的名字抹掉，世界闻名的伟大小说《红楼梦》的作者，要换上名不见经传的丰润人曹渊。曹雪芹只能算是增删者，而且其名字为了符合丰润水字旁的辈次，要改为"曹沾"！如果依照杨向奎的倡议，"曹霑"这个名字就算取消了！请广大读者仔细想一想，这样的倡议我们能够容忍吗？这样的"理论"我们能够接受吗？对于这种歪论我们当然只能坚决反对。

老实说，《红楼梦》是曹雪芹写的，从《红楼梦》尚未普遍流行的曹雪芹时代就已经有记载了。袁枚说：

> 康熙间，曹栋亭为江宁织造，（中略），其子（误，应是孙）雪芹撰《红楼梦》一书，备记风月繁华之盛。

我们再看明义《绿烟琐窗集》里《题红楼梦》诗的"小序"：

> 曹子雪芹出所撰《红楼梦》一部，备记风月繁华之盛，盖其先人为江宁织府；其所谓大观园者，即今随园故址。惜其书未传，世鲜知者，余见其抄本焉。

我们再看永忠的《因墨香得观红楼梦小说吊雪芹三绝句》：

> 传神文笔足千秋。不是情人不泪流。

再论曹雪芹的家世、祖籍和《红楼梦》的著作权

可恨同时不相识，几回掩卷哭曹侯。

辇辇宝玉两情痴。儿女闺房语笑私。
三寸柔毫能写尽，欲呼才鬼一中之。

都来眼底复心头。辛苦才人用意搜。
混沌一时七窍凿，争教天不赋穷愁。

　　永忠的《延芬室集》是编年的，此诗写于乾隆三十三年，距雪芹逝世只有六年。永忠是胤禵之孙，墨香则是雪芹好友敦诚的幼叔，这部《红楼梦》正是从墨香处看到的，那末此书也许可能是由敦诚从雪芹处借来的。上文引录的袁枚的话，是较早记载《红楼梦》是曹雪芹写的一条资料，而且几十年前就已经为胡适所引用。袁枚是曹雪芹同时代人，[1]且曾任江宁等地知县，他明确说"曹雪芹撰《红楼梦》"，应该是可信的。至于上引明义的《题红楼梦》诗小叙，据吴恩裕先生的考证，约写于乾隆二十三四年，其时雪芹尚在，甲戌本已在友朋中传阅，己卯本也在抄写之时。

　　上面所引，都是雪芹同时代人的记载，当然是可信的。杨向奎、刘润为对此一字不提，好像根本没有这些记载，是你们没有读过？是不敢提它？是不愿让读者知道？你们不能证明这些都是假的（还有其他未引的），那你们的新说是怎么产生的呢？

　　我们再来看看脂砚斋的批语：

　　若云雪芹披阅增删，然后（则）开卷至此这一篇楔子又

---

　　① 按曹雪芹约生于康熙五十四年（1715 年），袁枚生于康熙五十五年（1716 年）。比雪芹晚一年。

系谁撰？足见作者之笔狡狯之甚！后文如此处者不少。这正是
作者用画家烟云模糊处，观者万不可被作者瞒弊（蔽）了去，
方是巨眼。

这是写在甲戌本第一回"后因曹雪芹于悼红轩中披阅十载，增删五次，
纂成目录，分出章回，则题曰金陵十二钗"一段上的眉批。所有否定曹
雪芹对《红楼梦》的著作权的人都抓住这段文字不放，他们硬说雪芹只
是"披阅"、"增删"而已。同样，他们也都只字不提上面这段批语。
脂砚明明提醒这是作者狡狯之笔，不要被他瞒过，他们却偏偏愿意被他
瞒过，岂非怪事！

　　甲戌本第十三回末脂批云：

　　　　"秦可卿淫丧天香楼"，作者用史笔也。老朽因有魂托凤
　　　　姐贾家后事二件，嫡（岂）是安富尊荣坐享人能想得到处？
　　　　其事虽未漏，其言其意，则令人悲切感服，姑赦之，因命芹溪
　　　　删去。

这条批语明确提出"作者用史笔"，"因命芹溪删去"。这个"作者"岂
不正是芹溪即雪芹吗？

　　庚辰本第二十二回末，眉批云：

　　　　此回未成而芹逝矣，叹叹！丁亥夏，畸笏叟。

这条批语也是明指雪芹，如果《红楼梦》不是雪芹写的，那末这条批
语，岂非文不对题？

　　甲戌本第一回"满纸荒唐言"一诗的眉批云：

能解者方有辛酸之泪，哭成此书，壬午除夕，书未成，芹为泪尽而逝。余尝哭芹，泪亦待尽。每意觅青埂峰再问石兄，余（奈）不遇獭（癞）头和尚何？怅怅！

今而后惟愿造化主再出一芹一脂，是书何本（幸），余二人亦大快遂心于九泉矣。

甲午八日泪笔

这段批语，特别重要，为历来研究《红楼梦》者所珍惜重视，也发生过种种不同的见解。特别是"壬午除夕，书未成，芹为泪尽而逝"这几句，为治《红》者所特别重视。这段批语的重要性：（一）"能解者方有辛酸之泪，哭成此书"两句，对照"满纸荒唐言，一把辛酸泪。都云作者痴，谁解其中味？"一诗，确切无疑地指出了《红楼梦》是曹雪芹写的。因为在此诗之前，《红楼梦》原文云：

后因曹雪芹于悼红轩中披阅十载，增删五次，纂成目录，分出章回，则题曰《金陵十二钗》。并题一绝云：

则可见此诗是总结此书的写作种种甘苦而题的。我曾说过，在整部《红楼梦》里，惟有此诗是用作者自己的身份口气写的，不是代书中人物的口气，而此诗恰恰是一首自道写作甘苦，写作意旨，而且诗意深沉，概括既高且全的好诗。批语说："能解者方有辛酸之泪，哭成此书。"题诗则说："满纸荒唐言，一把辛酸泪，都云作者痴，谁解其中味？""辛酸泪"，"哭成此书"，"作者痴"，批语和诗的语句词意都紧紧结合了起来，巧妙含蓄而又实指了作者就是曹雪芹。（二）"壬午除夕，书未成，芹为泪尽而逝"，明确记载了雪芹逝世的年月日，对照"夕葵书屋"上

125

同样的这一条批语，再对照张家湾出土的雪芹墓石上"壬午"的署年，一事而得三证，当然可以确切无疑。（三）"今而后惟愿造化主再出一芹一脂"这一段，确切地实指了脂砚是雪芹写作此书的最知心的合作者，因为"书未成"，所以"惟愿造化主再出一芹一脂"，又指出了书确未能完成，与后来流传的八十回脂本完全符合。

以上这许多确切的史料以及这里不可能一一都提到的其他一些史料，都证实了《红楼梦》的作者是曹雪芹，凡是要否定曹雪芹对《红楼梦》的著作权的，都无法越过这些史料的障碍！

请问杨向奎、刘润为二位：你们的"曹渊，《红楼梦》原始作者说"，能提出哪怕是一条像样的真实的历史资料来吗？你们两手空空，却要剥夺曹雪芹对《红楼梦》的著作权，要加到你们的名不见经传的丰润人曹渊的头上去，如果曹渊地下有知，也要为你们的这种做法感到羞愧而坐立不安的！

要知道，《红楼梦》是一部用血写的书，用泪写的书。这血和泪，不仅仅是曹雪芹一个人的，实际上它融和了我们民族的血和泪，融和了千千万万的知识分子的血和泪，也融和了千千万万的卑贱者的血和泪，也融和了屈原、司马迁、李白、杜甫等伟大作家和思想家的血和泪。曹雪芹是我们民族优秀的文化传统、思想传统、文学传统伟大的继承者和创新者，是我们民族的光荣和骄傲。我们都经过了"文化大革命"的十年浩劫，我们在自己的心里也都流淌过了不同的血和泪。我就是在这样的岁月里重读《红楼梦》的，我的《红楼梦》被抄家抄走了，我发誓每天深夜用小狼毫抄写一部庚辰本《石头记》，整整抄了一年，因为白天不能抄。每到深夜我独自抄着这些字句的时候，我仿佛感受到曹雪芹的血和泪，仿佛感受到我们民族的血和泪，我有时为它伏案痛哭，有时我也为它浮一大白。我感到曹雪芹就是屈原，就是司马迁，就是李白和杜甫！而你们现在却要把这个伟大名字抹掉，你们扪心自问，难道不感到罪过吗？你们对《红楼梦》是怎么体会、怎么理解的呢？你们对这部书有一点爱惜之心吗？你们爱它的是什么呢？

我在"文革"中抄完了这部书后，曾题过一首绝句。诗云：

红楼抄罢雨丝丝。正是春归花落时。

千古文章多血泪，伤心最此断肠辞！

我读完了杨向奎、刘润为、王家惠的文章后，也写了一首诗，现在就抄在下面，作为本文的结束罢：

读杨向奎、刘润为、王家惠《红楼》新论，慨然有赋

读罢新论意不平。才人自古多零丁。

红楼一卷声天下，竟有人来换姓名！

1994 年 5 月 25 日凌晨 5 时写毕于京华瓜饭楼

1994 年 5 月 30 日改定

127

曹雪芹祖籍"丰润说"驳论

近几年来，关于曹雪芹祖籍"丰润说"，伴随着"曹雪芹家酒"的宣传，一时之间，甚嚣尘上。他们在《浭阳曹氏族谱》上大做文章，把所谓的曹雪芹祖籍"丰润说"说得好像实有其事，许多不明真相的人都信以为真。但其中关键的问题是所谓"曹端明协弟溯江而北，一卜居于丰润之咸宁里，一卜居于辽东之铁岭卫"，这一说是否有根据？究竟这个"曹端广"到过丰润没有？所谓溯江而北、卜居辽东的说法究竟是怎样产生出来的，是何时产生出来的？

如果以上诸说无根无本，站不住脚，那末，其余种种，也就无从说起。

在"丰润说"的喧嚷声中，我重读了《浭阳曹氏族谱》，并把重读的结果，结合我的旧著《曹雪芹家世新考》写成此文，以向关心红学的同志报告，并借此求教于广大读者。

一、《浭阳曹氏族谱》源流表

我们现在看到的《浭阳曹氏族谱》是光绪三十四年武惠堂刻的，在此谱第二卷的末尾，有一张《曹氏历代修谱源流》表，现引录于下：

曹氏历代修谱源流表

第 次	修 谱 年 代	修 谱 人
一	元至正五年（1345 年）创修	三世孙子义
二	明宣德元年（1426 年）捐俸刻板 协修	六世孙荣之 六世孙柳之 七世孙九成
三	正德十年（1515 年）重修 议式 赞议	九世孙观源 九世孙观淮 观岬 十世孙日昕 日化
四	万历四十三年（1615 年）议修 赞修	十二世孙钦贤 十三世孙明试 明扬 十四世孙文焕
五	清顺治九年（1652 年）重修刻板 督修 纂修 赞修	十四世孙文珩 十五世孙思皇 十二世孙钦聘 十三世孙明□ 明扬 十四世孙文焕 十四世孙文明 文林 文鼎 十六世孙安世

续表

第 次	修 谱 年 代	修 谱 人
六	康熙九年（1670 年）议修 监修	十四世孙文鼎 文玿 十五世孙思皇 思献 十三世孙鼎望 首望
九	光绪三十四年（1908 年）重修刻板 监修	二十世孙振川 宗海 振澧
备注	（1）第七次是"道光丁巳"有十九世孙振邺叙文，但道光无丁巳，应是误刻。 （2）第八次是光绪五年，有十九世孙蓬龄乞清华李玉堂撰叙文。以上两次表内均未列，是据书后叙文补的。	

上面这张表，从元至正五年（1345 年）创修到光绪三十四年（1908 年）重修，中间相隔五百六十三年。从这张表来看，好像前后一共只修过七次，实际上却是修过九次，其中还有道光年间修过一次，光绪五年（1879 年）修过一次。除第一次创修时，曹氏还在江西武阳渡外，其余各次，都是到了丰润以后续修的了。现在在这部《滦阳曹氏族谱》上除首次创修未留下什么文字记录外，其余各次重修的叙文，都还完整地保留在这部谱里，如第二次重修有六世孙荣之的叙文，第三次重修有九世孙观源、观淮的叙文，第四次重修有十三世孙明试、明扬的叙文，第五次重修有十四世孙文玿、文林、安行的叙文，第六次重修有十四世孙文鼎、文玿，十五世孙思献、十三世孙鼎望的叙文，第七次重修有十九世孙振邺的叙文，第八次重修有十九世孙蓬龄乞李玉堂撰的叙文，第九次重修有二十世孙宗海、振澧、晟魁，二十一世孙兆琛的叙文。

从上面这张表所显示的这部《曹氏族谱》的修撰源流是十分清楚的，

因而也是比较可信的，这对我们弄清丰润曹氏族谱的源流是有用处的。

二、《浭阳曹氏族谱》历次修谱叙文概述

《浭阳曹氏族谱》，据统计共修九次，今保存在谱里的自六世（依丰润曹计算是三世）至二十一世（丰润曹是十八世）各次重修的叙跋碑记共有二十一篇，其他类的文字未计在内。今将其世次及叙跋碑记的题目列举如下：

　　　　六世孙荣之撰　明宣德六年（1426 年）高辛氏以来年表

　　　　六世孙安撰　明正统三年（1438 年）豫章曹氏坟碑记

　　　　九世孙观源撰　明正德十年（1515 年）武阳曹氏源流宗谱叙

　　　　九世孙观淮撰　　　　曹氏重修族谱叙

　　　　十三世孙明试撰　明万历四十三年（1615 年）曹氏重修族谱叙

　　　　十三世孙明扬撰　明万历四十三年（1615 年）曹氏重修族谱叙

　　　　十四世孙文珩撰　清顺治九年（1652 年）曹氏重修南北合谱叙

　　　　十四世孙文琳撰　清顺治九年（1652 年）曹氏重修南北合谱叙

　　　　十四世孙文鼎撰　清顺治九年（1652 年）曹氏重修族谱叙

　　　　十三世孙鼎望撰　康熙九年（1670 年）曹氏重修南北合谱叙

　　　　十五世孙思献撰　康熙九年（1670 年）武阳以来世派序

　　　　十五世孙思皇撰　　　　曹氏重修族谱后叙

　　十六世孙安行撰　　　　曹氏重修族谱叙

　　十八世孙振邺撰　道光丁巳（？）曹氏南北合谱叙

　　十九世孙蓬龄乞清华李玉堂撰　光绪五年（1879 年）曹氏重修族谱叙

　　二十世孙宗海敬撰　光绪三十四年（1908 年）曹氏重修族谱叙

　　二十世孙晟魁谨撰　光绪三十三年（1907 年）曹氏重修族谱叙

　　光绪戊申（1908 年）吕万绶顿首拜撰　曹氏家祠碑记

　　二十一世孙兆琛拜撰　光绪丁未（1907 年）曹氏重修族谱序

　　二十世孙振澧拜撰　光绪丁未（1907 年）曹氏重修族谱序

　　光绪丁未（1907 年）张树田跋

　　以上二十一篇叙文，虽然大都只是泛泛而谈，但对我们了解历次修谱的情况，还是有用处的。特别是其中有五篇叙文，涉及辽东曹的问题，现在把这五篇叙文中有关的文字，依时间先后，摘录于下：

　　（一）十三世孙明试，明万历四十三年（1615 年）第四次重修时的叙文《曹氏重修族谱叙》：

　　　　天其翁卜居武阳，至今凡十四世，子孙众多，支派分析，由武阳而迁丰润、迁辽东、徙进贤，南北州郡之间……

　　（二）十三世孙曹鼎望康熙九年（1670 年）第六次重修时的叙文《曹氏重修南北合谱叙》：

　　　　爱稽世系，盖自明永乐年间，始祖伯亮公从豫章武阳渡协

132

弟溯江而北，一卜居于丰润之咸宁里，一卜居于辽东之铁岭
卫。

（三）十八世孙振邺，道光丁巳（?）第七次重修时的叙文《曹氏南北合谱叙》：

> 端明公字伯亮，于前明永乐初携弟端广渡江而北，卜居丰润县之咸宁八甲，端广公卜居辽东之铁岭卫。

（四）二十世孙宗海，光绪三十四年（1908 年）第九次重修时的叙文《曹氏重修族谱序》：

> 溯自永乐初年伯亮公偕弟自豫章武阳迤江而北，一卜居辽东之铁岭卫，一卜居丰润之咸宁里。

（五）二十世孙晟魁，光绪三十三年（1907 年）第九次重修时的叙文《曹氏重修族谱序》：

> 我始祖伯亮公于前明永乐年间，从豫章武阳渡迁居丰润之咸宁里，则知武阳者乃吾始祖之故方也。

上面这五篇文章里，万历四十三年第四次重修时曹明试的文章是提出由武阳北迁丰润的最早的文章，但此文的提法是"迁丰润、迁辽东、徙进贤"三者并提的。很明显，这种提法，并不是说先迁丰润、再迁辽东、再迁进贤，而是说，从武阳分出三支，一迁丰润、一迁辽东、一迁进贤。这样也就不存在后来所说的端明携弟端广一起迁到丰润，在若干

年后，端广迁辽东的事。也就是说，半个多世纪以后，曹鼎望说曹端明携弟溯江而北云云，并不能以此为根据的。

　　第二篇文章是康熙九年第六次重修时曹鼎望的文章。此文首先提出携弟溯江而北说。此说第一是不知根据何在？第二，此说也仍是并行式的，并不是主从式的。并不是说端明把弟弟一直携到丰润，住了若干年，端广再由丰润北迁辽东。就凭曹鼎望的上面这段话，决不能作出曹端广先居丰润，再迁辽东之说。

　　第三篇是十八世孙振邺于道光年间第七次重修时所写的文章，文章的内容与曹鼎望的一模一样，很显然他的依据就是曹鼎望的文章，而此说存在的问题，自然也就与曹鼎望是同病相怜。

　　第四篇是二十世孙宗海于光绪三十四年第九次重修时所写的文章。此文一反曹鼎望的说法，提出曹端明偕弟渡江而北后，"一卜居辽东之铁岭卫，一卜居丰润之咸宁里"。依照此说，则端明、端广应该先到辽东，然后端明再从辽东迁丰润。按照丰润说的一贯的逻辑，难道不应该作这样的解释吗？

　　第五篇是二十世孙晟魁于光绪三十三年写的文章，也就是武惠堂刊印此谱时写的文章。此文恰好是只提伯亮公（曹端明）于永乐年间自江西迁居丰润，只字未及曹端广的问题。

　　以上这五篇文章，有两篇是未及曹端广其人的，有一篇是以迁辽东打头的。只有两篇是说到曹端广迁辽东的。但它的意思也很明确，迁丰润和迁辽东是并行的。

　　由此，我们可以得出以下的看法：

　　（一）丰润说里的曹端广其人，并未到过丰润。丰润说本身就是无源之水，无本之木，是虚构出来的。

　　（二）在整部《浭阳曹氏族谱》里，根本找不出来一句话，是说曹端广到过丰润，并且定居过足够的年份，而后再迁辽东的。

（三）按照我们历来计算各人的籍贯的方法，根本不能把寓居的地方作为籍贯的，这是一种极为普通的常识。因此，无论曹端广根本没有到过丰润，就算是到过丰润，也不能把丰润作为他的籍贯。

三、《浭阳曹氏族谱》叙文选读

为了彻底弄清问题，我们必须认真阅读和分析原始资料，掌握原始资料，从这些完整的原始资料里，得出客观的、不以个人的好恶为转移的结论来。为此我们选择了几篇具有关键性的叙文来供大家阅读，并进行分析。

（一）《豫章曹氏坟碑记》

江右南昌府武阳渡，乃安曹氏之原籍也。聚族而居，耕读为业，代有伟人。我祖伯亮公苦志芸窗，无书不览，即堪舆星数等学，概皆精通。早岁即补郡弟子员，以数奇不第。遨游燕都山海间，见丰邑山秀水异，遂卜居焉。后数年，复自择宅兆于此西河之上。尝抚安父及安言曰："此地口向宽，发越迟，欲速者固不喜。然龙真派（脉）清，后世子孙，必有大吾宗者。但可惧面前大河左来特潮，日久沿岸崩塌，水扫城脚，腰劫射胁，明堂逼窄，龙气未免受伤，必坟前建坝，迎水筑堤，以固明堂，以卫龙身，以城护脚，不可谓现在离水尚远，遥及半里有余，目前无患，异日冲突渐积，难免倾溃。况山河水驶，一但（旦）汛涨，坟基将随水西流矣。"此安祖嘱吾父言也。我时年幼，常怀斯言，及长乏力，今幸少裕，何敢尚待后人，谨勉力建厥两坝，以成祖志焉。按此坟地南北中长二百七十步，东一百九十三步，西二百二十步，东西阔。中七十二步，南九十步，北七十九步。东至黄，西至道，南至河，北至道。计地七十一亩六分。又迎水坝地，南北中长一百七十七步，东一百六十四步，西一百七十一步，东西阔。中十九步，南二十三步，北十五步。东至李，西至黄，北至道，南至河。计地十三亩五分。皆价买王姓名福杏西地，随契过入本里咸宁八甲纳粮，子孙其志之。凡我后人，宜念我祖，辈（背）故园，离乡曲，百艰备尝。来斯土，葬斯地，有子若孙，果得如我祖言发越，当永保堤坝，毋忽毋怠，庶不愧为曹氏孙，是为记。

大明正统三年孟春谷旦立

候选行人司司副孙安谨记

上面这篇文章，是明正统三年（1438 年）武阳一世曹孝庆的六世孙，或丰润一世曹伯亮（端明）三世孙曹安在第二次修谱时写的。① 文中记到他的祖父伯亮公端明因"数奇不第，遨游燕都山海间，见丰邑山秀水异，遂卜居焉"。端明到丰润来定居，是因为丰润的山水好，风水好，将来的子孙必定能"发越"，所以才来定居的。文中还记到他祖父曹端明嘱咐他父亲曹英要筑坝保护他所选择的墓地的一段话：

此地口向宽，发越迟，欲速者固不喜。然龙真派（脉）

---

① 按此谱第二次是宣德元年（1426 年）"捐俸刻板"的，而曹安的文章写于大明正统三年（1438 年），已晚了十三年，但宣德元年只是"捐俸刻板"，究竟刻了多少年，并未确切叙明。故也许此次修谱时间较长，也未可知。不管如何，曹安文末署明的时间正统三年是明确的，可以作为依据。

清，后世子孙，必有大吾宗者。但可惧大河左来特潮，日久沿岸崩塌，水扫城脚，腰折射胁，明堂逼窄，龙气未免受伤，必坟前建坝，迎水筑堤，以固明堂，以卫龙身，以城护脚，不可谓现在离水尚远，遥及半里有余，目前无患，异日冲突渐积，难免倾溃。况山河水驶，一但（旦）汛涨，坟基将随水西流矣。

接着文章说：

此安祖嘱吾父言也。我时年幼，常怀斯言。

曹安是端明的孙子，亲自听过端明的嘱咐训诲，而且印象很深。但就是这篇丰润曹氏记述祖先从江西武阳渡卜居丰润的重要文章，却只字未提还有祖父的弟弟端广又从丰润迁居辽宁铁岭的事。而且端明既精于风水，能自卜宅兆（坟地），断言后之子孙"必有大吾宗者"，那末为什么有了这样的好地方，反而不留弟弟端广一同定居，而却让他再迁到辽东铁岭去呢？难道是不愿意让他弟弟同占这个好风水么？如果说端广其人真是又从丰润迁到了辽东铁岭，那末为什么曹安的文章里也一字不及呢？这不令人觉得奇怪吗？

按曹端明自江西迁丰润，是在永乐二年（1404年）。见《浭阳曹氏族谱》卷三："端明，字伯亮，行二。永乐二年占籍丰润，为北曹始。"卷四："端明，字伯亮，明永乐二年由南昌武阳迁丰润，配黄氏，子一，英，为北籍之始祖。"以上两处亦同样未提端广去辽东的事。距离曹安写这篇文章时，只有三十四年。曹安小时听曹端明对他父亲曹英的嘱咐时，至少也应有八九岁或十来岁。按曹端明"自择宅兆"是在迁居丰润"后数年"，就姑且算他三年，那就是永乐五年。也就是说曹安亲听他祖

137

父之言，还只是曹端明迁居丰润以后三年左右的事，当时如果是端明与弟弟端广同从江西武阳迁来丰润的话，为什么曹安只字不提？当时如果是确有曹端广后来又从丰润另迁辽东铁岭之事，为什么曹安又只字不提？尤其是曹端明既然看中了这片好风水地并断言后来的子孙必定会"发越"，那末又为什么不让弟弟留下来？这一连串的疑问难道不能引起人们的深思吗？

（二）《武阳曹氏源流宗谱序》，九世孙观源撰：

曹氏之先世居真定，宋乾德初，讳彬者仕神武将军，兼枢密承旨。二年冬伐蜀为都监，开宝六年进检校太傅。七年将兵伐江南，仁恕清慎，备载史册。真宗朝赠中书令封济阳王，谥武惠。子璨、珝、玮、玹、玘、珣、琮。璨，授河南节度使同平章事，赠中书令，谥武懿。璨子仪，官至耀州观察使。珝尚秦王女兴平郡主。玮累官安抚观察使，改彰武节度使，赠侍中，谥武穆。玹，左藏库副使；玘，尚书虞部员外郎；珣，东上阁门使；琮，西阁门使，累官安抚都指挥使。琮子佺，皇城使嘉州防御使；佺子诗，尚鲁国大长公主。玘之女即慈敬光圣皇后也。彬之父芸，累赠魏王，彬韩王，玘吴王，子孙累代光显，享爵禄于无穷，垂芳名于不朽。武阳曹氏，始祖孝庆公者，盖彰武节度使武穆公之五世孙也，官朝散大夫，知隆兴府，因家省城之南。子善翁卜居城南之四十里地为武阳，至今人称为武阳曹氏云。图书世泽，绍述绵延，视灵寿之族虽各天一方而实一气之流行也。然自孝庆公以来，世代既远，子孙益众，使谱法不立，则本源不清而支流未免有混，故欧、苏二公深为此惧，乃自流溯源，支分派别必求其清而不混，庶几三代宗法之遗意而后世师范之所在也。予因致仕，得仿老苏之法，乃取旧藏之系，参互考订，源有所本者则录之，派失其传者则缺之，断自始祖孝庆公以迄于今凡九世，各于名下记其生死，书其葬娶，言行事实，亲疏远近，靡不备载，使后之人有考于斯文则孝悌之心宁不油然而生乎。至若亲尽而不谱，此老泉之失，予不敢遵，观者幸恕其僭。

上面这篇《序》，是明正德十年（1515 年）第三次修谱时写的。这篇《序》文，主要说明了曹氏从河北真定灵寿迁到江西武阳的情况，说明了江西武阳曹氏的始祖是孝庆公，孝庆公则是真定灵寿曹彬的第三子曹玮的五世孙。这篇叙文的作者，是武阳曹氏的九世孙，丰润曹氏的六世孙。这篇叙文写作的时间，距永乐二年已一百十一年，但奇怪的是这篇叙文也同样不提曹端广迁来丰润和再迁辽东铁岭的事。这难道不更令人怀疑吗？

（三）《曹氏重修族谱序》，十三世孙明试撰：

国有本系，家（有）谱牒，皆所以纪昭穆而统族类也。嬴秦以来而本系废，李唐以后而谱牒逸，贤士大夫往往自谱其族，如欧阳氏、老苏氏，其立法之意，卓卓乎可称者也。吾宗曹氏，本真定散处天下者，更代多故，隆替不一，源流混而枝叶杂，恨莫考正。惟孝庆公宋仕隆兴，一传而进士天其翁卜居武阳，至今凡十四世，子孙众多，支分派析，由武阳而迁丰润、迁辽东、徙进贤，南北州郡之内，忠厚相传，诗书相重，兄弟叔侄后先炳彪，可谓盛矣。使谱牒不修可乎？六世祖叔颜公知此，乃缉而刻之，至守拙守愚二公，又补而完之。惟恐前

139

之远而迷其源，后之蕃而混其派，其用心均厚矣。是谱之法，其亦有得于欧、苏之教欤。后之子孙必当以是心为心。自今十四世而至于千百世引而长之，读而书之，俾是谱之传，永久而不替，斯无愧矣。昔于公高大其门曰：吾为吏多阴德，子孙必兴，今同吾谱者，富贵仕宦，类皆存心以仁，施政以惠，历历有明征，其于于公阴德无忝矣！曹氏之兴殆未可量。予因督修族谱，故谨识焉。

上面这篇《序》是明万历四十三年（1615 年）曹氏第四次修谱时写的，距离第三次修谱已经整整一百年，距离永乐二年曹端明始迁丰润已经二百十二年。按：就在这一年，努尔哈赤设八旗，第二年，即正式称朝曰"金"，建元"天命"，是为天命元年。到天命三年努尔哈赤即以七大恨告天自誓伐明。万历四十七年（后金天命四年，1619 年）三月萨尔浒大战，明军大败，六月陷开原，七月陷铁岭。明天启元年（后金天命六年，1621 年）沈阳、辽阳相继为后金攻破。曹雪芹的上祖曹世选、曹振彦大约就在此时归附后金。以上是万历四十三年也就是上面这篇《序》文写作的一年到天启元年前后共七年间辽东地区明金战争的形势。

就是这篇离开曹氏始迁丰润已经二百十二年的文章，开始提出了"由武阳而迁丰润、迁辽东、徙进贤"。究竟是谁由武阳迁丰润？又究竟是谁"迁辽东、徙进贤"？却只字未提，更没有说明是何所依据。

（四）《曹氏重修南北合谱序》，十三世孙鼎望撰：

家之有谱犹郡邑之有志，一代之有史也。然史之义取乎文，志之义取乎博，而谱之义以亲不以博，以实不以文，乃世风不古，往往有宗支式微，率多简略，攀援赫奕，喜事铺扬。或失则诬，或失则薄，二者并讥云。余家托迹浭阳，沐先人之余光，庆世泽之蕃衍，绳绳振振，俾炽俾昌，亦可谓绵瓜瓞而享燕翼矣。爰稽世系，盖自明永乐年间，始祖伯亮公从豫章武阳渡协弟溯江而北，一卜居于丰润之咸宁里，一卜居于辽东之铁岭卫，则武阳者，洵吾始祖所发祥之地也。追吾始祖，不得不追吾始祖所自出之祖；追吾始祖所自出之祖，又不得不追吾始祖以上之人与始祖以下之人，以共承吾始祖所自出之祖，此修明家乘之意，前人固有志焉而未之逮也。先叔仲相公领袁州牧，遣力访其族里，时方定鼎之初，哀鸿甫集，族之人群然惊疑，逡巡中止。既而统六弟督榷鸠兹，族侄讳珩，字楚白者始一过而问焉，南北之源流相叙由此始。逮我皇上龙飞六年，余承简命，出守新安；楚白率子廷献，侄廷臣阅三载凡再过焉。因出其所辑族谱，余从而综核之，凡宗派大小于是乎备；昭穆亲疏于是乎明；服族隆杀于是乎序。盖地虽异宗不因之而异；文虽分祖不因之而分，如九河之于海，五岳之于泰山，或源也，或委也，可谓核而严，秩而不紊矣。昔司马迁自序始于氏出重黎，班固著书遥称系出楚尹。文胜则史，贤者不免，若余之以武阳为族，以明实也，以明亲也，所以崇本反始也。夫岂与重黎楚尹同类而观也哉。至辽阳一籍，阙焉未修，尚属憾事，从而考订渊源，使前此数百年之祖祢欢若同堂，后此数千里之宗裔敦乎一本，是余之责也夫，是余之责也夫！

康熙九年岁次辛亥孟春谷旦。

按：这篇文章，是十三世孙曹鼎望于康熙九年（1670 年）写的，这时距离始迁丰润的永乐二年已经是二百六十六年了。奇怪的是年代离得愈远，记述上世的事却愈来愈清楚，就是这篇文章首先提出了：

> 始祖伯亮公从豫章武阳渡协弟溯江而北，一卜居于丰润之咸宁里，一卜居于辽东之铁岭卫。

但是尽管提出了曹端广"卜居于辽东之铁岭卫"，却没有说他是先到了丰润，停留了若干年后再迁居辽东铁岭。按上引这段文字来解释，则"一卜居于丰润之咸宁里，一卜居于辽东之铁岭卫"，两句是并列的、同时分别进行式的句子，并没有表明共同先到丰润，其中有一人再去辽东。相反，按词意来分析，倒只能理解为一个是到了丰润的咸宁里，另一个是到了辽东的铁岭卫。因此，丰润与曹端广其人也还是拉不上什么关系。

尤其应该指出的是，在曹鼎望祖父曹士直的墓志铭里，却根本没有提曹端广其事。志文说：

> 先世伯亮公为江西南昌人，永乐时北迁塞上，占籍丰润，遂世为丰润咸宁里人。①

按：曹士直死于崇祯十年（1637 年）八月，同年十月安葬。曹士直墓志早于曹鼎望的这篇叙文仅三十三年，那末，曹鼎望的这个"协弟溯江而北……一卜居于辽东之铁岭卫"的说法，究竟是何所据呢？难道这种"无稽之谈"也可以作为信史看吗？

现在，我们再退一万步，就算曹鼎望所说的都是事实，因而姑且说曹端广是在丰润暂住了一段时间，而后又迁辽东铁岭定居的。设使是这

---

① 见《曹雪芹祖籍在丰润》，第 98 页，天津人民出版社 1994 年版。

样，这丰润能算是曹端广的籍贯么？如果要依这个办法来计算古人和今人的籍贯，那末一个人要有多少个籍贯呢？试举李白、杜甫、苏东坡为例，请问，能依这个办法来算他们的籍贯吗？

再则，这篇叙文写作的时候已经是康熙九年（1670年），明朝早已覆亡，清皇朝已经确立，这时曹鼎望五十四岁，曹玺约五十三岁，曹玺的妻子孙氏早在顺治十一年（1654年）就当了玄烨（后来的康熙帝）的保姆，到曹鼎望写这篇《序》文的时候，曹玺任江宁织造已八年，曹家已迁到了南京。这年曹寅十三岁，曹宣九岁，都随曹玺在江宁织造任所，这时曹家已是显贵之家，无论是在北京和南京，都有一定的声望和地位了。这篇《序》是第六次重修本谱时由曹鼎望写的。曹鼎望字冠五，号澹斋，顺治甲午科举人，己亥科进士，授征仕郎翰林院庶吉士等职，其长子名钊，字靖远；次子名钤，字宾及，号瘿庵；三子名铬，字冲谷。现在据曹寅的诗集里可以得知曹鼎望的第二子曹钤及第三子曹铬，都是与曹寅有很深的交往的，曹寅的诗集里留有涉及他们的诗多首。从这些诗句看，他们是很小的时候就在一起的。这就是说第六次重修丰润曹谱的"监修"曹鼎望的两个儿子都是曹寅的至交，因此曹鼎望对曹振彦、曹玺、曹寅一家是必然很了解的。这里就产生了这样一个问题，既然丰润曹氏宗谱的监修者曹鼎望与曹振彦、曹玺、曹寅这一家关系很密切，如果曹寅一家确是丰润曹分出到辽东铁岭去的，曹玺、曹寅的东北籍贯确是铁岭，曹寅与曹冲谷、宾及等确是同一始祖分支下来的，那末曹鼎望在监修此谱时为什么把这一支就在眼前的同宗兄弟不编修入谱而要排除在这个谱外呢？这一点应该作何解释呢？我觉得反过来它只能证明曹振彦、曹玺、曹寅这一支确实不是由永乐年间流转到铁岭去的曹端广的后人，除此以外，就很难解释这个问题。更何况就连曹端广其人去铁岭的事也还是"无稽之谈"！

（五）《曹氏宗祠碑记》

　　曹氏发源于真定灵寿，武惠公彬佐宋定天下，由乾德至咸平，出入将相，仁恕清慎，美不胜书，爵鲁公，追封济阳王。公有七子：璨、珝、玮、玹、玘、珣、琮，皆显官。玮名尤著，与公并图形昭勋崇德阁。五传至孝庆公，公生南宋之世，以朝散大夫知隆兴府即豫章，今江西南昌府，遂家焉。生子二，长善翁，一名浩，字天其，登进士第，当宋元之际，卜居新建县之武阳渡。次美翁，别居于进贤县，曹氏之由灵寿而南，自孝庆公始也。故曹氏之祖即推孝庆公为一世，传至四世。端明公字伯亮，于永乐年间偕弟渡江而北，卜居丰润县之咸宁里，弟就辽东之铁岭卫，曹氏之由武阳而北，自伯亮公始也。（着重点为引者所加，下同）自是燕山楚水几同参商，物换星移，数遭兵燹，南北之不通者亦有年。国朝定鼎以来，簪缨媲美于前，文献克昌厥后。顺治初十二世继参公由山西太原府通判宁城有功，擢江西袁州府知府，地近南昌，得以访武阳之派系。康熙甲辰，公嗣首望由拔贡授中书督榷江南芜湖县。戊申，公犹子鼎望由赐进士出身，钦点翰林院庶吉士，除江南徽州府知，戊午又知江西广信府，距南昌俱不远，得再接武阳之派系。维时十四世文珩，分字楚白，偕子思献、侄思皇往复江南，再谒官署，樽酒谈宴，详叙宗支。鼎望公因于庚申之秋，由广信府署朱轮驷马过故里，拜祖墓，与族人会宴终日，自此南北一家，孝友之心各有油然不能自已者，何莫非祖德所培养，先灵所默佑，俾咸宁之派，足以承灵寿乎，此曹氏所以称望族于丰润云。丰润城内旧有曹氏宗祠，毁于火，遗址无

存，今有二十世振澧公字子纯者，居城南之郑八庄，不忍宗祠
之久废，思欲从新改建。光绪丙午施自己开院一所，慨出金赀
独力创修，公之叔铸公经理，堂兄宗海公监工，阅数月告竣，
旧祠无所考，按宗谱之世次以定宗祠之昭穆。然完谱与宗祠相
维系，既修祠不可以不修谱。曹氏之谱，自元而明而本朝，迭
为增修，康熙乙巳为南北合谱之始，庚戌为南北合谱之终，至
今二百余年，续修无人，南北亦不相闻问。中经宗海公之曾祖
著辉公，补缀咸宁之支，谱未成卷帙，宗海公欲辑而修之，以
成先志，顾宗族蕃衍，恐独力难成其事，因不惮勤劳，躬冒雨
雪，赴各同宗之家随带纸笔，逐一填写，资斧自备，族众等共
助修谱之费，至经费不足，谦、逊二公与振澧公又乐包塾协
办，须人如松公与晟魁公共成斯美，乃阅丙午、丁未、戊申而
谱告成。至若进贤、铁岭两派，仍从其略。而北京旗籍，亦待
补焉，不惟武阳别支分迁他省者不可追续，即武阳一籍亦有远
莫致之之憾。他日者或再有宦游于南，与夫有事四方者，随在
尽详其世序，不惟登于谱，并以列于祠，是不能不望于曹氏继
起之有人也。因将修谱之始末附诸于修祠之后云。

　　光绪戊申壬午科举人吕万绶顿首拜撰。

　　按：这篇《序》文写于光绪戊申，即光绪三十四年（1908年）。这
是对曹氏由河北真定灵寿迁至江西南昌之武阳渡，再从武阳渡北迁至河
北丰润和北迁至辽宁铁岭的这一迁徙过程叙述得最详细的一篇《序》
文。也是这部《丰润曹氏族谱》的最后一篇文章，距离曹氏始迁丰润之
永乐二年，已经是五百零四年了。

　　特别应该强调的是，所谓"始祖伯亮公从豫章武阳渡协弟溯江而
北，一卜居于丰润之咸宁里，一卜居于辽东之铁岭卫"，这是曹鼎望在

145

康熙九年时说的，在此以前一直没有人讲过。连曹端明在嘱咐儿孙不要忘记祖宗，要保护好自己的坟墓时，也没有讲还有自己的弟弟曹端广在辽东铁岭卫。这篇叙文，除了重复曹鼎望的话外，在曹端广的问题上，没有提供任何新的东西。

四、"迁徙志"及其他

还应该指出来的是，在《浭阳曹氏族谱》卷二页七十三有《迁徙志》，对从江西武阳迁徙到各地的情况记载很明确，现在把有关的部分移录于下：

迁　徙　志

一、祖居真定，元季迁于江西南昌新建城南四十里之武阳渡，由武阳散居临近：安仁、进贤、回峰、塘里、山东、捉牛岗等处。

一、迁居远省：湖北、山西、河南、山东、直隶。

一、直隶丰润，始由江西武阳迁居城内西街，由丰润入旗籍于京城，由京徙于霸州者，而丰润之临近散居者：芦各庄、郑八庄、小集、女各庄、大树庄。

一、迁邻州县者：滦州、玉田、宝坻（原注：现在宝坻无，宁河潘庄有一支派，原宁河原属宝坻，故只有宝坻焉。）

以下便是列举各村庄的名字，没有必要再加引录。上引的材料里，特别请注意第二条"迁居远省"，下面列举"湖北、山西、河南、山东、直隶"各省,但竟无辽宁省,那末,自然也不存在迁居"辽东之铁岭卫"。不仅如此,在"二十世孙晟魁谨撰"的《曹氏重修族谱叙》里也没有一点端广迁居辽东铁岭的影子,只说"始祖伯亮公于前明永乐年间从豫章武阳渡迁居丰润之咸宁里",这里连所谓"协弟渡江而北"也没有了,这与曹鼎望祖父的墓志铭里的话倒是完全一致的。应该指出,这部《浭阳曹氏族谱》的编次是相当混乱的,其中自相矛盾的地方也不少。所以上述《迁徙志》里不提辽宁省,更不提"辽东铁岭",这篇光绪三十三年(1907 年)写的《叙》里不提"始祖伯亮公协弟渡江而北……一卜居于辽东之铁岭卫"。就算这都是自相矛盾和错漏疏忽,那末再请看看此谱的卷三《谱世》(南北合谱总世,由第四世分南北支)第四世:"子义,行一,子三:端可(下略)。端明,字伯亮,行二。永乐二年占籍丰润,为北曹始,以后另序。端广,字□□,行三。占籍辽东,后人失载。"请再看看本卷前面的《曹氏南北合谱总图》"自一世至五世"的"世系表",在子义名下,并列端可、端明、端广三人。在端明名下,直书"卜居丰润",在端广名下,直书"卜居辽东"。这里表明得非常清楚,哪里有什么曹端广先到丰润,再迁辽东之事!可以说,查遍这部《浭阳曹氏族谱》也找不到曹端广到过丰润、暂居过丰润的信息。连《浭阳曹氏族谱》都不承认这一点,那末曹端广曾落籍丰润云云,岂非完全是凭空虚构!所以闹了几十年的"曹雪芹祖籍丰润"说,实际上完全是虚构:一是虚构的曹端广曾落籍丰润;二是在此虚构的基础上又虚构了曹雪芹是曹端广的后人的这重关系;三是再在此虚构的基础上虚构了曹雪芹的祖籍是丰润。真是"玄之又玄,众妙之门"!然而虚假的东西总是不可靠的,还是老实一点的好。但是,有些人却硬要打肿脸充胖子,死咬住丰润籍不放,这只能表明他们毫无真正做学问的态度,毫无对读者说真话的诚意。难道有了一副铁齿钢牙,就能把真理咬扁,把歪理咬成真理,把假的咬成真的?!

147

　　说实在话，最早讲到"由武阳而迁丰润，迁辽东、徙进贤"的是十三世孙明试。这时距永乐二年，已经是二百一十二年了，但也只是一句空话，没有具体的人和事。到了曹鼎望，才把这句空话加以具体化，具体化到"协弟溯江而北，一卜居于丰润之咸宁里，一卜居于辽东之铁岭卫"。但这是又过了半个多世纪了。这样没头没脑的事情，能令人信服不疑吗？

　　曹鼎望既然能把距离自己二百六十七年前的祖宗的事写得很具体，那末，他又为什么不能把与自己很熟悉的人曹玺、曹寅等写得详细些呢？

　　曹鼎望当时正在监修此谱，他一方面慨叹"辽阳一籍，阙焉未修"，而另一方面却把真正辽阳的曹锡远、曹振彦、曹玺、曹寅这一支排除在外，不修入谱，这种特殊的情况怎么能说得通呢？这只能说明曹锡远、曹振彦、曹玺、曹寅这一支确实不是与丰润曹同宗，因之曹鼎望也无法把他们编修入谱，除了这样的解释外，恐怕很难得出更确切的解释来。

1996 年 6 月

谎言掩盖不了事实

　　1993年夏天，京沪各大报刊争相发表曹雪芹祖籍丰润获得新证的报道，并引述专家的结论，说曹雪芹祖父是曹鼎望，父亲是曹铨。有的报纸的大标题说"曹雪芹祖籍丰润已成定论"，有的报纸的大标题说"丰润发现曹雪芹先祖碑刻"。这样大张旗鼓的宣传报道，可以说极一时之盛。也可以说半个世纪以来，有关曹雪芹祖籍丰润说的宣传这是"于今最烈"的一次。之后曹雪芹祖籍丰润说又拍成了电视，又开了专题研讨会，为争论曹雪芹祖籍是丰润而花这么大的力气，确实是空前的。

　　这样的大张旗鼓，据报道是因为当年5月8日在丰润县"高丽铺管理区小尚古庄村发现了有重要史料价值的曹鼎望墓志铭和曹铨墓碑"。于是专家们发表了"咬定青山不放松"的"定论"，记者们也就放笔报道，畅所欲言。

　　可是，奇怪的是这两块具有如此重大价值的墓志铭和墓碑，却一直不予公布。尽管不少红学家多次提出公布此项材料的强烈要求，但仍置之不理。要知道，这不是当年的核爆炸，可以让你听到惊天动地的爆炸声却不能让你知道一丝一毫的技术科学信息，这是一项文史资料的发现！回顾近几十年来我国若干次震惊世界的文物考古的发现，例如马王

149

堆西汉女尸的发现，秦始皇陵兵马俑坑的发现，江陵战国楚墓的发现，以及多次帛书汉简的发现，无有不是及时报道并适时公布材料的，极少数的如汉简帛画之类一时无法发表，是因为出土物已零乱朽烂，不加科学技术处理和整理，就无从公布，这是大家都能理解的。唯独这次丰润曹鼎望墓志铭、曹铨墓碑的发现，除了公布一个曹鼎望的墓志盖（"皇清诰授中宪大夫陕西凤翔府知府加三级澹斋曹公墓志铭"共二十五个篆字）以外，墓志铭的全文，至今未曾公布。这就令人大惑不解。

最近，本刊①收到了河北大学历史系学生姜德辉的来信，他在丰润看了墓志铭后表示对上述宣传不理解，并撰文发表了自己与上述宣传完全相反的意见。更可贵的是，他生怕自己对碑文理解有误，竟将碑文一字不漏地抄下来寄给了本刊，抄件还表明了每行的起讫。我们认为这种虚心、严肃、求实的学风是非常可贵的，我们应该相信历史事实，相信客观真理。这位姜德辉同学的求实无私的态度，值得我们学习和提倡。这种求实而又虚怀的态度、学风，在当前实在太可贵了！

面对着这样的学风，对照一下上述这种宣传，难道不能发人深思吗？有些人难道竟不觉得脸红吗？我们相信，当代的大学生、青年和广大的读者，是会用头脑去思考的，是有能力明辨是非的，如果以为广大的群众可以任意愚弄欺骗，那实际上只是欺人自欺！

我们相信，像姜德辉这样的大学生决不止一个，我们的青年是可爱的，是大有希望的，谎言终究掩盖不了事实，我们应该坚信这一真理！

1996 年 2 月

---

① 《红楼梦学刊》。本文载 1996 年 2 月《红楼梦学刊》第 1 期。

附录一

曹鼎望墓志铭、曹铨墓碑读后

姜德辉

　　1993年5月，丰润县政协征集到了曹鼎望的墓志铭和曹铨的墓碑，这一消息公布后各大报纸纷纷报道。关于论述曹雪芹祖籍丰润说的文章屡见报端，认为墓志铭和墓碑的发现是研究曹雪芹祖籍在丰润的珍贵资料。一时间，曹鼎望的墓志铭和曹铨的墓碑在红学界激起了新的波澜。那么墓志铭和墓碑在研究曹雪芹祖籍问题上的价值究竟有多大呢？

　　曹鼎望之子曹钤、曹铨与曹雪芹的祖父曹寅有着密切的交往，他们交往的印迹一直成为红学界对曹雪芹祖籍问题争论的焦点之一。曹寅《楝亭集》里，对曹钤、曹铨称为"兄"、"骨肉"、"同胞"，并有《病中冲谷四兄寄诗相慰信笔奉答兼感两亡兄四首》。这"两亡兄"是指谁呢？在其他资料中并不能找到答案。曹鼎望墓志铭中记载曹鼎望有"男子三人，长钊，廪贡生。次钤，□贡，官内阁中书舍人，俱先公卒"。这就说明曹寅所指的"两亡兄"是曹钊和曹钤。但这一细节的弄清，并不能支持丰润曹氏与曹寅一家有骨肉同胞关系的说法。在过去，官场上同姓称兄弟的现象非常普遍，即使是当今，有些学者在相互往来的信件、赠诗中不也是称兄论弟的吗？何况曹寅与曹铨弟兄交往甚密，感情甚笃，在诗中称"同胞"、"骨肉"，也是合乎情理的事情。因此，墓志铭中的记载不能说明曹雪芹的祖籍与丰润有何关系。

　　曹鼎望的墓志铭中记载曹鼎望的"女子六人，俱为士人妻。孙八人，尚幼"。而《浭阳曹氏族谱》中记载曹鼎望有孙九人，所差一个为谁呢？如果认为所差的一个是研究曹雪芹身世的重要线索的话，那么似乎有点牵强附会了。笔者认为所差的一个是曹渊。因为曹渊出嗣，按古代的宗法制度，出嗣的儿子就不算在内了，因此墓志铭上记载为"孙八人"。至于《浭阳曹氏族谱》中后来又有了关于曹渊的记载，可那是曹鼎望死后多年的事了。因为曹鼎望死时他的孙子们"尚幼"，可见曹渊是很小的时候就过继给别人了。

　　《浭阳曹氏族谱》中记载曹鼎望有子三，曹铨最后。但曹寅在他的诗中多次称曹铨为"冲谷四兄"。明明曹铨排行第三，为何称"四兄"？是曹寅称呼错了，还是别有原因，研究者不得而知。曹铨的墓碑上明确刻有"休职佐郎曹四公讳铨冲谷"，曹鼎望墓志铭中亦有"季子铨"。这些虽不能得知曹铨称为"四公"的原因，却与曹寅所称的"四兄"相吻合。曹铨行三而被家人称为"四公"，曹寅亦称之为"四兄"，可知曹寅对曹铨家事的细微问题很了解，足见曹寅与曹铨关系非同一般。但这并不等于说曹寅与曹铨有着什么很近的兄弟关系，更不能说明曹雪芹祖籍是丰润。

　　曹鼎望墓志铭和曹铨墓碑的发现不但为研究丰润曹氏的家世提供了新的资料，而且对文史领域的研究工作也有一定的价值。但曹鼎望墓志铭和曹铨的墓碑上所记载的内容并不能为曹雪芹祖籍在丰润的说法提供证据。

（原载 1996 年第 1 期《红楼梦学刊》）

附录二

曹鼎望墓志铭

志盖全文：皇清诰授中宪大夫陕西凤翔府知府加三级澹斋曹公墓志铭。

志底全文：皇清诰授中宪大夫陕西凤翔府知府加三级前翰林院庶吉士澹斋曹公墓志铭。

赐进士出身光禄大夫户部左侍郎加六级年眷弟大兴蒋弘道顿首拜撰

赐进士出身通议大夫顺天府尹年眷弟真定刘元慧顿首拜篆

钦授翰林院编修太常寺少卿加一级年眷弟静海励杜讷顿首拜书

公讳鼎望，字冠五，别号澹斋，姓曹氏。丰润人。顺治甲午举于乡，己亥进士，选内翰林国史院庶吉士。屡试太和殿，赐茶，人以为荣。辛丑散馆，授刑部山西司主事。念关外严寒，流犯多冻死者，请大司寇龚公鼎孳具疏，三冬不发遣，以广好生之德。制曰可。癸卯升本部员外郎，有诬陕西张某谋反者，并揭其厅壁反诗证之，狱将成，公阅其诗，乃唐人张谓旧作，归取刻本示之，事乃寝。甲辰，仍晋本部郎中。丙午，奉命典湖广乡试。丁未，擢徽州府知府。婺源、祁门盗踵至，掠去童子张有鹏等十三人。盖徽州地连三省，在万山中，贼渠六人，率其党数千，出没郡县为害，已二十年。公闻之，遣丁壮市鱼盐假商人入山贸易，识其巢穴姓名，乃密报巡抚，走江宁谒总督，具道其事。总督惊，将发兵剿之。公曰不可，剿必联三省行文备军储，往返期会，非三阅月不能竣，风声一出，贼侦知解散，兵去而贼复聚，此所以屡剿而一贼不获也。总督曰：然则奈何？公曰：徽、宁、池饶将弁，皆制府所辖，诚得一老诚廉能者，少带兵马，探访责在胥役，剿缉责之营兵，发纵指示，则操之主将。宽其时日，开以自新之路，如此则成功必矣。总督曰善。遂令总兵丘越，帅郭应革等，将精甲三百偕公往，阵斩贼首何老二等十三人，生禽王跳鬼、六公子、赵老大等九十余人。搜获被掠童子十三人，纵之归，余悉投诚免死，计七月而贼平。遇覃恩，诰受中宪大夫，封父母如其官。未几，督抚相继去，新巡抚至，以事忤其意，夺爵三级归。当是时，三藩未靖，寻以才贤，起广信府知府。广信迩七闽，自耿逆之为乱，两陷两复，兵燹之余，民逃匿，城中蓬蒿深没人，逆贼江机、杨一豹等盘据山谷为盗，距郡城仅五十里，提镇将军驻广信，公与将军约，俾兵民和辑，勿得恃强虐民，招流亡劝垦，民稍稍集。又出令先降者受上赏，贼疑惧未定。既而奉檄调提镇，赴湖南援剿，贼势复张，公请总督亟剿之。总督至，谓公曰：吾欲先抚后剿何如？公曰：甚善。第此贼狡甚，非剿不可以抚。今日之贼首，即前日之投诚人也。总督曰：太守言是。即发兵破其前关，贼遁入封禁山，公随营两月，昼则督粮储，夜则入谋帷幄。贼粮尽将就抚，而总督亦调赴湖广，进取云贵。兵既去，郡佐亦摄篆他县，空城中止余知府一人而已。于是募健丁，得土兵二百人为守御资。己未，旧提镇移驻贵溪，公遗之以书，又投牒巡抚，且乞师浙督会剿。江机、杨一豹等计穷，走福建投诚，余党渐次剿灭。忽并征七年逋赋，公叹曰：六载兵戈，民气非二十年不能复，今若此，是驱之为盗也。白巡抚疏请于朝，十七年以前逋赋尽蠲，民获苏息。以外艰去，亡何丁内艰，服阕补凤翔府知府。先是秦蜀初定，分西安将军兵马之半，驻防汉中，春秋往来，道出凤翔。民田苦践踏不得获。公言于总督，疏免之。乃新张横渠先生祠，及苏眉山喜雨亭，公余觞咏其间。公是岁六十有九。因念《礼》大夫七十致仕，奈何以迟暮之年，汩没风尘中，不远愧二疏耶？遂引年乞休。公沉毅有谋，三出守皆值大军之后，凶荒相继，而其指挥戡乱，捷苦影响，卒能起废兴行，可谓为政识本末者矣。生于明万历戊午二月初九日，终于康熙癸酉正月初三日，得年七十六。公之系出宋济阳武惠王彬之五世孙孝庆，咸淳中，仕至显文阁侍制，家于豫章。明永乐中，始祖伯亮徙丰润之咸宁里。伯亮生英，英生安，安生宗礼，宗礼生思敬，思敬生登瀛，登瀛生士直，公之祖也。士直生继祖，是为公父，封中宪大夫。母王氏，封大恭人。元配常氏，封恭人。男子三人，长钊，廪贡生。次钫，□贡，官内阁中书舍人，俱先公卒。次铪，岁贡。女子六人，俱为士人妻，孙八人，尚幼。所著曹子全书，藏于家。是岁十二月乙丑，十五日甲申，季子铪爰卜宅兆，奉柩安厝于城西十八里鸭护山之阳，商家庄新茔，铭曰：三仕大府，囊无余资。卓尔独立，讵肯诡随。手操兵柄，制胜出奇。料敌巧中，电骤雷驰。伤哉时命，未竟厥施。屡起屡蹶，乃至于斯。炳然者词，穹然者碑。仿佛来临，风马灵旗。

曹铪墓碑内容

碑　　首：清云得禄

中间一行：皇清待赠休职佐郎曹四公讳铪冲谷府君孺人张高太君
　　　　　之墓

左面一行：室朱门女立

（原载 1996 年第 1 期《红楼梦学刊》）

大争论　大收获

——《曹雪芹祖籍在辽阳》序

关于曹雪芹祖籍丰润说和辽阳说的争论，已经很长时间了。对于这场争论，我早就说过，争论是好事，我们不怕争论，真理愈辩愈明。事实也只能如此。

在争论中，作为学术的共同守则，这就是要求争论的双方，必须坚持历史唯物主义，必须实事求是，根据文献史料和实物说话，必须公开地无隐瞒地公布自己所依据的史料而不能封闭这些史料，更不能伪造史料欺骗读者。说假话骗人，本身已不是学术论辩而是另一回事了。

几年来的争论，成果是很显著的。

第一是关于曹雪芹祖籍在辽阳的史料愈来愈丰富、愈来愈清晰，收集在这本书里的历史文献史料已经足够说明问题了，这里不再一一介绍。

有人认为辽东五庆堂曹与曹雪芹上世不一定有关系，我认为这样的怀疑是多余的。曹雪芹六代的上祖前四代都有明确的辽阳籍的记载，曹颙、曹𫖯以下都在北京和南京自不待言。

就拿五庆堂曹来说，其始祖曹俊，"以功授指挥使，封怀远将军，

156

克复辽东，调金州守御，继又调沈阳中卫，遂世家焉。历代承袭，以边功进爵为指挥使，世职者又三四人，子孙蕃盛，在沈阳者千有余人，号为巨族，而金州、海州、盖州、辽阳、广宁、宁远，俱有分住者"①。而曹锡远也是"令沈阳有声"。"令沈阳"也就是任沈阳中卫指挥使。按明制，指挥使是世职，即世代相承袭的官职，不是一家一系的血统关系是不能承袭的。由此可见，曹雪芹的始祖曹锡远的沈阳中卫指挥使是承袭曹俊的指挥使世职的，否则这个指挥使无从当起。

另外，曹寅称云贵总督甘文焜的儿子甘国基（字鸿舒）为表兄，而五庆堂曹氏宗谱第十世曹权中的女儿，嫁甘文焜的堂兄甘体垣，不仅见于《五庆堂曹氏宗谱》，而且也见于康熙抄本《甘氏家谱》和嘉庆刻本《沈阳甘氏家谱》。这重姻亲的纽带关系又把五庆堂曹与曹雪芹的上世连结得十分紧密。② 更何况《五庆堂曹谱》的第四房明摆着是曹锡远一支。这样宗谱的记载，官职的世袭，姻亲的纽带，这三重不可动摇的关系的存在，怎能否定五庆堂曹与曹锡远一支的血统关系呢？

所以曹雪芹的祖籍是辽阳，是辽东五庆堂曹氏的第四房，其共同的远祖是明初的曹俊，曹俊也是辽阳人，这一结论是十分清楚明确的。这就是这场历时很久的争论的主要收获。

收获之二是争论了这么多年，鼓吹了这么多年的曹雪芹祖籍丰润说，到头来连一部丰润曹鼎望主修的《浭阳曹氏族谱》上，都找不出来曹锡远一支任何一个人的名字。连当时由曹鼎望纂辑的《丰润县志》上，也不提曹雪芹上祖一字。有人说我用《五庆堂辽东曹氏宗谱》排斥

---

① 顺治十八年曹士琦：《辽东曹氏宗谱序》。

② 周汝昌说：曹寅"既称国基为表兄，两家的姻戚关系是毫无疑问的了"。"在甘氏三门系下发现一个曹氏是体垣的原配，我想我们如果承认'表'字正义是'姑表'，这该就是曹寅所以称国基为表兄的缘故了。"（见《红楼梦新证》，第81－82页，1976年人民文学出版社。）这个说法本来是很正确的，但这个说法恰好是证明了《五庆堂谱》是可靠的，曹家祖籍是辽阳，而对他一贯坚持的丰润说是不利的。

了《浭阳曹氏族谱》，这真是天大的笑话！《浭阳曹氏族谱》上不载曹锡远一支，难道是我用《五庆堂谱》给排斥掉的吗？可惜予生也晚，曹鼎望当年修谱时，距今三百多年，那时根本还不存在"我"。那末是说我现在用《五庆堂谱》来排斥《浭阳曹氏族谱》吗？可是两谱分明各自存在，《五庆堂谱》早已公开出版了，《浭阳曹氏族谱》一直掌握在他们自己手里，《五庆堂曹氏宗谱》上第四房是曹雪芹的上祖曹锡远一支，《浭阳曹氏族谱》上没有曹锡远的一支，是它根本没有载，不是任何人的排斥。要说"排斥"，那只能说当年曹鼎望"排斥"了曹寅这一支，只怨他为什么不把自己儿子的好朋友曹寅和他的上世曹锡远、曹振彦、曹玺、曹尔正、曹寅、曹宣等等拉进谱里，哪怕有一两个名字，现在也就好说话了。但曹鼎望等人修谱，是有严格的族规的，既不能乱拉，也不能乱拒，我们不能把封建宗法制度看得那末随意，更不能对它作随心所欲的解释。实质上，曹鼎望之所以"排斥"曹寅一支，是因为他们确实不是同宗，所以也根本不存在"排斥"这回事，在曹鼎望的时代没有这回事，在今天更不可能有这回事。

《浭阳曹氏族谱》上没有载曹锡远一支的任何一个人，原先一般人是不清楚这一情况的，总以为他们总有点根据的吧！谁知道他们竟然毫无根据。闹了这几年，这一情况，倒是闹得大家都知道了。原来丰润《曹氏族谱》的曹，与曹雪芹的曹根本不是同宗，因此丰润曹氏族谱上没有记曹寅等人一个字，连周汝昌《红楼梦新证》里那张"丰润曹氏世系表"里排列的曹世选一支，也是毫无根据地凭想象添进去的，根本不符合《浭阳曹氏族谱》的实际，谓予不信，可以拿出《浭阳曹氏族谱》来查对。既然这一情况已经为广大群众所掌握了，那么，这样一来，再要伪造一个"曹熹"出来，再要制造几种如"忌讳说"、"回避说"之类的"理论"也就无济于事了。

收获之三是一度闹得满城风雨的"丰润发现清曹雪芹先祖碑刻"，

"曹雪芹即丰润曹鼎望之嫡孙，曹铭（铪）之子"，"自幼寄养在辽东曹寅家，曹雪芹便在曹寅家长大"这样的惊人消息，终于在社会的大震动中，被一位大学生揭穿了这个弥天谎言，连一向神秘莫测的《曹鼎望墓志铭》、《曹铪墓碑》上的文字都被抄出公之于世了。于是谎言变成了肥皂泡，连他们后来新出版的鼓吹曹雪芹祖籍丰润说的"考证专著"也不敢提《曹鼎望墓志铭》一字，更不敢去"考"它了。这场谎言攻势，当时来势很猛，持续的时间也颇长，再加上这时又制造了一个"《红楼梦》原始作者曹渊"说，一时确实沸沸扬扬，似乎曹雪芹对《红楼梦》的著作权动摇了，不是那位老专家已经建议今后再出《红楼梦》要改变署名方式吗？按他的方式就是：

《红楼梦》　创始者：曹渊（方回）
　　　　　　增删者：曹沾（雪芹）

他们还连"曹霑"这个名字也不放过，竟然改成了"曹沾"，真是斩草除根，手段是够狠的！然而也多亏这场大争论，连借《曹鼎望墓志铭》为因由而制造的种种谎言，终于一扫而光了。真是"真理愈辩愈明"，一点不错。但是我还要加一句"歪理也是愈辩愈明"，不是吗？要不是这几年的大辩论，这些花样百出的谎言，怎能被人们识破呢？

前些时候，报上又宣传曹雪芹有九个祖籍说。这位作者竟然把此说作为一项新的学术成果大加宣传，看来他对祖籍的概念都还不清楚。按《礼记·丧服小记》说："亲亲以三为五，以五为九。上杀、下杀、旁杀而亲亲毕矣。"所谓"以三为五"者，即己，己之父，己之子，为三也。再上下各推一世，即"以三为五"也。再上下各推二世，即"以五为九"也。如以"己"为中心，上下排列起来，即如下表：

6	始祖		曹锡远		世居沈阳地方
5	高祖	一世	曹振彦		奉天辽阳人
4	曾祖	二世	曹　玺		著籍襄平
3	祖	三世	曹　寅		千山曹寅
2	父	四世	曹　颙	曹　頫	
1	己	五世	曹雪芹		
2	子	六世			
3	孙	七世			
4	曾孙	八世			
5	玄孙	九世			

依上表，追溯祖先，以"己"为起点，依左边数字，从"己"上推到高祖是五世，下推到玄孙也是五世。上下加在一起是九世，即所谓"九族"。如是追祖，则当然以"己"为起点上推至高祖，即"上杀"。"杀"，衰也、断也。也即是到此亲亲关系断了，不再上推了。所以称"五世而斩"。《礼记》又说："四世而缌，服之穷也，五世而袒免，杀同姓也，六世亲属竭矣。"这是从丧服制度讲的，缌是丧服中最轻的一种，用在亲属关系较远的族人身上。四世就是曾祖，为曾祖服丧已是最轻的丧服了，到五世高祖，就是"袒免"了。"袒"，指脱上衣袒露左臂。免，指免冠，也即是脱帽。也就是说到了五世，即高祖，就不需要服丧，只要"袒免"就可以了。到了六世，亲属关系就没有了。所以计算祖籍即依此为据，一般上溯到高祖即五世祖，五世祖以外，就不再算是祖了，因而也就不算在祖籍内了。古代以三十年为一世，五世也就是一百五十年，但这里要除去"己"所占的三十年，也即是从"己"往上推一百二十年。按曹雪芹的生年，依目前大多数的意见算，作为康熙五十四年生（1715 年），依此上推四世一百二十年，则应是明万历二十

五年（1597 年），这正是曹锡远和曹振彦的时代，也是努尔哈赤准备起兵伐明的时代。按自曹雪芹上推五世，是高祖曹振彦，六世是曹锡远。曹锡远是"世居沈阳地方"，曹振彦是"奉天辽阳人"，曹玺是"著籍襄平"，曹寅是"千山曹寅"，[①] 据此曹雪芹的祖籍在辽阳，是最清楚不过了，还能有什么争论呢？所谓九个祖籍说，说明他根本不懂"祖籍"的内涵，所以任意无限上推。请问，这样无限上推，到何时方能截止呢？因为祖宗还有祖宗，一直可以推上去，莫非要一直推到曹姓得姓之世方才为止吗？其实他们根本不是实事求是地探讨学问，追求真理，他们是醉翁之意不但在于酒，而且还在于丰润之间。所以推来推去曹雪芹就有了九个祖籍，创世界纪录。于是趁机把根本不是曹雪芹祖籍的丰润也硬塞进去了，这除了蒙哄不明真相、不清楚"祖籍"一词的内涵的读者，从而引起轰动，制造混乱外，还能有什么作用呢？

当然，作用还是有的，这就是让人们看清楚了这种貌似公正，貌似做学问，貌似考证的所谓"考论"，不过是唬人的另一招数而已。弄清楚这一点，对广大的读者来说，当然也是一种收获！

收获之四，是被闹得很凶的所谓曹端明、曹端广两兄弟的事情。主张祖籍丰润说者，没有任何可信的史料依据，硬认为曹端明携弟溯江而北，因而曹端广就到了丰润，然后又到了辽东铁岭，因此曹端广就是丰润籍，再因此，曹雪芹的祖籍就是丰润。我真不知道这算什么逻辑！所谓曹端广到丰润是完全查无实据的猜测，我已撰文驳议。就算他是到过丰润，这又怎么就可以算作他的籍贯了呢？何况根据《浭阳曹氏族谱》，从江西武阳渡始迁丰润的第一代曹端明算起，直到第十二代，都没有人提到有这么一个"曹端广"，也就是说从明代永乐二年起，一直终明之

---

① 其他有关资料还有很多，这里无需一一列举。

世，丰润曹氏的历代祖宗，都没有人提到过此人。直到明朝覆亡，满人从东北入关建立清皇朝，直到康熙九年曹氏十三世孙曹鼎望纂修丰润曹氏族谱时，才提到曹端明有弟曹端广在辽东铁岭。但就是这样，也没有说是先到丰润，住过一段时间后再去铁岭。由此可见曹端广其人的情况，从永乐二年到康熙九年，一直断了几百年。因此，依我看，这个曹端广其人究竟是怎么一回事，还是一个大问号，怎么就可以一下派他为曹雪芹的老祖宗了呢？又怎么能一下就定他的籍贯是丰润呢？

几年来争论的好处，是把曹端广其人的无根无据，一下给揭露出来了，从而人们也会用自己的头脑来思考这个问题了。

由于有以上这些相反方面的收获，所以我觉得"歪理也是愈辩愈明"，终于让人认识到它是歪理，从而也就大大提高了人们的识别能力，突破了长久以来所受的蒙蔽，这是从长期艰苦的学术论争中得来的，更是思想和学术上的可贵收获！

我们是不想再争论了，但有些事情是不由你的意志为转移的，因此这一争论估计还可能继续下去。特别是有一种人，不管你们有多少可靠的史料放在他的面前，他总是闭着眼睛，"咬定青山不放松"。

但是我早就说过了，不管你的牙齿有多硬，总不可能把真理咬扁。

为了帮助大家阅读历史文献，参阅已经发表的一些重要文章，我们特意编了这个集子。我认为真理是客观的而不是主观的，谁的观点符合历史事实，就是比较正确的，这不靠你的自信，更不靠你的自吹，而是要经得起客观实践的检验。实践是检验真理的唯一标准，除此以外，没有第二个标准。

就我们来说，曹雪芹祖籍在辽阳是"家传所载，宗谱所记，文献可考，碑石可证，虽万世而不移也"！但是，这场争论究竟将会如何继续下去，我的这几句话是否正确，也都要由以后的实践来证明，因此我们

大争论 大收获

只有继续认真读书，坚持实事求是，坚持历史唯物主义，并真诚地虚心地听取广大读者和专家的高论。

是为序。

1997 年 3 月 4 日夜 2 时
写毕于京华瓜饭楼

163

真理愈辩愈明

—— 《曹雪芹祖籍在辽阳·续集》序

关于曹雪芹的祖籍的问题，已经争论了几十年了，红学界绝大多数的人也都有了共识，那就是：曹雪芹的祖籍是辽阳。"丰润说"和"铁岭说"都是无据之谈。

我是赞成争论的，"真理愈辩愈明"这句话本身就是真理。争论有三大好处：一是可以引起大家的注意，大家来关心这个问题，从而可以发动大家作历史的调查，寻找更丰富可靠的史证。二是愈辩论愈深入，使人们对问题看得更清楚，更不会受蒙蔽。清代的大思想家戴震说："学者当不以人蔽己，不以己自蔽；不为一时之名，亦不期后世之名。有名之见，其蔽二：非掊击前人以自表暴，即依傍昔贤以附骥尾。……私智穿凿者，或非尽掊击以自表暴，积非成是而无从知，先入为主而惑以终身；或非尽依傍以附骥尾，无鄙陋之心而失与之等。"（《东原文集·答郑用牧书》）要做到"不以人蔽己，不以己自蔽"，就只有靠辩论来解决问题。三是"私智穿凿"者，愈坚持自己的谬误，"惑以终身"，则愈坚持、愈辩论就在错误的泥潭里愈陷愈深，让人看得更清楚。所以对于"私智穿凿"的人要让他辩论，最好将他的辩论文字也印成论集，让大家来看，立此存照。这对真理并没有任何损害，而对愿意追求真理，肯于思考的人是大有好处的。我编《曹雪芹墓石论争集》就是采用这个办法，结果很受大家的称赞。当然现在辽阳编这个争论续集，是继前集而来的，并不一定要按我的办法。由于长期的争论，积累了不少文章，我看过不少文章都是下功夫的，有充分的史料依据的，是贯串着历史唯物主义的。我认为只有历史最雄辩、最具有说服力，那种硬要歪曲历史，用自己的主观来改造历史的人，真是"痴人说梦"。当他还在"梦"中的时候，不免为之捧腹。但你即使好意劝他，或给以当头棒喝，他也不醒，甚至还反目成仇。到那个时候，则可见辽阳编这个前集和续集的重要性了。它可以还历史以真面目，也可以警醒世人，免受其蔽。或许也可以使仍在梦中唱曲的人得以警醒，也未可知。要如能这样，那当然是意外之奇了。

2004 年 5 月 19 日，旧历甲申年四月一日

于京东双芝草堂

曹雪芹的祖籍、家世和
《红楼梦》的关系
——对一个争论了半个多世纪的问题的梳理和透视

近几十年来，关于曹雪芹的祖籍是丰润还是辽阳，一直在争论中，近来又有了铁岭说。他们认为曹雪芹的祖籍与曹雪芹的家世，与曹雪芹的《红楼梦》是没有什么内在的关系的，因而是可以任意摆布的。然而，事实正好相反，曹雪芹的祖籍、家世和他的《红楼梦》是有着密切的互为因果的内在联系的，并不是可以任意摆布的。本文就想说一说这三者之间的关系。

一、曹雪芹的祖籍

上世纪的 30 年代，李玄伯提出了曹雪芹的祖籍丰润说。50 年代，周汝昌的《红楼梦新证》问世，亦主此说。70 年代中，《红楼梦新证》修订重版，仍持此说。从 30 年代到 50 年代，丰润说基本上为大多数人所接受，但当时也有少数的反对者，胡适就是一个，他说："曹雪芹的家世，倒数上去六代，都不能算丰润人。"① 为什么大多数人会接受丰润说？因为当时还未见到曹家的直接的历史文献资料。从60年代的曹雪芹文物展览开始，有关曹家的资料就陆续出现。

（一）关于《五庆堂曹氏宗谱》

曹展时，展出了《赐序辽东曹氏宗谱》，也即是《五庆堂重修曹氏宗谱》，该谱明载曹锡远、曹振彦是辽阳人。大约是与此同时，朱南铣先生对此谱有考。但此文当时只在内部传观，未曾发表，我根本不知道，因我那时还未涉足红学，只是在故宫奉先殿参观展览时，隔着玻璃柜看到了陈列在展柜里的此谱。

1975 年，我开始校注《红楼梦》的工作，要觅此谱，无奈此谱据说已在"文革"中迷失，可是意外地有位友人告诉我曹仪策先生家尚有此谱的更原始的抄本，并且愿为我去商借，果然经他介绍后，我即与曹仪策先生见面。曹先生是五庆堂曹氏三房的后人，他非常热情地愿意将此谱借我研究，但当时此谱不在他手边，他说过几天即给我送去。果然，没有几天曹先生即将此谱送到我家。我将此谱研究了一个月左右，抄录了副本，准备作进一步的研究，后来通过北京市文化局，又将迷失的那部找了回来，借给了我一并研究。经过比较，才知道迷失的那部是清抄本，曹仪策先生手里的是原始底本，内容完全一样。不久，我即将原始底本还给曹仪策先生。归还曹先生时，我告诉他我认为此谱是可靠的，由此可知曹雪芹的祖籍，确是辽阳。曹先生非常高兴，要我为此谱写一跋，由此我又为此谱写了一跋，书于谱后。此跋共写八条意见，现

---

① 胡适《曹雪芹家的籍贯》。见《红楼梦研究参考资料选辑》第三辑。人民文学出版社 1976 年版。

转录如下：

五庆堂重修曹氏宗谱跋

一九七五年冬，余识曹仪策先生，获睹此谱，检读数月，决其为五庆堂旧物，了无可疑。今试释如次：

一、此谱封面为乾隆官用库瓷青纸，外间绝少流传，今故宫尚存，内鸿文斋红格纸，亦为乾隆时物。

二、此谱首有顺治十八年曹士琦叙，后有同治十三年衍圣公孔祥珂题记，可证此谱首次重修为顺治十八年，末次重修为同治十三年左右，此谱盖即同治五庆堂重修时用乾隆旧红格本缮录者。

三、此谱凡"玄"、"弘"、"宁"等字均缺末笔，盖避清诸帝之讳，其"颙"字未避，"宁"字亦有三处未避，乃抄手疏忽。此种避讳为历史产物，非作伪者所能梦想也。

四、此谱为三房所修，故三房各世均全，其余数房上世均断而不连，盖如谱所云"因际播迁，谱失莫记"也。此种断缺，适足证其非伪。

五、余查《清实录》，得三、四、五各房几三十人，其叙述与谱中所记大略均同，此尤足证此谱之绝无可疑。

六、曹寅《楝亭诗集》载《过甘园诗》自叙与甘文焜、国基为表亲，周汝昌《红楼梦新证》考之甚详确，并云"这个沈阳指挥使曹全忠，可能是和雪芹家同宗的，该和曹振彦同辈数"云云。周氏所论，确鉴无疑。今此曹全忠（谱作"权中"）为沈阳指挥使及其女嫁甘体垣（谱误抄作"恒"）有子甘国圻等等，均载之谱中三房之下，则尤足证四房曹锡远一系，确系原谱所有，决非他谱窜入者。

七、余又得读康熙抄本《甘氏家谱》，及嘉庆九年刻《沈阳甘氏家谱》，道光二十六年刻《沈阳甘氏家谱》三种。康熙抄本于甘体垣下云："元配曹氏，沈阳卫指挥全忠曹公之女，生一子如柏。"嘉庆本云："配曹氏，沈阳指挥使曹公全忠女，生万历庚戌年八月初五日，敕赠孺人，生子一如柏，国璋系体仁公次子过继。"道光本同（文字有小异）。据此又实证辽东曹（五庆堂之上祖）与甘氏确系亲家，从而确证四房曹智以下锡远至楝亭一支确与三房曹礼以下为同宗，无可怀疑者。

八、此谱所谓曹良臣、曹泰、曹义者，虽史有其人，而各有所渊源，余已另为文详考之，以良臣书入此谱为始祖者，盖攀附也。

以上数端，其荦荦大者，余无论矣。余以为即此可证此谱决为五庆堂上世遗物而重修者，无可动摇。抑又进者，此谱既坚实可靠，则曹氏真正之始祖实为曹俊，于明初移居沈阳者，明矣。夫然则曹氏籍贯非河北丰润无可疑矣。

世之治红学者，于曹氏上世籍贯，皆宗丰润说。此谱出，数十年之争论可息，而曹氏上世之籍贯昭然明于世矣！故余以为此谱实为有关曹雪芹上世之至宝至贵之文献也。

一九七六年五月廿五日

冯其庸识于宽堂

此跋后来放在我写的《〈五庆堂曹氏宗谱〉的重见和曹氏祖墓的发现》一文里，收入《梦边集》。之后不久，我又看到了朱南铣先生的

《关于辽东曹氏宗谱》的打印稿，朱先生对此谱作了详细的考证，结论是："若就曹雪芹上代来说，远至明初，祖籍仍是东北。"①

（二）关于两篇《曹玺传》

也是在 1975 年的下半年，可能还比我借到《五庆堂谱》早一点，我与李华同志一起发现了两篇康熙年间的《曹玺传》。李华是清代经济史研究的专家，我人大的同事。他每天都到图书馆查抄清代的经济史料，而我每天都要上班，所以有一次我与他说，你在查阅史料时，如遇到曹家的资料，请告诉我。过了几天他来看我，闲谈间，他说看到一篇《曹玺传》，估计这类材料你们早看过了，所以没有抄。这立刻引起我的注意，我说下次你还是抄一段回来，看看是否看过。果然第二天，他就抄回来一段，我一看，这篇《曹玺传》以前从未见过，所以第二天，我就与他同到科学院图书馆查看了原书。这是康熙二十三年的未刊稿本《江宁府志》，是抄本，宋体。初一看，几乎当作是刻本，我们随即请图书馆拍了照片。接着他又在北京图书馆看到了另一篇《曹玺传》，他又约我去看，这是一个胶卷，是康熙六十年刊的《上元县志》。后一篇《曹玺传》刚好是接上一篇的，合起来恰好是从康熙二十三年到六十年曹家全盛时期的实录，至为可贵。康熙二十三年的一篇关于曹家的籍贯问题，提到"曹玺，字完璧，宋枢密武惠王裔也。及王父宝宦沈阳，遂家焉"。后一篇则说："曹玺，字完璧，其先出自宋枢密武惠王彬后，著籍襄平，大父世选，令沈阳有声。世选生振彦，初，扈从入关。"这两篇《曹玺传》的发现，应该说是治红学的重大收获。

---

① 原文见拙著《曹雪芹家世新考》附录三，上海古籍出版社 1980 年版。

（三）《清实录》里的重要记载

在这之前，我因研究《五庆堂谱》，查阅《清实录》，于《清太宗实录》卷十八，天聪八年甲戌，查出："墨尔根戴青贝勒多尔衮属下，旗鼓牛录章京曹振彦，因有功，加半个前程"一条。这是现知曹家清代官史中最早的一条文献资料，其意义十分重大。我结合新发现的两篇《曹玺传》，于1975年12月，写成了《曹雪芹家世史料的新发现》，于1976年第一期《文艺研究》和《文物》杂志同时发表，将这些最新的重要资料提供给红学界和学术界。

我在这篇文章里，再次提出曹雪芹的祖籍辽阳说，这是继我在《五庆堂谱》跋文里的意见。另外，我在此文里对曹家上世的一些有关的历史问题也作了考论。

（四）关于辽阳三碑

此文发表后，很快得到辽阳文物部门的反映，他们来信告诉我辽阳现存《大金喇嘛法师宝记》碑，碑阴题名有曹振彦的名字，并将照片寄我。我立即到了辽阳，在辽阳文管所验看了此碑，并拍了照片。此碑署年为"大金天聪四年岁次庚午孟夏吉旦"，"同门法弟白喇嘛建。钦差督理工程驸马总镇佟养性"。碑阴署名为："喇嘛门徒……侍奉香火看莲僧……西会广佑大宁慈航寺僧……总镇副参游备等官……教官高应科、朱□□、郑文炳、冉启倧、王之哲、冯志祥、曹振彦、蔡一品……千总房可成……"这块《大金喇嘛法师宝记》碑最初著录于日本稻叶君山著《清朝全史》，民国四年（1915年）中华书局版。但著者只注意喇嘛教传入后金的时代，并未注意碑阴的题名。所以这次曹振彦题名的发现，仍是一次新的发现。特别是发现了他当时是属佟养性的部下，这对我们研究曹雪芹上祖入关之前，也即是明末时的情况是至关重要的。此后不久，又发现了天聪四年九月的玉皇庙碑，碑阴题名于"致政"下有曹振彦的名字，碑文曰："重建玉皇庙碑记。昔襄平西关西门外，不越数趾，有玉皇庙焉，其来云旧，（下略）念我皇上贝勒驸马总镇佟养性，匪惟敬神立祠（下略），又勒之碑以垂不朽焉，是为记。"末署"天聪四年岁次庚午秋九月上浣之吉立"。为此，我又到辽阳，验看此碑，此碑已残，幸有关曹振彦的文字，完整无损。而他的职衔已改为"致政"。按"致政"的意思略同"致仕"，也即是退休。当时曹振彦正当壮年，不是退休的年龄，则可能是工作变动后尚未定新职，故暂用此称。验看了此碑以后，他们又告诉我在红光小学门外，还有一块直立的大碑，是否与曹家有关，希望我去看看。这样我又去验看了此碑。此碑尚存原址，碑名《东京新建弥陀禅寺碑》。此碑很高，我借了小学的课桌，站在课桌上，才能仔细查看碑文。碑文中有云："按孔王讳有德，恭顺其封号也。……叨宠荣于北阙，作藩翰于东京，东京□（乃？）太祖定鼎之区，人臣何幸，获守兹土！……铭曰：神祖创基，于辽之阳，千峰岩岩，岱水汤汤。"碑文末署："大清崇德陆年岁在辛巳仲秋吉旦，功德主信恭顺王孔有德，怀顺王耿仲明，智顺王尚可喜，秘书院大学士乐郊范文程。"碑阴题名中有副将曹得先、曹得选，参游曹世爵，三人都是《五庆堂谱》上三房的人。另外，题名中有二十八人是孔有德降后金时"东来各官名单"里的人，内含曹得先、曹得选，可见此二人亦是孔有德的旧部。

此碑的发现，证明了辽东曹氏是一大族，曹俊后人三房四房（即雪芹上祖曹锡远、曹振彦的一支）均在辽阳。《五庆堂谱》是三房一支后人所修的族谱（也即是其上世是跟随孔有德的一支），故此谱于三房一系的人特全。同时也谱入了四房的一支，今三、四房的碑记都在辽阳发现，证明《五庆堂谱》的记载是可信的，也证明曹雪芹祖籍确是辽阳。以上就是辽阳三碑的情况，其时代都在清入关以前。

（五）地方志的记载

除了以上这些新发现的历史资料外，地方志里也保留了不少曹振彦任职和祖籍的资料，如：

1. 《八旗满洲氏族通谱》卷七十四：附载满洲分内之尼堪姓氏：

曹锡远，正白旗包衣人，世居沈阳地方，来归年分无考。

2. 康熙二十一年（1682 年）刻本《山西通志》卷十七《职官志》：

平阳府吉州知州，曹振彦，奉天辽阳人，贡士，顺治七年任。

3. 吴葵之《吉州全志》卷三《职官》：

曹振彦，奉天辽东人，① 七年任。

4. 嘉庆《山西通志》卷八十二《职官》：吉州知州：

曹振彦，奉天辽阳人，贡士，顺治七年任。

---

① 按这里所说的"辽东人"，也就是"辽阳人"，因为明代的辽东都司设在辽阳，辽阳又是全辽的"首府"，所以也用"辽东"来代指"辽阳"，例子甚多，这里不再列举。

5. 康熙二十一年（1682 年）刻本《山西通志》卷十七《职官志》：

　　大同府知府，曹振彦，辽东辽阳人，贡士，顺治九年任。

6. 乾隆《大同府志》卷二十一《职官》：大同府知府：

　　曹振彦，辽东人，贡士，顺治九年任。

7. 康熙二十三年刻本《浙江通志》卷二十二《职官志》：

　　两浙都转运盐使司盐运使，曹振彦，辽东辽阳人，由贡士
顺治十三年任。

8. 乾隆《敕修浙江通志》卷一百二十二《职官》十二：都转运盐
使司盐法道：

　　曹振彦，奉天辽阳人，顺治十二年任。

9. 《重修两浙盐法志》卷二十二《职官》：

　　曹振彦，奉天辽阳生员，顺治十三年任。

　　以上是官修氏族志和地方志对曹锡远的旗籍居住地及曹振彦任职年
份和籍贯的记载。

（六）小　议

从上世纪30年代到50年代末、60年代初，有关曹家的历史资料还没有多少发现，根据尤侗《艮斋倦稿》的一段并不准确的记载，误以为曹雪芹的祖籍是丰润，那是可以理解的。自从1963年曹展展出了《五庆堂重修曹氏宗谱》，朱南铣先生又写了考证文章，指出曹雪芹的祖籍是辽阳而不是丰润，虽然这篇文章当时没有发表，但红学界内部不少人是看到的。所以我认为从上世纪的60年代初开始及以后，曹家的家谱、传记、碑刻、履历的不断发现，一次次地证明曹家自叙的祖籍是辽阳，而不是什么丰润。在这样的情况下，上世纪90年代初，主张丰润说者竟然还利用丰润发现《曹鼎望墓志铭》的机会，再次发动宣传丰润说的攻势，报纸上竟然说由于《曹鼎望墓志铭》的发现，"为曹雪芹祖籍研究又增添了新材料"①，"为考证、研究曹雪芹家世提供珍贵实物资料"②，"曹雪芹祖籍考证有重要进展"③，甚至说"曹雪芹祖籍丰润已成定论"④，等等等等。其实《曹鼎望墓志铭》根本未涉及曹雪芹及其家族一字，因此他们不公布碑文，想不到竟被河北大学的一位大学生揭了底，他认真地抄录了墓志铭的全文，寄《红楼梦学刊》发表，并且自己写了一篇文章，认为《曹鼎望墓志铭》与曹雪芹祖籍毫无关系。这样，这一次规模空前的宣传才算结束。

最近，有些人又换了一种说法，提出了曹雪芹祖籍"铁岭说"，甚至说，古代的襄平不是指辽阳而是指铁岭，也有人说《红楼梦》里的潇

---

① 《曹雪芹祖籍在丰润》，天津人民出版社1994年版。
② 《中国文物报》，1993年8月15日。
③ 《人民日报》，1993年7月5日。
④ 《文汇报》，1993年11月1日。

海铁网山就是指铁岭。面对着这样的奇闻，而又面对着上述这许多史证，我真不能理解这种思维方式。

但是我还想讲两句话，一是我希望人们记住：历史永远是历史，历史是由史实组成的，而不是由谎言组成的，谎言是永远变不成历史的。二是请大家读读现今尚存在辽阳的《重建玉皇庙碑》的碑文，这篇碑文的开头就说："昔襄平西关西门外不越数趾，有玉皇庙焉，其来云旧……"有人说襄平不是辽阳的古称而是铁岭的古称，但是这块天聪四年，明崇祯三年，公元 1630 年立在辽阳西关西门外的玉皇庙碑却称辽阳为"襄平"。应该说明，当时的辽阳已通称"辽阳"而不称"襄平"了，在官书里称辽阳一律是"辽阳"，如《大清三朝事略》天命六年说："六年。春三月，上统大军水陆并进，征明，取沈阳，攻辽阳，合城官民薙发归顺。""七年。春正月，上征明广宁城，城中迎谒上入城，大兵向山海关。三月，上还辽阳，筑城于辽阳东，创建宫室，迁居之，名曰东京。"特别是在《清实录》里，一律都是称辽阳。可见当时称"襄平"，已经是用辽阳的古称了。如果襄平是指铁岭，那末这块碑怎么立到辽阳来了呢？所以我的第二句话是：历史也不是可以用诡辩术加以扭曲的，也不是可以用化装术加以改扮的！

因此，曹雪芹的祖籍，宗谱、家传、碑刻、文献记载得清清楚楚，都是辽阳，根本用不着那么多烦琐的考证。实质上，那些"考证"，不过是要把原本十分清楚、十分明白的事情故意弄模糊，以便于妄说通行而已！我曾说过，除非能证明曹雪芹的老祖宗自己把自己的籍贯搞错了，否则是无法否定曹雪芹祖籍辽阳的历史事实的，可惜至今没有人出来考证曹雪芹的祖宗弄错了自己的籍贯，却在拼命"考证"曹雪芹的祖籍是丰润、是铁岭。可是人们不禁要问，曹雪芹的上祖既然没有弄错自己的籍贯，那末还要考个什么呢？如果说，他们确实是搞错了自己的籍贯了，那又为什么不首先来证实这个错误呢？因为这是论证"丰润说"和"铁岭说"的前提，前提尚且不能确立，则遑论其他。

二、辽阳是曹雪芹上祖的发祥之地

（一）坚持实事求是的史学传统

我们支持曹雪芹祖籍辽阳，一是为了坚持历史的真实性和客观性。历史是由真实的史实构成的，中国历史传统秉笔直书之可贵，就是它坚持历史的真实性和客观性，而反对用主观来歪曲、曲解、涂改历史。曹雪芹祖籍辽阳是曹雪芹上祖自己留下来的历史记录和官史的实录（包括地方志），是第一性的史证，作为一个认真的学术工作者，是不应该无视这些史证的存在，而随意地另作新说的。

（二）辽阳是曹雪芹上祖发迹的契机之地

二是因为曹家的百年望族，是从辽阳始发的，曹家发迹的历史机遇是在辽阳构成的，如果曹家不在辽阳，也就没有以后的许多事实，那末，辽阳究竟是怎样一个地方呢？

1. 襄平就是辽阳，辽阳是全辽的政治、军事、经济、文化中心。

明正统八年（1443年）《辽东志》卷一，地理：郡名："辽阳"下说：

襄平：

汉城名，即今辽阳。汉初有襄平侯统（纪）① 通，矫制纳周勃于北军，讨平诸吕。

辽阳：

元魏名，水北曰阳，辽地东西其南皆海，城在其北，故曰辽阳。今独于都司治所称辽阳者，盖自其总会之处而言耳。

这是说，襄平就是辽阳。在汉代称襄平，元魏开始称辽阳。② 辽阳是明代辽东的首府，是辽东都司治所的所在地，是东北政治、经济、军事和文化的中心。1989 年在辽阳白塔塔顶发现的明隆庆五年（1571 年）《重修辽阳城西广佑寺宝塔记》开头就说："吾襄平为全辽都会。"这是当时的历史记实。明末熊廷弼、袁应泰经略辽东时，都驻节辽阳，当时的辽阳城比沈阳城大一倍，熊廷弼说："况辽城之大，两倍于沈阳有奇。"③ 努尔哈赤于天命六年（1621 年）三月十三日攻下沈阳后，于三月十九日包围辽阳，二十一日即攻陷辽阳，袁应泰佩剑印自缢死。沈、辽陷落后，"数日间，金、复、海、盖州卫，悉传檄而陷"。④《清太祖高皇帝实录》说：

　　辽阳既下，其辽东之三河、东胜、长静、长宁、长定、长安、长胜、长勇、长营、静远、上榆林、十方寺、丁家泊、宋

---

① 按："统"误，当作"纪"，见《史记》：《高祖功臣侯者年表》第六。
② 据近代考古，知汉以前即称襄平，远在公元前 290 年，即有燕国古城，为燕辽东首府。
③《明经世文编》第六册，第 5315 页。
④ 王在晋《三朝辽事实录》，第四卷 12 页。

家泊、曾迟、镇西、殷家庄、平定、定远、庆云、古城、永宁、镇彝、清阳、镇北堡、威远、静安、孤山、洒马吉、暖阳、新安、新奠、宽奠、大奠、永奠、长奠、镇江、汤站、凤凰、镇东、甜水站、草河、威宁营、奉集堡、穆家堡、武靖营、平鲁堡、虎皮驿、蒲河、懿路、汎河、中固城、鞍山、海州、东昌、耀州、盖州、熊岳、五十寨、复州、永宁监、栾古、石河、金州、盐场、望海埚、红嘴、归服、黄骨岛、岫岩、青台峪、西麦城等河东大小七十余城，官民俱薙发降。①

辽阳被攻陷后，整个辽东地区，一下连降七十三城，可见辽阳在政治、军事和地理上的重要性。努尔哈赤于 1621 年（天命六年）三月攻下辽阳后，四月就决定迁都辽阳，他对诸贝勒大臣说：

> 天既眷我哉！尔等诸贝勒大臣却不欲居此辽东城，劝尔等毋存疑虑。……自辽河至此，各路皆降，何故舍此而还耶？昔日，我处境困窘，犹如出水之鱼，呼气艰难，困于沙石之上，苟延残喘。遂蒙天佑，授以大业。……为父我为诸子创业而兴兵，尔等诸子岂有不能之理？乃定居辽东城。②

同样的内容，在《清实录》里也有记载，可以参证。《清太祖实录》卷七：

> 上集贝勒诸臣议曰："天既眷我，授以辽阳，今将移居此

---

① 《清太祖高皇帝实录》卷七，第 104－105 页。中华书局 1986 年版。
② 《满文老档·太祖》第二十一册，天命六年四月十一日。中华书局 1990 年版。

城耶，抑仍还我国耶？"贝勒诸臣俱以还国对。上曰："国之所重，在土地、人民，今还师，则辽阳一城，敌且复至，据而固守，周遭百姓，必将逃匿山谷，不复为我有矣。舍已得之疆土而还，后必复烦征讨，非计之得也。且此地，乃明及朝鲜、蒙古接壤要害之区，天既与我，即宜居之。"贝勒诸臣皆曰："善。"遂定议迁都。迎后妃诸皇子。……移辽阳官民居于北城关厢，其南大城，则上与贝勒诸臣及将士居之。

丙子。后妃诸皇子至辽阳及诸臣眷属皆迁至。[①]

努尔哈赤迁都辽阳并另筑新城，名曰"东京城"。据乾隆《盛京通志》记载：

东京城在太子河东，离辽阳州城八里，天命六年建。周围六里零十步，高三丈五尺，东西广二百八十丈，南北袤二百六十二丈五尺。城门八：东向者左曰迎阳、右曰韵阳，南向者左曰龙源、右曰大顺，西向者左曰大辽、右曰显德，北向者左曰怀远、右曰安远。

按：东京城现在仍在，离辽阳市很近，我曾多次去考察，并拍有照片。自从努尔哈赤迁都辽阳后，辽阳原来是明朝在全辽的政治、军事、经济中心，其作用是扼制并镇慑后金，现在则转过来成为后金的政治、军事中心，成为后金用来进攻明朝的一个军事基地了。现在我们要关心的是后金迁都辽阳以后，努尔哈赤本人与"贝勒诸臣及将士"，"后妃、诸皇子"、"诸臣眷属皆迁至"辽阳这一事实。

---

① 《清太祖实录》卷七，第105、107页，中华书局1986年版。

我认为正是这一事实，造成了曹雪芹的上祖曹振彦开始发迹的契机。

我们知道，曹雪芹上祖的祖籍是辽阳，上引曹振彦的历任职官表，都写明是"奉天辽阳人"，曹玺的传记写明"著籍襄平"，曹寅自署"千山曹寅"。千山就在辽阳南六十里，是专指辽阳南的千山，不是长白山的泛称或别称，这一点不能混淆。现有明正统八年（1443 年）的《辽东志》，既有"襄平即今辽阳"的记载，又有《辽东都司治卫山川地理图》、《辽东河东地方总图》（见图一、图二）：

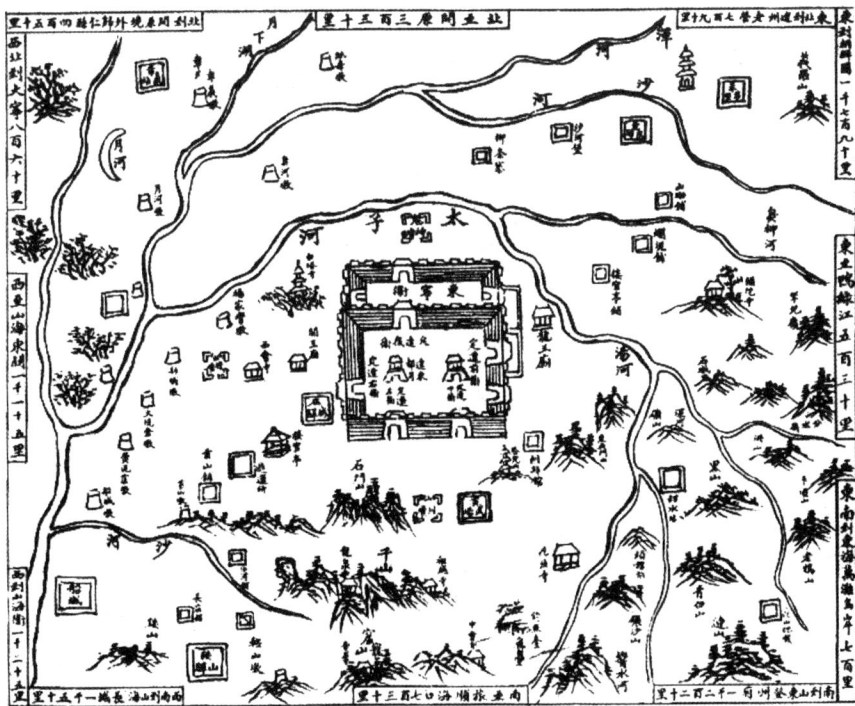

图一：辽东都司治卫山川地理图

（载《辽海丛书·辽东志》。辽沈书社 1984 年影印明正统八年本）

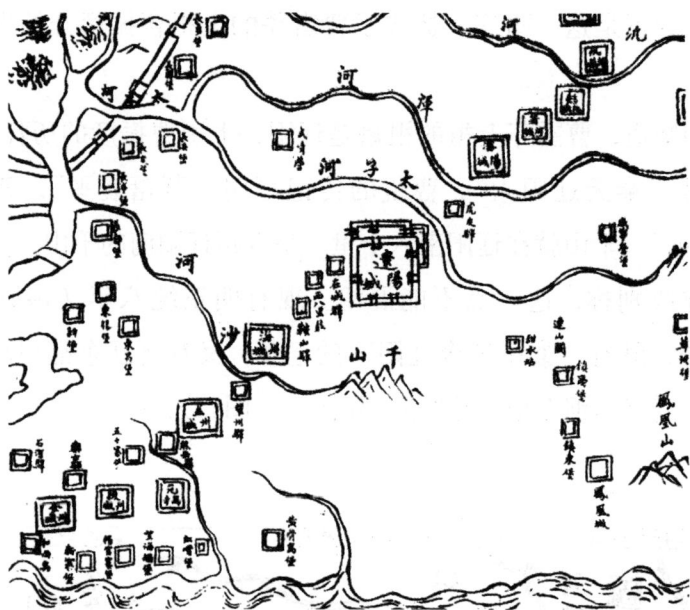

图二：辽东河东地方总图（局部）

（载《辽海丛书·辽东志》。辽沈书社 1984 年影印明正统八年本）

两图都标明辽阳和千山的地理位置，于"地理"栏载"千山"云：

城南十五里，① 世传唐征高丽驻跸于此。峰峦秀丽，独盛
辽左，骚人墨客，题咏尤多，中有大安、龙泉、祖越、中会、
香岩诸寺。

顺便提及就在此"千山"条后，即有程启光的《游千山记》说：
"千山去襄平（注意：这里又是称辽阳为'襄平'）六十许里，秀峰叠
嶂，绵亘数百千重。"我曾多次游千山，并登其顶。所以曹雪芹的祖籍
是辽阳，千山也就是指辽阳，这是绝无问题的。

正因如此，所以努尔哈赤于天命六年攻取辽阳时，原驻辽的明军下

---

① 此处记载有误，应是六十里，下引程启光文就说六十里。

级军官曹振彦即归附后金，由驸马总镇佟养性管辖。

2. 曹振彦归附后金后，先属佟养性的"旧汉军"

按佟养性任汉军总理，事在天聪五年（1631年），晚于努尔哈赤取辽阳十年，则曹振彦归附后，是否即属佟养性？这一点，恰好是现在仍保存在辽阳的天聪四年《大金喇嘛法师宝记》碑说明了问题。此碑早于佟养性任汉军总理一年，碑上曹振彦已属佟养性，则可见佟养性管理当时归附的汉军，是早有的事实。天聪五年，是正式任命他当汉军总理。《清太宗实录》卷八说：

> 乙未，敕谕额驸佟养性曰：凡汉人军民一切事务，付尔总理，各官悉听尔节制。如属员有不遵尔言者，勿徇情面，分别贤否以闻。尔亦当殚厥忠忱，简善绌恶，恤兵抚民，竭力供职。（中略）又谕诸汉官曰：凡汉人军民一切事务，悉命额驸佟养性总理，尔众官不得违其节制，如有势豪嫉妒，藐视不遵者，非仅藐视养性，是轻国体而违法令也。似此媢嫉之流，必罹祸谴。如能恪遵约束，不违节制，非仅敬养性是重国体而钦法令也。①

恰好就是这一年的春天，佟养性督造红衣大炮成。《清太宗实录》卷八说：

> 造红衣大将军炮成，镌曰：天佑助威大将军，天聪五年孟春吉旦造，督造官总兵官额驸佟养性，监造官游击丁启明，备

---

① 《清太宗实录》卷八，第109页。中华书局1986年版。

御祝世荫，铸匠王天相、窦守位，铁匠刘计平。先是我国未备
火器，造炮自此始①。

天聪五年孟春即二月，是后金自己研制的红衣大炮造成之时，至其研制
过程，当然在此之前的相当一段时间，那末这段时间，曹振彦正是在佟
养性的汉军中。所以天聪四年曹振彦的署名碑，是关于曹家上世历史的
至关重要的碑记。

　　那末，后金军中有"汉军"是何时开始的呢？《满汉名臣传·佟养
正列传》说：

　　　　天命初，佟养正有从弟佟养性输诚太祖高皇帝，于是大军
　　征明，克抚顺，佟养正遂挈家并族属来归，隶汉军。②

从这条史料，可知后金军中有"汉军"，是天命初就开始的，努尔哈赤
克抚顺，是天命三年，当时佟养正因他的从弟佟养性早已归附努尔哈赤
（天命元年），并且一直从征，所以抚顺被攻陷，佟养正即归附，并即让
他"隶汉军"。所以后金军中实际上从努尔哈赤伐明，取抚顺，就开始
有被俘的和归附的明军和汉人老百姓了，这样后金军中自然就会有这批
降兵降民，当时就统称为"汉军"。到天聪五年，就正式统一归佟养性
"总理"，到天聪八年，才正式成立汉军旗。所以，天命六年，努尔哈赤
攻下辽阳后，曹振彦即归附后金，同时也就自然地与佟养正一样"隶汉
军"而归佟养性属下了。

　　所以，曹振彦归附后金而隶属佟养性，佟养性是"额驸"，又是督

---

① 《清太宗实录》卷八，第109页。中华书局1986年版。
② 《满汉名臣传》卷五，第130页。黑龙江人民出版社1991年版。

造红衣大炮的督造官，他的部队又是一支"乌真超哈"（即炮兵部队），曹振彦又在军中任"教官"。我认为这是曹雪芹上祖发迹的第一个契机，而这一切，都是在辽阳发生的。因为努尔哈赤夺取辽阳后，随即迁都辽阳，诸后妃、贝勒、大臣、将领，都随驻辽阳，额驸佟养性自然也随驻辽阳。由于这一历史的特殊性，才形成了曹振彦与佟养性的这重特殊关系，如果曹家的祖籍不在辽阳而在丰润，而在铁岭，试想，如何能构成曹振彦与佟养性的这一重关系呢？

3. 曹振彦改属多尔衮并升为"旗鼓佐领"

曹雪芹上祖发迹的第二个契机是曹振彦后来又成为多尔衮的属下。按曹振彦自天命六年归佟养性后直到天聪四年，这前后共十年都在佟养性部下，驻地当即在辽阳。《清太宗实录》卷八说：

> 太祖时建玉皇庙于辽阳城南教场，香火不绝，后为贝勒阿济格、多尔衮、多铎属下庄屯人拆毁，造棺椁市卖。上闻之怒，追讯毁者，偿值重建，至是落成。上以庙貌重新，给办香火牲祭银百两。[①]

现今这个《重建玉皇庙碑》尚存，碑文中说："念我皇上贝勒驸马总镇佟养性，匪惟敬神立祠。"碑末署年是"天聪四年岁次庚午秋九月上浣之吉立"。[②] 天聪四年，佟养性尚在辽阳"敬神立祠"，重建玉皇庙，且是皇太极亲自过问之事，可见佟养性尚驻辽阳。

但此碑上曹振彦的署名前，已不是"教官"而换了"致政"，在

---

① 《清太宗实录》卷八，第112页。中华书局1985年版。
② 按此庙重建成于天聪四年九月，《实录》载于天聪五年。碑文说玉皇庙在"襄平西关西门外"，《实录》说在"辽阳城南"，《实录》后修，当是《实录》之误差。

"致政"下列名的人有二十三人，其中"冯志祥"在《大金喇嘛法师宝记》碑上同是列名在"教官"之下的。按"致政"一词，与"致仕"同义，意即退休。曹振彦此时尚在壮年，不当退休，且"致政"下共有二十三人，不可能都是退休，所以我窃以为是工作变动，尚未确实，故暂用"致政"这个词，而人仍在佟养性部下，这样理解，是否有当，还待高明指正。佟养性是天聪六年死的，《清太宗实录》卷十八天聪八年甲戌说：

> 墨尔根戴青贝勒多尔衮属下，旗鼓牛录章京曹振彦，因有功，加半个前程。

这里已经明确记载，曹振彦已是多尔衮属下，并且已提升到"旗鼓牛录章京"即"旗鼓佐领"。所谓"旗鼓"，就是作战部队。[①] 福格《听雨丛谈》卷一说：

> 佐领一官，极为尊重，由此而历显官者最多。[②]

按所谓"牛录章京"就是"佐领"，"佐领"之称是后来改的。清太祖努尔哈赤于明万历二十九年规定每三百人中设一牛录额真（即牛录章京），这就是说曹振彦此时已是带领三百人的军官了，特别是上引福格的话，则可见曹振彦此时已获得可以升至显官的资历。对曹振彦来说，这是更为关键的一次，曹振彦此时已跨过此坎，成为前途无量的人物了，后来的事实也确是如此。

---

① 请详见拙著《曹雪芹家世史料的新发现》。载拙著《曹雪芹家世新考》。上海古籍出版社 1980 年初版，北京文化艺术出版社 1997 年增订再版。

② 福格《听雨丛谈》卷一，第 23 页。中华书局 1959 年版。

这个"佐领"的职位，显然不是在佟养性部下获得的，在佟养性部下，天聪四年他已"致政"了，而佟养性也于天聪六年死了，曹振彦是什么时候转到多尔衮属下的呢？其时限总在天聪四年末到天聪七年之间，实际上总在天聪五、六、七三年之内。什么机缘转多尔衮部下的呢？一种可能是天聪六年佟养性死后，但也不一定，因为天聪四年秋曹振彦已"致政"了，那末也可能不久就转到多尔衮属下了。特别要重视的是他一下就跃居"佐领"，我想不可能调过去就升此高位的罢，总是在过去之前，更可能是在过去之后屡次立功才能得此升迁的。那时明、金之间战事频繁，特别是大凌河之战，多尔衮也是参加的，而佟养性的红衣大炮部队不仅是参加，而且是在攻克于子章台时立大功的，上引天聪八年《清太宗实录》就是说曹振彦"因有功，加半个前程"，这是当了"旗鼓牛录章京"以后又因功升级了。可见曹振彦前此之当"旗鼓牛录章京"，肯定是因功升迁的。

4. 曹振彦随多尔衮之后的战斗历程

曹振彦之归多尔衮，我认为这是曹家发迹的第二个重要契机。之后，他就跟着多尔衮参加山海关的战斗，入北京后又跟着多尔衮去山西大同平姜瓖之乱。特别要注意的是康熙二十三年的《曹玺传》说：

> 父振彦，从入关……公承其家学，读书洞彻古今，负经济才，兼艺能，射必贯札。补侍卫之秩，随王师征山右建绩，世祖章皇帝拔入内廷二等侍卫。管銮仪事，升内工部。康熙二年，特简督理江宁织造。①

---

① 见拙著《曹雪芹家世史料的新发现》，载拙著《曹雪芹家世新考》。上海古籍出版社 1980 年版，北京文化艺术出版社 1997 年增订再版。

康熙六十年的《曹玺传》说：

> 世选生振彦，初，扈从入关……遂生玺。玺少好学，沉深
> 有大志，及壮补侍卫，随王师征山右有功。康熙二年，特简督
> 理江宁织造。①

这两段材料值得重视的地方是，不仅仅是曹振彦"扈从入关"，而且是他的儿子曹玺也已"补侍卫之秩，随王师征山右建绩，世祖章皇帝拔入内廷二等侍卫，管銮仪事，升内工部，康熙二年，特简督理江宁织造"了。这样从曹振彦又到了曹玺，从多尔衮又上靠到了顺治，由顺治又上靠到了康熙，于是曹家就走上了飞黄腾达、一帆风顺的康庄大道。但是，追本溯源，还是曹振彦到了多尔衮属下这个契机。

然而，曹振彦得以接近多尔衮，我认为其地点还是在辽阳。因为当时多尔衮等都随其父汗努尔哈赤驻在辽阳，那时佟养性也驻辽阳，连后来归顺的孔有德也驻辽阳。《满汉名臣传·孔有德传》说：

> 天聪七年四月，命诸贝勒统兵驻岸受降。（中略）有德偕
> 仲明携人众辎重来归，给田宅于辽阳。六月，召赴盛京，上帅
> 诸贝勒出德盛门十里至浑河岸，行抱见礼，亲酌金卮劳之，赐
> 敕印，授都元帅。寻随贝勒岳托征明旅顺，破其城，黄龙自刎
> 死。有德收辽人数百自属。及还，有德坠马伤手，留辽阳。
> （中略）又传谕曰："卿所携红衣大炮，已运至通远堡矣，即
> 付卿，令军士时时演习。"八年正月，（中略）遣官为营第宅，

---

① 见拙著《曹雪芹家世史料的新发现》，载拙著《曹雪芹家世新考》。上海古籍出版社 1980 年版。北京文化艺术出版社 1997 年增订再版。

有德疏辞曰，（中略），奉旨：（中略）"今为营第宅，聊示优异，其勿辞！"（中略）因有德于朝臣往来辽阳者，悉躬迎款宴，谕止之；并令礼部，凡有德遣使诣盛京，给馆饩。①

以上材料，明确记载孔有德即驻辽阳，② 文中提到运红衣大炮的"通远堡"，即在辽阳东南不远。孔有德驻在辽阳，那末跟随孔有德并为孔有德送"降金书"的曹绍中等曹家五庆堂上祖三房诸人，当然也随在辽阳（他们与曹振彦的共同祖籍本来就在辽阳）。

由于以上的原因，所以曹振彦才有机会接近多尔衮，或为多尔衮所知，或者由别人推荐给多尔衮。

天命十年，努尔哈赤又果断地迁都沈阳，其最主要的原因，我认为是努尔哈赤已认识到明朝的腐败已到了不可挽救的地步，他已捕捉到了夺取中原的最好时机。沈阳的地理位置可以直叩山海关，加上《清实录》里努尔哈赤分析的其他种种有利条件，所以终于迁都到沈阳。那末在辽阳的诸贝勒大臣将士等各部重要人员，自然随同再迁沈阳，因此曹振彦在沈阳得遇多尔衮的可能性也是存在的，不过，比较起来，我觉得在辽阳的可能性较大。因为从天命六年到天聪四年，曹振彦有整整十年在辽阳，到天聪八年属多尔衮时，他已跃升至"佐领"了，中间只隔三年的时间，所以我认为他得以接近多尔衮，在辽阳的可能性比较大。

不管是何种机遇得以转多尔衮属下的，转到多尔衮属下这是一个事实，是曹家发迹的更为关键的契机。如果曹振彦的籍贯在丰润或者在铁岭，他如何能获此机遇呢？

---

① 《满汉名臣传》卷四，4416 页《孔有德传》。黑龙江人民出版社 1991 年出版。

② 按孔有德的原籍，就是辽阳，《满汉名臣传》说"孔有德，辽东人"。昭梿《啸亭杂录》卷九载履端亲王永瑆《孔王祠》诗说："支分辽水东。"这里的"辽东"、"辽水东"都是指辽阳。因辽阳是"辽东都司治所"的所在地。

5. 附论"世居沈阳地方"

这里，还要附论一下"世居沈阳地方"的问题。依年代排列，顺治年间的山西地方志都载曹振彦是辽阳人，只有乾隆《大同府志》说曹振彦是辽东人，但前文已论及，辽东就是指辽阳，不多赘。

康熙二十三年的《曹玺传》则说：

> 及王父宝宦沈阳，遂家焉。

康熙六十年的《曹玺传》则说：

> 其先出自宋枢密武惠王彬后。著籍襄平。大父世选，令沈阳有声。

康熙年间的曹寅则自署"千山曹寅"。论证曹家的籍贯，当然首先要看曹家自己的记载，则曹振彦、曹玺、曹寅留下的文献资料都是一致的，曹振彦职官志里所记，当然来自他本人，曹玺的两篇传，都是曹家盛时的资料，且于成龙、唐开陶都是先后在江宁和上元任知府和县令的，于成龙与曹寅是同时，唐开陶与曹頫同时，都是同在一地做官。由于曹家这种显赫的地位，无论是于成龙和唐开陶，为曹玺作传，都不可能臆造的。

但是，《八旗满洲氏族通谱》的记载，却是：

> 曹锡远。正白旗包衣人，世居沈阳地方，来归年分无考。

以上这些史料之间唯一的差异是"世居沈阳地方"，"宦沈阳，遂家焉"和"著籍襄平"、"奉天辽阳人"的差异。如何来解决这个问题呢?

先说"世居沈阳地方"的问题。

《八旗满洲氏族通谱》成书于乾隆九年(1744 年),上距努尔哈赤攻陷沈阳、辽阳的天命六年(1621 年)已经一百二十三年,从时代来说,远比以上曹家自留的材料,其可靠程度不可同日而语,两者相比,当然首先要以事主本人所书或所留的史料为依据。另外,《通谱》的"凡例"说:"满洲内始立姓、始归顺之人,其所居地名可考者,俱逐一开载,以昭族望。"如按"所居地名"来说,康熙二十三年《曹玺传》说:"及王父宝宧沈阳,遂家焉。"康熙六十年的《曹玺传》则说:"著籍襄平。大父世选,令沈阳有声。"这两条合起来看。恰好是说曹雪芹的上祖曹锡远、曹振彦是"著籍襄平",即户籍在辽阳,而曹锡远是在沈阳做官,居住在沈阳。天命六年沈阳被努尔哈赤攻下时,他是在沈阳被俘或归附的。按照《通谱》的"凡例","其所居地名可考者,俱逐一开载"。经过一百二十三年以后的《通谱》的编撰者"考"出了曹锡远是在沈阳归附的,其当时的居住地也是在沈阳,所以就"开载""世居沈阳地方"了。按事实来说,两篇《曹玺传》是不矛盾的。于传说曹宝(锡远)在沈阳做官,家在沈阳。唐传则说,曹玺的先辈是曹彬的后人,户籍在襄平(辽阳)。曹玺的祖父曹世选(曹锡远),在沈阳做官,声誉很好。这两段史料简合一下,就是曹锡远的籍贯在辽阳,他自己是在沈阳做官。这样看来,这几方面的材料并不矛盾,且都能合榫。

所以,归根到底,曹雪芹的祖籍在辽阳,从顺治到乾隆年间的所有的公私记载,都是一致的。在这样丰富的第一手史料面前,考据家们不管有多大的本领,实在是已经无用武之地了!

191

三、《红楼梦》里隐含的曹家史事

（一）重要的"作者自云"

大家知道，曹雪芹的《红楼梦》是以他自己的家庭历史、舅祖李煦家的家庭历史以及他本人的身世经历为主要创作素材的，因此在《红楼梦》里，就隐含着曹、李两家的家庭史迹。《红楼梦》开头第一回说：

此开卷第一回也。作者自云：因曾历过一番梦幻之后，故将真事隐去，而借"通灵"之说，撰此《石头记》一书也。故曰"甄士隐"云云。但书中所记何事何人？自又云："今风尘碌碌，一事无成，忽念及当日所有之女子，一一细考较去，觉其行止见识，皆出于我之上。何我堂堂须眉，诚不若彼裙钗哉？实愧则有馀，悔又无益之大无可如何之日也！当此，则自欲将已往所赖天恩祖德，锦衣纨绔之时，饫甘餍肥之日，背父兄教育之恩，负师友规训之德，以至今日一技无成、半生潦倒之罪，编述一集，以告天下人：我之罪固不免，然闺阁中本自历历有人，万不可因我之不肖，自护己短，一并使其泯灭也。虽今日之茅椽蓬牖，瓦灶绳床，其晨夕风露，阶柳庭花，亦未有妨我之襟怀笔墨者。虽我未学，下笔无文，又何妨用假语村言，敷演出一段故事来，亦可使闺阁昭传，复可悦世之目，破人愁闷，不亦宜乎？"故曰"贾雨村"云云。

此回中凡用"梦"用"幻"等字，是提醒阅者眼目，亦是此书立意本旨。

这段文字，是脂砚斋所作《石头记》第一回的回前评，但内容却是作者曹雪芹自己的话，即"作者自云"。这段"作者自云"，实际上是极为重要的话，第一，他提出了"因曾历过一番梦幻之后，故将真事隐去"。这句话，单从字面上看，是解释不通的，既然是"梦幻"，则何来"真事"，世人谁没有做过梦，哪有做梦做出真事来的？所以这"梦幻"两字作者是别有所指的，实际上就是说他曾经历过从富贵荣华到败落凄凉的一段经历，仿佛是黄粱一梦一样。所以这里的"梦幻"是指他的身世经历而不是指睡觉时做的梦。所谓"将真事隐去"，也就是说不将他身世经历的真事照原样写出来，而是借"通灵"之说，编撰成《石头记》这个故事。这里的关键是说他所说的"梦幻"，不是真的空无所有的梦幻，只不过是将真事隐蔽起来而已。第二，是说自己要将自己的一生经历，编成一集，以告天下之人。这前后两条看上去矛盾，实际上不矛盾，而是在特殊环境下说的隐晦曲折的话。也就是提醒读者，不要把《红楼梦》真当作一场梦来看，而要注意它隐含的从富贵繁华到贫穷凄凉的一段真事。所谓"凡用'梦'用'幻'等字，是提醒阅者眼目"，就是提醒读者，要注意"梦幻"背后的事实。所谓"亦是此书立意本旨"，也就是说自己要把自己所经历的一场"黄粱梦"般的真实事实写出来。

所以，上述这段"作者自云"，在全书具有画龙点睛、金针度人的作用！

以下，从"列位看官"起到"出则既明"止。这是全书的一段"引子"，带有"楔子"的性质。这段文字里有几处值得注意的地方：一是文中说："那红尘中有却有些乐事，但不能永远依恃；况又有'美中不足，好事多魔'八个字紧相连属，瞬息间则又乐极悲生，人非物换，究竟是到头一梦，万境归空。"这段文字，实际上就是开头"梦幻"两字的注释，进一步说明所谓"梦幻"，实际就是人生。二是："原来就是无材补天，幻形入世……历尽离合悲欢炎凉世态的一段故事。后面又有一首偈云：'无材可去补苍天，枉入红尘若许年。此系身前身后事，倩谁记去作奇传？'诗后便是此石坠落之乡，投胎之处，亲自经历的一段陈迹故事。"这一段文字，分明是再次告诉人们，这是一段真实的故事，是他的"身前身后事"。"身前"是指他的家庭历史，也即是他出生以前的家庭史；"身后"是指他出生以后所经历的"离合悲欢，炎凉世态"。三是接下去说："至若离合悲欢，兴衰际遇，则又追踪蹑迹，不敢稍加穿凿，徒为供人之目而反失其真传者。""虽其中大旨谈情，亦不过实录其事。"这就更进一步强调故事的真实性，甚至到"实录其事"的程度。最后还题了一绝，说："满纸荒唐言，一把辛酸泪。都云作者痴，谁解其中味！""满纸荒唐言"当然是指借"通灵"之说的神话故事和后来的"假语村言"；"一把辛酸泪"，是指他所经历的"离合悲欢、炎凉世态"；"都云作者痴"，是说自己怀着一片真情、痴情；"谁解其中味"，是深怕读者被作者的"假语村言"、"梦幻通灵"等等的表象所迷惑、所掩盖，而不能解其真意。

所以，《红楼梦》开头一片迷离惝恍的梦幻境界，实际上要说的就是"假语村言"是表象，"身前身后事"才是《红楼梦》的真实内涵。

我们既然明白了《红楼梦》里确实包含着作者的家史和他自身所经的"黄粱梦"一样的身世经历，那末我们就可以来作一番探索了。

（二）《红楼梦》里隐含的曹家上世的史事

《红楼梦》第五回警幻仙姑说：

今日原欲往荣府去接绛珠，适从宁府所过，偶遇宁荣二公之灵，嘱吾云："吾家自国朝定鼎以来，功名奕世，富贵传流，虽历百年，奈运终数尽，不可挽回者。"

《红楼梦》第十三回王熙凤梦中听秦可卿说：

> 常言"月满则亏，水满则溢"；又道是"登高必跌重"。
> 如今我们家赫赫扬扬，已将百载，一日倘或乐极悲生，若应了
> 那句"树倒猢狲散"的俗语，岂不虚称了一世的诗书旧族了！

这里两次提到"富贵传流，虽历百年"，"我们家赫赫扬扬，已将
百载"。按自曹锡远、曹振彦于天命六年（1621 年）归附后金到雍正六
年（1728 年）曹家被抄籍没，前后共一百零八年，如从"国朝定鼎"，
即顺治元年（1644 年）到雍正六年曹頫被抄家，则前后共八十五年，
刚好都符合宁荣二公之灵及秦可卿托梦所说，这显然是作者有意将自己
的家史暗寓其中。

《红楼梦》第七回焦大醉骂说：

> 蓉哥儿，你别在焦大跟前使主子性儿。别说你这样儿的，
> 就是你爹、你爷爷，也不敢和焦大挺腰子！不是焦大一个人，
> 你们就做官儿享荣华受富贵？你祖宗九死一生挣下这家业，到
> 如今了，不报我的恩，反和我充起主子来了。

焦大凭什么敢这样醉骂，尤氏有一段说明：

> 只因他从小儿跟着太爷们出过三四回兵，从死人堆里把太
> 爷背了出来，得了命；自己挨着饿，却偷了东西来给主子吃，
> 两日没得水，得了半碗水给主子喝，他自己喝马溺。

这里又涉及曹家上世的一段历史。按曹锡远、曹振彦于天命六年归附后金，曹锡远当时在沈阳当官，其归附地即在沈阳，曹振彦则在辽阳军中，被俘归附后，即编入额驸佟养性的"旧汉军"。佟养性的部队是"乌真超哈"，即炮兵部队。佟养性于天聪五年试制成红衣大炮，这是后金军中拥有自制红衣大炮的开始。但在此之前，我认为佟养性部队也是有红衣大炮的，这是从明朝军中夺得，数量当然不会多，天聪五年帮助佟养性试制成红衣大炮的丁启明，就是从明军中俘获的造炮专家。据天聪四年《大金喇嘛法师宝记》碑碑阴所记，曹振彦在佟养性军中任"教官"，后来大凌河之战，佟养性的红衣大炮起了重大作用。这时曹振彦是否仍在佟养性军中，目前尚未考明，但到天聪八年，曹振彦已升到"旗鼓牛录章京"，即"旗鼓佐领"，并且已归多尔衮属下。多尔衮也是参加这次大凌河之战的。所以曹振彦如仍在佟养性军中，则肯定参加这次战斗的。这次战斗中，佟养性的大炮攻克了于子章台——明军最坚固难攻的阵地，立了大功，《清实录》说曹振彦"因有功，加半个前程"，说不定就是参加攻克于子章台立的功。曹振彦如果已到了多尔衮属下，则也肯定参加这次战斗的，因为多尔衮是参加这次战斗的。所以，无论如何，曹振彦是参加大凌河之战的。

曹振彦转到多尔衮属下当"旗鼓佐领"后，就一直跟随多尔衮，多尔衮入关时，曹振彦参加了山海关战役，之后又参加了山西大同平姜瓖的战役，而且这次是与儿子曹玺一起参加战斗的。焦大"跟着太爷们出过三四回兵"，则也可能是指从关外到关内直到大同的战斗都参加了，有的研究者还认为曹家有可能也参加攻取江南的战斗的，但这实在缺乏史证，只好存疑。不过，仅就以上这些史实来看，《红楼梦》里确实是隐含了曹家上世以军功起家的事实的。宁、荣二公之灵的托付，秦可卿对王熙凤的提醒，焦大的醉骂，都是作者故露的一点端倪，也是作者所说的"梦幻"内容之一。

（三）《红楼梦》里有关曹寅、李煦两家的史事

1.《红楼梦》第十六回说：

赵嬷嬷道："阿弥陀佛！原来如此。这样说，咱们家也要预备接咱们大小姐了？"贾琏道："这何用说呢！不然，这会子忙的是什么？"凤姐笑道："若果如此，我可也见个大世面了。可恨我小几岁年纪，若早生二三十年，如今这些老人家也不薄我没见世面了。说起当年太祖皇帝仿舜巡的故事，比一部书还热闹，我偏没造化赶上。"赵嬷嬷道："嗳哟哟，那可是千载希逢的！那时候我才记事儿，咱们贾府正在姑苏扬州一带监造海舫，修理海塘，只预备接驾一次，把银子都花的淌海水似的！说起来……"凤姐忙接道："我们王府也预备过一次。那时我爷爷单管各国进贡朝贺的事，凡有的外国人来，都是我们家养活。粤、闽、滇、浙所有的洋船货物都是我们家的。"

赵嬷嬷道；"那是谁不知道的？如今还有个口号儿呢，说'东海少了白玉床，龙王来请江南王'，这说的就是奶奶府上了。还有如今现在江南的甄家，嗳哟哟，好势派！独他家接驾四次，若不是我们亲眼看见，告诉谁谁也不信的。别讲银子成了土泥，凭是世上所有的，没有不是堆山塞海的，'罪过可惜'四个字竟顾不得了。"

庚辰本在此段文字之前，"凤姐忙问道，省亲的事竟准了不成"上眉批云：

大观园用省亲事出题，是大关键事，方见大手笔行文之立意。畸笏。

上面这段文字，在甲戌本里，已成为甲戌本第十六回的回前评，并在紧接这段文字之后，有一段重要文字：

借省亲事写南巡，出脱心中多少忆惜（昔）感今。

按康熙六次南巡，后四次（康熙三十八、四十二、四十四、四十六年）都由曹寅、李煦承办接驾大典并奉康熙先后驻跸于江宁织造署和苏州织造署。曹寅、李煦为此而落下巨额亏空，为后来两家的抄家败落埋下了祸根。《红楼梦》借用省亲的排场，来写当年南巡的豪华靡费，挥金如土。连"贾妃在轿内看此园内外如此豪华，因默默叹息奢华过费"，临别时还嘱咐："倘明岁天恩仍许归省，万不可如此奢华靡费了！"这些文字，虽然是小说，实际上也是史笔。当时的诗人张符骧在《竹枝词》里就批评康熙南巡，曹寅的豪华接驾说："想到繁华无尽处，宫灯巧衬梵灯红"（指曹寅、李煦捐资修建的三汊河高旻寺行宫），"三汊河干筑帝家，金钱滥用比泥沙。"李斗《扬州画舫录》卷七《城南录》云："三汊河在江都县西南十五里……寺名高旻寺……圣祖南巡，赐名茱萸湾，行宫建于此，谓之宝塔湾行宫。"《圣驾五幸江南恭录》一书说：三汊河"行宫宝塔上灯如龙，五色彩子铺陈古董、诗画无纪其数，月夜如昼"。张诗还说："欲奉宸游未乏人，两淮办事一盐臣。""用尽泥沙全不恨。"这是对康熙南巡，曹寅、李煦挥金如土地豪华接待以邀圣宠的尖锐讽刺，也是当时的实录。雪芹巧妙地借用元妃自己的话来批评省亲——实际上是批评南巡的豪华靡费。甲戌本脂评说："借省亲事写南巡，出脱心中多少忆昔感今。"康熙的南巡，曹、李两家的豪华接驾，是曹、李两家败落的根本，四十多年以后的曹雪芹，回忆当年的这一场"黄粱梦"，写到了"南巡"这件令人惨伤的往事，怎么能不"忆昔感今"呢？怎么能不追念往日的繁华和感伤今天的凄凉呢？所以元妃省亲这回文字，确实隐括着曹家和李家的一桩"兴衰际遇"的泼天大事。

但是在上引这一大段文字里，还隐括着李煦家的另外一段往事，这就是王熙凤说的"那时我爷爷单管各国进贡朝贺的事，凡有的外国人来，都是我们家养活。粤、闽、滇、浙所有的洋船货物都是我们家的"这段话。

原来康熙二十三年，李煦曾任宁波府知府，这是向外商开放的口岸，当然会与外国商人接触。康熙二十四年，开放海禁，设置粤海关、闽海关、浙海关、江海关四处机构。李煦之父李士桢于康熙二十一年任广东巡抚，此时正在广东巡抚任上，当时的对外通商口岸，以广州为第一，许多外国货物，大都经粤海关入，所以李士桢、李煦父子两人，与外商接触较多①。上引王熙凤的这段话，实际就是以李家父子的事实为素材的。

2. 《红楼梦》第十七至十八回说：

> 原来贾蔷已从姑苏买了十二个女孩子并聘了教习，以及行头等事来了。那时薛姨妈另迁于东北上一所幽静房舍居住，将梨香院早已腾挪出来，另行修理了，就令教习在此教演女戏。又另派家中旧有曾演学过歌唱的女人们——如今皆已皤然老妪了，着他们带领管理。

---

① 参见王利器《李士桢李煦父子年谱》。北京出版社 1983 年版。

这段文字里，涉及曹、李两家旧有的戏班子和为接驾而新组的戏班子这两件事情。曹、李两家原本都是有家庭戏班子的。尤侗《艮斋倦稿》题曹寅《北红拂记》说：

> 荔轩越游五日，倚舟脱稿，归授家伶演之，予从曲宴得寓目焉。

传说雪芹少年时常在舅祖李煦家观剧，乾隆时人有纪：雪芹"不得志，遂放浪形骸，杂优伶中，时演剧以为乐"[①]。特别是庚辰本第十七、十八回"龄官执意要演'相约相骂'"二出下，有一段脂批云：

> 按近之俗语云：能养千军不养一戏，盖甚言优伶之不可养之意也。大抵一班之中，此一人技业稍优出众，此一人则拿腔作势，辖众恃能，种种可恶，使主人逐之不舍，责之不可，虽不欲不怜而实不能不怜，虽欲不爱而实不能不爱。予历梨园子弟广矣，各各（个个）皆然，亦曾与惯养梨园诸世家兄弟谈议及此，众皆知其事而皆不能言。今阅《石头记》至"原非本角之戏，执意不作"二语，便见其恃能压众，乔酸姣妒，淋漓满纸矣。复至"情悟梨香院"一回，更将和盘托出，与予三十年前目睹身亲之人，现形于纸上，使言《石头记》之为书，情之至极，言之至恰，然非领略过乃事，迷陷过乃情，即观此茫然嚼蜡，亦不知其神妙也。

---

① 见周绍良先生藏善因楼版《批评新大奇书红楼梦》上乾隆间人批语，此书现归杜春耕先生收藏。此批语在"满纸荒唐言"诗的眉端。

脂砚斋究竟是谁，目前尚无确论，但他是最亲近雪芹的曹家人，这是共同的认识。这一长段批语，反映了他对伶角生活的熟悉之深，若非自蓄优伶，"领略过乃事，迷陷过乃情"，哪能说得出来？

这里再引一段《红楼梦》第五十四回的文字：

因有媳妇回说开戏，贾母笑道："我们娘儿们正说的兴头，又要吵起来。况且那孩子们熬夜怪冷的，也罢，叫他们且歇歇，把咱们的女孩子们叫了来，就在这台上唱两出给他们瞧瞧。"媳妇听了，答应了出来，忙的一面着人往大观园去传人，一面二门口去传小厮们伺候。小厮们忙至戏房将班中所有的大人一概带出，只留下小孩子们。

一时，梨香院的教习带了文官等十二个人，从游廊角门出来。婆子们抱着几个软包，因不及抬箱，估料着贾母爱听的三五出戏的彩衣包了来。婆子们带了文官等进去见过，只垂手站着。贾母笑道："大正月里，你师父也不放你们出来逛逛。你等唱什么？刚才八出《八义》闹得我头疼，咱们清淡些好。你瞧瞧，薛姨太太、这李亲家太太都是有戏的人家，不知听过多少好戏的。这些姑娘都比咱们家姑娘见过好戏，听过好曲子。如今这小戏子又是那有名玩戏家的班子，虽是小孩子们，却比大班还强。咱们好歹别落了褒贬，少不得弄个新样儿的。叫芳官唱一出《寻梦》，只提琴至管箫合，笙笛一概不用。"

……

文官等听了出来，忙去扮演上台，先是《寻梦》，次是《下书》。众人都鸦雀无闻，薛姨妈因笑道："实在亏他，戏也看过几百班，从没见用箫管的。"贾母道："也有，只是像方才《西楼·楚江晴》一支，多有小生吹箫和的。这大套的实在少，这也在主人讲究不讲究罢了。这算什么出奇?"指湘云道:"我像他这么大的时节,他爷爷有一班小戏,偏有一个弹琴的凑了来,即如《西厢记》的《听琴》,《玉簪记》的《琴挑》,《续琵琶》的《胡笳十八拍》,竟成了真的了,比这个更如何?"众人都道:"这更难得了。"贾母便命个媳妇来,吩咐文官等叫他们吹一套《灯月圆》。媳妇领命而去。

在这一大段的叙述里,就提到有两个戏班,一个是从外面请来的戏班,刚刚演过《八义》,另一个是贾府为迎接元妃而从姑苏买来十二个女孩子新组的戏班,住在梨香院里。另外,贾母还说到"薛姨太太、这李亲家太太都是有戏的人家"。这说明当时的大官僚家庭里大都是有戏班子的,所以曹、李两家家里也是有戏班子的,《关于江宁织造曹家档案史料》第54号《八贝勒等奏查报讯问曹寅、李煦家人等取付款项情形折》说:

> 据讯问曹寅之家人黑子,回称:四十四年,由我主人曹寅那里,取银二万两,四十六年,取银二万两……又每月给戏子、工匠等银两,自四十四年三月起,至四十七年九月止,共银二千九百零四两,都交给他们本人了。
>
> ……
>
> 又讯问李煦之家人蒋德,回称:……每月给戏子、工匠等银两,自四十五年三月起,至四十七年九月止,共银二千八百五十六两,都交给他们本人了。……由两家总共取银八万五千七百六十两中,除给戏子、工匠之五千七百六十两,既皆照给

本人，可以不查外……①

从这件档案史料里，看得清清楚楚，两家每月都有一笔付戏子的钱，则可证两家都有家庭戏班。《红楼梦》第十七、十八回在安顿从苏州买来的十二个女孩子住梨香院后说："又另派家中旧有曾演学过歌唱的女人们——如今皆已皤然老妪了，着他们带领管理。"这就是贾府家中原有的戏班子的人员"皆已皤然老妪了"，说明贾府的戏班子已成立有几十年了，从上引曹、李两家付戏班子的费用可知家庭戏班子已是他们的日常开支。又清顾公燮的《顾丹五笔记》说：李煦的"公子（按李鼎）性奢华、好串戏，延名师以教习，梨园演《长生殿》传奇，衣装费至数万"。李鼎这样喜欢演戏，可知他家里有戏班子就更为可信了。所以《红楼梦》里多处提到演戏，也是曹、李两家家史的鳞爪之现。

3. "树倒猢狲散"这句话的内涵

前引《红楼梦》第十三回凤姐梦中听秦可卿说"……若应了那句'树倒猢狲散'的俗语"。在此句之上，脂砚斋有眉批云：

"树倒猢狲散"之语，今犹在耳，屈指三十五年矣，哀哉伤哉，宁不痛杀！

"树倒猢狲散"这句话，据施瑮《隋村先生遗集》卷六《病中杂赋》云：

栋子花开满院香。幽魂夜夜栋亭旁。廿年树倒西堂闭，不

---

① 见《关于江宁织造曹家档案史料》，第60页，中华书局1975年版。

待西州泪万行。曹楝亭公时拈佛语对坐客云："树倒猢狲散。"
今忆斯言，车轮腹转，以瑑受公知最深也。楝亭、西堂皆署中
斋名。

可见这句话是曹寅常说的，也可见曹寅对这潜伏着的家庭危机早有预
见，而且估计到康熙这棵大树一倒，他们这一群"猢狲"（包括李煦）
也都要"散"了！这句预言非常准确，果然在康熙死后，雍正一上台，
雍正元年就从李煦开刀，以亏空国帑的"罪名"，流放到东北极边，不
久冻饿而死。而曹家也在雍正五年底、雍正六年初抄家败落，罪名也是
亏空国帑。曹雪芹把这句话写进书里，无异是把自己家庭伤心史曲的一
个音符暗藏在书里了。

4. "寅"字的避讳

《红楼梦》第五十二回，庚辰本在"一时只听自鸣钟已敲了四下"
句下有双行夹批云：

　　　　按四下乃寅正初刻，"寅"此样（写）法，避讳也。

脂批特意指出，作者不写"寅正初刻"而写"一时只听自鸣钟已敲了
四下"，是为了避"寅"字的讳。脂砚的这个提示是很重要的，要不是
他的提示，后世的读者很难觉察。这无异又是在书里藏下了一个曹家和
雪芹自己的特殊标记。

5. 曹寅的《续琵琶》

《红楼梦》第五十四回，贾母在听戏时，还提到《续琵琶》的《胡
笳十八拍》（见前引）。这个《续琵琶》，就是曹寅的作品，至今尚有抄

本流传,《胡笳十八拍》就是此剧第二十七出《制拍》。这无异又是一处曹家的暗记。

(四)《红楼梦》里曹頫时代的史事

1. 脂批有关抄家的文字

曹頫时代曹家的史事,其最重要的,当然就是雍正五年底到六年初的抄家败落,但是《红楼梦》只有八十回流传,据脂批及故事情节的发展,抄家当在八十回以后。庚辰本第二十七回有畸批云:

> 此系未见抄没、狱神庙诸事,故有是批。
>
> 丁亥夏畸笏

此批明确提出贾家后来"抄没"的事。关于"狱神庙",也是与抄家紧密相连的事,而且是极为重要的情节,故多次见于畸笏批语,如庚辰本第二十回写李嬷嬷因赌输了钱,迁怒于人,有一段眉批云:

> 茜雪至狱神庙方呈正文,袭人正文标昌(按应是"目曰"两字),花袭人有始有终,予只见有一次誊清时与狱神庙慰宝玉等五六稿被借阅者迷失,叹叹!
>
> 丁亥夏畸笏叟

又四十二回刘姥姥为巧姐取名,靖本有一段批语:

> 应了这话固好,批书人焉能不心伤!狱庙相逢之日,始知遇难成祥,逢凶化吉,实伏线于千里。哀哉伤哉!此后文字,

不忍卒读。

辛卯冬日

另外，庚辰本、甲戌本第二十六回，写红玉与佳蕙一段对话时，也有一段眉批：

狱神庙回有茜雪、红玉一大回文字，惜迷失无稿，叹叹！

丁亥夏畸笏叟

甲戌本上还有数处有关"狱神庙"和红玉的批，不再引录。

按以上这些批语来看，曹雪芹已经写出了抄家、"狱神庙"等文字，非常可惜的是这些极为重要的文字竟已失落了，真是令人叹息。但曹雪芹的文章有如一张巨网，首尾照应，脉络贯通，虽然后部正面写抄家的文字已见不到了，但前面雪芹早有暗示：

2. 第十七、十八回元妃省亲演戏，元妃点戏的预示：

第一出《豪宴》：《一捧雪》中，伏贾家之败。
第二出《乞巧》：《长生殿》中，伏元妃之死。
第三出《仙缘》：《邯郸梦》中，伏甄宝玉送玉。
第四出《离魂》：《牡丹亭》中，伏黛玉死。所点之戏剧伏四事，乃通部书之大过节、大关键。

3. 第七十四回抄检大观园，探春说：

你们别忙，往后自然连你们一齐抄的日子还有呢！你们今

日早起不曾议论甄家，自己家里好好的抄家，果然今日真抄
了。咱们家也渐渐的来了。可知这样大族人家，若从外头杀
来，一时是杀不死的，这是古人曾说的，"百足之虫，死而不
僵"，必须先从家里自杀自灭起来，才能一败涂地！

4. 第七十五回，尤氏说：

昨日听见你爷说，看邸报甄家犯了罪，现今抄没家私，调
取进京治罪。

……

贾母歪在榻上，王夫人说甄家因何获罪，如今抄没了家
产，回京治罪等语。

从演戏的剧目到探春的牢骚到江南甄家的被抄，都暗示着后部的贾
家是被抄家籍没的。特别是剧目《一捧雪》下脂批说："伏贾家之败。"
这句话，给了一些后部贾府被抄家的线索。按曹頫本身是于雍正五年底
到六年初被抄家籍没的，全家数人，包括雪芹在内被遣回北京崇文门外
蒜市口居住。这是史实。当然，到小说里只能"假语村言"，脂批说：
"《一捧雪》中，伏贾家之败。"这是《红楼梦》里贾家败落的形式。按
《一捧雪》是李玉的传奇，今存，京剧"审头刺汤"，就是这个故事的
主要片段。剧情是说：莫怀古的门客汤勤，善鉴书画和裱褙，莫荐汤于
严世蕃。汤告世蕃莫家有玉杯一捧雪，极珍贵，世蕃即向莫索此杯，莫
以赝品相送，世蕃不识。后汤知其为赝品后，即揭诸世蕃，莫遂遭抄
没。[①] 从上述情节中，似可推测贾雨村或似汤勤之角色，贾府之败，除

---

① 按此剧情节曲折，以上只是述其最主要之点。

此一层外，当然还有探春所说的"自杀自灭"等种种原因，不可能像《一捧雪》那样单纯是一个原因，但贾府有奸人背主忘恩构陷主人，可能是其败落的主要原因之一。

总之，曹家败落的事实，在《红楼梦》里是有所反映的，通过八十回中的暗示和脂批对后部抄家的批语，尚能仿佛知其大概。

以上，梳理了一下《红楼梦》里所隐含的曹、李两家的史事，内容还颇不少。

（五）《红楼梦》里曹雪芹自身生活的痕迹

那末，曹雪芹本人的生活经历有没有在《红楼梦》里留下踪迹呢？这个问题，是不言而喻的，古往今来的作家，在创作小说时，总会或多或少把自己的生活和经验写进去的。曹雪芹的《红楼梦》，曾经一度被人看作是作者的"自传"，这当然是一种误解，不足为据的，但《红楼梦》里确实有曹雪芹的生活和若干家庭身世，这是不能否认的，特别是书一开头的一段"作者自云"，反反复复交待"此系身前身后事"，则可见此书取材于曹雪芹本人及其家庭的往事是很多的。例如庚辰本第四十三回脂批云：

> 看书者已忘，批书者亦已忘了，作者竟未忘，忽写此事，真忙中愈忙，紧处愈紧也。

庚辰本七十四回脂批云：

> 盖此等事作者曾经，批者曾经，实系一写往事，非特造出，故弄新笔。

庚辰本七十七回脂批云：

> （前略）况此亦此（是）予旧日目睹亲问（闻），作者身
> 历之现成文字，非搜造而成者，故迥不与小说之离合悲欢窠旧
> （臼）相对。（下略）

庚辰本第二十八回脂批云"有是语"，"真有是事"等等。以上这些批语，略略透露了一点本书故事情节的生活依据。有人说，贾宝玉的思想实际上就是曹雪芹的思想。从文学创作的角度看，这句话是有道理的。任何一个作家所创造的正面形象，都应该是作者自己思想的反映，所以贾宝玉的许多主要的思想，如要求走自由人生的道路，反对走读书做官的仕途经济之路；要求婚姻自择自主，反对封建包办的"金玉良缘"；要求重视妇女，提出了女子地位高于男子的主张，实际上就是矫枉过正的男女平等思想的反映；要求人与人之间的仁爱、平等，不赞成贵贱等级的限制，特别是反对孔孟之道、反对程朱理学，认为这些都是"杜撰"，他把"四书"以外的书都烧了。他还反对忠君思想，认为"文死谏"、"武死战"都是愚蠢等等，这些主要思想，当然是作者自己的思想。所以《红楼梦》这部书，它所表达的反传统的社会政治理想，是继欧洲资产阶级民主革命和在国内的资本主义萌芽经济的蓬勃发展的基础上产生的，这一思想，并不是孤立的，它与自明后期到清前期一直在国内思想界存在发展的启蒙思潮有着密切的联系，这是这一时期历史的自然产物。而且曹雪芹通过贾宝玉所表达的思想，是一种大大超前的思想。我曾说过，曹雪芹的批判是属于他自己时代的，而他的理想却是属于未来社会的。

由此可知，《红楼梦》这部书里，隐含着曹、李两家的某些史事是

客观事实，这是这部书的独特的地方，对于这些，我们只能客观地、历史地去认识它，而不能抹煞它、曲解它。

四、结　论

所以，曹雪芹祖籍之争，并不是简单的曹雪芹的祖籍在哪里的争论，而是涉及曹家发迹史和《红楼梦》一书的诞生、《红楼梦》一书的内涵等等重要的问题。

曹雪芹的祖籍如果不在辽阳，那末，他们就没有了这种特殊的发迹机遇，也就没有了后来飞黄腾达的曹家，也就没有了最后"落了片白茫茫大地真干净"的结局，那末，也就没有了这部伟大的奇书《红楼梦》！

2002 年 3 月 27 日病中写毕于京东

且住草堂之解蔽轩，时年八十

曹、李两家的败落和
《红楼梦》的诞生

曹雪芹时代的外部世界和内部世界

我一向认为如果没有曹、李两家富贵荣华的百年世家和后来的彻底败落，就不会有一部万世永传的《红楼梦》。但是，我更认为要正确理解《红楼梦》，必须了解《红楼梦》时代的外部世界，即中国以外当时世界发展的历史趋势；必须了解《红楼梦》时代的内部世界，即康、雍、乾时代的清代社会；而且还必须了解曹雪芹、李煦的百年世家和最后彻底败落的悲剧结局以及曹雪芹本人的经历。把《红楼梦》看作是曹雪芹的自传或家传固然是不正确的，但把《红楼梦》看作是作家仅仅凭头脑的想象创作的一般小说也是不正确的。

《红楼梦》的时代，也即是曹雪芹的时代，已经是 18 世纪的初期到中期。这在欧洲已经是工业革命的时代，资产阶级革命已经取得了胜利，资产阶级已经登上了历史舞台，在乾隆中期，英国的工业革命已经轰轰烈烈，资产阶级已经在寻求海外市场了。这从全世界的历史发展来看，世界的某些地区，已经走出了封建主义，而跨进了资本主义的新时代了。当然，从当时的中国来说，还沉睡在封建主义的好梦之中，对世界历史步伐的这种新趋势，还丝毫没有觉察。

但是封建皇朝的主子及其他当权者有无觉察是一回事，而历史在悄悄地移动自己的步伐是另一回事，不管你觉察还是没有觉察，历史是不会停止自己的步伐的。所以尽管当时的中国仍是封建主义的坚固天下，但从明代中后期起，中国封建主义经济的内部，已经孳生出资本主义萌芽的经济因素了，特别是明代晚期，资本主义萌芽的经济因素有了更快的发展。但是一场天翻地覆的明金战争，使江南最富庶的地区，也就是资本主义萌芽经济因素发展得最快、最繁华的地区，顿时遭到毁灭性的破坏。满清入关之初，全国人口剧减，耕地面积大大缩小，城市商业经济遭到严重破坏后经济急剧下降。因此，全国资本主义萌芽性质的经济因素也急剧地萎缩。但是顺治初年政权逐步稳定后，入关之初的各项政策也逐步进行调整，经过顺、康、雍、乾四朝约一个半世纪的稳定局面，据史载到康熙后期，人口和耕地面积大大增加，城市和商业经济也得到极大的发展，商业繁荣的大城市在全国出现很多，有利于商业经济的交通网络也得到了很大的发展，城市居民剧增，这时资本主义萌芽性质的经济因素也得到了很大的恢复和发展，甚至超过了明代后期的水平。经过雍正朝的经济整顿，社会经济更有所发展，所以到了乾隆初期和中期，也即是曹雪芹的时代〔曹雪芹约生于康熙五十四年（1715年），卒于乾隆二十七年除夕（1763年2月12日）〕，清代社会的经济，确实达到历史上极盛的时代了。所以史称"康乾盛世"，并不是毫无根据的。

但是，这个"盛世"是指经济发展，人口增长，社会安定（没有战争）这些方面而言的，至于封建社会固有的社会矛盾，则依然存在，甚而至于转剧。特别是清代的封建社会，除固有的封建地主与农民的阶级矛盾外，还增加了一层民族矛盾。此外，以皇帝为首的大官僚地主阶级与人民的矛盾，大地主阶级与人民的矛盾，大商业地主与人民的矛盾，还有封建黑暗的官僚政治和封建司法与人民的矛盾等等。特别是经济得到发展，社会较前富裕以后，社会的两极分化也愈来愈严重，土地愈来愈集中，富者愈富，贫者愈贫，更增加了社会的普遍矛盾。

所以尽管号称"盛世"，实际上人民仍处在水深火热之中，"盛世"只是官僚地主集团和上层阶级的"盛世"，并不是普通老百姓的"盛世"。

尤其要特别重视的是，封建统治阶级为了巩固它的统治，除了利用政权加强政治压迫以外，还利用封建的意识形态、封建道德、封建礼法等来麻醉和愚弄人民。康熙特别重视程朱理学，把朱熹尊为十哲之次（即第十一哲），配享孔子。天下的是非，均以程朱理学来定是非，尤其是以朱熹的是非为准。对读书人大力提倡八股科举，而八股科举的考试内容，又是以朱熹所注的四书五经为准。于是普天下读书人的头脑，就被朱熹所注的四书五经所牢笼，以至于有的考中了举人，竟还不知道苏东坡是哪一朝人。对待妇女，则提倡贞节，提倡"饿死事小，失节事大"。为了强化这种社会风气，对尽节而死的烈女节妇，官方加以旌表，为之立牌坊、造舆论，还免去其家的赋税。总之，用名与利两种手段来加以引诱。因此每年要有不少妇女为此而牺牲自己的生命。

除了这种意识形态的强化宣传外，更严重的是用种种借口制造"文字狱"。康、雍、乾三朝大狱不断，而尤以乾隆朝的"文字狱"最多。

所以，只要稍稍透视一下清代社会的实际情况，就会看到在"盛世"的掩盖下人民的真实生活。但是，"物极必反"是事物发展的客观规律。实际上，程朱理学从它的诞生之日起，也就同时产生了它的对立面，到明中后期和清前期，更形成了批判程朱理学的热潮。明代的王艮、何心隐、李卓吾，明末清初的黄宗羲、顾炎武、王夫之和清前期的唐甄、颜元、戴震等，都是程朱理学的激烈批判者。唐甄、颜元比曹雪芹略早几年，戴震则与曹雪芹同时，其去世的年份比曹雪芹晚。唐甄说："自秦以来，凡为帝王者皆贼也。"颜元说："须破一分程朱，方入一分孔孟。"戴震说："酷吏以法杀人，后儒以理杀人。"曹雪芹就是生活在这样一个表面上是"康乾盛世"，实际上是"民之毒于贪吏者，无所逃于天地之间。是以数十年以来，富室空虚，中产沦亡，穷民无所为赖，妻去其夫，子离其父，常叹其生之不犬马若也"（《潜书·富民》）的时代。当时以及他的前代批判程朱理学，批判科举制度，批判封建礼教毒害妇女的贞节观点，批判对妇女的不尊重，批判封建的君权思想，批判虚假的社会风气等等，曹雪芹不仅仅是能够读其书（《红楼梦》里贾宝玉的有一些思想是李卓吾的），也应该是可以闻其言的（他与戴震等是同时代人）。这就是曹雪芹时代内部世界的大要，曹雪芹就是生活在这样的历史环境里。

曹、李两家的彻底败落

曹、李两家，是地地道道的百年世家，曹雪芹的上祖曹锡远、曹振彦于后金天命六年，明天启元年（1621 年）归附后金，到雍正五年底抄家，六年初（1728 年）遣返北京，前后共一百零八年。姜士桢于清崇德七年，明崇祯十五年（1642 年）归附大清，继正白旗佐领李西泉，改姓李氏，到雍正元年抄家前后共七十一年，如果加上原李西泉的家世，也完全是百年世家。

李煦于雍正元年正月初十日被雍正下旨查抄，全部家产抄没，①

---

① 见张书才《李煦获罪档案史料补遗》，《红楼梦学刊》2002 年第二辑。

"家属及其家仆钱仲璿等男女并男童幼女共二百余名口，在苏州变卖"，经一年无人敢买，又送到北京，"人数共二百二十七名口，其中李煦之妇孺十口，除交李煦外，计仆人二百十七名，均交崇文门监督五十一等变价"。后雍正又下旨，先着年羹尧拣取，并令年羹尧将拣取人数奏闻。馀者交崇文门监督。① 李煦本人于雍正四年因为允禩买过苏州女子，被判斩监候，② 雍正五年二月，又"着宽免处斩，发往打牲乌拉"。③ 这样，李煦这个百年世家就算彻底毁灭。

查有关档案，曹、李两家亏空的钱粮，已于康熙五十六年九月全部清还（详见后），现在李煦又以亏空钱粮的罪名予以革职抄家，事情有点蹊跷，看样子不可能是翻老账，当是新出来的问题。查《李煦奏折》，康熙六十一年三月初八日《请再赏浒墅关差折》里说：

> ……康熙四十七年奉部裁减缎匹，苏州每年止用银六万两不等，下剩银四万两有零。除五十二年以前已经奏明补还外，自五十三年起至五十九年止，共该存剩银三十二万两零。奴才因历年应酬众多，家累不少，致将存剩银两借用。今晓夜思维，无术归还，纵粉骨碎身，亦难抵补。④

此件上奏后，未见康熙批复，康熙却于本年十一月十三日驾崩。驾崩之前即已传位于雍正，于是这件奏折里所说的"将存剩银两借用"（三十二万两零），便成为李煦向雍正的不打自招。更关键的是雍正接位后一个月，即康熙六十一年十二月十三日，就向户部宣谕清理各省督抚

---

① 见《关于江宁织造曹家档案史料》，第 208 页，中华书局 1975 年版。
② 同注①。
③ 同注①，第 213 页。
④ 《李煦奏折》，第 287 页，中华书局 1976 年版。

亏空。谕曰：

　　近日道府州县亏空钱粮者正复不少。揆厥所由，或系上司勒索，或系自己侵渔，岂皆因分挪用。皇考好生如天，不忍即正典型，故伊等每恃宽容，毫无畏惧，恣意亏空，动辄盈千累万。督抚明知其弊，曲相容隐。及至万难掩饰之时，又往往改侵欺为挪移，勒限追补，视为故事。而全完者绝少，迁延数载，但存追比虚名，究竟全无着落。新任之人，上司逼受前任交盘，彼既畏大吏之势，虽有亏空，不得不受，又因以启效尤之心。遂借此挟制上司，不得不为之隐讳，任意侵蚀，辗转相因，亏空愈甚，库藏全虚。一旦地方或有急需，不能支应，关系匪浅。朕悉此弊，本应即行彻底清查，重加惩治。但念已成积习，姑从宽典。除陕西省外，限以三年，各省督抚将所属钱粮，严加稽查。凡有亏空，无论已经参出，及未经参出者，三年之内务期如数补足，毋得苛派民间，毋得借端遮饰。如限满不完，定行从重治罪。三年补完之后，若再有亏空者，决不宽贷。其亏空之项，除被上司勒索及因分挪移者分别处分外，其实在侵欺入己者，确审具奏，即行正法。倘仍徇私容隐，或经朕访问得实，或被科道纠参，将督抚一并从重治罪。[①]

　　这道谕旨，揭示官场种种情弊，切中要害，略无遗漏，这就是雍正整顿财政及吏治的开始，其户部钱粮等一切事宜，主要由怡亲王允祥主管，雍正本人则抓整治"逆党"之事，因为康熙后期，诸王子争夺皇位，各立党派，雍正虽然夺得皇位，但立脚未稳，诸王子的势力依然存

---

①　《上谕内阁》。

在，尤其是允禩、允禟、允禵一派，实力最强，雍正丝毫也不敢疏忽。

李煦做梦也不会想到，自己向康熙坦言真情，请求援助的奏报，竟然成了他向雍正的自供状，而且恰好撞在雍正雷厉风行地整顿财务和整肃吏治的刀口上，后来又有两起参劾，但这已是抄家之后，是雪上加霜了。更想不到的是为允禩买苏州女子一事，竟又与逆党牵连上了，虽然这明明是横加罪名，欲加之罪，何患无辞，但这是刑部所议，圣上所决，有谁能改变得了。这正是福无双至，祸不单行，最后百年世家的李煦，只落得家破人亡，烟消火灭。

但是平心而论，李煦并不是一个贪官，他的亏空，也不是入了私囊。当时织造的年俸是一百五十两银子，月米五斗，而织造衙门的种种日用开销却要两淮盐课负担，再加上种种额外开销，如宫廷和上官的勒索，两淮商人的拖欠借兑，交课时的特殊折扣，如以七十两作一百两，以八十两作一百两，以九十两作一百两等的折耗，特别是与曹寅一起接待康熙南巡四次，这项开支之大，是任何人都承担不起的。李煦最后亏空银三十八万两，但其中商人自认愿意补交的就有"三十七万八千八百四十两"。这项银两的名称叫"少缴秤银"，也就是上面说的种种折扣，而李煦向朝廷交纳的却是足两，历年来这样的损失也就极为可观了。为什么曹寅要说"急欲将钱粮清楚，脱离此地"呢？可见这巡盐和织造之职，实在是一个凶险之地。如将李煦的亏欠与商人的赔补两相抵算，则实际上李煦只亏空一千一百六十两，而李煦抄家后家产的估银，依查弼纳的估算是十二万八千余两。他的亏欠，连家产的零头数都用不上，这样眼睁睁的这十二万六千多两银子就全部入官了。用黄进德先生的话说："这些家产就算是他八视盐政羡余所得也不为过。"① 这实在是一句

① 《曹雪芹江南家世丛考》，吴新雷、黄进德著，黑龙江教育出版社2000年版。本文多有参考，谨谢。

公道话，但当年的李煦能向谁去讨公道呢！

　　大家知道，曹、李两家关系十分亲密，李煦在给康熙写的奏折里，常称曹寅的继妻李氏为"臣妹"，如康熙五十四年三月初十日《苏州织造李煦奏宣示曹頫承继宗祧袭职织造折》里说，"路上闻臣妹曹寅之妻李氏，感激万岁命曹頫承继袭职隆恩"，"所以臣妹已至滁州仍回江宁矣"，"即向臣妹宣示恩旨"，"臣妹李氏跪听之下，感激涕泣"。① 据新发现的朱彝尊写的《光禄大夫江西布政使司参政李公墓志铭》说（李月桂）的三女"嫁曹寅，宦内户部，督理苏州等处织造"。② 查李月桂与李煦并无堂房关系，③ 但李煦一再向康熙称曹寅之妻李氏为"臣妹"，则或许还有别的什么原因。李煦与曹寅的特殊亲密关系，连康熙也是很清楚的，康熙四十一年《江宁织造曹寅覆奏奉到口传谕旨折》说："蒙圣旨令臣孙文成口传谕臣曹寅：三处织造，视同一体，须要和气，若有一人行事不端，两个人说他，改过便罢，若不悛改，就会参他。"④ 这里还是说"三处织造，视同一体"，在康熙五十一年七月二十三日李煦向康熙报告曹寅病故的奏折里，康熙朱批说："曹寅于尔同事一体，此所奏甚是。惟恐日久尔若变了，只为自己，即犬马不如矣！"⑤ 则可见康熙对曹、李两家的关系十分了解。特别是从曹寅病重到去世，一直是李煦在帮助料理并上奏康熙的，后来曹頫病逝，曹家的事务也是李煦在关切和帮助的。最严重的问题是曹寅织造任上的大量亏空，李煦在奏报曹寅病故折里说："曹寅七月初一感受风寒，辗转成疟，竟成不起之症，于七月二十三日辰时身故。当其伏枕哀鸣，惟以遽辞圣世，不克仰报天

① 均见《关于江宁织造曹家档案史料》，第 129 至 130 页，中华书局 1975 年版。
② 见《红楼梦学刊》，2002 年第四辑，胡愚《曹雪芹祖母李氏家世新考》。原文见抄本《朱竹垞文稿》，藏上海图书馆。我有此文的复印本。
③ 详见拙著《曹雪芹家世新考》三版，文化艺术出版社 2008 年版。
④ 同注①，第 41 页。
⑤ 见《关于江宁织造曹家档案史料》，第 100 页，中华书局 1975 年版。

恩为恨。又向臣言江宁织造衙门历年亏欠钱粮九万馀两，又两淮商欠钱粮，去年奉旨官商分认，曹寅亦应完二十三万两零，而无赀可赔，无产可变，身虽死而目未瞑。此皆曹寅临终之言。臣思曹寅寡妻幼子，拆骨难偿，但钱粮重大，岂容茫无着落"，"伏望万岁特赐矜全，允臣煦代管盐差一年，以所得馀银令伊子并其管事家人，使之逐项清楚，则钱粮既有归着，而曹寅复蒙恩全于身后。"① 康熙当即批准了李煦的请求，代管盐差一年。据康熙五十二年十一月十二日李煦的奏报和同年十二月十三日曹颙的奏报，所有银粮亏欠，"臣俱眼同曹颙解补清完讫"（李煦语）。"所有织造各项钱粮及代商完欠，李煦与奴才眼同俱已解补清完，共五十四万九千六百余两。谨将完过数目，恭呈御览。"② （曹颙语）。由此可见曹、李两家的关系是何等密切。当然后来又发现了曹寅在织造任上的大量亏空，包括李煦也有大量亏空，这一点待下面再谈。

在曹頫被抄家，雍正六年初家人回北京的时候，曹雪芹应是虚岁十四岁（按生于康熙五十四年算）。当时同回北京的，除不知名字的"家仆三对"外，其余就是曹雪芹的祖母李老夫人和少年的曹雪芹了。据说曹雪芹幼年的时候，李煦非常喜欢他，这虽是传说，但从年岁上来算，李煦是完全可以见到曹雪芹的，李煦抄家时，曹雪芹是虚岁九岁。一个早慧的孩子，对与自己家这样至亲的人及其家庭的遭遇，特别是全家人在苏州标价发卖等，当时在南京的曹雪芹不可能不受到深刻的刺激。雍正六年当十四岁的少年曹雪芹回到北京时，七十三岁的李煦已于雍正五年被发往打牲乌拉，两年后在戍地冻饿而死，这，曹雪芹更不会不受刺激。

以上就是李煦被抄家败落和李煦与曹家亲密关系的情况。

---

① 同前页，第99－100页。
② 同前页，第118－119页。

曹頫的败落，是以雍正五年十二月初四的《上谕织造差员勒索驿站着交部严审》① 开始的。所谓"勒索驿站"（简称"驿站案"）是指"杭州等三处织造运送龙衣，经过长清县等处，于勘合外，多索夫马、程仪、骡价等项银两"。② 这次运送龙衣，按规定应由苏州织造高斌运送，但雍正于此年五月二十二日下旨"高斌着不必回京，仍着曹頫将其应进缎匹送来"。③ 这样曹頫就奉旨额外地派上了这趟差使，也就不知不觉地撞上了这桩案子。据查账目，"内开曹頫收过银三百六十七两二钱，德文（杭州织造府笔帖式）收过银五百十八两三钱二分，麻色（苏州织造府乌林人）收过银五百零四两二钱"。这桩"勒索驿站"案的实际情况，用塞楞额奏疏中的话来说："驿之设，原以供应过往差使而应付夫马，俱以勘合为凭。设有额外多索以及违例应付者，均干严例。然亦有历年相沿，彼此因循，虽明知为违例而究莫可如何者，不得不为我皇上陈之。臣前以公出，路过长清、泰安等驿，就近查看夫马，得知运送龙衣差使，各驿多有赔累。及询其赔累之由，盖缘管运各官俱于勘合之外，多用马十余匹至二十余匹不等。且有轿夫、杠夫数十名，更有程仪骡价银两以及家人、前站、厨子、管马各人役银两，公馆中伙饭食、草料等费。每一起经过管驿州县，所费不下四五十金。在州县各官，则以为御用缎匹，惟恐少有迟误，勉照旧例应付，莫敢理论；在管运各官，则以为相沿已久，罔念地方苦累，仍照旧例收受，视为固然。"再看曹頫的话："从前御用缎匹俱由水运，后恐缎匹潮湿，改为陆运驿马驮送，恐马惊逸，途间有失，于是地方官会同三处织造官员定议，将运送缎匹于本织造处雇骡运送，而沿途州县酌量协助骡价、盘缠。历行已久，妄为例当应付，是以加用夫马，收受程仪，食其所具饭食，用其

_____

① 见《关于江宁织造曹家档案史料》，第 182 – 183 页，中华书局 1975 年版。
② 同上，第 182 – 183 页。
③ 同上，第 180 页。

所备草料，俱各是实。"再看德文、麻色两人的供词："我二人俱新赴任所，去年初经陆运缎匹，以为例当应付，冒昧收受，听其预备，这就是我们死期到了，又有何辩处。"①

从以上所引塞楞额的奏疏和曹频及其余两人的供词来看，三方面所叙事实基本上是一致的，尤其是塞楞额说得较为客观：朝廷虽有严例，但历年相沿，彼此因循。虽明知为违例而究莫可如何者。这说明曹频等人额外收受费用，是当时驿站的惯例，相沿已久，并非由曹频开头勒索。假定说这次不是曹频来而是高斌来，情况也是一样，因为这是长年惯例，官场陋习。倒霉的是曹频遇上了这个急于向雍正邀功请赏的塞楞额，于是就倒了大霉了。但若论法规和官德来说，曹频身为织造，又是本次送龙衣的负责人，而竟干犯法纪，何况此时李煦早已被抄家，家人被发卖，李煦被流打牲乌拉，曹、李两家视同一体，这一点他再愚蠢也是应该知道的。在李煦败落后五年，自己还能侥幸当差，自当格外小心翼翼，哪能木然无知至此，竟敢在雍正严厉整肃财政、官风之时，又闯下大祸。它的后果，自然难以设想了。

雍正五年十二月十五日，"上谕着李秉忠、绥赫德接管孙文成、曹频织造事务"，这是在"驿站案"后的第十一天，曹频被"接管"的原因是"审案未结"，没有涉及织造亏空的问题。到了雍正五年十二月二十四日，又"上谕着江南总督范时绎查封曹频家产"，查封的原因是：

　　江宁织造曹频，行为不端，织造款项亏空甚多。朕屡次施恩宽限，令其赔补。伊倘感激朕成全之意，理应尽心效力，然伊不但不感恩图报，反而将家中财物暗移他处，企图隐蔽，有

---

① 以上所引，均见《红楼梦学刊》，1987年第一期，《曹频骚扰驿站获罪结案题本》，第33页。

违朕意，甚属可恶！着行文江南总督范时绎将曹頫家中财物，固封看守，并将主要家人，立即严拿，家人之财产，亦着固封看守，俟新任织造官员绥赫德到彼之后办理。伊闻知织造官员易人时，说不定要暗派家人到江南送信，转移家财。倘有差遣之人到彼处，着范时绎严拿，审问该人前去的缘故，不得怠忽！钦此。①

这道上谕的词语非常严厉，处置更是极端。罪名是"行为不端，织造款项亏空甚多"，还有"将家中财物转移他处"，"转移家财"等等。当时曹頫在京城，所以着"将曹頫家中财物，固封看守，并将重要家人立即严拿，家人之财产，亦着固封看守"，还要预防他"暗派家人到江南送信，转移家财"。这道谕旨，等于是一张巨网，一网打尽了。而实际上在"驿站案"爆发后十一天，雍正已经下旨着绥赫德以内务府郎中职衔管理江宁织造事务了，当时驿站案还并未了结，估计从山东长清陆路脚程到北京，也得要好多天，看来在曹頫尚未到北京之前，雍正已经下旨革去曹頫江宁织造之职了。其处置如此迅猛，也值得深思。因为从案情来说"驿站案"毕竟是小事，论事由是相沿已久的旧习，并非曹頫开端勒索，而是驿站的惯例。论经济，曹頫只拿三百六十七两二钱，算不上经济大案。且驿站案与织造的亏欠，完全风马牛不相及，并无任何牵连，故在驿站案的所有文书中，均未提江宁织造亏空之事。现在在突发性的"驿站案"之后十一天，却又来一件更大更严重的真正毁灭性的突发性事件，曹頫被革职抄家。江宁织造，虽然是内务府派出的机构，但织造是朝廷派出的官员，是皇上的钦差，而且曹家在江宁任职如此之久，雍正在撤换曹頫时，不可能不经深思。而动作如此之快，恰好说明

---

① 见《关于江宁织造曹家档案史料》，第185页，中华书局1957年版。

这是经过深思熟虑的，而不是因为"驿站案"一时的触怒。

那末，是不是由于曹寅遗留下来巨额亏空呢？这样，我们就不能不对曹家的织造亏空作一个大概的了解了。据康熙五十一年曹寅临终时的遗言："江宁织造衙门历年亏欠钱粮九万余两，又两淮商欠钱粮，去年奉旨官商分认，曹寅亦应完二十三万两零，而无赀可赔，无产可变，身虽死而目未瞑。此皆曹寅临终之言。"① 按照曹寅临终遗言的数字，两项合起来，应该是三十二万两有余，为此李煦请求代管盐差一年，以"清还各欠"，康熙批准了他的请求。康熙五十二年十一月十二日，李煦上奏万岁："轸念曹寅身后钱粮，特命臣代理盐差一年……今臣于十月十二日已完代理一差之事，谨遵旨意，不敢自图己私，凡一应余银，臣眼同两淮商人，亲交曹頫。而计所得之银，共五十八万六千两零。内解江、苏二织造银粮二十一万两，解江、苏织造买办修理机房自备船只水脚钱粮共五千两，解江宁织造衙门备办诰命神帛养匠钱粮一万二千两零，代商人完欠归收运库二十三万两，又解补江宁织造衙门亏欠九万二千两零，共五十四万九千两零。臣俱眼同曹頫解补清完讫，尚余银三万六千余两，俱曹頫收受……臣代理已毕，曹頫补帑已完，理合具折奏闻，伏乞睿鉴。"② 此折上奏的第二天，曹頫也上奏康熙，报告"所有织造各项钱粮及代商完欠，李煦与奴才眼同俱已解补清完，共五十四万九千六百余两"。李煦奏折里说的"又解补江宁织造衙门亏欠九万二千两零"，就是曹寅临终遗言里说的"江宁织造衙门历年亏欠钱粮九万余两"。李煦奏折里说的"代商人完欠归收运库二十三万两"，就是曹寅临终遗言里说的"又两淮商欠钱粮，去年奉旨官商分认，曹寅亦应完二十三万两零"。这些亏欠的账目数字，完全可以对上，而且还清亏欠外，

---

① 见《关于江宁织造曹家档案史料》，第 99－100 页，中华书局 1957 年版。

② 同上，第 118 页。

还有余银三万六千余两，从这两家的奏折并与曹寅的遗言对核来看，曹寅的亏欠应该是还清了。

但是事隔不到一年，康熙五十三年八月十二日，却又有"上谕着李陈常巡视盐差一年清补曹寅李煦亏欠"，上谕说："先是总督噶礼奏，欲参曹寅、李煦亏欠两淮盐课银三百万两，朕姑止之。查伊亏欠课银之处，不至三百万两，其缺一百八十余万两是真。自简用李陈常为运使以来，许多亏欠银两，俱已赔完，并能保全曹寅、李煦家产，商人等皆得免死，前各任御史等亏欠钱粮，亦俱清楚。"① 这是康熙亲自说的话，虽然亏欠数字从曹寅说的三十二万有余（曹寅单方的）一下增到一百八十余万两（合李煦亏空），一下增加了六倍，如按噶礼所说，则要增加十倍。虽然已为康熙否定，但康熙这一百八十余万两又是怎么出来的呢？康熙还说这个数目"是真"，这应该是有根据的。尽管康熙说"许多亏欠银两，俱已赔完"，但也使人感到摸不着头脑。这已经是第二次"亏欠清楚"了，而且还包括着李煦的亏欠。至于康熙五十四年十二月初一日"上谕李陈常代赔曹寅、李煦亏欠理应缴部"折和康熙五十五年二月初三日"苏州织造李煦奏李陈常代补曹寅亏欠不足求赐矜全折"里所说的问题，当仍属李陈常康熙五十三年八月十二日清补曹寅、李煦亏欠一项内的事，不再另计，但康熙五十五年十月二十一日"苏州织造李煦奏谢再监察两淮盐课一年折"里，又说："今年闻李陈常代补之外，尚有未补二十八万八千余两。但此项一日未完，奴才寸心一日不安。"② 同年十一月十八日"兼两淮盐课李煦奏盐余完欠解部并解费请赏作养廉折"里说："窃盐差一年，余银除发织造钱粮二十一万两公项外，应得余银三十一万七千两。奴才当以二十八万八千余两补完积欠，其所剩二

---

① 同上，第 123 – 124 页。
② 同上，第 143 页。

万九千余两解完充饷。"康熙五十六年七月十三日"苏州织造李煦奏巡盐任内补欠已完听部拨解折"再说:"奴才谨遵照二十八万八千两零之数,目下已经全完,听候部文拨解。……奴才今年任内补欠已完,而将来巡盐御史无欠可补,其差内余银应行解部。"① 康熙五十六年九月初九日"苏州织造李煦奏催齐商人应得余银交曹頫补亏折"里说:"窃曹寅于壬辰一纲,有应得商人余银十一万两,因江宁织造衙门有亏空钱粮,遂留此十一万两未向商人取去,以抵亏空内之数,曾经题明在案。(按:见康熙五十五年二月初三日"苏州织造李煦奏李陈常代补曹寅亏欠不足求赐矜全折")今奴才遵旨清补积欠,已将此十一万两向商人催齐,于九月初六日解交曹頫,以补织造衙门亏项。"②

以上将所有曹、李两家亏欠钱粮的文书认真核查一遍,可以看到,到康熙五十六年九月,李煦将江宁织造所亏欠的十一万两向商人催齐,并于九月初六日解交曹頫,九月初九日奏报。到此,则曹、李两家的织造亏空,应该说是彻底还清了,所以才有康熙五十六年十月十九日"上谕曹寅、李煦清还历年积欠着交部议叙"说:"覆请户部议覆李煦所奏江宁、苏州织造衙门所欠银两,今已照数全还,此后商人但交正项钱粮及织造所用额银,并无欠项等因,将还完银两,候部拨充军饷,每年应交银两,严行运使,令其全交一疏。上曰:钱粮全完官员,有无议叙之例? 曹寅(按:因所欠钱粮在曹寅名下,故此处仍用曹寅的名字——庸)、李煦将历年积欠俱已清还,着交部查全完钱粮官员议叙之例具奏。"③

关于江宁、苏州两织造衙门的亏欠,到此应该说是全部清还了,而且此后终康熙之世,再也没有提出织造亏欠之事。康熙下旨议叙,应该

---

① 同上,第145-146页。
② 同上,第146页。
③ 同上,第147-148页。

说是为此案画了一个句号，从此此案就算了结了。

由此看来，曹頫的织造亏空，已不是曹寅遗留的老账，而是他自己任上的新问题。曹頫是康熙五十四年三月初七日继任江宁织造的，当年七月，康熙就批问曹頫："你家中大小事为何不奏闻?"于是曹頫就上《覆家务家产折》说：

> ……窃奴才自幼蒙故父曹寅带在江南抚养长大，今复荷蒙天高地厚洪恩，俾令承嗣父职。奴才到任以来，亦曾细为查检，所有遗存产业，惟京中住房二所，外城鲜鱼口空房一所，通州典地六百亩，张家湾当铺一所，本银七千两，江南含山县田二百余亩，芜湖县田一百余亩，扬州旧房一所。此外并无买卖积蓄。奴才问母亲及家下管事人等，皆云奴才父亲在日费用很多，不能顾家。此田产数目，奴才哥哥曹颙曾在主子跟前面奏过的，幸蒙万岁天恩，赏了曹颙三万银子，才将私债还完了等语。
>
> 奴才到任后，理宜即为奏闻，因事属猥屑，不敢轻率。今蒙天恩垂及，谨据实启奏。奴才若少有欺隐，难逃万岁圣鉴。倘一经察出，奴才虽粉身碎骨，不足以蔽辜矣。奴才不胜惶恐感戴之至。
>
> 朱批：知道了。

康熙当时要曹頫报告家产，并不是要清查曹家，相反倒是关心，他深知曹家自曹寅背负巨大亏空死去后，曹家确实处境很困难了，从曹頫所报的家产来看，曹家也确实衰落了。我认为曹頫的报告是实话，他这时也无任何理由向康熙说假话。本年九月，曹頫曾捐银三千两以助军需用，到康熙五十六年，曹、李两家的亏空在康熙主持下，已由李煦、李陈常代为结清，康熙五十七年六月初二日，康熙还在曹頫请安折上批："朕安。尔虽无知小孩，但所关非细，念尔父出力年久，故特恩至此。虽不管地方之事，亦可以所闻大小事，照尔父密密奏闻，是与非朕自有洞鉴。就是笑话也罢，叫老主子笑笑也好。"① 康熙的这个批谕，语气宛如老爷爷对小孙子说话，其慈爱之情跃然纸上。到康熙五十九年二月初二日，康熙又特谕曹頫《今后若有非钦交差使，着即具折奏闻》，朱谕说：

> 近来你家差事甚多，如磁器珐琅之类，先还有旨意件数，到京之后，送至御前览完，才烧珐琅。今不知骗了多少磁器（按：此处是指曹頫受骗），朕总不知。已后非上传旨意，尔即当密折内声名奏闻，倘瞒着不奏，后来事发，恐尔当不起，一体得罪，悔之莫及矣。即有别样差使，亦是如此。②

这道谕旨是关心曹頫，怕他受人欺诈而提醒他。此外，终康熙之世，曹頫没有出过什么问题。

雍正即位以后，曹頫碰到的第一件事，就是《内务府奏请严催李煦、曹頫送交售参银两》③，时间是康熙六十一年十月二十三日，此时，康熙已去世十天，雍正已即位，仍用康熙年号，到明年改元，故实际上这件事已是在雍正手里处理了。奏折说："（前略）查李煦、曹頫取去售卖之人参，已将两年，虽经多次催问，而李煦竟无交付，曹頫亦仍有九千二百余两未交。李煦、曹頫取去人参，究竟售与何人，抑或将售参之银伊等自己使用，既不可料。应即行文，严令彼等在年前即行送交，

---

① 见《关于江宁织造曹家档案史料》，第 149–150 页，中华书局 1957 年版。
② 同上，第 153 页。
③ 同上，第 155–156 页。

倘再推延不交，应即奏请将李煦、曹𫖯严加议处。"① 这个文件说明，雍正一上台，曹𫖯的问题就开始受到注意了，但这是自己造成的，不是别人硬加的。到雍正元年十二月初一日，两淮巡盐御史谢赐履《奏明解过织造银两折》，于参劾李煦的同时，也连带涉及曹𫖯：

> 本年六月内，奉有停止江宁织造之文。查前盐臣魏廷珍经解过江宁织造银四万两。臣任内亦于未经奉文停之先，节次解过江宁织造银四万五千一百二十两，亦将情由咨明。部议行令臣向江宁织造催还，臣节次咨催、差催，杳无一字回复。窃思停止之文，若经知会江宁织造，即不应混催混收；既收之后，竟不回复，则钱粮从何着落？臣请将解过苏州织造银两，在于审理李煦亏空案内并追；将解过江宁织造银两，行令曹𫖯解还户部。伏乞圣恩俞允，庶将来银两不致混收，急公者得免贻累矣。②

此时，李煦已被查抄，而曹𫖯也被揭出八万五千一百二十两亏空，情况就开始严重。此件未见雍正批复，但在《关于江宁织造曹家档案》里，雍正二年正月初七日，有《江宁织造曹𫖯奏谢准允将织造补库分三年带完折》，时间恰好在谢赐履的奏报后一个月又七天，紧相衔接，内容是说：

> （前略）窃奴才前以织造补库一事，具文咨部，求分三年带完。今接部文，知已题请，伏蒙万岁浩荡洪恩，准允依议。

---

① 同上，第 155 – 156 页。
② 《朱批谕旨》，第十三册，第 33 页。

钦遵到案。窃念奴才自负重罪，碎首无辞，今蒙天恩如此保全，实出望外。奴才实系再生之人，惟有感泣待罪，只知清补钱粮为重，其余家口妻孥，虽至饥寒迫切，奴才一切置之度外，在所不顾。凡有可以省得一分，即补一分亏欠，务期于三年之内，清补全完，以无负万岁开恩矜全之至意。（下略）

朱批：只要心口相应，若果能如此，大造化人了！①

这份奏谢准允分三年带完亏欠折，自是被雍正允准了，但无具体银两数字，不过可以推断就是谢赐履所揭示的那笔款项，或者还包括那笔一直未交的"九千二百余两"的人参款，除此以外，再也查不出曹頫的别项亏欠了。到了雍正二年又有雍正在曹頫请安折上的长批：

你是奉旨交与怡亲王传奏你的事的，诸事听王子教导而行。你若自己不为非，诸事王子照看得你来，你若作不法，凭谁不能与你作福。不要乱跑门路，瞎费心思力量买祸受。除怡王之外，竟可不用再求一人托累自己。为甚么不拣省事有益的做，做费事有害的事？因你们向来混账风俗惯了，恐人指称朕意撞你，若不懂不解，错会朕意，故特谕你。若有人恐赫诈你，不妨你就求问怡亲王，况王子甚疼怜你，所以朕将你交与王子。主意要拿定，少乱一点。坏朕声名，朕就要重重处分，王子也救你不下了。特谕。②

雍正的这段批谕，未署时间，估计当是在雍正二年的正月，可能是在曹

① 见《关于江宁织造曹家档案史料》，第157页。
② 同上，第165页。

頫请求分三年带完亏欠奏折的稍后一点时间。雍正这段长批，从总的来说，只是对曹頫提醒警告，不要乱走门路，要听怡亲王的教导。从"恐人指称朕意撞你"，"若有人恐赫诈你"等话来看，雍正刚即位一年多，上层统治集团里还未稳定，雍正是在提醒曹頫要紧跟怡亲王，不要听信谣言。所以这个批谕并无恶意，与准许曹頫分三年带完亏欠的态度是一致的。

从当时的情势来看，李煦已查抄，而曹頫却准分三年带完亏欠，又得此特谕，应该说已经非常得之不易了，但不争气的是雍正四年三月，又出了"织造绸缎轻薄"的议处，"照数赔补外，仍将伊等交该管严加议处"，曹頫又罚俸一年。① 到雍正五年六月，又发生"御用褂面落色，请将曹頫罚俸一年"的事。② 而实际上这年的正月十八日，两淮巡盐御史噶尔泰已经上奏折密报曹頫，雍正更对此奏报有朱批。噶尔泰的奏折称：

> 访得曹頫年少无才，遇事畏缩，织造事务交与管家丁汉臣料理。臣在京见过数次，人亦平常。

雍正于"年少无才"旁批："原不成器。""人亦平常"旁批："岂止平常而已。"③ 噶尔泰的评语还比较一般，雍正的两句话，就很见分量了。实际上雍正对曹頫的这个印象，是从雍正即位以后逐渐积累起来的，何况雍正正在了解他的时候，他又接二连三地出问题，到这年十二月初四日，又爆出一个前文已经详叙的"驿站案"。在"驿站案"以后十一天，雍正即命李秉忠、绥赫德接管孙文成、曹頫织造事务。十二月二十

---

① 同上，第 174 – 175 页。
② 同上，第 181 – 182 页。
③ 《朱批谕旨》，第三十九册第 92 页。

四日由江南总督范时绎查封曹頫家产，雍正六年三月二日，即有《江宁织造隋赫德奏细查曹頫房地产及家人情形折》：

（前略）窃奴才荷蒙皇上天高地厚鸿恩，特命管理江宁织造。于未到之先，总督范时绎已将曹頫家管事数人拿去，来（疑是"夹"之误——庸）讯监禁，所有房产什物，一并查清，造册封固，及奴才到后，细查其房屋并家人住房十三处，共计四百八十三间。地八处，共十九顷零六十七亩。家人大小男女共一百十四口。余则桌椅、床机、旧衣零星等件及当票百余张外，并无别项，与总督所查册内仿佛。又家人供出外有所欠曹頫银，连本利共计三万二千余两。奴才即将欠户询问明白，皆承应偿还。

再，曹頫所有田产房屋人口等项，奴才荷蒙皇上浩荡天恩特加赏赍，宠荣已极。曹頫家属蒙恩谕少留房屋以资养赡，今其家不久回京，奴才应将在京房屋人口酌量拨给。①（下略）

据《永宪录》说："（曹頫）因亏空罢任，封其家赀，止银数两，钱数千，质票值千金而已。上闻之恻然。"②《永宪录》成书于乾隆十七年，距曹頫之败只有二十来年，其记事之可信性当是较高的。何况还有雍正七年七月二十九日的《刑部为知照曹頫获罪抄没缘由业经转行事致内务府移会》：

（前略）今于雍正七年五月初七日，准总管内务府咨称：

---

① 见《关于江宁织造曹家档案》，第187－188页，中华书局1957年版。
② 见《永宪录·续编》，第390页，中华书局1997年版。

原任江宁织造、员外郎曹頫，系包衣佐领下人，准正白旗满洲都统咨查到府。查曹頫因骚扰驿站获罪，现今枷号。曹頫之京城家产人口及江省家产人口，俱奉旨赏给隋赫德。后因隋赫德见曹寅之妻孀妇无力，不能度日，将赏伊之家产人口内，于京城崇文门外蒜市口地方房十七间半，家仆三对，给与曹寅之妻孀妇度命。除此，京城、江省再无着落催追之人。①（下略）

将这份材料与上面抄家的材料相对照，可以看到曹家败落的全貌，真正是"落了片白茫茫大地真干净"。曹家虽然抄没了，人也星散了，但曹頫却仍受枷号，直到乾隆元年大赦，才获赦免。如果从雍正六年算起，则曹頫大概带了八年刑枷，但如果有钱能把"尚未完银三百二两二钱"交清，则曹頫可以早脱刑枷，可见当时连帮忙的亲友都没有了，至于说曹頫转移家财，则更是横加罪名，如果转移出去了，他还不会用钱把自己赎出去，总共只有三百多两银子，可就是没有这笔钱，只好扛着这副刑枷。还有说外借的三万多两银子就是转移，这也不可能。如果是抄家以前老早就借出去的，这就不是转移，是正常的借贷，只有在雍正下了抄家谕旨而家还未抄之际，曹頫急忙将钱借给别人，这才有转移之嫌。但如果是这样，隋赫德就决不会用如此平常的口气上报，就该说他是转移家产了，如今连隋赫德都没有把它定为"转移"，我们又有什么根据来定它是"转移"呢？

以前，还有一种误解，认为曹家的败落、曹頫的被抄革职，是政治原因，是由于雍正即位后清除异己，曹家是康熙的亲信，因此必要清除。早先我也有此看法，经过这次清理核实曹家的亏欠及曹頫获罪因

---

① 见《历史档案》，1983 年第一期。

由，可以看到以上看法并无根据，这可以从几个方面来加以说明：一、雍正二年雍正在曹頫请安折上的长长的朱批，特别说到"你是奉旨交与怡亲王传奏你的事的，诸事听王子教导而行"，"若有人恐赫诈你，不妨你就求问怡亲王，况王子甚疼怜你，所以朕将你交与王子"等等的批谕，清楚地说明曹頫决不是雍正的敌党的人，根据这个朱批，说他是怡亲王的人倒毫不勉强，怡亲王的人，当然也就是雍正所不必怀疑的人了。二、雍正六年七月初三日，《江宁织造隋赫德奏查织造衙门左侧庙内寄顿镀金狮子情形折》，内称这对狮子是塞思黑（允禩）派人到江宁铸就的，"因铸得不好，交与曹頫寄顿庙中"。如果要往政治方面拉，这很容易就可说是允禩的一党了，镀金狮子，总比买几个苏州女子要更带政治性一些罢。但对此雍正并未追究，只批"销毁"二字，此时曹頫尚在枷号，如要像李煦那样加罪重判，是完全可以的，但雍正却并未把它作为政治问题看，只此两点，就足以说明曹頫的革职查抄，确实不是因为政治原因，而是他自己屡屡出错，看来真是扶不起来，否则有怡亲王的关照（怡亲王主管户部钱粮，曹頫的亏欠等事，他必然亲知，雍正三年九月，怡亲王还批过"报销江宁织造钱粮等事"的奏报）、雍正的额外宽容，李煦垮台后还让他当江宁织造，他却一次次地出问题，这就无法可想了。

此外，还有人认为曹頫在乾隆大赦后，又得到官复原职，曹家又再度中兴。这种说法我认为是毫无根据的，官复原职或重新起用，必定有官方文书，有档案，现在一无所有，则有何根据作此推断？

总而言之，曹家于雍正五年底，终于彻底毁灭了。

以上就是曹、李两家毁灭的实况。

《红楼梦》的诞生

本文的开头，我曾说，如果没有曹、李两家的败落就不会有《红楼梦》的诞生。现在我要进一步说：曹、李两家败落的根本原因，是由于康熙的南巡。请看《圣祖五幸江南恭录》里曹寅接驾的排场：

康熙四十四年三月十一日

皇上开船过高邮州，看湖水形势。次抵邵伯镇，看阅更楼工程。至晚抵扬州黄金坝，泊船。有各盐商匍匐叩接，进献古董、玩器、书画不等。……

十二日，皇上起銮乘舆进扬州城。乡绅生监耆老迎接，进献鲜果不等。皇上大喜，（问）甚么人，回奏是耆老。上着内监收行，至高桥，老人恭进万民宴，泊舟。总漕桑（格）奏请圣驾往砲长河（今瘦西湖）看灯船，俱同往平山堂各处游玩。……皇上过钞关门上船开行，抵三垒（汊）河宝塔湾，泊船，众盐商预备御花园行宫。盐院曹（寅）奏请圣驾起銮，同皇太子、十三阿哥、官眷驻跸，演戏摆宴。……晚戌时，行宫宝塔湾上灯如龙，五色彩子铺陈古董诗画，无计其数，月夜如昼。

十三日，皇上行宫写字，观看御笔亲题。朕每至南方，览景物雅趣，山川秀丽者，靡不赏玩移时也。……至茱萸湾之行宫，乃系盐商百姓感恩之致诚而建起，虽不干地方官吏，但工价不下数千。……

十四日，皇上龙舟开行，往镇江，过瓜洲四闸。……上令金山寺驻跸，皇上登大殿拈香……各官延僧启建庆祝万寿道场二十一天……皇太子在七峰阁驻，将军马（三奇）、织造曹（寅）、中堂张（玉书），公进御宴一百桌。……织造曹（寅）进古董等物。上收玉杯一只、白玉鹦鹉一架。

又，扬州府盐商进古董六十件，又进皇太子四十件，各宪亦进皇太子古董物件不等。

十五日，皇上登舟开行，往苏州……又公进御宴一百桌。

十七日，皇船经过浒墅关……圣驾沿途河边一带数里设戏台演戏恭迎。行至午刻，抵苏州阊门，泊舟。有江抚宋（荦）、织造李（煦）奏请，皇上先令侍卫净街，次起銮，乘八舆同皇太子、十三阿哥并宫眷乘轿进城，民家门首各设香案，过街五彩天篷，张灯结彩恭迎，由大街至苏州织造府，内备造行宫驻跸。……织造李（煦）进御宴名戏等情。

……

五月初一日，皇上起驾登舟，巳刻至二十里铺，有江宁织造兼管盐院曹（寅）带领扬州盐商项景元等叩请圣驾。午刻，御舟至三岔河，上岸，进行宫游玩，驻跸。御花园行宫，众商加倍修理，添设铺陈，古玩精巧，龙颜大悦。行宫传旨，扈从各大臣……俱上朝请安，进宴演戏。

初二日，……两淮盐院曹（寅）进宴演戏。

初三日，……皇上在行宫内土堆上观望四处景致，上大悦，随进宴演戏。

初四日，……上即在行宫内荷花池观看灯船，进宴演戏。

初五日，……传旨明日起銮。有盐商并百姓耆老俱赴行宫跪留圣驾再住数天。随传旨，再住一天。文武官员晚朝。进宴演戏。

初六日，……皇上回銮，欲亲看高家堰各处石工等情。晚朝，进宴演戏。其一切事宜，皆系商总程维高料理。又提督张，每日进宴进膳，上甚喜，大悦。谕光禄云：提督所进食物，味甚精美，可照样制备。

初七日，皇上自扬州行宫上船，回銮。行至宝应五里庵驻跸。皇上因江苏织造预备行宫，勤劳诚敬，江南织造府曹（寅），加授通政使司，苏州织造府李（煦），加授光禄寺卿。①

以上就是康熙第五次南巡，曹寅、李煦第三次接驾的盛况，这次在扬州前后共住十一天，其花费之大，恐怕很难算清，几次的御宴一百桌，又进古董等物，还有每日的供张宴乐，特别还有一大批随行人员，皇太子、阿哥、嫔妃、护卫等人员，都要供应资送，还要应付额外的需索，特别是宝塔湾行宫，名义上是"此皆盐商自身出银建造者"，实际上还是曹寅、李煦的承担，内务府奏给曹寅、李煦京堂兼衔折里，明写着"曹寅、李煦各捐银两万"，说明行宫之建不可能全是盐商出钱，且商人出了若干钱后，总要另找名目找回，到头来这些花费都加在曹寅、李煦头上。其实，曹寅、李煦也只是承旨。康熙表面上说："前南巡三次，时先明白降旨……官不宿民房，食物皆由光禄寺买给。"还批评"行宫华丽颇费"②，而实际上康熙把第五次南巡的消息早在一年前就透露给曹寅了。康熙说："明春朕欲南方走走，未定。倘有疑难之事，可以密折请旨。凡奏折不可令人写，但有风声，关系匪浅。小心，小心，小心，小心。"③ 将南行之事提前告知曹寅，曹寅等自然加紧修建行宫了。不仅此也，连康熙南巡的船只都是曹寅、李煦现造的。康熙四十三

① 见《振绮堂丛书》：《圣祖五幸江南全录》。
② 见张书才《曹雪芹家世档案史料补遗》，《红楼梦学刊》2001年第一期。
③ 见《关于江宁织造曹家档案史料》，第23页，中华书局1957年版。

年十二月十二日《江宁织造曹寅奏请应于何处伺候折》说："臣同李煦已造江船及内河船只，预备年内竣工。臣等应于何处伺候，伏俟圣旨，臣等慎密遵行。朱批：已有旨了。尔等照旧例伺候。"① 请想想，这样一笔巨大开支，曹、李两家如何承担得起，但这已是第三次接驾了，隔了一年，不等曹寅、李煦喘过气来，康熙的第六次南巡，曹寅、李煦的第四次接驾又压上来了。细查现有史料，曹寅、李煦织造亏空的初步爆发，是在曹寅第三次接驾以后，也即是康熙四十四年上引"圣祖五幸江南"以后。② 到康熙第六次南巡，曹寅、李煦第四次接驾之后的二年，即康熙四十九年八月二十二日，康熙在李煦的奏折上特批："风闻库帑亏空者甚多，却不知尔等作何法补完？留心，留心，留心，留心，留心！"③ 这时，气氛已经显得紧张了，到同年九月初二日，也就是在给李煦批示以后十天。康熙又在《江宁织造曹寅奏进晴雨录折》上特批："两淮情弊多端，亏空甚多，必要设法补完，任内无事方好，不可疏忽，千万小心，小心，小心，小心！"④ 康熙在十天之内，连下两次紧急特批，可见事情的严重性。到康熙五十年二月初三日，康熙在曹寅奏进的晴雨折上又批："两淮亏空近日可曾补完否？"⑤ 同年三月初九日，曹寅即有"设法补完盐课亏空折"⑥ 说："臣与运道催征，今年满任之时，可以补完八分，若尽催征，亦可全完。但臣今年新钱粮正杂带征各项，多于往年，共该征银二百三十八万余两，连前商欠共银五百二十余万两，如一时并责令其全完，商力恐有不继。……至于臣身内债负，皆系他处私借，凡一应差使，从未挂欠运库钱粮，臣自黄口充任犬马，蒙皇

① 见《关于江宁织造曹家档案史料》，第29－30页，中华书局1957年版。
② 同上，第45－46页。
③ 同上，第76－77页。
④ 同上，第77－78页。
⑤ 同上，第81页。
⑥ 同上，第81－82页。

上洪恩，涓埃难报，少有隐欺，难逃天鉴。况两淮事务重大，日夜悚惧，恐成病废，急欲将钱粮清楚，脱离此地，敢不竭蝼蚁之诚，以仰体圣明。"① 康熙在此件批云："亏空太多，甚有关系，十分留心，还未知后来如何，不要看轻了。"语气仍很沉重。奇怪的是康熙那么紧急地催促曹寅、李煦把亏空钱粮补清，但却从未问过曹寅、李煦，你们为什么会亏空这么多的钱粮？相反却说："皇太子、诸阿哥用曹寅、李煦等银甚多，朕知之甚悉。曹寅、李煦亦没办法。"② "曹寅、李煦用银之处甚多，朕知其中情由。"③ 到底什么情由，他没有说，但他心里明白，是他自己用的银子最多。这个亏空是他造成的，所以他一句也不问亏空的原因，只是一个劲地催还清了。终于曹寅在康熙五十一年七月二十三日身故。曹寅的死因，从表面来看，当然是感受风寒，转成疟疾去世的。但从根本上来说，是被这巨大的债务逼死的，他在一年前的奏折里不是就说"两淮事务重大，日夜悚惧，恐成病废，急欲将钱粮清楚，脱离此地"吗？实际上此时他已心力俱瘁了。这里我们要问，为什么在曹玺的时代，没有发生这些事情？为什么在初任江宁织造时没有发生这些事情？甚至为什么在曹寅第一次接驾（康熙三十八年）和第二次接驾（康熙四十二年）以后，也还没有发生这些事情，为什么到康熙四十四年曹寅办完第三次接驾和四十六年曹寅办完第四次接驾以后发生呢？事情很明白，开头两次，曹寅、李煦还能勉力应付，无奈康熙第三次、第四次接踵而来，而且阵势越做越大，这叫曹寅如何招架得住呢？所以这样泰山压顶之势的巨大亏空就终于把曹寅压倒了。

那末，康熙为什么对曹、李两家的亏空如此着急呢？我起先一直认为康熙与曹寅和李煦都是奶兄弟，所以特别关心他们。这一点当然是没

---

① 同上，第81－82页。
② 见张书才《曹雪芹家世档案史料补遗》，《红楼梦学刊》2001年第一期。
③ 见《关于江宁织造曹家档案史料》，第163页，中华书局1957年版。

有错，但实际上还有另一个问题，康熙生怕这巨大亏空的事爆炸开来，对他自己的声誉也会有影响。康熙第三次南巡以后，安徽布政使就有亏空库银的事，原因是"为供办南巡所致"，于是康熙就批谕：

> 自古君臣，以大公无私为本。前南巡三次，时先明白降旨：若有私行派差，谄迎扈从臣工者，以军律处治。是以南省诸物，丝毫无侵，官不宿民房，食物皆由光禄寺买给。今若云皇上南巡颇费，则用于何处，兴何工程？必有其事也。尔以张四教而邪辟存心，牵连于朕。……朕驻跸江南时，以备办行宫华丽颇费，朕即降旨：朕幸南方视察民生，仅驻跸两三月，尔等备办太过。时三处织造奏曰：我等乃皇帝家奴，我三处公同备办，等语。事遂了结。①

通篇批谕的主旨，是在说南巡并未扰民，一切供应都是自备的，至于行宫，则是三处织造家奴自愿建的。总之一句话，都是他们自己干的，我已批评过他们了，与我无干，不能"牵连于朕"。看了这件批谕，我顿时明白了康熙对曹、李亏空如此着急的原因，至少可以说，一半是为曹、李，一半是为自己。怕这样大的亏空闹出来，大家都明白是南巡供张的亏空，且曹寅、李煦都不是贪渎之官，决不会是他们自己的挥霍浪费。所以康熙才如此着急。特别是曹寅死后形势更形紧迫，所以才由康熙亲自主持，让李煦、李陈常把这笔巨大亏空还清，这不仅是对曹、李两家了了一桩大事，也是为他自己了了一桩大事。事实上，康熙第三次南巡，曹寅第一次接驾以后，不仅有安徽布政使亏空库银的事，而且还有当时诗人张符骧的诗歌讽刺，诗云："太平岁月有何愁。三度扬州

---

① 见张书才《曹雪芹家世档案史料补遗》，《红楼梦学刊》2001年第一期。

幸未休。燮理谁能过王旦，不将封禅奉宸游。""三汊河干筑帝家。金钱滥用比泥沙。宵人未毙江南狱，多分痴心想赐麻。""千丈觥觫起暮烟。猩红溅向至尊前。扬州岂必多歌舞，卖尽婵娟亦可怜。""欲奉宸游未乏人。两淮办事一盐臣。百年父老歌声沸，难遇扬州六度春。"① 按上引第一首诗，应是写康熙三十八年第三次南巡，后面的几首诗，当是指康熙最后两次南巡，曹寅、李煦最后两次接驾的事了。"金钱滥用比泥沙"，"卖尽婵娟亦可怜"，"两淮办事一盐臣"，这些诗句，说明局外人看得一清二楚，要掩盖是掩盖不住的。值得仔细品味的是《红楼梦》十六、十七、十八回元妃省亲的描写，如："说起当年太祖皇帝仿舜巡的故事，比一部书还热闹。""咱们贾府正在姑苏扬州一带监造海舫，修理海塘，只预备接驾一次，把银子都花的淌海水似的！""嗳哟哟，好势派，独他家接驾四次，若不是我们亲眼看见，告诉谁谁也不信的。别讲银子成了土泥，凭是世上所有的，没有不是堆山塞海的，'罪过可惜'四个字竟顾不得了。""告诉奶奶一句话，也不过是拿着皇帝家的银子往皇帝身上使罢了！谁家有那些钱买这个虚热闹去？"② 脂批说："借省亲事写南巡，出脱心中多少忆昔感今。"③ 读了上引《圣祖五幸江南恭录》关于曹寅、李煦接驾的排场，就可以明白脂批的意思，也可以明白曹、李两家为什么会落下如此大的亏空了。所以康熙五十一年曹寅的死，从根本上说，是被这巨大的亏空压死的，李煦虽然延到了雍正元年，但到底还是被遗漏的亏欠累死了。而曹、李大量的亏欠的根由，就是为了要"拿着皇帝家的银子往皇帝身上使"，而这种在劫难逃的历史趋势和繁华富贵里头埋藏着的杀机，却被曹雪芹在《红楼梦》里用文学和艺术的形式再现出来了。

---

① 见张符骧《自长吟》。
② 见《红楼梦》第十六回。
③ 见"甲戌本"脂批。

实际上，由于家庭毁灭的悲剧，触动了曹雪芹，才酝酿出这部《红楼梦》来，这一点在《红楼梦》的开头，作者就交待清楚的。

我们不妨来把这段"作者自云"作一番解读：

> 此开卷第一回也。作者自云：因曾历过一番梦幻之后，故将真事隐去，而借"通灵"之说，撰此《石头记》一书也。故曰"甄士隐"云云。

这里所说的"历过一番梦幻之后"，实际上是说作者自己历过了一番富贵荣华的生活，但最后却彻底败落，往日的富贵荣华，宛如一场梦幻，因此将真事隐去，借通灵宝玉的故事，创作这部《石头记》。这里的"梦幻"是一种比喻，如果是说真梦，那梦里的事都是虚幻的，不存在什么"真事隐去"，惟其是一种比喻，故才能说"真事隐去"。

这里值得特别注意的是：（一）作者是亲身经过一番梦幻，也即是亲身经历过家庭的繁华富贵的，因为文章一开头就明白说"作者自云，因曾历过一番梦幻之后"，这说得最明白不过了。（二）是因为这个繁华富贵像梦一样破灭了，所以才用通灵玉的故事写出这部书来。这等于是说这《石头记》的小说，是因为他的"繁华梦"破灭后才触动他写的。

> 但书中所记何事何人？自又云：今风尘碌碌，一事无成，忽念及当日所有之女子，一一细考较去，觉其行止见识，皆出于我之上，何我堂堂须眉，诚不若此裙钗哉？实愧则有徐，悔又无益之大无可如何之日也！

这一段，作者自己提出问题："书中所记何事何人?"又自己回答说："忽念及当日所有之女子，一一细考较去，觉其行止见识，皆出于我之上。"这就说得十分清楚，是写自己在"梦幻"（即家破人亡）之后，心中意中，念念不忘的"当日所有之女子"。前面已经说过，是"将真事隐去"，此处却又说是写"当日所有之女子"，这又落到了真事真人上头。这段话实际上他是说，人和事都是真的，但故事已经是"假"的编造的了。

> 当此，则自欲将已往所赖天恩祖德，锦衣纨袴之时，饫甘餍肥之日，背父兄教育之恩，负师友规谈之德，以致今日一事无成，半生潦倒之罪，编述一集，以告天下人：我之罪固不免，然闺阁中本自历历有人，万不可因我之不肖，自护己短，一并使其泯灭也。

这一段是再次重申，自己要写书，而且是扩大了范围，要把"已往所赖天恩祖德"，"锦衣纨袴"，"饫甘餍肥"等等统统写进去，以向天下人告罪。他再次强调"闺阁中历历有人"，说明他还是忘不了"当日所有之女子"。

这里值得注意的有几个问题：一是"欲将已往所赖"几句。这说明作者确是经历过百年世家的豪华生活的，所谓"锦衣纨袴，饫甘餍肥"的这种生活，叫一个三四岁的小孩是无法体会，也不可能有什么理解的。作者沉痛地写到这一点，足见他经历过豪华富贵，也经历过家破人亡，那末，他当时的年龄也应该有十多岁了，所以对"已往所赖天恩祖德"，已经有很深刻的记忆了。

二是"背父兄教育之恩"两句。说明他在抄家败落之前，已经入学读书，已经有老师和同学了。那末抄家时，他决不可能只是三四岁的幼儿。但是他却没有听从父兄和师友的教导，以致一技无成，半生潦倒。后两句似正意而却是反意，用语非常巧妙，作者是惯用这种自嘲而嘲世的手法的。我们特别不能忘记曹寅、曹宣、曹頫都是理学的尊奉者，曹家是一个理学世家。曹寅写诗嘱咐曹頫"程朱理必探"，曹頫是"绍闻衣德"，可见其理学一脉。现在曹雪芹明确讲"背父兄教育之恩"，则可见他是有意背叛程朱理学的，不是客观上起作用的问题。①

三是"编述一集，以告天下人"。编述一集的内容就是前面所说的"当日所有之女子"，以及"天恩祖德"、"锦衣纨袴"、"饫甘餍肥"等等的经历。这样说，不纯粹是一部写实的书了吗？但作者还有下面一段：

> 虽今日之茅椽蓬牖，瓦灶绳床，其晨夕风露，阶柳庭花，亦未有妨我之襟怀笔墨者。虽我未学，下笔无文，又何妨用假语村言，敷演出一段故事来，亦可使闺阁昭传，复可悦世之目，破人愁闷，不亦宜乎？故曰"假雨村"云云。

这一段话的主要内容是"何妨用假语村言，敷演出一段故事来"。这就是说以上说的是真实的内容，这真实的内容，是用"假语村言"，编故事的形式表现出来的。所以读者看到的都是"假语村言"，但里头却包涵着真情实事。

> 此回中凡用"梦"用"幻"等字，是提醒阅者眼目，亦是此书立意本旨。

这一段是再次提醒读者，不要把"红楼梦"真的当作一场"梦"来看，也不要把"太虚幻境"等等看作真有这样一个"幻境"，整个故事情节

---

① 以上两处引文见曹寅《楝亭诗别集》卷四和康熙六十年《上元县志》：《曹玺传》。

都是编造的，但里头包涵着真情实事，千万不能把它看作是真的"梦幻"，而忽略了它里头的真情实事。这可以说是作者的谆谆嘱咐了。

本来这段文字是很奇怪的，所谓"用'梦'用'幻'等字，是提醒阅者眼目"，这话说得多难解，梦就是梦，幻就是幻，有什么可提醒的呢？既要提醒为什么吞吞吐吐，又不直说呢？仔细想想，明白了他深藏的意思，就是说本书所用的"梦""幻"，都不是真梦幻，提醒你不要把它当真梦幻忽略过去了。试想，如果是真梦真幻，还有什么可提醒的，唯其不是真梦幻，梦幻只是一种外在的表现形式，所以才要提醒读者。作者故意用这种吞吞吐吐、颠来倒去的语言，无非是为了人们不要把它当作真梦真幻，而希望人们能去参详它用梦幻形式所包涵着的悲剧内涵。

把这段"作者自云"与"无材可去补苍天，枉入红尘若许年。此系身前身后事，倩谁记去作奇传"和"满纸荒唐言，一把辛酸泪。都云作者痴，谁解其中味"两首诗对照着看，可以体会到它的总体内容是一致的，就是与那首"浮生着甚苦奔忙"的律诗来对读，其内涵也是十分一致的。

我们解读了"作者自云"，就可以看到作者自己就已说明白家庭的败落与此书的诞生的因果关系了。

当然，《红楼梦》是一部旷古奇书，它的内容的涵盖面是既深且广的，决不是曹雪芹的自传或家传。我认为它是康、雍、乾这一历史阶段的艺术的总概括和总反映。这一时期的社会矛盾、社会风习，特别是这一历史阶段的人的命运、妇女的命运以及官方的设定、社会的反抗等等，统统得到了生动的反映。《红楼梦》里的理想人物，是代表历史发展的进步趋向的，他们在寻找新的人生道路而又不知从何找起。贾宝玉坚决不走仕途经济的道路，就是对旧的官方设定的封建时代的人生道路的否定，他只愿意与姐妹们在一起过自由自在的生活，是说明他还没有找到真正的新的人生道路，但却向往着过自由自在的生活。他对旧的人生道路的否定是明确而坚决的，但他对新的人生道路却在迷茫中摸索，"天尽头，何处有香丘？"就反映着他们在寻求新的人生道路和新的理想世界。但是他们对婚姻的独立自主、自由选择和尊重女性这两点，已是他们理想人生中的两个闪光的亮点了。所以虽然他们对新的人生道路还在迷茫中摸索，距离真正的新的人生道路还很遥远，但他们是已经有所感悟，有所主张，不是完全的盲目了。所以贾宝玉、林黛玉这一对新人的思想内涵是具有先进的历史动向和丰富的历史内涵的，是一对不朽的艺术典型，它闪射着黎明前黑暗中的一丝晨曦。而他们的对立面或侧面人物，则是反映历史的僵化、腐朽、没落的一面，如贾母、贾政、贾赦、贾珍、贾敬、贾琏、贾蓉之类，或者是反映被历史注定的被奴役、被侮辱、被损害的人物，即荣、宁二府中各色各样的被奴役者。当然这种简单划分只能是一种示意，并不能代替真正的艺术分析。一部《红楼梦》是一个活生生的大千世界，其中芸芸众生各有个性，各有存在的原因。《红楼梦》里诸多人物存在的形式并不是简单的对立，却有更多的亲情交融。《红楼梦》里确实存在着多层面的矛盾，但这些矛盾却被作者巧妙地安排在宗法封建社会的亲情纽带之中，所以决不能把《红楼梦》里的矛盾理解为简单的两相对立的矛盾。《红楼梦》写的是一个浑然的封建大家庭，各色人等都是按照生活的原有形式存在着，所以也许从对一个小人物的解剖分析中可以看到这个世界的另一个角落，决不能用简单的划分来代替深入的艺术分析。

我曾说过，《红楼梦》的诞生，是三种历史因素奇妙的凑合，一是整个世界在西方已进入资本主义时代，而在中国还是坚固的封建皇朝；但在中国封建社会的内部，已经产生了资本主义萌芽的经济因素了。在思想领域里，反程朱理学而带有某种程度的自由色彩的初期民主思想也开始萌生和蔓延了，从明末清初到乾隆时期，这种思想有了较多的发展，但社会的官方的主导思想仍旧是程朱理学。整个社会仍是封建社会。二是曹雪芹的家庭，虽然是包衣奴才，但却是百年世家。特别是到曹寅的手里，发展到了飞黄腾达，而曹寅本身又是文采风流的一代作手，康熙六次南巡由他与李煦四次接驾，更使他家如"烈火烹油，鲜花着锦"。但是，"祸兮福之所倚，福兮祸之所伏"，正当曹家走向鼎盛的时候，曹家衰败的根子也就同时埋伏下了。终于曹家彻底败落，"落了片白茫茫大地真干净"。原有的百年世家和富贵荣华，瞬息间化为泡影，而且极尽凄惨。以上两点是客观条件，还有第三点是主观条件，这就是曹雪芹是天才的作家。曹雪芹既经历了繁华富贵，又饱经了抄家以后的漂泊凄凉，他还看到了自己的至亲李煦家的早败惨象和李煦的悲惨下场，他当然更看到了自己父亲曹頫（或是叔父）的枷号。官场的势利，人世的凄凉，他都尝够了。以上这一切，恰好成为造就这位天才作家的主客观因素。特定的时代，特殊的家庭和特殊的天才人物的天然结合，才孕育出了一部绝代奇书《红楼梦》。

为什么要说曹雪芹是天才？因为曹家抄家的时候还有一百十四人，李煦抄家的时候有人口二百二十七人。总加起来有三百多人，当然其中大部分是仆佣，但属于主人身份的，曹李两家当各有十几人。他们同样的时代，同样的家庭（对这些主人身份的人来说），同样经历了从富贵荣华到彻底败落的遭遇，但却只有一个曹雪芹能将这些生活素材创作成为一部千古绝唱《红楼梦》，这不是天才是什么？古往今来，从富贵荣华跌落到鹑衣乞食，甚至披枷带锁的人多矣，就是雍正时期，前后被抄家败落的官宦之家何计其数，但也没见有第二部什么书出来，可见《红楼梦》的诞生，除了时代和家庭的因素外，曹雪芹的特殊禀赋，也是一个非常重要的因素。可以说，如果没有曹雪芹，曹寅、李煦的家抄了也就抄了，也就烟消云散了。如今有了曹雪芹，则原来的百年望族曹家、李家虽然毁灭了，却换来了永不磨灭的荣国府和宁国府。当然这不是曹家李家，但它却是以曹家、李家为素材创作出来的，是不朽的典型，它是永生的！

所以，研究《红楼梦》，不研究曹雪芹的家世就不可能对《红楼梦》有深入的理解，何况解剖清代一两个甚至更多的封建大家庭，对认识清代的社会实体，有很大的好处。他对封建社会的认识，会深刻得多。这样他对《红楼梦》的认识也会深刻得多！

2007 年 1 月 22 日夜 10 时于瓜饭楼

《五庆堂重修辽东曹氏宗谱》考略

　　在"文化大革命"以前，北京曾经发现过一部《五庆堂重修辽东曹氏宗谱》，在 1963 年的曹雪芹展览会上，此谱曾展出过，后来又拿到国外去展览。"文化大革命"中，此谱传说已遗失了。1975 年，我因偶然的机会，得知原藏此谱的曹家，还藏有一部此谱的另一抄本，因友人的介绍，我见到了此谱的另一抄本。经过研究，我认为此谱十分重要，因此，继续努力设法寻找已遗失的那部曹谱的抄本。事情十分凑巧，经过相当一段时间的调查和追寻，终于在有关单位的协助下，把这部《曹氏宗谱》找出来了。经过对照，1963 年展出的这部是五庆堂当时的正式清抄本，用的是五庆堂特制的抄写宗谱的朱丝栏纸，周围有瓜瓞绵绵的图案，版口上端刻"曹氏族谱"四字，下端刻"五庆堂"三字，封面和封底都是用库瓷青纸。1975 年我借到的此谱另一抄本，也是库瓷青纸的封面和封底，但里面却是用的红格纸，不是为修谱印的专用纸。从纸张的年代来看，比同治年间特制的专用纸要早，它是利用旧的乾隆红格纸抄的。除了两本的纸张不同外，谱文的内容基本上是一样的，只有极少数的地方两本各有改动而略现差异，但这种差异，对这部曹谱的内容不发生什么影响。近几年来，我一直在研究此谱，到去年才算结束，写

248

成了《曹雪芹家世新考》一书。本文就是对这一考证结果的概述。

《曹氏宗谱》之上两世

这部《曹氏宗谱》的始祖是曹良臣，第二代的祖宗是：曹泰、曹义、曹俊。从谱上所列的关系来说，这泰、义、俊三人都是曹良臣的儿子，但据我们考查的结果，实际上曹良臣只有一个儿子叫曹泰。曹义、曹俊两人与曹良臣根本无关。

为了正本清源，弄清问题，我们有必要把对这四个人的考证结果，作一番扼要的介绍。

（一）**曹良臣** 在《曹氏宗谱》前面，载有曹良臣的两篇传记，据考查，曹良臣是确有其人的，在我们见到的十四五种史书里（其中绝大部分是明刻本或抄本），都载有曹良臣的事迹。他是安徽安丰人，谱文上说他是扬州仪真人，这是不对的。他在元至正二十二年（壬寅，1362年）投朱元璋于应天（南京），参加过击败陈友谅的鄱阳湖大战，后又收复两湖（湖南、湖北），两江（江西、江苏），克洛阳，从大将军徐达攻取元都大都（今北京），洪武三年入陕，四年入蜀，五年进军和林（今内蒙呼和浩特附近），以孤军深入阵亡。赠光禄大夫追封安国公，谥忠壮，归葬安徽安丰。在栗永禄修的嘉靖《寿州志》卷二"丘墓"栏下说："曹良臣墓，城南井亭铺前。"在以后修的一些关于寿州的地方志里（安丰属寿州），都保留着这一记载。可见他确是安徽安丰人而不是扬州仪真人。

（二）关于他的儿子**曹泰**，《明史·曹良臣传》说：

子泰，袭侯。坐蓝玉党死，爵除。

据查考，曹泰是在洪武二十六年（1393 年）坐蓝玉党死的，曹泰死后，曹良臣就断后了。据万斯同的《明史》（抄本），王鸿绪的《明史稿》，焦竑的《皇明人物考》，郑汝璧的《皇明功臣封爵考》，傅维麟的《明书·公侯伯表·曹良臣传》，朱国祯的《皇明开国臣传》，明天启刻本定远黄金《皇明开国功臣录》等书的记载里，都与《明史·曹良臣传》的说法一致。以上这大量的史料证明，曹良臣确实只有一个儿子曹泰，而且后来因蓝玉党被杀绝后了。所以曹义和曹俊，根本不是曹良臣的儿子。

但是这两个人也确是有史可查的，先说曹义。

（三）**曹义**　曹义在明史上也是颇有声望的一个人，《明史》有传，《明实录》里有大量的记载，《五庆堂谱》有他的传，经校核，发现此传是据万斯同撰《明史》原稿本卷七十三《曹义、施聚传》删削而成的。据曹义同时代人刘定之的《呆斋存稿》（正德八年原刻本）卷十一上的《明故奉天翊卫宣力武臣特进荣禄大夫柱国丰润伯曹公墓志铭》说，曹义卒于"天顺庚辰（天顺四年，1460 年）正月二十二日，享年七十有一"。据此上推，则曹义应生于洪武二十三年（1390 年）庚午，距曹良臣之死已经十八年，显然不可能是曹良臣的儿子。特别是这篇墓志铭里明确说曹义"曾祖花一，祖勇，燕山左卫副千户。父胜，指挥佥事"。这里对曹义的上三代说得清清楚楚。另外，我们又从万历《扬州府志》（杨洵编）里查到了《曹义传》，也证明他确是仪真人，父亲叫曹胜，官燕山指挥佥事。我们又从康熙《仪真县志》（马玉章编纂）里查到了《曹胜传》，得知曹胜的父亲即曹义的祖父确是叫曹勇，在同书卷五"选举"栏之"明封荫"下，还全部载明了曹义的上三代：

曹花一　以曾孙义贵，赠荣禄大夫封丰润伯。

曹　勇　以孙义贵，赠丰润伯。

曹　胜　以子义贵，赠丰润伯。

曹　义　封丰润伯，赠侯，谥庄武。

这样我们就彻底弄清楚了曹义的上世，证明了曹义与曹良臣风马牛不相及。既非同乡，更不是父子。

（四）**曹俊**　《五庆堂谱》说曹俊是曹良臣的第三子，"世袭指挥使，封怀远将军，守御金州，后调沈阳，即入辽之始祖。生五子，长升、次仁、三礼、四智、五信"。按照《五庆堂谱》上述的记载，这个曹俊，应是真正"入辽之始祖"，也就是这部《五庆堂谱》的真正的始祖。但是，关于这个曹俊的史料，现在知道的，只有1923年在辽阳城东发掘出土的一块"圹记"。据"圹记"所记，"圹记"的作者叫孙磐，"登弘治丙辰科进士，出知山西陵川县事"。他的始祖叫孙兴祖，原籍是山东掖县，洪武初迁到辽阳，高祖叫才兴，曾祖名义，祖父名旺，配吴氏。父亲名敏，配曹氏，辽阳人，就是孙磐的母亲。曹氏的父亲，也即是孙磐的外祖父即曹俊。孙磐的始祖是洪武初迁来辽阳的，那末他的时代是在元末明初，相当于曹良臣的时代，孙磐的外祖父曹俊的时代也就是孙磐的祖父孙旺的时代，这离开他的始祖已经是第四代了，大约是明永乐到天顺、成化的时代，这个时间的约数是从"圹记"写明的曹氏生于正统六年逆推出来的，虽然不可能推出准确的年代，但曹俊生活的时代最早不能早于永乐，最晚也不能晚于天顺、成化，这是可以肯定的。大体说来倒有点与曹义的时代差不太多（曹义卒于天顺四年）。

总结以上的考证，我们可以明确地指出，《五庆堂曹氏宗谱》上的始祖曹良臣，第二代的曹泰、曹义，实际上根本不是五庆堂辽东曹氏的老祖宗，他们如果不是因为修谱者的有意伪托，那末就是谬传。而这个所谓曹良臣的第三子曹俊，谱文上说他是"入辽之始祖"，这倒是透露了一点真实的消息。谱文还说他"世袭指挥使，封怀远将军"，似与"入辽之始祖"不一致，或世职至曹俊始入辽定居乎？其间细节，尚待考求。总之，这个曹俊，实际上是五庆堂曹氏的入辽始祖，根据"曹氏圹记"的记载，曹氏即曹俊的女儿是辽阳人，那末，这个曹俊，也应该是辽阳人，至少他是应该在辽阳住过相当长的时间的。我们强调这一点，是因为后文《五庆堂谱》三房诸人及四房的曹振彦，即曹雪芹的高祖，他们都是辽阳人。

《曹氏宗谱》之三房诸人

《曹氏宗谱》的三房，即"礼"房，共有二百六十三人，目前我们已经从有关的几十种史籍里，查出了二十一人。这些大量确切的史料，证实了这部《曹氏宗谱》的历史真实性，为我们了解曹雪芹的上世提供了材料。特别是这部《曹氏宗谱》就是这个"三房"修的，故其他几房都很简略，唯有这一房记得比较详细，所记人数也以这房为最多，而且从"入辽之始祖"曹俊起，一直到第十六世"五庆"为止，代代相接，一代都不缺，这更足以证实，这部宗谱的实际的始祖就是曹俊。尤其要指出的是在这三房的第十六世，有一个叫曹权中的，他的女儿嫁给云贵总督甘文焜的堂兄甘体垣，而曹寅称甘文焜的儿子甘国基为表兄，这证明了三房"礼"和四房"智"即曹雪芹上世这一支确是同宗，四房"智"并不是别谱窜入的。肯定了这一点，那么，也就肯定了曹俊确是曹雪芹的始祖，也就肯定了这部《曹氏宗谱》的重大价值。

前面已经提到，三房诸人我们已查出了二十一人，为了节省篇幅，我们只介绍下面几个人：

（一）**曹绍中**　《宗谱》说："养性子，字柱石。指挥佥事，骠骑将军。子贵，诰封光禄大夫。配王氏，续配何氏，俱封一品夫人。生三子，长德先，次仁先，三义先，女一，适沈。"

关于这个曹绍中，有关的史料比较多，这里只能摘引其一部分比较重要的，其余就只好从略了。

《清太宗实录》卷十四天聪七年癸酉：

> 孔有德、耿仲明自镇江遣副将曹绍宗、刘承祖等奏报起程日期。上命督修岫俨、揽盘、通远堡三城。济尔哈朗、阿济格、杜度三贝勒率兵迎之，孔有德、耿仲明皆辽东人也。太祖皇帝取辽东时，有德等奔入皮岛，为文龙部下末弁，遂以毛氏称之。后文龙为宁远巡抚袁崇焕所杀，明山东登州巡抚调有德为管步兵左营参将，仲明亦为参将。辛未岁，上率大兵围大凌河，登州巡抚遣有德率骑兵八百应援，赴山海关，至吴桥县，遇参将李九成私议，遂叛明，有德、九成为首，同陈继功、李尚友、曹得功等五十余人，率兵数千攻陷山东临邑、陵商河、青城等县，杀援兵数千，获马匹器械甚多。于是往攻登州，城中耿仲明为首，率辽东官杜承功、曹德纯、吴进兴等十五人为内应，内外夹攻，破其城，收辽东三千余人。

按：这个奏报起程日期的曹绍宗，就是《五庆堂谱》上的曹绍中，看后面的材料可知。蒋氏《东华录》曹德纯作曹得纯，此人亦应是《曹氏宗谱》上的人物。又以上一段中将孔有德、耿仲明叛明的情况讲得很清楚，其中的曹得功也是《曹氏宗谱》上的人物，关于他的材料也很多，限于篇幅，不录。

《孔有德、耿仲明降金书》：

总提兵大元帅孔有德

总督粮饷总兵官耿仲明

　　为直陈衷曲，以图大事：照得朱朝至今，主幼臣奸，边事日坏，非一日矣！兵士鼓噪，触处皆然，非但本帅为此也。前奉部调西援，钱粮缺乏，兼沿途闭门罢市，日不得食，夜不得宿，忍气吞声，行至吴桥，又因恶官把持，以致众兵奋激起义，遂破新城，破登州，随收服各州县。去年已有三次书札，全未见复，始知俱被黄龙在旅顺所截夺。继因援兵四集，围困半载，彼但深沟高垒，不与我交战。彼兵日多，我兵粮少，只得弃登州而驾舟师，原欲首取旅顺为根本，与汗速合一处，谁知飓风大作，飘至广鹿岛。本帅即乘机收服广鹿、长山、石城诸岛，若论大海，何往不利，要之终非结局。久仰明汗网罗海内英豪，有尧、舜、汤、武之胸襟，无片甲只矢者，尚欲投汗以展胸中之伟抱，何况本帅现有兵甲数万，轻舟百余，大炮火器俱全？有此武备，更与明汗同心协力，水陆并进，势如破竹，天下又谁敢与汗为敌乎？此出于一片真热心肠，确实如此。汗若听从，大事之就，朱朝之天下，转瞬即汗之天下。是时明汗授我何职，封我何地，乃本帅之愿也。特差副将刘承祖、曹绍中为先容，汗速乘此机会，成其大事，即天赐汗之福，亦本帅之幸也。若汗不信，可差人前看其虚实如何。本帅不往别地，独向汗者，以汗之高明，他日为成大事，故将古人弃暗投明也。希详察之！为此合用手本，前投明汗驾前，烦为查照来文事理，速赐裁夺施行，须至手本者。天聪七年（按：即崇祯六年）四月十一日。

（影印满文原件，见国立北平故宫博物院

十周年纪念《文献特刊》，1935 年出版）

曹绍中这个名字，除以上重要史料外，还见于《明清史料》丙编里面《都元帅标下各将官姓名单》、《东来各官数目单》、《清太宗实录》卷五十一等处，上述史料除曹绍中外，还有曹得选、曹得先等人，也都是《五庆堂谱》上的人物。

（二）**曹权中** 《曹氏宗谱》上说："养勇子，字时轩，指挥使。配徐氏，封夫人，生子振先。女一，适甘公体恒（按系"垣"之误）室，甘国坼母。"

据康熙抄本《甘氏家谱》：

六世，体垣，行一，字仰之。生于万历戊申年七月初三日辰时，仕至福建漳州府海澄县令。于顺治九年正月初三日海寇作乱，守节殉难，士民爱戴，立祠春秋祭祀。元配曹氏，沈阳卫指挥全忠曹公之女，生一子，如柏。七世，如柏，行一，字青然。生于天聪壬申年十二月初三日酉时，卒于顺治八年正月初三日子时。无嗣，元配魏氏。七世，国基，行三，字鸿舒。生于顺治辛丑年十一月二十五日未时，初任福建分巡汀漳道，四任河南按察司，五任河南布政司。元配吉尔默氏，理藩院尚书兼一等侍卫壮尼大阿木瑚琅公之次女。国城，行四，字□□，于康熙甲寅吴逆之叛，随父宗（按：应作"忠"）果公殉难，无嗣。

嘉庆九年刻本《沈阳甘氏家谱》说：

> 　　六世，体垣，行一，应元公长子，字仰之。初任福建漳州府海澄县知县，顺治庚戌正月初三，海寇作乱，守节殉难，士民爱戴，建立祠宇，春秋祭祀。座侧之联有"祈有心肝还赤子，惟将顶踵卫孤城"之句。生万历戊申年七月初三日辰时，敕授文林郎。配曹氏，沈阳指挥使曹公全忠女，生万历庚戌年八月初五日，敕赠孺人。生子一，如柏。国璋系体仁公次子过继。七世，如柏，行一，体垣公长子，字青然，生天启（按：应是"天聪"）壬申年十二月初三日酉时，卒顺治辛卯年正月初三日子时，配魏氏。（以下略）

按：《曹氏宗谱》里的曹权中，显然就是《甘氏家谱》里的"沈阳卫指挥曹全中"，"权""全"、"中""忠"都是同音字。《曹氏宗谱》说曹权中的女儿嫁给甘体恒，这个甘体恒，就是《甘氏家谱》里的甘体垣，"恒"、"垣"是形近而误。

　　那末，这个甘体垣是什么人呢？他是云贵总督甘文焜的堂兄，曹雪芹的祖父曹寅在《过甘园》诗里曾提到甘文焜"死难滇南"的事，并且称甘文焜的儿子甘国基为"鸿舒表兄"。按："鸿舒"是国基的号，我翻查了康熙抄本《甘氏家谱》，嘉庆九年刻本《沈阳甘氏家谱》和道光二十六年刻本《沈阳甘氏家谱》，除了见于《辽东曹氏宗谱》上的这个曹权中（全中）女嫁给甘体垣外，在甘文焜一辈以及以上各世，再找不到第二个曹氏了，而这个嫁给甘体垣的曹氏，既见于《曹氏宗谱》的曹权中名下，是曹权中的女儿，又见于上述三种《甘氏家谱》的甘体垣的名下，是甘体垣的原配，并且载明是"沈阳指挥全忠曹公之女"，则可见曹寅称甘国基为表兄，确是因为曹全忠女嫁甘体垣的这一重姻亲关系。再从曹、甘两家的辈次来看，曹振彦恰好与曹权中（全忠）以及甘体垣的父亲甘应元，甘文焜的父亲甘应魁是同辈，甘体垣的儿子如柏、国璋，甘文焜的儿子甘国基与曹寅则是同辈，所以曹寅称甘国基为"表兄"是完全符合他们之间姻亲关系的辈次的。这个曹家与甘家的这门姑表姻亲关系，是一个十分有力的内证，它证明了：一、《曹氏宗谱》上的四房"智"即曹雪芹一支的远祖，确是与三房"礼"是同宗，过去有人怀疑这四房"智"是从别谱"窜入"的，现在可以证明这种怀疑是没有根据的。二、既然肯定了四房与三房确是同宗，那末也就肯定了曹雪芹的远祖确是辽东曹，他的始祖就是曹俊。三、上述两项结论既然可以毫无疑问地确定下来，那末，这部《辽东曹氏宗谱》的价值，自然也可以确定无疑的了。

（三）**曹得选　曹世爵**　在《曹氏宗谱》里还有曹得选、曹世爵等人。这几个人，在《明清史料》丙编里的《都元帅标下各将官名单》里就有曹得选、曹绍中的名字，还有一个曹得先，看来也可能是《曹氏宗谱》上漏收的人名。以上几个人的名字，在辽阳新发现的《东京新建弥陀禅寺碑记》（崇德六年，明崇祯十四年，1641 年）的碑阴题名中，也有曹得选、曹得先、曹世爵等人的名字，很明显这几个人，也应该是属于《五庆堂谱》上的人物。

另外，在《明清史料》丙编第一本载孔有德所携各官名单共四份，计一百六十三人，与上述《东京新建弥陀禅寺碑记》题名相对照，《史料》与碑刻题名相同者共七十人，占二分之一不足，碑刻上其余人名，应是耿仲明和尚可喜的属下，故不见《史料》所载孔有德所携名单。

（四）**曹德先　曹仁先　曹义先**　上述三人是曹绍中的儿子，曹德先是长子，《宗谱》说曹德先：

　　绍中长子，字牧民，从龙授阿思哈尼哈番（汉文男爵），梅勒章京（汉文副都统），右翼总兵，右将军。崇德元年，奉命同定南王孔有德、郑亲王济、睿亲王多，历征锦州等处，入关进剿"流寇"，灭"闯逆"，开北京，破潼关，征西安，平河南、扬州、镇江、江宁，克江阴、卢口、鱼矶，定广西、湖南，开宝庆、武冈、黔阳、沅州、辰州，招安王元成，平抚靖苗。顺治六年己丑五月，奉旨加封三等精奇尼哈番（汉文子爵），予敕券，世袭。（中略）顺治九年壬辰七月初七日，同定南王（按即孔有德），尽节广西省城。（中略）葬顺天府房山县张坊镇西，涞水县之沈家庵村北，铁固山阳，玉蟒河西。（中略）生三子，长盛祖，次光祖，三承祖。

　　按照谱文的记载，曹德先是在清兵入关时参加一系列的战役的，其中尤其是参加了攻取扬州、镇江、江阴、江宁的战役的，扬州十日、江阴城守，这是清初入关时的震动整个江南的大战役。据《乾隆二十八年正月十四，曹执御向本佐领呈报三代履历请求袭封》文中还说曹德先"克江阴县，督放红衣炮十位，克其城"（按：此件承马希桂同志抄示）。韩菼的《江阴城守纪》里也具体记载了当时清兵用红衣大炮轰开江阴城的情况。我在1945年抗战刚胜利的时候，为了研究江阴人民的抗清斗争，还曾去江阴调查过当时的战斗遗迹及传闻，关于红衣大炮轰开江阴城的情节，老人们还能历历讲述，城破以后自动投护城河（玉带河）、四眼井而死的人，据说尸体积满河、井。当时四眼井还在，我还亲自去看过，连城外架设红衣大炮的君山，我也去实地查看过，当然当时我并不知道有曹德先其人，更无从知道此人与《红楼梦》作者曹雪芹是同始祖。

谱文中记载到曹德先是在李定国攻打桂林城，当时定南王孔有德孤立无援，在城破后放火自焚的，曹德先全家也是死于这一战役。至于曹仁先、曹义先，则并没有死于此役，但据文献记载，曹仁先是去驰援桂林之战的（见《明清史料》丙编《两广总督李率泰揭帖》）。曹义先据谱文记载，在"康熙十三年甲寅，平定福建，历年进剿军事告竣，二十一年壬戌，奉旨入觐，晋昂邦章京（汉文都统），在内大臣行走，分隶正黄旗汉军，诰授光禄大夫"。卒于康熙二十八年己巳七月二十四日申时。归葬地点，与曹德先、曹仁先同。

关于李定国攻打桂林的情况，记载甚多，其中《虞山集》的作者瞿昌文是此役的目击者，他在此书卷十中说：

> 初四日辰刻，王师（按：指南明李定国的军队）从云梯先登，西北环山为城，环山皆汉帜矣。鄂国公从武胜门攻入关。有德仓皇计穷，遁走无路，急还靖江旧邸，聚其宝玩于一室，手刃爱姬，遂闭户自焚死。王师入城，斩馘数千，下令无妄杀，抚安孑遗之黎庶。时昌文羁身城中，初七日谒见安西，接待甚殷，慰劳周至。

关于孔有德自焚的事，《广西左翼总兵马雄禀》（见《明清史料》丙编第九本）说："不期初七日凶信遂至，桂城已于初四日巳时失陷，王爷以身殉国，阖宫自焚，众虾俱遭毒害。"《广东巡抚李栖凤揭帖》说："至初四日巳时，贼四面拥入，当闻定南王自尽，其后殿自焚，小王子不知下落。"（见《明清史料》丙编第九本）另外，在《曹氏家谱》曹光祖的谱文里说："德先次子，随定南王孔有德在广西省守城，顺治九年秋七月，李定国陷省城，阖家三百余口皆殉难。"在曹承祖的谱文里说："德先三子，同胞兄光祖在广西守城，李定国陷城，同时殉难。"

根据以上这些材料，可证曹德先一家，确实是在顺治九年秋七月的桂林之战时全家死于此役的。

在曹德先的谱文里说，他葬于"顺天府房山县张坊镇西，涞水县之沈家庵村北，铁固山阳，玉蟒河西"。曹仁先、曹义先的葬地亦同。关于这个葬地，我于1977年12月12日、12月28日，以后又多次去作过调查，前后一共去了五次。结果，确实查到了这个沈家庵村，现在已叫沈家庵大队，也确实查到了曹德先、仁先、义先的坟墓，当地叫做"曹家大坟"，现在坟头已平掉，但很大的一片高出于地面，靠近山根的坟地的自然形态，还完整地保留着。另外，还有一块仅存的五庆堂墓地的界石，是四方的汉白玉柱子，柱头刻莲花，柱身上一面刻"五庆堂"三字，一面刻"曹宅茔地"四字。由此可见，谱文上记载的曹德先、曹仁先、曹义先等人的历史，是可靠的，是经得起历史的核实的。

对于三房诸人，我们仅仅介绍了以上几个人的考证出来的史实情况，但是，就是这几个人的一部分材料，已经足够说明这部《曹氏家谱》的历史真实性了，尤其是曹权中的材料和《甘氏家谱》的材料，有力地证明了《五庆堂谱》的三房与四房确是同宗，这就使得我们有足够的史料，可以确信曹雪芹的上世就是《五庆堂谱》上的第四房。

《曹氏宗谱》之四房诸人
——曹雪芹的上世

《曹氏宗谱》上的四房，连曹智共列十二人，这当然是不完全的。这十二个人，除曹智外，就是曹锡远以下的十一人，也就是曹雪芹的直系上世。这十一个人，早已有不少人作了考证，尤其是周汝昌的《红楼梦新证》，对曹家的史事，钩稽索隐，可以说是集史料之大成，因此这些人物的可信性，已不待重新考证了。尽管近年来，有人提出了曹雪芹并不是曹颙的儿子的说法，但他们并未拿出真正颠扑不破的史实证据来，甚至也有人不断提出《红楼梦》一书的作者不是曹雪芹，但是，据我看来，这个论点，也并没有找到真正无可辩驳的史实证据。因此，在本书里，我不准备对这些人物再作一一的考证，因为这已经是无须费辞的了。

近年来，我们陆续发现了康熙二十三年未刊稿本《江宁府志》卷十七的《曹玺传》和康熙六十年刊的《上元县志》卷十六的《曹玺传》，对曹家的史料的发现有了极为重要的新的收获，对于这两篇《曹玺传》，我已经写了专文研究，发表在 1976 年第三期的《文物》和 1976 年第一期的《文艺研究》上，《文物》发表的是节文，《文艺研究》上的是全文，后来全文又由辽宁第一师院的《图书与读者》转载。所以在那篇文章里考证过的问题，这里无须重复。近年来在辽阳又发现了天聪四年的《大金喇嘛法师宝记》碑碑阴部分曹振彦的题名。关于这一块碑，我也发表了《大金喇嘛法师宝记碑题名考》一文，对这块重要的碑文作了研究，也无须再在这里详谈。还有，最近在辽阳市又发现了三块碑：重建玉皇庙碑（天聪四年九月立），重修玉皇庙碑（乾隆二十七年壬午立），另一块也是重修玉皇庙碑，为咸丰元年所立，此碑现仅有题名。天聪四年碑已砸碎，碑文正面歌颂佟养性，碑阴题名石廷柱以下共五十三人，其中有四十人与《大金喇嘛法师宝记》碑碑阴署名相同。在"致政"这一名目下共二十一人，其中有两人与《大金喇嘛法师宝记》碑相同，即曹振彦、冯志祥。其余十九人都不同。此外，还有一块东京新建弥陀禅寺碑，前面已论及，兹不赘述。

综合上述这些传记和碑刻资料，我们大致可以对下列问题得出新的认识：

（一）籍贯问题

康熙二十三年未刊稿本《江宁府志·曹玺传》说："及王父宝宦沈阳，遂家焉。"这是说曹玺的祖父曹宝（锡远）因在沈阳做官，所以才定居沈阳。康熙六十年刊《上元县志·曹玺传》说："著籍襄平，大父世选，令沈阳有声。"这是说曹家先落籍的襄平，也就是现在的辽阳，后来曹世选又到沈阳去做了官。根据这两篇传记的材料看，很可能是原来落籍襄平，后来又因去沈阳做官，迁居沈阳。不管怎样，这两篇传记材料，都没有离开辽阳和沈阳。那末，《大金喇嘛法师宝记》碑、重建玉皇庙碑也都是在辽阳发现的，连此碑的领衔人孔有德也是辽阳人，碑上与曹振彦一起列名的就有好几个是辽阳人。又曹寅的《楝亭集》自署"千山曹寅"。千山离辽阳城南六十里左右，1978 年秋，我去辽阳调查以上碑刻时，曾到千山去游览过，风景绝佳，我甚至称它是辽东的小黄山。《辽阳县志》里明代程启充的《游千山记》说："千山去襄平六十许里，秀峰叠嶂，绵亘数百重。"所记一点不差。综上所述，我们认为曹家上世的籍贯是辽阳，根据是十分充足的。

（二）旗籍问题

对曹家的旗籍，历来就有争论。有的说他是汉军，有的又说他是满洲正白旗。其实这两种说法，各有部分正确性，但都不是曹家旗籍全部的历史面貌。根据《大金喇嘛法师宝记》碑和重建玉皇庙碑（两碑都是建于天聪四年，前碑建于四月，后碑建于九月）的记载，当时曹振彦还属佟养性管，佟养性是汉官的"总理"。《清太宗实录》卷八说：

> 天聪五年辛未春正月乙亥朔卯刻，上率诸贝勒大臣诣堂子行礼，还宫拜神。上御殿，两大贝勒列坐于侧，诸贝勒大臣左右侍立。首蒙古科尔沁国土谢图额驸奥巴，（中略）次总兵官额驸佟养性率汉官生员，（中略）各分班朝贺毕。

同卷又说：

> 乙未，敕谕额驸佟养性曰：凡汉人军民一切事务，付尔总理，各官悉听尔节制，如属官有不遵尔言者，勿徇情面。（中略）又谕诸汉官曰：凡汉人军民一切事务，悉命额驸佟养性总理，尔众官不得违其节制，如有势豪嫉妒，藐视不遵者，非仅藐视养性，是轻国体而违法令也。似此媚嫉之流，必罹祸谴。如能恪遵约束，不违节制，非仅敬养性，是重国体而敦法令也。

以上史料，说明凡属佟养性统率的都是"汉官"或"汉人军民"。上述两件史事是天聪五年的事，后于前述两碑一年，则可见早在天聪五年之前佟养性已经统率这些"汉官生员"或"汉人军民"了，后来就正式成立汉军旗。《清太宗实录》卷十三说：

> 满洲八旗，蒙古二旗，旧汉兵一旗，各牛录额真等……

可见这时已有"旧汉兵一旗"，到了天聪八年五月，汉军旗正式成立，称"旧汉兵为旧汉军，元帅孔有德兵为天祐兵，总兵官尚可喜兵为天助兵"（卷十八）。以上这些史料，说明天聪四年在佟养性属下的曹振彦的旗籍，肯定是汉军旗无疑,[①] 但是，据《清太宗实录》卷十八，天聪八年甲戌（1634 年，明崇祯七年）条说：

> 墨尔根戴青贝勒多尔衮属下，旗鼓牛录章京曹振彦，因有功，加半个前程。

按多尔衮早在天命十一年努尔哈赤死时，已为正白旗的固山贝勒,[②] 现在据天聪八年的记载，曹振彦当时已是多尔衮属下的旗鼓牛录章京，那末，可见曹振彦至少在此年或此年以前就已经由佟养性率领的汉军旗转为多尔衮率领的满洲正白旗了。由此可见，曹雪芹上世的旗籍，是由汉军旗转入满洲正白旗的，这才是他家的旗籍的历史演变过程的全部面貌。

（三）"教官"和"致政"

据《大金喇嘛法师宝记》碑题名，曹振彦的职衔是"教官"，这是天聪四年四月的记载，但到同年九月的《重建玉皇庙碑》的碑阴题名，曹振彦的名字前就被冠上了"致政"两个字。那末这前后两种名称的实际内容究竟是什么呢？

先说"教官"。现在关于天聪时期后金使用"教官"一词的实际意义，我们还未找到可靠的文献记载来加以考释。有的同志曾考虑可能是一个文职的名称，但联系佟养性及其所率领的部队的性质，我们认为这个名称不大可能是文职的名称。我们知道佟养性所率领的是乌真超哈部

---

① 参见本书《〈大金喇嘛法师宝记〉碑题名考》。
② 见孟森《明清史论著集刊·八旗制度考实》。

队，汉译是"重兵"的意思，用现代的话来说，就是炮兵部队。《清实录》、《清史稿》里都有明确的记载佟养性督造红衣大炮，佟养性率领的这支红衣大炮部队，在当时的明金战争中起了重大的作用，特别是大凌河之战时攻克了子章台，这是天聪五年八月，这时曹振彦正在佟养性属下。因此我认为曹振彦的这个"教官"的职衔，不可能是文职，而是武职，很可能就是炮兵的"教官"。天聪八年《清实录》里记载曹振彦"因有功，加半个前程"，这时正是大凌河战役以后，而且这以前的整个一段时期（从告天自誓伐明以后），是明、金双方战争激烈频繁的时期，曹振彦要立功，又是身处于佟养性的炮兵部队里，我分析他立的应该是军功而不是什么文职的功。再证之以后来曹振彦成为多尔衮属下的"旗鼓牛录章京"，率领三百人的部队，那末更可证明他不可能从文职一跃而又变为武职。

再说关于"致政"的问题，关于"致政"这个词，目前在清入关以前的文献里，还没有找到第二处使用这个名称的历史文献，真可以说是"文献无征"。查《礼记·王制》："七十致政。"注："致政，还君事。"意同"致仕"，也就是退休。按曹振彦当时正当壮年，并不是"七十致政"的时候，后金当时也正是用武和用人的时候，似乎也没有理由让这样的少壮的军人退休，何况到此后的第四年，曹振彦已成为满洲正白旗的旗鼓牛录章京，而且还因为有功而加了半个前程，揆情度理，似乎这个"致政"还不能按照《礼记·王制》的意思解释为"致仕"即退休。说不定它是当时后金的一种职衔名称也未可知。① 不管怎样，他当时和后来确实没有退休，这是不可推翻的事实。

---

① 按：近查曹寅妻兄李煦父李士桢墓铭云："年六十九，致政归。"则可见"致政"就是"致仕"，也就是退休。但当时曹振彦并未退休，不久就当了多尔衮属下的旗鼓牛录章京。则可能当时因职衔有变动，新职尚未确定，故借用"致政"一词。1982 年 6 月 5 日校毕附记，其庸。

（四）曹寅的《过甘园》诗

在《楝亭诗别集》卷二有一首《过甘园》诗：

依然薜荔旧墙阴，再拜河阳松柏林。
一二年间春更好，八千里外恨难沉。
（原注：总制公死难滇南）
崚嶒石笋穿窗见，狼藉风花绕地寻。
已是杜鹃啼不尽，忍教司马重沾襟。
（原注：谓鸿舒表兄）

这个"甘园"，当然就是指甘文焜家的园子，原注所说的"总制公死难滇南"，就是指康熙十二年吴三桂在云南叛乱，甘文焜自刭于镇远府。末句原注"谓鸿舒表兄"，"鸿舒"就是甘文焜的儿子甘国基的号。前面已经说过《五庆堂谱》上祖三房曹权中（全忠）的女儿嫁给甘文焜的堂兄甘体垣，而这里曹寅一方面在诗里自注"总制公死难滇南"，另一方面自注称甘国基为"鸿舒表兄"，则可见曹寅称甘国基为表兄，确是因为《五庆堂谱》上祖三房之女嫁给甘家的缘故。这样这个《五庆堂谱》四房的上祖"智"与三房的上祖"礼"确是亲兄弟，曹雪芹的上祖确是与《五庆堂谱》的上祖是同一始祖，这就是无可怀疑的了。

关于《浭阳曹氏族谱》和《丰润县志》

为了彻底弄清楚曹雪芹上祖的籍贯是否是河北丰润（即浭阳），我们又查阅了光绪三十四年刻的《浭阳曹氏族谱》和康熙三十一年罗景泐、曹鼎望修的《丰润县志》。

《浭阳曹氏族谱》始修于元至正五年，到光绪三十四年已经是第九次续修。此谱每次重修都有记载，历次承袭，一次也不缺。其中康熙九年第六次重修时，监修者就是曹寅称之为"兄"的曹钫（宾及）、曹铨（冲谷）的父亲曹鼎望。从曹寅的诗里看，曹宾及和曹冲谷与曹寅的交往不仅是很深的而且是很早的，可以说是童年时就在一起过的，因此曹鼎望、曹钫、曹铨对曹寅一家不可能没有了解。曹鼎望监修此谱并为此谱写《序》的时候，曹玺的妻子孙氏早在顺治十一年（1654 年）就当了玄烨（后来的康熙皇帝）的保姆，而这时（康熙九年）曹玺任江宁织造已八年，曹家已迁到了南京，曹家已经是一个显贵之家了。另外，曹鼎望在《序》文里，还明确指出"辽阳一籍，阙焉未修"。这就是说，他是很清楚在辽阳那里确实是有从丰润分去的同宗在的，但是，我们细检此谱的世系表及全部记载，竟没有一处提到曹玺、曹寅这个从辽阳来的同姓的显贵之家。一方面是慨叹"辽阳一籍，阙焉未修"，另一方面却是面对着这个从辽阳来的同姓的显贵之家只字不提，这一事实，不是最清楚不过地说明了在曹鼎望、曹宾及、曹冲谷等人的心目里，很明确曹玺、曹寅一家不是从丰润分出去的自己的同宗吗？

《丰润县志》我们一共查了两种：一是明隆庆四年刻的，另一种是康熙三十一年罗景泐、曹鼎望修的。前一种，与我们讨论的问题关系不大，本文从略。现在只谈曹鼎望修的这部《丰润县志》。

康熙三十一年，曹玺已死，曹寅正兼任苏州和江宁两处织造，这时曹家的地位，比康熙九年时期更为煊赫了，而且这时曹寅与曹鼎望的儿子曹钫、曹铨已经有了很长时期的交往。特别是那位曹寅曾以"恭承骨肉惠，永奉笔墨欢"的诗句奉赠的"冲谷四兄"是参与了这部县志的"订证"工作的人。然而，就是在这样一部县志里，却同样只字不提曹振彦、曹玺、曹寅一家。奇怪的是明明是扬州的曹义,因为他受封过丰润伯,却写入了这部县志,而且还写明是"南直仪真人";明明早已从丰润移居到辽东去的曹邦,却全家都被载入这部县志,并且写明是"满洲籍"。从以上这些例子来看,曹寅一家如确是从丰润分到辽东铁岭去的,那末这个与曹寅诗歌唱和,并且被曹寅称为"骨肉"的曹钤、曹铨以及他们的父亲曹鼎望,怎么可以在修《浭阳曹氏族谱》和《丰润县志》的时候,不把这个同宗兄弟修进去呢?这样两部反映浭阳曹氏的宗法关系和籍属关系的书,又是与曹寅有很深的交往的人编修的,却把曹寅一家置之于族谱和县志之外,这一事实,难道不能启发我们反过来思考一下曹寅对曹冲谷所用的"骨肉"、"四兄"之类的字眼的实际含义究竟是什么吗?我认为从以上揭示的《浭阳曹氏族谱》及《丰润县志》的实际情况来看,这些字眼,只是对同姓的知交用的一些表示特别亲热的客气话,而不能把它看得太死。

结　论

——曹雪芹与《辽东曹氏宗谱》的关系

《五庆堂》重修的《辽东曹氏宗谱》,无论是正本或副本,在第四房的十四世,都只有曹天佑而无曹雪芹;在"另谱"的世系表上,[①] 曹寅、曹玺、曹鼎以下的人一个也没有,更不用说曹天佑和曹雪芹了。那末,这一现象能否说明这部《辽东曹氏宗谱》与曹雪芹无关,能否把曹雪芹与辽东曹氏分开来呢?我们认为决不可能,其理由如次:

---

① 近年我在重新找到《五庆堂重修曹氏宗谱》的同时,又发现了一份《曹氏宗谱》另谱的《世系表》,这是一份极为有用的有关曹家上世的文献资料,详见本书第八章。

《五庆堂重修辽东曹氏宗谱》考略

（一）《五庆堂重修曹氏宗谱》的真正的始祖不是曹良臣而是曹俊，这一点，我们在前面已经考证清楚了。[①] 据《五庆堂谱》，曹俊有五个儿子：升、仁、礼、智、信。这部曹氏宗谱就是三房"礼"房的后代修的，所以三房人口特详。我们在三房第十世的曹权中名下，得知他有一个女儿嫁给甘文焜的堂兄甘体垣，我们又在康熙抄本《甘氏家谱》上，查到甘体垣确是娶沈阳指挥使曹全中女，而曹寅在《过甘园》诗里，不仅悼念了忠果公甘文焜，而且还称甘文焜的儿子甘国基字鸿舒为表兄，这样就确切地证明了《五庆堂谱》上的四房确是与三房同宗，四房"智"与三房"礼"是亲兄弟，四房"智"决不是从别谱窜入的。

（二）无论在《五庆堂谱》的正本或副本上，也无论在"另谱"的世系表上，曹雪芹的上祖曹锡远、曹振彦、曹玺、曹尔正、曹寅、曹宣、曹颙、曹頫等等，都是在四房"智"以下的，[②] 因此曹锡远、曹振彦以下的这些人，都是"智"房的后代，这一点也是毫无疑问的。

（三）曹寅只有一个儿子叫曹颙，在曹寅死后不久也就死了，死时其妻有孕。在曹颙去世后，康熙命曹宣的第四子曹頫承继了曹寅并任江宁织造。起先大家认为曹雪芹就是马氏所生的遗腹子，也就是曹颙的后代。但是《五庆堂谱》明载："十三世。颙（正本颙字缺末笔作'𫖯'），寅长子，内务府郎中，督理江南织造。诰封中宪大夫，生子天佑。"在"十四世"下载："天佑，颙子，官州同。"这样，曹天佑是曹颙的遗腹子这一点就确定无疑了，因而也就排除了曹雪芹是马氏遗腹子之说。

（四）曹雪芹的血统关系，在乾隆时期及稍后的一些著作里，确是有很多矛盾的。袁枚说曹雪芹是曹寅的儿子，[③] 西清说曹雪芹是曹寅的

---

① 详见本书第三章。
② "另谱"世系表曹寅以下缺。
③ 袁枚《随园诗话》卷十六说："雪芹者，楝亭织造之嗣君也。"

曾孙。① 明我斋则笼统地说曹雪芹的"先人为江宁织造"。② 总之说法很多。但是在许多不同的说法中，曹雪芹的知交宗室诗人敦诚在《寄怀曹雪芹》一诗的注里说："雪芹曾随其先祖寅织造之任。"这句话的重要性是最早指出了曹雪芹是曹寅的孙子，并且指出曹雪芹幼年是在南京江宁织造府里生活的（西清在《桦叶述闻》里也有同样的说法）。这两点对于研究曹雪芹的血统关系和他的创作都是十分重要的关键性的问题。当然敦诚说曹雪芹曾随先祖曹寅在织造任上，这一点他完全弄错了，但是这一错误也给予我们另一启发，即曹雪芹在江宁织造署生活的时间是比较接近于曹寅的时代的，曹寅死于康熙五十一年，曹雪芹的生年距离这个年代大概不至太远（所以我们定他为康熙五十四年）。正因为如此，所以与曹雪芹如此交深的敦诚会误认为他是随曹寅在江宁织造任的。如果曹寅的死与雪芹的生相隔真是有十多年的话，像敦诚这样的人就不大可能产生这种错误的印象了。另一条重要材料是庚辰本《石头记》在五十二回末"只听自鸣钟已敲了四下"句下脂批说："按四下乃寅正初刻，寅此样（写）法，③ 避讳也。"这是明确指出曹雪芹避"寅"字讳，联系上面敦诚指出曹寅是曹雪芹的"先祖"，那末，这两条材料不是更合拍了吗？第三条重要材料，是杨钟羲《雪桥诗话》续集卷六说："雪芹为楝亭通政孙。"这里说得更为明确。这句话也确实就是这一问题的结论。那末，曹雪芹是曹寅之孙明确了，同时曹雪芹又不是曹颙的遗腹子也明确了，这样，剩下的就是一种可能性了，即曹雪芹是曹頫的儿子。

---

① 西清《桦叶述闻》说："雪芹名霑，汉军也。其曾祖寅，字子清，号楝亭，康熙间名士，累官通政，为织造时，雪芹随任，故繁华声色，阅历者深。"按西清是鄂尔泰之孙，时代约在嘉庆初。

② 明义《绿烟琐窗集》抄本，在《题红楼梦》题下自注云："曹子雪芹出所撰《红楼梦》一部，备记风月繁华之盛，盖其先人为江宁织造府。"

③ 原批无"写"字，这里是按其文意补上去的。

因为曹頫是过继给曹寅，而且"自幼蒙故父曹寅带在江南培养长大"[1]的，所以把曹雪芹作为曹頫的儿子，则一切问题都可以得到合理的解释。最近，戴不凡同志在其长篇论著《揭开"红楼梦"作者之谜》里说："在没有一丝半点证据情况下，红学家们给雪芹找到了一个爸爸名曰曹頫。"[2] 我认为在对上述这一系列有关史料不作"一丝半点"的分析，甚而至于提都不肯提及的情况下，凭空断然否定多年来研究《红楼梦》的同志们得出来的这个较为普遍被接受的结论，是不可以的。要推翻前人的结论并不是不可以，但要有确实可信的材料（而且仅仅是"孤证"是不可以的），要对材料作实事求是的科学分析，不作"一丝半点"的分析而用一句空话否定前人的结论，我认为很难叫人信服。

当然，从血统方面来说，曹雪芹实际上还是曹宣的嫡孙，而不是曹寅的嫡孙。

既然落实了曹雪芹的血统关系，既然他确实是曹宣和曹寅的孙子，那末，尽管这两部《五庆堂谱》的正本上和副本上都没有曹雪芹，我们也无法把曹雪芹排除在《辽东曹氏宗谱》以外，他毫无疑问地是属于《辽东曹氏宗谱》上的人物。

1979 年 4 月 8 日夜 1 时写毕于宽堂

---

① 见《关于江宁织造曹家档案史料》，第 132 页。
② 见《北方论丛》，1979 年第一期。

《五庆堂曹氏宗谱》的重见
和曹氏祖墓的发现

《五庆堂曹氏宗谱》的重见

在"文化大革命"前，北京发现了一部《五庆堂重修辽东曹氏宗谱》，这是五庆堂曹家后人献出来的。这部曹氏宗谱，曾经在当时举办的曹雪芹逝世二百周年展览会上展出，后又送到香港和日本展出。但不久"文化大革命"就爆发了。"文革"以后，我听说此谱已不知下落。1975 年 10 月间，我的朋友鲁宝元同志偶然告诉我，他听说曹家还有一部曹氏宗谱，并且听说还是真正的老谱。鲁宝元同志与五庆堂后人曹家熟悉，由他作介，我去访问了曹仪策先生。

说起曹仪策先生，许多人都知道他是著名的微型面塑艺术家，他可以在半寸的高度内，塑造出一个个栩栩如生的古典小说或戏曲中的人物。他塑造的人物，是安置在半个核桃壳内的，而且在核桃壳内还要留出"广阔"的空间，使人物在这一小天地内显得很宽敞，显得绰有活动的余地。例如他塑的京剧《野猪林》，在半个核桃壳内安置了两个人，一个是林冲，一个是鲁智深。他是按李少春、袁世海的演出塑造的，情节是林冲在火烧草料场、杀死陆谦以后，两人同奔梁山，[①] 在小小的半个核桃壳内能安置下两个人，已经是难以想象的了，但是他却仍然给你留下"广阔天地"，人物的前景和后景都有来路和去路，而且让你突出地感到弥漫在整个天地间（实际上是核桃壳内）的是大雪纷飞、前路茫茫的气氛。前几年他给我塑造了贾宝玉、林黛玉读《西厢》的一件艺术品，不但在半个核桃壳内安置了这两个人，而且还有假山树木，碧草如茵，繁花似锦，显得真是大观园的一角。而这两个人，更是神情潇洒，体态风雅，衣饰飘逸，这真是一件难得的艺术珍品。曹仪策先生的这一手艺术，可以说是"一绝"。曹老先生喜欢饮酒，真正是嗜酒如命，他曾与我同饮过好多回，这当然都是后来的事。当时鲁宝元同志陪同我一起访问了曹仪策先生后，说明了来意，曹先生毫不犹豫地说，他家确实还藏有一部《五庆堂重修辽东曹氏宗谱》，但他说这谱在他老母亲王淑贞老太太那里，不在他手里，如果我要看，他可以去和老太太商量，得到老太太的同意后，把它取来，借给我看。我感到曹老先生很热情、很诚恳，所以就等待他和他母亲商量后的回信。过了三四天，有一个晚上，曹老先生亲自拿着一个黄布包袱，包了那部我久想一见的《五庆堂重修曹氏宗谱》的抄本到我家来了。我真是喜出望外，急忙打开包袱。我看到这部抄本，封面是很旧气的库瓷青纸，题签已剥落模糊，可以辨认的是"赐□辽东曹□□□"。此抄本高 31 厘米，宽 18 厘米，用的红格本，内红格版框高 25.7 厘米，宽 13.5 厘米，每页 7 行，每行 25 格，版口下端有"鸿文斋"三字。全书共 152 页，后附《熙朝雅颂集》中曹寅诗 55 首，共 14 页。曹老先生告诉我，"文化大革命"前，他家已献出了一部，他说当时家中认为那部是副本，家中现藏的是原本，但两

---

① 按《水浒》的描写不是如此，这是京剧改编者的创造。

本文字是一样的。"文化大革命"前献出了那部抄本后，却意想不到地受到了一些议论，有的竟认为这部宗谱是伪造的，不可靠等等。由于这个原因，所以他家再也不愿提及家中现藏的这部抄本了，免得再招来麻烦。这回听说我要研究这个抄本，他很愿意弄个明白，他把这个情况告诉他母亲后，老太太也同意将这个抄本拿出来给我看看，希望我帮他们鉴定一下这个本子的价值。这样他就把这个抄本留交给我了。当时我们又谈了些别的事，他就别去，临走时我们约好，等我作了初步研究后再去看他，商量其他方面的问题。

我经过大约两个多月的初步研究，翻阅了大量文献资料，查出了谱上人物的不少历史文献，与谱文大多都能符合。这样我确信此谱的真实性和可靠性，它决非什么伪造。我将这个意见告知了曹仪策先生，并告诉他我决定为此谱写一研究性专著，以充分证实此谱之价值。我希望他能同意我抄录全谱并拍摄照片，以便我及早归还他原件，我研究时，即可据抄件进行。我的这个要求，得到了他和他的母亲王淑贞老太太的同意，这样我就花了大约半个月的时间抄录了此谱的全文并拍了若干照片。最后抄完的一天，是 1976 年元旦。之后，我随即将原件归还了曹仪策先生。在我此后的研究过程中，曹先生也常来晤谈，他并告知我曹孟浪同志处还摄有曹良臣的画像照片，因此我又走访了曹孟浪同志，承孟浪同志的热心，特地从苏州将他摄的照片取回赠我作考证之用。我的研究工作又继续进行了半年左右，我对此谱各方面的问题，基本上都已有了结论，我准备着手写作了，准备在写作过程中，再作进一步的研究。我将这些意见和计划告诉了曹仪策先生，他听我讲找到了这么多的证据可以证实此谱真实不伪，可以判断此谱确与曹雪芹的上世有关，可以判断此谱确有重大价值时，他高兴得不得了，就提出一项要求，要求我为此谱写一跋文，放在此谱后面。我欣然答应了他的要求，因此他又回去将以上情况告诉了他母亲，并从他母亲处又将此谱取来让我写跋，我因即为他写了下面这篇跋文：

五庆堂重修曹氏宗谱跋

一九七五年冬，余识曹仪策先生，获睹此谱，检读数月，决其为五庆堂旧物，了无可疑。今试释如次。

一、此谱封面为乾隆官用库瓷青纸，外间绝少流传，今故宫尚存，内鸿文斋红格纸，亦为乾隆时物。

二、此谱首有顺治十八年曹士琦叙，后有同治十三年衍圣公孔祥珂题记，可证此谱首次重修为顺治十八年，末次重修为同治十三年左右，此谱盖即同治五庆堂重修时用乾隆旧红格本缮录者。

三、此谱凡"玄"、"弘"、"宁"等字均缺末笔，盖避清诸帝之讳，其"颙"字未避，"宁"字亦有三处未避，乃抄手疏忽。此种避讳为历史产物，非作伪者所能梦想也。

四、此谱为三房所修，故三房各世均全，其余数房上世均断而不连，盖如谱所云"因际播迁，谱失莫记"也。此种断缺，适足证其非伪。

五、余查《清实录》，得三、四、五各房凡三十人，其叙述与谱中所记大略均同，此尤足证此谱之绝无可疑。

六、曹寅《楝亭诗集》载《过甘园诗》自叙与甘文焜、国基为表亲，周汝昌《红楼梦新证》考之甚详确，并云"这个沈阳指挥使曹全忠，可能是和雪芹家同宗的，该和曹振彦同辈数"云云。周氏所论，确凿无疑。今此曹全忠（谱作"权中"）为沈阳指挥使及其女嫁甘体垣（谱误抄作"恒"）有子甘国圻等等，均载之谱中三房之下，则尤足证四房曹锡远一系，确系原谱所有，决非他谱窜入者。

七、余又得读康熙抄本《甘氏家谱》，及嘉庆九年刻《沈阳甘氏家谱》，道光二十六年刻《沈阳甘氏家谱》三种。康熙抄本于甘体垣下云："元配曹氏，沈阳卫指挥全忠曹公之女，生一子如柏。"嘉庆本云："配曹氏，沈阳指挥使曹公全忠女，生万历庚戌年八月初五日，敕赠孺人，生子一，如柏。国璋系体仁公次子过继。"道光本同（文字有小异）。据此又实证辽东曹（五庆堂之上祖）与甘氏确系亲家，从而确证四房曹智以下锡远至楝亭一支确与三房曹礼以下为同宗，无可怀疑者。

八、此谱所谓曹良臣、曹泰、曹义者，虽史有其人，而各有所渊源，余已另为文详考之，以良臣书入此谱为始祖者，盖攀附也。

以上数端，其荦荦大者，余无论矣。余以为即此可证此谱决为五庆堂上世遗物而重修者，无可动摇。抑又进者，此谱既坚实可靠，则曹氏真正之始祖实为曹俊，于明初移居沈阳者，明矣。夫然则曹氏籍贯非河北丰润无可疑矣。

世之治红学者，于曹氏上世籍贯，皆宗丰润说。此谱出，数十年之争论可息，而曹氏上世之籍贯昭然明于世矣！故余以为此谱实为有关曹雪芹上世之至宝至贵之文献也。

一九七六年五月廿五日

冯其庸识于宽堂

以上这段跋文是写在该谱仅存之最后一页空白页上的，这段跋文写毕后我就将此谱归还了他。此后我们有相当长的一段时间没有见面。1977 年 1 月 13 日，我去人民剧场听报告，因为报告改期，就顺便去探望他（他住在剧场附近），谁知进院以后看见他家完全变了样，我惊讶地问邻居，竟想不到曹老先生已经不幸于去年 12 月 18 日因脑溢血去世，他的家也已经搬走了。这对我简直是一个晴天霹雳，我几乎不相信我的耳朵，更使我感到伤心的是眼看着我对《五庆堂曹氏宗谱》的研究已将完成了，这是他盼望了多年的心事，谁想到他竟会看不到这个结果。

曹老先生有一个女儿叫曹悦，我去曹家的时候常见到她，长得很秀气，说话有点腼腆，很能传曹老先生的绝技。我看她做的"文姬夜读"，蔡文姬穿一身素净的衣服，头上高高的发髻，一张长长的几案上展开了卷子，旁边一盏红色的纱灯，半个核桃壳就成为天然的大幕。我喜爱她把蔡文姬塑造得风流儒雅、不同凡响，请她照样给我做了一件，现在连同她父亲做的那件"读西厢"，一起成了我所收藏的艺术珍品。今年 6 月在美国威斯康辛州陌地生市召开首届国际《红楼梦》研讨会，我请她赶制了两件，一件是林黛玉，一件是王熙凤，都相当传神，连同曹老先生的那件，我一起带到美国去展览。这三件艺术珍品，竟轰动了会场，最后终于被他们强留下一件王熙凤，以作长期陈列之用。

当我对曹家现藏的这个抄本作了深入的研究之后，我就自然而然地想起"文化大革命"前曹家献出去的那个本子，我不明白究竟哪一本是最早抄本，我渴望能够重新找到那个本子以作对照研究。但是老早就有人不止一次地告诉我，这个本子已丢失了。然而我仍旧不死心，我打听最后经管这部宗谱的是谁，终于被我打听到了这个人，我访问了他。他承认他是最后经管这部宗谱的。我问他现在这部宗谱在哪里，他说已交给军宣队了。我问他军宣队的名字，他说记不得了。他说：你不是要写文章吗？这个谱虽然找不到了，但有关的资料我都抄录了，我们一起合作写文章好不好。他的这个建议使我感到很意外，也使我感到有可能这个谱还存在。因此我就写信给当时的北京市文化局长石敬野同志，告诉他这件事，并希望引起注意进行追查。石敬野同志接到我的信后很重视这件事，立即由他的秘书与我通了一次电话，告知我他们一定查清楚这件事。过了两星期，我就接到北京市文化局王汉彦同志的电话，告诉我《五庆堂曹氏宗谱》已查出来了，我可以去取。这样我才写了一个借条，到文化局找王汉彦同志，王汉彦同志当即将这部《曹氏宗谱》拿了出来，同时拿出来的还有一部《浭阳曹氏族谱》和一份《曹氏谱系全图》。王汉彦同志问我是不是这部宗谱，我一看封面，不用打开就知道就是当年曹雪芹展览会上展出后来又到日本、香港去展出的原物。这部《五庆堂曹氏宗谱》，是 1963 年在王昆仑副市长积极主持推动下，由原北京市文化局的马希桂同志调查访问出来的。但自从此谱出现后，学术界一直对它半信半疑，没有作出确定的结论，经过“文化大革命”，干脆就传说这部《曹氏宗谱》已不存在了。现在经过努力，终于重新出现在我的眼前，我当时确实感到兴奋。但是那张《谱系全图》却使我一面感到高兴，一面又觉得我花了几个月的工夫，先后五易其稿才算清理描画出来的一张《曹氏宗谱世系表》，就成为多余的了。但是当我抱着这一堆珍贵的抄本回到办公室，打开这张《谱系全图》仔细检查时，却大喜过望。原来这并不是《五庆堂曹氏宗谱》的世系表，而是另一部《曹氏宗谱》的世系表，也就是《五庆堂谱》里一再提到的“另谱”。因为在《五庆堂曹氏宗谱》里的一些人的名字下，常常注明“另谱名×”，或“一谱”作什么，我根据这些注明的“另谱”的人名去检查这张《谱系全图》则完全相符，例如：《五庆堂谱》曹义一支下第十一世“鼎盛”的名下，注明“一谱作鼎勋”，检查这张《谱系全图》正是作

"鼎勋"；又如《五庆堂谱》四房第十世"振彦"的名下，写着"生二子，长玺，次尔正"，在"尔正"的下面又有双行小字："一谱作鼎"；在十一世"尔正"的名下，也记着"另谱名鼎"。再查这份《谱系全图》，曹尔正正好不作"尔正"而是作"鼎"。① 这铁一般的事实，充分证明了这张《谱系全图》确是另一部《曹氏宗谱》的世系表。这对我来说，无异是在两部《五庆堂曹氏宗谱》之外，又得到了另一部与《五庆堂曹氏宗谱》密切相关的《曹氏宗谱》，这对我的研究工作确实具有特别重要的意义。

以上就是近几年来，我陆续重新见到这两部《五庆堂曹氏宗谱》、一份《曹氏谱系全图》、一部《浭阳曹氏族谱》的情况，当然这些重要文物最早都不是我发现的，首先要归功于曹家对这些重要历史文物的保护。我做的工作，只是在经过十年浩劫以后，在这些重要文物盛传早已毁灭或迷失的情况下，在有关部门或朋友们的协助下，重新把这些历史文物找了出来并进行了研究。我的研究只是初步的，我希望这些文物能公开由大家来研究，以便得出可靠的科学的结论。

曹氏祖墓的发现

五庆堂曹氏祖墓的发现，在很大程度上，可以说是带有偶然性的。1977 年秋初，我听一位青年朋友告诉我，河北省涞水县与房山县交界处的十渡，风景特别好，很有点桂林和阳朔的味道。我是很喜欢游山玩水的，听到了这个消息，很想去一看究竟。这年的 10 月 13 日，我们终于

---

① 见《曹雪芹家世新考》。

约了六七个同好，坐了一辆吉普车，到十渡去了。这是一个最好的季节，我们到达十渡进入两山夹峙的口子时，只见两边群峰壁立，千姿百态，中间拒马河宛转曲折，一碧如蓝，加上两边山坡上的柿子和柿叶都已呈深红色，各种杂树，也已红紫黄绿各色缤纷，面对着这样美好的景色，我们情不自禁地在山口高崖上停了下来，不忍离去。哪里知道，就在我们停留的拒马河对岸山根边，埋藏着五庆堂曹氏的祖墓。这在当时我们一点也没有想到，我们留恋了约半个小时，继续前进，一直依拒马河河滩前进，有几十里路，都是这样应接不暇的美景。我们饱享了这无边无际五彩缤纷的秋色。

回到北京以后，我仍然进行曹氏家世的研究，有一次我在翻阅我抄录的《曹氏宗谱》时，看到在三房十一世曹德先名下写着：

> （前略）顺治九年壬辰，七月初七日，同定南王尽节广西省城。（中略）诰授光禄大夫，葬顺天府房山县张坊镇西涞水县之沈家庵村北，铁固山阳，玉蟒河西。（下略）

在曹仁先、曹义先名下，以及十二世曹耀祖、曹封祖、曹应祖、曹兴祖的名下，其葬地也与上面所写的一样。当时我忽然想起谱上地名写得这么详细具体，是否有可能找到这些地方呢？想到了这一点，我立即找了一份较老的地图，很快就找到了张坊镇，离镇不算太远，真还有一条河流，只不过不叫玉蟒河而是叫拒马河。特别是我按地图位置粗略地估计，很可能就在我们上次游览的地方，于是我决定再去做一次调查。经过了一些准备以后，我们于 12 月 12 日出发到张坊去查访这个沈家庵村，这次同行的有顾平旦、林冠夫、王满、江宏，司机是赵守源。顾平旦建议到张坊后，先去找他的熟人原房山县农林局长袁德印同志，估计他会熟悉这一带的地名和情况，或许可请他做向导。我们车到袁德印同志家里，他正好在家，与他说明来意后，他说他知道有个沈家庵村，是山区，他不但熟悉路径，而且还熟悉村里的人。他欣然同意带我们前去，这样我们就省事多了。我们的汽车在袁德印同志的指引下，一直开过拒马河大桥。这里已是山区，面前是壁立的群峰，拒马河出了山口，到这里已显得无所约束，水势和河面顿时显得宽阔而又纵肆，真正有点"河流大野犹嫌束，山入潼关不解平"的味道。我们的车刚过大桥，就往右手坡下拐弯，往山间车道驶去，大约半小时，穿过窄狭的巷街，就到了沈家庵村的一片空地上。这里现在已是沈家庵大队，我们访问了大队书记郭景永，这个大队属宋各庄公社，归河北省。我们询问沈家庵村有没有姓曹的，郭景永同志说没有姓曹的，但确有曹家的墓地，1966年已平整为麦地，坟地就在村西北离我们停车的地方只有几百米远，当地习惯叫它为曹家大坟。说着，郭景永同志即带领我们去看坟地，走不到二十分钟，就到了曹家大坟的坟地。坟地原是利用山坡平整的，坟高出于周围的麦地有一米多，因此坟地的原地形仍很清楚，总面积是七亩四分。坟地背靠铁固山，山势壁立，状如纱帽，故乡人又称为纱帽山；前临拒马河，也即是谱文中的"玉蟒河"。河道在坟地东边，自北向南过墓地即斜折向西南，水势宽广平坦而纵肆，我估计在涨水季节水势一定很猛，又兼河道刚从壁立的两山夹峙中流出，大水时一定很汹涌，故有"玉蟒河"之称。这一带风景确实很好，按其地理方位，恰好就是我们第一次游十渡时最早停留点的斜对面，但被峰峦所挡，不能直接看到。据郭景永同志说，墓地四周原有四块汉白玉的界石，现已砸碎后砌入墙内。墓地旁有几间房子，郭景永同志说就是当年看墓人的房子，现看墓人还在，老太太姓言，叫言凤林，丈夫姓赵，现在已经是公社社员。我们随即去访问了言凤林老太太，她当年已六十九岁。她说她是民国十六年（1927 年）发大水那年来接差守坟的，一直到解放后仍住在这里。我问她这是谁家的坟地，她说这是北京五庆堂曹家的坟地。解放前曹家每年有人来祭扫，解放后就没有人来过。说到这里，郭景永同志说，原来坟墓界石上刻的字就是五庆堂的字。我问老太太一共有几个坟堆，她说共有七个坟堆，她还用手比划着坟堆的位置。这七个坟堆，恰好与谱文所记一致，因此更增加了它的可靠性，我们问郭景永同志，平整墓地时，是否挖掘过？他说挖过，但没有棺材，只挖出一个小木匣，内装几块骨头。这一点又与谱文所载完全相合，因为谱文载明，曹德先一家是在顺治九年七月死在李定国发动的桂林之役的，他是全家烧死的，所以只能取回几块骨头归葬。根据以上这些情况，这确是五庆堂曹家的祖墓已是无可怀疑的了。于是我们就辞别言老太太出来，我们又看了墓旁的韩世琦坟墓，墓前石阙完好，墓上还有汉白玉的大石碑，是康熙六年立的。离开墓地后，郭景永同志又带我们去看了已砸碎砌入墙内的界石，其外露部分还看得清清楚楚。这样，我们就告别了郭景永同志回去。这是我们第一次调查的情况。

　　同年 12 月 28 日，我们又进行了一次调查，这次去时，郭景永同志不在，就由大队革委会主任吕殿才、生产队长穆福明陪同我们重新看了一下墓地，这次却意外地得知还保留着一块未砸碎的界石，刚刚砌到水库上，因为天寒没有继续施工，所以还能看清楚，也还可以取下来。我们得知了这个消息，当然喜出望外，急忙坐车到水库工地，果然见到这块横置在水库路面上的界石，外侧可以看得见"曹宅茔地"四字，朝下的一面是在水库里了。因为水上已结冰，我就踩在冰上站到水库里边，果然见"五庆堂"三字，我随即出来照了外侧的照片，并请他们将这块界石保留，不要再砌在水库上。他们十分热情地同意了我们的意见，但要到天暖解冻后，才能将石头取下。我们决定到天暖后再去取这块界石。

这是我们第二次去调查的情况。以后，我又陪同朋友去过三次，一方面是为了看看这个五庆堂祖墓的遗迹，同时也是为了陪同朋友去欣赏一下十渡风光。这块令人系念的界石，每次去，都因为大队忙于别的活，没有取下来，直到今年夏天才由刘居荣、顾平旦、张庆善、杜景华、王涚华、丁维忠、陈明等几位备车去把它取了回来，现在保存在红楼梦研究所的院子里，将来成立曹雪芹纪念馆时，也是一件有意义的历史文物。

其 他

在《五庆堂曹氏宗谱》里，记载到谱中人物的墓地的，除上述最主要的一处外，其余还有很多，如三房第十三世肇铎名下说：

> 兴祖长子，字震峰。子贵。敕封承德郎，孙贵，晋赠奉政大夫。生于康熙四十八年己丑十二月二十九日巳时，殁于乾隆四十年乙未八月初四日寅时。葬都城德胜门外土城内芒牛桥西南，子山午向，曹氏先茔。配刘氏，续配马氏，俱封宜人。生于康熙五十三年甲午十一月二十三日巳时，殁于乾隆十六年辛未六月十四日申时，合葬。生三子，长继德，次继禄，三继福。

葬在德胜门外土城内芒牛桥的，还有肇铎之弟肇源，肇善第三子十四世曹恩，肇源之长子继祥，十五世继祥长子富保。葬在"西直门外两间房茔地"的，有十五世继平长子关保和关保的弟弟佛保。葬在"都城西便门外角楼西守备署西墙外曹氏清宅茔地"的有十五世的清保。

《五庆堂曹氏宗谱》上记载到的葬地，除沈家庵村外，就是以上三处。这一情况，说明曹氏入关以后，子孙繁衍，与时推移，自然不能不分葬各地。以上各地，于此谱的考证已无关宏旨，故未作考查，以免繁琐。

　　　　　　　　　　　　　　　　　1980 年 9 月 25 日于宽堂

曹雪芹墓石目见记

1992年7月23日，邓庆佑同志告诉我：端木老的夫人钟耀群同志打电话找我，说在北京通县发现了曹雪芹的坟墓和墓碑，希望我能去看看，看是否可靠。

我闻讯之后，当然十分重视，立即与钟耀群同志通了电话，果是如上所述。关键问题是要去实地调查，目验实物，经过多次与通县联系，确定25日去通县张家湾。

25日清晨，我与庆佑一起先进城接了钟耀群同志。革命博物馆的周永珍同志是我们的联系人，她又是张家湾人，对情况熟悉，由她领着我们一行四人于9时半出发。

对于张家湾我是比较熟悉的。70年代后期，我因编著《曹雪芹家世·红楼梦文物图录》，曾多次到张家湾调查，拍摄资料。可当时并没有听到一丝一毫关于曹雪芹的坟墓的消息，现在突然冒出来这么一个大消息，当时我确有点震惊。但很快从我脑子里冒出来另一种思考，觉得张家湾确实与曹家有关，不像是无根之谈。

我们到张家湾镇，已经是11点了，而且碰巧是个大热天，室外的气温，足有38摄氏度。我们的车子到达张家湾村村民委员会门口时，

285

镇政府的书记和有关人员都已经在等候了。随即我们到了镇政府，进了二楼会议室，听发现此墓碑的李景柱同志介绍墓碑挖出来的情况。李景柱说：这块墓碑是1968年发现的，当时"文革"还在高潮期间，乡里为了平掉张家湾镇周围的荒坟，改为庄稼地，才决定把张家湾村西北的窦家坟、马家坟、曹家坟平掉。这三座大坟是相连的，面积很大，曹家坟高出地面有一米多。我和另外好几位一起平曹家坟。在平地时发现了这块墓碑，墓碑埋在地下一米多深处。碑上刻"曹公讳霑墓"五个大字，左下端刻"壬午"两字，"午"字已残。在墓碑下面约离地面一米五左右的深处，挖出来一具尸骨，没有棺材，是裸葬的，尸体骨架很完整，据当时一位稍懂一点的人说，是一具男尸。

当时急于要平坟地，特别正是在"文革"中，破四旧刚过，也没有敢多想，但我读过《红楼梦》，知道曹霑就是曹雪芹，并告诉了在场的人。当时有一位一起平地的人听说曹霑就是曹雪芹，以为墓里一定有东西，就去墓坑里拨弄尸骨，结果一无所有。到晚上我就与我的堂弟李景泉一起把这块墓碑拉回家里，埋在院子里了。最近镇里规划要发展旅游，建立张家湾人民公园，想把周围的古碑集中起来建碑林，因而想起了这块碑，又把它拿了出来。因为当地没有人研究《红楼梦》，也不清楚是怎么一回事，无法鉴定，所以就找到原籍张家湾，现在革命博物馆工作的周永珍同志。周永珍本人也不研究《红楼梦》，就由她告知了端木蕻良老先生，再由端木老的夫人找到了冯先生。现在碑已取回，放在楼下一间房间里。

我们听完了介绍，就直接到下面存放墓碑的房子里。

只见墓碑平躺在房子里，约一米左右高，四十多厘米宽，十五厘米左右厚，墓碑质地是青石，做工很粗糙，像是一块普通的台阶石，只有粗加工，没有像一般墓碑那样打磨，碑面上粗加工时用凿子凿出来的一道道斜线都还原样未动，证明是根本未打磨过。碑面上凿刻"曹公讳霑墓"五个字，也不像一般碑文的写刻，就像是用凿子直接凿的，因为字体是笔画一样粗细、方方正正的字体，有点类似八分书，但毫无笔意，所以说可能是未经书写，直接凿刻的。总之给人以十分草草的印象。因为刻得很浅，字迹与石色一样，几乎已看不清楚，但只要仔细看看，还是可以毫不含糊地辨认出来的。在碑文的左下端有"壬午"两字，"午"字已剥落左半边，但还能看出确是"午"字。

我们对着这块石碑，反复仔细观察，并拍了照片，觉得石碑和碑上所刻字迹，都是旧的原有的，并非后来新凿的。不过字迹上有少量被新擦过的痕迹，显出与原字迹不是一个颜色，两者新旧区别分明，一看即知。经询问，这是李景柱怕字看不清，用磨石擦了几下的缘故。午饭以后，我们没有休息，就到张家湾码头。这是一个古老的漕运码头，从南方来的漕运，无论粮盐或其他货物，都在此处上岸，那古老的通运桥还在，桥上有两排石狮子，颇有气势。桥的一头是老城，我昔年来调查时，城里还有粮仓。在桥的另一端西北向稍远，是很大的一片盐场，我昔年调查时，盐场还是原貌，现在已盖了很多房子，看不出盐场的旧貌了。就在盐场的西北方向稍远处，就是曹家坟的坟地，与此毗邻的，是马家坟和窦家坟。我们冒着三十八九摄氏度的酷暑，到了坟地附近，汽车无法再开，我们只好下车步行。在我们步行的机耕道的两边，右边就是马家坟，窦家坟在曹家坟的更远处，现在已经完全是一望无际的庄稼了。我们走上半米高的田埂，由李景柱指示了当年曹霑墓碑的所在地，离我们站立处大约还有五十米或更远。因为都是玉米地，就没有再进去，加之进去也看不到什么了。

张家湾通运桥底下的那条河，就是当年的运河，也就是萧太后河，那是辽金时代的称呼，老百姓至今还沿用着。在张家湾村的里边，也即是原张家湾老城里面，有曹家当铺的基址，我们也去看了，基址是石砌的，上面已盖了民房。据李景柱说：这里原是张家湾城的南门内，花枝巷的东口，这里原有进京的古道，商店林立，是当年的闹市区。这个当铺遗址，才真正是当年曹家的当铺。至此我才明白，我昔年在镇上看到的那家当铺，年代比较晚，并不是曹頫于康熙五十四年七月十六日《复奏家务家产折》里所说的"张家湾当铺一所"的那个当铺，那时搞错了，真正的曹家当铺，就是现在的这个基址。

在我们察看曹霑墓遗址及这个曹家当铺遗址的时候，正是中午1时左右，气温达到三十九摄氏度，我有点感到不支，原准备再回去看一下这块墓碑，因为怕暴雨来临，也怕中暑，所以就告别了张家湾，赶回北京。

一路上，我思考了两个问题。一是在通县张家湾，是否有曹家的土地产业，是否能找到文献根据。二是曹家祖坟坟地究竟在哪里，有无文献提及此事。

关于第一个问题，我查到下列资料：

（一）康熙五十四年七月十六日《江宁织造曹頫复奏家务家产折》。

（上略）奴才到任以来，亦曾细为查检，所有遗存产业，惟京中住房二所，外城鲜鱼口空房一所，通州典地六百亩，张家湾当铺一所，本银七千两，江南含山县田二百余亩，芜湖县田一百余亩，扬州旧房一所。此外并无买卖积蓄。①

这里提到"通州典地六百亩，张家湾当铺一所"，这两句都直接说明曹家在通县张家湾有地有产。

（二）曹寅《东皋草堂记》：

_____

① 见《关于江宁织造曹家档案史料》，第131－132页，中华书局1975年版。

> 东皋在武清、宝坻之间，旧曰崔口，势洼下，去海不百里，非有泉石之奇……其土瘠卤，积粪不能腴；其俗鄙悍，诗书不能化。故世禄于此地者，率多以为刍牧之地……予家受田，亦在宝坻之西，与东皋鸡犬之声相闻①……

曹寅在这里明确提到"予家受田，亦在宝坻之西，与东皋鸡犬之声相闻"。现在宝坻、武清等地名都未改，地图上可以查到，就是崔口现在叫崔黄口，地图上也有，这就是曹寅所说的东皋，也就是与曹家的"受田"相邻的地方。这地方离天津较近，离北京则已经很远了。

以上两处，明确记载是曹家的土地，前者就是在通县，后者则已是通县以外了。但以上两处，都未提到曹家的祖坟。

关于第二个问题，即文献上有无提到曹家的祖坟的问题，经查阅，这方面的文献资料也还有一些，可惜都未提具体地点，这些资料是：

（一）康熙四十五年八月初四日《江宁织造曹寅奏谢复点巡盐并奉女北上及请假葬亲折》：

> （上略）今年正月太监梁九功传旨，着臣妻于八月上船奉女北上，命臣由陆路九月间接敕印，再行启奏。钦此钦遵。……惟是臣母冬期营葬，须臣料理，伏乞圣恩准假，容臣办完水陆二运及各院司差务，捧接敕印，由陆路暂归，少尽下贱乌哺之私。②

---

① 见曹寅《楝亭集》，上海古籍出版社 1978 年版。
② 见《关于江宁织造曹家档案史料》，第 42 页，中华书局 1957 年版。

按：这里提到的"母"，应即是孙氏，而不是曹寅自己的生母顾氏。这里提到的"冬期营葬"及"水陆二运"，很显然是回北京，但葬在北京何处，却未及一字。

（二）康熙五十四年正月十八日《苏州织造李煦奏安排曹颙后事折》：

> （上略）奴才谨拟曹頫于本月内择日将曹颙灵柩出城，暂厝祖茔之侧，事毕即奏请赴江宁任所。盖颙母年近六旬，独自在南奉守夫灵，今又闻子夭亡，恐其过于哀伤。且舟车往返，费用难支。莫若令曹頫前去，朝夕劝慰，俟秋冬之际，再同伊母将曹寅灵柩扶归安葬，使其父子九泉之下得以瞑目。[①]

在这个奏折里，明确提到"择日将曹颙灵柩出城，暂厝祖茔之侧"，还提到"将曹寅灵柩扶归安葬"等等，按曹颙死于北京，则可见曹家祖坟确在北京城外，而且曹颙、曹寅都是安葬在祖茔内，则可见前面提到的曹寅之母孙氏，也一定安葬在祖茔内无疑，问题是不清楚曹家祖茔究竟在北京城外何处。但玩其语气，当不是在城外几百里的远处，似乎是离城不太远，如果在百里以外的远处，就不会说"灵柩出城，暂厝祖茔之侧"，就会直指其地了，同样的情形，在康熙五十四年三月初十日李煦的奏折里还有，这里就不再重复。

据以上两方面的文献资料综合起来看，可以明确：一、曹家的祖茔在北京城外不算太远处；二、曹寅、曹颙以及曹寅之母孙氏等，都葬在祖坟内，甚至往上推，曹玺、曹振彦也应在内；三、揣度曹家祖茔的地点，可能不至于远到宝坻那边，通县张家湾一带，似还有一定的可能

---

① 见《关于江宁织造曹家档案史料》，第127页，中华书局1957年版。

性；四、曹家祖茔，特别是康熙的保姆孙氏在内，曹玺、曹寅在内，当一定有较像样的墓碑，为什么至今片石不存？莫非抄家以后被毁乎？抑另在别处乎？或其他自然原因被毁乎？总之令人不得其解。

现在再来看一看在乾隆年间，从北京到通县张家湾一带的情况。

雪芹的好友宗室敦敏的诗集《懋斋诗钞》一开头就是"东皋集"，这个"东皋"，并非曹寅集子里的《东皋草堂记》的"东皋"，那个"东皋"，又叫"崔口"，是在宝坻附近。这里的东皋，实际上就是从北京到通县沿潞河一带，也就是北京的东郊，不过范围比现在概念中的东郊要远得多，实际就是指从北京东城外一直到通县这一带，这一带也恰好就是潞河（今称通惠河）的全程。按"皋"字的本义是指沼泽或水田。北京的东郊一带恰好就是如此，至今仍未大变。敦敏《东皋集》的小叙说：

> 自山海归，谢客闭门，唯时时来往东皋间。盖东皋前临潞河，潞河南去数里许，先茔在也。渔曾钓渚，时绘目前，时或乘轻舠，一篙芦花深处，遇酒帘辄喜，喜或三五杯，随风所之，得柳阴，则维舟吟啸，往往睡去，至月上乃归。……数年得诗若干首，大约烟波渔艇之作居多，遂以东皋名之。夫烟波渔艇，素所志也。他年小筑先茔之侧，一棹沧浪，想笠屐归村，应不至惊犬吠也。

再看看敦诚《四松堂集》里对"东皋"的记载：

东皋同子明贻谋作

豆花香外买村醪。水落平桥钓岸高。

无限新愁兼旧感，小楼倚病听秋涛。

子明兄云：忆昔与敬亭、贻谋两弟泛舟潞河，时波光潋滟，烟云浩渺，敬亭小病，倚阑看水，贻谋微饮，余独狂呼大叫，把酒淋漓，月横西岩，犹与诸仆作鲜鱼汤进酒。读此，不禁今昔之感云。录诗至此并识。

从以上两段短文，大略可以得知，当年的潞河风光是颇为迷人的。①

而这一带，清代宗室贵族的坟墓也葬于此，最明显的是英亲王阿济格，也即是敦敏、敦诚的上祖的坟墓就在潞河之南，至今仍然存在。我昔年编《曹雪芹家世·红楼梦文物图录》之时，曾出北京朝阳门沿潞河直到张家湾全部走了一遍，就到英亲王坟上去看了一下，举凡沿途的八里庄、八里桥、庆丰闸（亦称二闸）、水南庄等等敦敏、敦诚诗里提到的许多地方，至今仍在，潞河有些地段的风光也还不错。更值得一提的是曹雪芹的一些故友的墓，也在潞河边上，如寅圃的墓，《四松堂集·过寅圃墓感作二首》之一云：

昔共蓬床伴钓筒。江湖旧侣忆龟蒙。

水南庄下无人问，两岸荻花吹晚风。

（昔与寅圃泛舟水南庄，有诗纪事）

如贻谋的墓，《四松堂集·同人往奠贻谋墓上，便泛舟于东皋》云：

---

① 关于当年北京东郊至通县一带的情况，在敦诚的《四松堂集》里，还有不少记载，特别是他的《潞河游记》和《东皋小纪》两文，是专门写这一带风光的。《潞河游记》里还记录了他们在庆丰闸酒楼喝酒，又到了"先相国白公潢之别墅"，同去的"凯亭有樽前泉下之思"等等，限于篇幅，不能一一征引。

　　才向西州回瘦马，便从东郭下澄渊。

　　青山松柏几诗冢（三年来诗友数人相继而殁），

　　秋水乾坤一酒船。

　　残柳败芦凉雨后，渔庄蟹舍夕阳边。

　　东皋钓侣今安在，剩我孤蓑破晚烟。

　　读这些诗，得知雪芹当年的二三好友都葬在潞河边上。诗的自注文说"三年来诗友数人相继而殁"，很有可能雪芹也是其中之一位。再读敦诚的《寄大兄》文，文中说：

　　　　孤坐一室，易生感怀，每思及故人，如立翁、复斋、雪芹、寅圃、贻谋、汝猷、益庵、紫树，不数年间，皆荡为寒烟冷雾，曩日欢笑，那可复得，时移事变，生死异途，所谓此中日夕只以眼泪洗面也……

　　现在至少我们可以确知寅圃、贻谋即葬于潞河之畔。尤其是敦诚的《哭复斋文》里说：

　　　　未知先生与寅圃、雪芹诸子相逢于地下作如何言笑，可话及仆辈念悼亡友之情否？

　　为什么说"与寅圃、雪芹诸子相逢于地下"？是否是因为他们同葬于此呢？现在这块曹霑墓石的出现，就让你不能不认真思索这个问题了。

　　特别是我要提醒大家重读一下《懋斋诗钞》里的下面这首诗：

河干集饮题壁兼吊雪芹

花明两岸柳霏微。到眼风光春欲归。

逝水不留诗客杳，登楼空忆酒徒非。

河干万木飘残雪，村落千家带远晖。

凭吊无端频怅望，寒林萧寺暮鸦飞。

"河干"，当然是指潞河之畔，为什么在这里要"吊雪芹"？为什么会"凭吊无端频怅望"？联系"河干"张家湾雪芹的墓地和墓碑，似乎这首诗又给了我们以新的启示。

大家知道，雪芹暮年潦倒，以至于无棺可盛，草草裸埋，碑石亦是极端草草，认真地说，这根本不是墓碑，而是随死者埋葬作为标志的墓石，故埋在入土一米深处，而不是立在地面上，墓石下端一点也未留余地，因为它根本就不是用来树立的墓碑，而是作为标志的墓石！雪芹死时已无家人，这可能是他的"新妇"和穷困的朋友们勉力办的吧。埋葬得如此草草，墓碑也如此不成样子，是否还有更不幸的事，这就无法揣度了！至于刻"壬午"两字，我想也是草草记他的死年吧。甲戌本脂批说：

能解者方有辛酸之泪，哭成此书。壬午除夕，书未成，芹为泪尽而逝。余尝哭芹，泪亦待尽，每意觅青埂峰再问石兄，余（奈）不遇癞头和尚何，怅怅！

关于雪芹的卒年，已经争论了几十年了，过去我是主张"癸未"说的，但现在看了这块碑上的"壬午"纪年，再联系甲戌本脂批，我想不能把写得一清二楚的字，硬是解释为记错的或写错的了。

当然，这块墓石刚刚问世，一切有关的问题尚待深入研究，我的这些看法都只是直感式的初步的意见，提出来只是为了引发大家的研究和思考而已！

> 1992 年 7 月 28 日，目验雪芹墓石后
> 之第三天，写于京华瓜饭楼

题曹雪芹墓石四首

迷离扑朔假还真。踏遍西山费逡巡。
黄土一抔埋骨处，伤心却在潞河滨。

哭君身世太凄凉。家破人亡子亦殇。
天遣穷愁天太酷，断碑一见断人肠。

草草殓君土一丘。青山无地埋曹侯。
谁将八尺干净土，来葬千秋万古愁。

天遣奇材一石珍。夜台不掩宝光醇。
中宵浩气森森直，万古长新曹雪芹。

> 1992 年 7 月 25 日张家湾目验曹雪芹墓石
> 归来后题于瓜饭楼

再题曹雪芹墓石二首

地下长眠卌年。忽然云破见天。
反说种种不合，何如重闷黄泉。

生前受尽凄怆，死后还遭诬妄。
真是真非安在，抚石痛泪浪浪。

1992 年 10 月读报有感
宽　堂

重论曹雪芹卒于"壬午除夕"

——初读《四松堂集付刻底本》

一、关于《四松堂集付刻底本》与刻本的关系

《四松堂集付刻底本》是胡适在民国十一年（1922 年）四月买到的，现藏国家图书馆善本室。我在国图和朋友们的帮助下，在善本室仔细看到了这部《四松堂集付刻底本》。胡适在书前有一段长题，可以借此了解此书的情况，兹摘录于下：

> 我访求此书已近一年，竟不能得。去年夏间在上海，我曾写信去问杨钟羲先生借此书，他回信说辛亥乱后失落了。今年四月十九日，松筠阁书店在一个旗人延某家寻着这一部稿本，我仔细翻看，见集中凡已刻的诗文，题上都有"刻"字的戳子，凡未收入刻本的，题上都帖（贴）小红笺。我就知道此本虽（确）为当日付刻的底本，但此本的内容多有为刻本所未收的，故更可宝贵。
>
> 即如第一册《赠曹芹圃》一首，不但《熙朝雅颂集》《雪

桥诗话》都不曾收，我可以推测《四松堂集》刻本也不曾收。

又如同册《挽曹雪芹》一首，不但题上帖（贴）有红笺而无"刻"字，可证其为刻本所不曾收，并且题下注"甲申"二字，帖（贴）有白笺，明是编者所删。此诗即使收入刻本而删此"甲申"二字，便减少多少考证的价值了。

我的狂喜还不曾歇，忽然四月二十一日蔡元培先生向晚晴簃选诗社里借来《四松堂集》的刻本五卷（下略所列卷数），卷首止刻纪昀一序和敦敏的小传，凡此本不曾打"刻"字戳子的，果然都不曾收入。

三日之中，刻本与稿本一齐到我手里，岂非大奇！况且世间只有此一个底本，居然到我手里，这也是我近年表章曹雪芹的一点苦心的很大酬报了。（下略）

十一、四、二五，胡适。

胡适的这段题记，基本上为我们说清楚了《四松堂集付刻底本》与《四松堂集》刻本之间的关系，胡适说："集中凡已刻的诗文，题上都有'刻'字的戳子，凡未收入刻本的，题上都贴小红笺。"我手头恰好有《四松堂集》的刻本。这本书说来也巧，1954 年我刚到北京不久，在灯市东口一家旧书店里，在书架的最底层的面上，放着一部《四松堂集》，书上厚厚的一层尘土。我心想可能是同名的书罢，我随手拿起来一看，卷首居然署"宗室敦诚敬亭"，开卷就是"嘉庆丙辰长至后五日河间纪昀"序，这是千真万确的宗室敦诚的《四松堂集》，当年胡适花了九牛二虎之力没有买到，还是蔡元培给他借来的，我却不费吹灰之力，而且以极低的价格买下了这部书。实际上书店老板根本不知道这书的价值，所以任其尘封。以后我在各书店一直留意，五十年来竟未能再遇。这次我就拿这部《四松堂集》的原刻本，与胡适的这部《四松堂集付刻底本》对照，验证了胡适的话是大致可信的，刻本比底本少了很多诗，连悼念曹雪芹的那首诗刻本都未收。不过，胡适对于《挽曹雪芹》诗题下的"甲申"两字，却仍有未经深思之处，此事待下文再论。

特别是胡适只注意到《付刻底本》删去的诗，却没有注意还有比《付刻底本》增出的诗。据我的统计，《付刻底本》共删去诗四十三首。但还有个特殊情况，是在《付刻底本》结束后，刻本又增出十五题三十一首，为《付刻底本》所无。这是以前谁也没有注意到的，甚至胡适认为有了《付刻底本》，刻本就没有什么意义了，其实完全不是如此。所以刻本和《付刻底本》对研究来说都是有用的资料，并不是有了《付刻底本》，敦诚的诗就尽在于此了。

二、关于《四松堂集》的编年问题

关于《四松堂集》、《四松堂集付刻底本》的编年问题，在《四松堂集付刻底本》第二册（胡适题《四松堂集下》）内有一首诗，题为《三月十四夜与佩斋、松溪、瑞庵、雨亭至黑山饮西廊看月》，诗云："吾诗聊记编年事，四十八年三月游。五客四童一瓮酒，黄昏白月黑山头。"按乾隆四十八年岁在癸卯，在此诗前正是《癸卯正月初十日乾清宫预宴恭纪二首》，前后紧接，因此吴恩裕先生文中特别强调："敦诚的《诗钞》① 是比较严格地编年的。再看他的自白：'吾诗聊记编年事'一语，更可证明。"② 但我认真查核《四松堂集付刻底本》，书中关于纪年

---

① 敦诚的《四松堂诗钞》藏社科院图书馆，我曾用《四松堂集》刻本去核对两次，编次与刻本完全一样，但只抄到《上巳后一日，同佩斋、瑞庵、雨亭饮钓鱼台，台在都城西》一诗为止，比刻本少七十首诗。

② 见吴恩裕《曹雪芹丛考》，第 181 页，上海古籍出版社 1980 年。

有多种不同的情况，第一种是在诗题下有明确的纪年，如《付刻底本》第一页第一首《农家乐》题下有"丙子"的纪年，如同集后边《雨中泛舟》题下有"癸巳"的纪年，如后边《北寺腊梅嵩山日使人探之，今春稍迟，至仲春下浣始放，因相约入寺，上人万钟置茗饮共赏其下，且拈春字韵索诗，即书以寄谢》，题下有"辛丑"的纪年等等。第二种是诗题本身即含纪年，如《癸卯正月初十日，乾清宫预宴恭纪二首》，诗题开头即含纪年；又如《辛亥早春与鲍琴舫饮北楼，其友王悔生、恽简堂、张皋文为不速之客，琴舫有作，次韵二首》，这也是诗题一开头就含纪年的（此诗付刻底本上无，是刻本所增）。上举前一首诗，在《付刻底本》上未加删除，在刻本上也仍保留诗题的纪年。这是一种特殊情况。但到上述第一种情况的纪年时，即诗题下的小字纪年，在刻本上都已加删除，尽管底本上未加删除符号，但付刻时也作删除处理。只有诗题本身即含纪年的一首付刻时未加删除。第三种情况是题下原有小字纪年，编定时在纪年上贴小白纸片盖住，表示删去纪年，如《南村清明》题下原有小字"癸未"，编定时"癸未"两字被小纸条贴盖，经揭去纸条，才能看到下面被覆盖的字。又如《挽曹雪芹》一首，题下原有"甲申"两字纪年，付刻前又用小纸片将"甲申"两字贴盖掉，后来不知什么原因，又干脆在题上加了"×"，表示删去此诗。细看原稿，诗题上已有"○"（这个"○"因墨重已变成一个圆墨点），表示入选。后来又加"×"表示删去。如果一开始就决定删去此诗的话，题卜覆盖纪年的白纸条就无须多此一举，故此诗的删去估计是经过反复斟酌的。特别是此诗的下面一首是《遣小婢病归永平山庄，未数月，闻已溘然淹逝，感而有作》，诗说："……一路关河归病骨，满山风雪葬孤魂。遥怜新土生春草，记剪残灯侍夜樽。未免有情一堕泪，嗒然兀坐掩重门。"死者是敦诚的侍婢。给她写的挽诗倒入选，为至友曹雪芹写的挽诗反倒被删掉，其间什么原因，值得深思，包括贴去"甲申"两字的纪年，是否还有纪年不确等情节也可思考。又社科院图书馆也藏有《四松堂诗钞》抄本一册，确是乾隆抄本，内有这首《挽曹雪芹》诗，题下"甲申"两字未删，但此集未抄完，最后一首是《上巳后一日，同佩斋、瑞庵、雨亭饮钓鱼台，台在都城西》，以下还有约五分之一的诗未抄。所以此本是未定本，故"甲申"两字未删。又如《送李随轩廷扬编修之任粤东二首》，题下原有"壬辰"纪年，题上已加盖"刻"字印戳，但题下的纪年仍用白纸贴掉。第四种情况是题下纪年用墨笔圈去，如《清明前嵩山庭中梅花盛开相招，因事不果往，记去春主人置酒，蒋银台螺峰，朱阁学石君，王员外礼亭，方水部仰斋，暨予兄弟俱在座，颇为一时之盛，倏忽一载矣。即次荇庄看梅原韵却寄二首，且冀补嘉会云》，题下原有"丁未"纪年，编定时用墨笔圈去。又如《南溪感旧，记乙未初夏同墨翁、嵩山于此射凫叉鱼，倏尔十三年矣》，题下有"戊申"纪年，被编者用墨笔点去。

尤其是吴恩裕先生特别强调的"吾诗聊记编年事"一诗，证明敦诚的诗是"严格地编年"的，但此诗在敦敏编定时，也一并删去。这只能说明"吾诗聊记编年事"这句话已不是十分确切了。所以综上几种情况，再看刻本《四松堂集》，除上述诗题上含纪年的二首外，其他所有的纪年概被删去，所以单看刻本《四松堂集》，要寻找各诗的明确纪年是已无法见到了。为什么会出现这种重要的变化呢？我认为《四松堂集》并不是真正"严格"编年的，大体编年还可以这样说，但并不"严格"。所以敦敏在编定此集时，感到并非"严格"编年，因此把有关纪年的文字全部去掉，以符合实际情况。由于此，我们对《挽曹雪芹》诗下的"甲申"两字被贴条删去，也不能不审慎思考。事实也确是如此，《四松堂集》的编年，是存在一些问题的。特别是《付刻底本》以外增出的三十一首，除其中《辛亥早春……》一首诗题有纪年外，其余都无原稿可查，更难一一考明写作年份，所以说它为"严格编年"确是不尽合事实。因此我们对底本上各诗的纪年也不能不审慎对待。

三、重议曹雪芹的卒年

关于曹雪芹的卒年，红学界已经讨论了半个多世纪了，最主要的仍然是"壬午说"和"癸未说"。这次，趁重见《四松堂集付刻底本》的机会，再来作一次全面的回顾和再认识，我觉得是十分必要的。

（一）壬午说的根据有三条：

甲、"甲戌本"第一回脂批："能解者方有辛酸之泪，哭成此书。壬午除夕，书未成，芹为泪尽而逝。余尝（常）哭芹，泪亦待尽。每意觅青埂峰再问石兄，余（奈）不遇獭（癞）头和尚何？怅怅！

今而后惟愿造化主再出一芹一脂，是书何本（幸），余二人亦大快遂心于九泉矣。甲午八日泪笔。"

乙、《夕葵书屋"石头记"》卷一录脂批："此是第一首标题诗，能解者方有辛酸之泪，哭成此书。壬午除夕书未成，芹为泪尽而逝。余常哭芹，泪亦待尽。每思觅青埂峰，再问石兄，奈不遇赖（癞）头和尚何，怅怅。今而后愿造化主再出一脂一芹，是书有幸，余二人亦大快遂心于九原矣。甲申八月泪笔。"

丙、1968 年北京通县张家湾平整坟地（曹家大坟）时出土一块"曹雪芹墓石"，墓石高 98 厘米，宽 36 厘米，正中刻"曹公讳霑墓"五字，字体分书，左下端刻"壬午"二字。墓石现藏通州区博物馆，据文物专家鉴定，此墓石为原物，故墓石刻"壬午"二字于考证曹雪芹卒年至为重要。

（二）癸未说的证据是敦敏的《懋斋诗钞》有《小诗代柬寄曹雪

芹》一首诗："东风吹杏雨，又早落花辰。好枉故人驾，来看小院春。诗才忆曹植，酒盏愧陈遵。上巳前三日，相劳醉碧茵。"此诗无纪年，但在此诗前三首《古刹小憩》下有"癸未"两字纪年。同时编者又认为《懋斋诗钞》是严格编年的，《小诗代柬》既在癸未纪年后第四首，应是癸未年的诗。这就是认为曹雪芹卒于癸未（乾隆二十八年）除夕的唯一根据。我们现在就先从《懋斋诗钞》的编年说起。

《懋斋诗钞》基本上是一部编年诗集，但并不是"严格编年"。卷首"懋斋诗钞，蕴辉阁藏，自乾隆二十九年戊寅起至三十一年庚辰止"这就是完全错的。二十九年是甲申，三十一年是丙戌，连干支都错了，更错误的是诗的起迄年都不对，这一点吴恩裕先生已说过了，不必多说，何况这是"燕野顽民"题的，错不在诗集的作者。但就诗集本身来说，编年上也是有问题的，例如诗集第一页的一段题记说："癸未夏，长日如年，偶检箧衍，数年得诗若干首……遂以东皋名之。"这段文字里的"癸未"两字是后贴上去的。原文是庚辰。但无论是"癸未"抑或"庚辰"都是不对的。这段文意是说庚辰年的夏天，整理庚辰以前数年的诗，那末就是说庚辰是诗集的最后一年，所收的诗都是庚辰以前的诗（含庚辰），就算后来发现不是止于庚辰（乾隆二十五年），而是止于癸未（乾隆二十八年），因此改为"癸未"，这也仍然不对。细按各诗的序次，实际上是止于"乙酉"（乾隆三十年）。吴恩裕先生说"抄到甲申为止"，这也是不对的。我们可以细按。从《懋斋诗钞》的第九题《清明东郊》开始，题下即有明确的"己卯"（乾隆二十四年）纪年。从此起直到《丁丑榆关除夕，同易堂、敬亭和东坡粲字韵诗回首已三年矣……》，自丁丑（乾隆二十二年）下数三年，正是己卯（乾隆二十四年），但诗题表明已是己卯除夕，诗的第一句就是"一岁馀一宵"。所以从下一首《春柳十咏》起，便是庚辰（乾隆二十五年），顺次下数，季节很清楚，《午睡梦游潞河……》是夏天，《立秋前三日雨

303

中……》是庚辰秋天，《访卢素亭……》诗说"秋冷寒毡自著书"则已是秋末冬初，下一首《过贻谋东轩……》末句说"满天明月凉于水"则已入冬季，以下诗集是空白，当是删去数诗。到下一首没有题目，首句是"入春已十日"，则已是辛巳（乾隆二十六年）春天，《寄松溪》说"无端樱笋又逢时"则是春末夏初，《和敬亭夜宿……》说"联床小话早秋天"，是早秋，下面《雪中月》说"乾坤一望白茫茫"则是冬天，以下《送二弟之羊房》首句说"帝京重新岁"，即又是壬午（乾隆二十七年）的新春，《雨后漫成》说"疏烟寒食候，小雨暮春天"则是壬午暮春，《秋海棠限韵》说"西风秋老雁声苍"则是晚秋，《九日和敬亭韵》首句说"不把茱萸兴自豪"则是重阳登高节，《雪后访易堂不值……》说"门掩一庭雪"则又是冬天。下面《古刹小憩》题下有"癸未"纪年，正是癸未（乾隆二十八年）的春天，下面《小诗代柬寄曹雪芹》确是癸未春天。再下面《集饮敬亭松堂……》应该就是《小诗代柬》的邀宴，此诗值得注意，但其中七人却无雪芹，可见雪芹未能赴宴，此事下文当再论。下面《刈麦行》当是夏初麦收季节，以下《秋事》说"秋事无端剩暮蝉"，则又是秋暮季节，《九日冒雨过敬亭……》首句说"登高愁负东园约"则是癸未的重九节，《十月二十日谒先慈墓感赋》《腊梅次敬亭韵……》则是癸未冬天。下面《闲居八首用紫琼道人春日园居杂韵原韵》说"花竹自成园"，"插柳迂疏径，移花傍小亭"则又入甲申（乾隆二十九年）春天。以下有数处删去留空，直到《九日同敬亭子谦登道院斗母阁》则又是甲申的秋天。下面《虚花十咏》当不是纪年之作，接下去就是《河干集饮题壁兼吊雪芹》，开头即说"花明两岸柳霏微，到眼风光春欲归"，则已是乙酉（乾隆三十年）的春天。因为前诗已经到了秋天，现在又写"春欲归"，则当然是又过了一年，下面还有几首诗当都属乙酉年的。如此排比，可见此集终于乙酉而不是甲申。

从以上的排比，可见《懋斋诗钞》基本上是编年且依季节编排的。但其中也有误差，如《上元夜同人集子谦潇洒轩征歌，回忆丙子上元同秋园徐先生、妹倩以宁饮潇洒轩，迄今已五阅岁矣，因感志事兼怀秋园、以宁》。按丙子是乾隆二十一年，自丙子下数五年，当是庚辰（乾隆二十五年），但事实上根据上面的排比，此诗已入辛巳（乾隆二十六年），可见作者自己把年份搞错了。其次是此集的起迄年份也是错误的，吴恩裕先生已指出此集应起于戊寅（乾隆二十三年），这是对的，但此集的终止年份应是乙酉，而不是甲申，此点连吴恩裕先生也搞错了。所以说《懋斋诗钞》基本编年而不能算"严格"编年。

辨明了《懋斋诗钞》的编年情况，我们就可以讨论《小诗代柬寄曹雪芹》一诗的问题了。

《小诗代柬寄曹雪芹》，吴恩裕先生等坚持是癸未年的诗，根据以上排比，确是"癸未"，这一点没有错。但问题是《小诗代柬寄曹雪芹》没有回音，毫无消息，按说雪芹不会不来，如果雪芹是因事未来，按理雪芹会有答诗，但竟然一无回音，这就不能不令人想到他是否已不在人世了，何况还有"壬午除夕，芹为泪尽而逝"的记载，这就更不能不考虑到这一点了。

主张雪芹卒于癸未除夕说的只注意《小诗代柬》一诗作于癸未春，因而认定雪芹不能死于壬午除夕。但从考证的角度来说，这只是推理、推测而并非实证。因为雪芹未应约，有可能是人在因故未赴约，也可能是人已不在，这两种情况是都可能存在的，不能单执其一，所以考证讲究"孤证不信"，何况这还不是"实证"而只是推测。特别应该注意的是从《懋斋诗钞》里，自癸未春天的《小诗代柬》以后，经过整整癸未、甲申两年，迄无一点雪芹的信息。不仅敦敏的诗中两年未提及，就是敦诚、张宜泉等其他友人的诗集里再也找不到一首癸未年或以后与雪

芹唱和的诗，这是一个非常值得认真思考的问题。① 如果雪芹还健在，
他能不参加那上巳前三日的宴集吗？他能与所有的友人完全不通音信
吗？《懋斋诗钞》从《小诗代柬》以后，隔了整整两年，一直到乙酉
（乾隆三十年），才又出现雪芹的名字，这就是《河干集饮题壁兼吊雪
芹》这首诗，可惜已经是悼念雪芹了，而且从诗意看，雪芹已非新丧。
现将全诗引在下面：

> 花明两岸柳霏微。到眼风光春欲归。
> 逝水不留诗客杳，登楼空忆酒徒非。
> 河干万木飘残雪，村落千家带远晖。
> 凭吊无端频怅望，寒林萧寺暮鸦飞。

　　诗题说的"河干"当然就是东郊的潞河，敦敏、敦诚的诗里屡屡提
到潞河，《懋斋诗钞》第一首诗就是《水南庄》，水南庄就在潞河边上，
现今还在，故诗里说"水南庄外钓竿斜"，另一首《水南庄即事》说：
"柳丝拂拂柳花飞。晴雪河干鱼正肥。"还有一首《庆丰闸酒楼和壁间
韵》说："古渡明斜照，渔人争集先，土堤崩积雨，石坝响飞泉……"
二十多年前我曾到过庆丰闸，当时水势依旧，闸旁有一家卖酒楼，据乡
人说，当年雪芹等人常到庆丰闸酒楼饮酒，我还到过潞河边上英亲王阿
济格的陵墓，也即是敦敏、敦诚先祖的陵墓，至今这些地名和遗迹都还
在。特别是诗题不仅标明"河干"，还标明"题壁兼吊雪芹"。这就非
常明确地说明雪芹已故，其埋葬之地就在"河干"。要不是雪芹的墓就
在河干，怎么诗题可说"河干集饮题壁兼吊雪芹"呢？后来 1968 年通

<hr/>

① 敦诚《鹪鹩庵杂记》里有两首挽雪芹的诗，未署年。《四松堂付刻底本》里有一
首挽雪芹的诗，署甲申。此三诗已是悼诗，留待下面分析。

县张家湾平整坟地,从曹家大坟挖出一块"曹雪芹墓石",墓石的出土地"曹家大坟"即在潞河边上,这为《河干集饮题壁兼吊雪芹》这首诗无异是作了最好的证实。细味诗意,雪芹已非新丧,诗意只是惆怅伤感而不是剧哀深痛,不是悲不可止。由此可以细思,从癸未《小诗代柬》到《河干集饮》,中间整整二年有余,杳无雪芹信息,到乙酉则已是伤悼故去已久的雪芹,那末我们能不想想,癸未春天《小诗代柬》之时,雪芹之所以杳无音信,是不是他已经不在人世了呢?有人说,雪芹与二敦如此深交,二敦怎么会毫无消息呢?其实这不难理解。雪芹死时仅仅只剩一个飘零的"新妇"了,在当时的条件下,如何传递信息呢?不要说在当时,就是在今天也常会发生类似的情况,我自己就经历过三起这样的情景,最短的是隔了一年多才知道,最长的隔了五年才知道,说来伤痛,不再具体细说。

总之,"癸未说"的《小诗代柬》一是"理证",不是"直证"、"实证",二是"孤证",没有其他可靠的证据,全凭推测,这就难以成为可信的结论了。何况更有与它对立的实证、直证在,"癸未说"就更无立足之地了。但《小诗代柬》确有它的重要价值,它虽不足以证明雪芹死于"癸未除夕",但它却是雪芹死于"壬午除夕"的有力旁证。正是由于癸未初的《小诗代柬寄曹雪芹》毫无响应,而且此后也再无音信,所以才证实了雪芹已于不久前的"壬午除夕"去世了,所以《小诗代柬》的这一旁证作用是不可忽视的。

说清楚了"癸未说"的根本不足成立的道理,那末再来看"壬午说"就比较容易说清楚了。

"壬午说"现有三条证据,都可称为"实证"和"直证"。但在上世纪50年代到60年初讨论曹雪芹卒年时,还只有甲戌本上的脂批一条,1964年发现"夕葵书屋石头记"残页脂批,俞平伯先生作了题记并写了文章,但文章到1979年才发表。曹雪芹墓石则是1968年发现,但未公布，直到 1992 年才公布和鉴定，所以现在讨论"壬午说"比起上世纪 60 年代的情况要有利得多，因为可靠的证据增加了两件，其情况当然就不同了。

先说甲戌本脂批（已见前引）。甲戌本脂批是可信的，但甲戌本脂批一是抄时被分割成两处，二是有抄错。即使这样，当年讨论时也未被否定。只是在"壬午"的纪年上有癸未的《小诗代柬寄曹雪芹》才发生了争论，二是甲午八日泪笔的"甲午"认为从"癸未"到甲午已相隔十二年，故"壬午"肯定是记错了。但是"夕葵书屋"抄件出来后，可以说这些疑问已涣然冰释。首先此批是批在"满纸荒唐言"一诗诗下的，今甲戌本在"谁解其中味"句下，还有"此是第一首标题诗"一句批语，而"夕葵书屋"本此句是整个批语的第一句，整个批语是完整的一篇，不似甲戌本上分成二处三段。这样可知"能解者方有辛酸之泪，哭成此书"一句，是针对"谁解其中味"这句诗来的。特别是末句甲戌本的"甲午八日"，"夕葵书屋"本却是"甲申八月"，所以俞平伯先生说："文甚简单，却把上文所列各项问题都给解决了。"① 从"壬午除夕"到"甲申八月"中间只隔一年半时间，还可以说雪芹逝后不久。所以这条批语的出现，确是把以往讨论的主要疑点都解决了，因此脂批就更为可信无疑了。至于通县潞河畔张家湾曹家大坟出土的曹雪芹墓石，石上不仅有"曹公讳霑墓"的题字，更有"壬午"的纪年，且经过国家文物鉴定委员会主任委员傅大卣和史树青先生鉴定，还有红学家邓绍基、刘世德、陈毓罴、王利器等专家的鉴定，一致认为可靠无疑，其后上海的大画家唐云、谢稚柳、上图碑刻研究专家潘景郑诸先生不仅一致肯定，还都作了题记。潘景郑、徐定戡两先生还填了词作题。

---

① 见《红楼梦研究集刊》第一辑俞平伯先生《记夕葵书屋〈石头记〉卷一的批语》一文，上海古籍出版社 1979 年。

当然坚持"癸未说"的人仍然说墓石是假的云云，但这已是不足为辩的问题了，特别是墓石不合碑刻的规制云云，更是不值一驳。因为墓碑的规制，是对封建朝廷的官员来说的，普通老百姓死后的墓志墓石，有谁来管？我曾买到过一块高 20 厘米，宽 12.5 厘米，厚 3 厘米的明万历丁巳年（四十五年）的青花瓷墓志，还曾买到过一件直径 21 厘米的陶制盖盘墓志，盖上写"安陆黄公墓志"，时间是乾隆丙子（乾隆二十一年，志文长不录），正好是曹雪芹的时代，我还买到一件"94 厘米×94 厘米"的唐代特大墓志，是狄仁杰族孙的墓志。所以曹雪芹的墓石不合规制，正好说明他穷困潦倒，且是家破人亡后的一个破落户，死后朋友们为他凿一块墓石为记，刻上"壬午"的纪年，以志他的逝年，这是完全合乎情理，无可怀疑的事实。曹雪芹卒于壬午除夕，既有脂砚斋的记载，更有墓石实物上的纪年，这是任何强辩都无济于事的。所以雪芹卒于壬午除夕，完全可以定论。

四、有关曹雪芹的几首挽诗的解读

有关曹雪芹的卒年、葬地等问题一直存在着不同的意见，所以对曹雪芹的几首挽诗的写作时间，内容的解释自然也会不同。这本来是属于共同探讨的问题，学术也正因此而能得到前进。假定说我的解释是错误的，别人的解释是正确的，读者自然应该选择正确的解释，连同我自己也应该抛弃错误的观点，接受正确的观点，这才是一个学者应有的态度。当然，当我现在写出我的意见来时，自然相信自己是正确的，否则就不会写出来了。我的这种想法和对待学术是非的态度，我想易人而处，也应该是同样的态度。所以当我对某一种学术意见不同意时，并不意味着对这一学术意见的作者的不尊重，反之也应该一样。例如我上面对曹雪芹卒年的分析，主张"壬午说"，虽然我认为这是定论，但这是我个人反复斟酌后得出的定论，是属于我个人的见解，并不是说别人都应以此为"定论"。别人完全可以保留自己看法，并且得到应有的尊重。这一点我想是应该郑重说明的。

敦诚挽曹雪芹的诗，共三首，两首在《鹪鹩庵杂记》抄本里，此书原是张次溪先生所藏，后由吴恩裕先生借出，我是上世纪70年代前期获交吴先生的，而且交往甚深，并一起合写文章，但一直未顾得上讯问此抄本的下落。还有周绍良先生，我交往更早，在上世纪50年代我们就交往了，他至迟到60年代就应该看到此抄本了，但当时我未研究《红楼梦》，所以也未向他讯问此抄本的情况。现在更不清楚《鹪鹩庵杂记》抄本的下落，好在周绍良先生、吴恩裕先生都已将这两首诗辑录下来，所以我现在只能据这个辑录本加以分析。

首先要强调，据上面我的分析，我认为雪芹卒于壬午除夕是证据充足的，敦敏的《小诗代柬寄曹雪芹》是在不知道雪芹已于壬午除夕去世的情况下发出的。这是我分析这几首挽诗的立足点。

现在我先将《鹪鹩庵杂记》抄本里的两首挽诗抄在下面：

挽 曹 雪 芹

四十萧然太瘦生。晓风昨日拂铭旌。

肠迴故垅孤儿泣，（前数月伊子殇，

因感伤成疾）　　泪迸荒天寡妇声。

牛鬼遗文悲李贺，鹿车荷锸葬刘伶。

故人欲有生刍吊，何处招魂付楚蘅。

重论曹雪芹卒于"壬午除夕"

开箧犹存冰雪文。故交零落散如云。

三年下第曾怜我，一病无医竟负君。

邺下才人应有恨，山阳残笛不堪闻。

他时瘦马西州路，宿草寒烟对落曛。

对于这些诗的通读性的解释，我觉得蔡义江同志的《红楼梦诗词曲赋鉴赏》已做得很好，所以我就不必重复他的解释，我只把我自己不同的见解写出来，供大家参考，其余都请读蔡著，以省篇幅。

首先我认为这两首挽诗，是作于癸未上巳节以后，因为这之前敦诚、敦敏还不知道雪芹已死，所以还写诗去邀他来聚会，等到不见雪芹回音，也不见他到来，才开始得知雪芹已去世，究竟是癸未的什么时候知道的，现在很难确切地考出，但总在上巳聚会雪芹不到以后一段时间里。因此这两首诗，不是雪芹刚死时写的，并且敦诚当时还不清楚雪芹病故丧葬等具体情况，我们从诗里可以看得出来。

"四十萧然太瘦生"这一句一直有争论，我同意沈治钧同志的意见，不能死指"四十岁"，这个看法，我一开始就是这样理解的，何况明摆着张宜泉的"年未五旬而卒"在那里，同是雪芹的好友，都为雪芹写过挽诗，而张宜泉还与雪芹同住西郊，为什么只认一说为可信而不考虑另一说呢？读了沈之钧同志的文章，更加相信"四十年华"不是实指四十整数。第二句"晓风昨日拂铭旌"，这里的"昨日"两字也不能死解，不能认为就是今天的上一天的"昨日"，而是泛指已经过去的时间。这说明敦诚没有能参与雪芹的丧葬。第三句的"故垄"，我认为是指"旧坟"，也即是曹家在东郊张家湾的祖坟。因为他的儿子死了，不能去葬在别人的坟地里，所以只能葬到自己的祖坟里来。据文献，曹家在通县有典地六百亩，当铺一所，虽未说及祖坟，但"曹雪芹墓石"是从老百姓俗呼的"曹家大坟"挖出来的，这一点应该予以重视。至于注文所说的"前数月伊子殇，因感伤成疾"，当然是说雪芹死前数月。"遗文"应该是指他的《红楼梦》文稿，可能还有部分诗稿。"鹿车荷锸"句是十分重要的一句，说明他像刘伶一样"死便埋我"。因此雪芹是死后不久即被埋葬的，埋葬的地点应该是张家湾的祖坟，与他的孤儿在一起，特别是曹家大坟挖出来的墓石，下面就是尸骨，没有棺木，真正是"死便埋我"。所以这句诗是实写。同样的道理，他死后，不能去埋葬在别人家的坟地里，必须归自家的坟地，《红楼梦》第十三回秦可卿托梦，特别提到"目今祖茔四时祭祀，只是无一定的钱粮"，"趁今日富贵，将祖茔附近多置田庄房舍地亩"。这是曹雪芹对祖坟的观念，当然他死后只能归葬祖坟，才是他的安身之地，何况张家湾正有他家的典地六百亩等等，前文已提到，不再重复。末两句，特别是"何处招魂"，说明他对雪芹的丧葬情况还不清楚，要招魂还不知向何处去招，这正是他初得雪芹死信时的情景。

第二首第一句"开箧犹存冰雪文"，我赞成余英时兄的分析，是指敦诚编在《闻笛集》里的雪芹的文稿。这个"箧"是敦诚的"箧"，而不是雪芹的遗"箧"。我觉得这一解释确切而准确。第二句可参看敦诚的《哭复斋文》和《寄大兄》两文，确实在雪芹去世前后，不少位友人都相继去世了。第四句"一病无医竟负君"，更是关键的诗句，说明雪芹从病到死，敦诚都不知道，也说明雪芹从得病到死时间很快，说明敦诚感到十分歉疚，正是因为他们不知道，所以还写诗邀雪芹来赏春。这些诗句都可以贯通起来理解。下面四句无须特别讲解。

第三首收在《四松堂集付刻底本》里，我曾从北京图书馆善本室看到原件：

挽 曹 雪 芹

甲申

四十年华赴杳冥，哀旌一片阿谁铭。

孤儿渺漠魂应逐，（前数月伊子殇，

因感伤成疾）　　新妇飘零目岂瞑。

牛鬼遗文悲李贺，鹿车荷锸葬刘伶。

故人惟有青衫泪，絮酒生刍上旧坰。

　　诗题下署年"甲申"，而又被用白纸贴去。前二首应该是听到雪芹去世的消息后就写的，属初稿。虽未署纪年，我认为当是癸未上巳以后所写。第三首当是后来的改稿，因诗中句子都有相同。改稿的时间相隔已较久。但诗意变化不大。第二句"哀旌一片阿谁铭"比前首第二句更明确说明他对雪芹的丧葬事先一点也不知道。第三句上诗是说埋在祖坟里的孤儿知道父亲也死了，因而迴肠九转地哭泣，改句改为雪芹地下的魂魄去寻找他在冥冥中的孤儿。五、六两句未改，第七句抄本是"青衫泪"，《红楼梦卷》误作"青山泪"，应纠正（吴恩裕《四松堂集外诗辑》不误）。末句"絮酒生刍上旧坰"是重要改动，前诗只说"何处招魂"，要招魂还不知向何处去招，说明葬地不明，改诗却明确说"上旧坰"。这就是说郊外的老坟，也就是指祖坟，则可见雪芹逝后，由朋友匆促间将他归葬到祖坟上，因贫穷，买不起棺材，是裸葬，正符合"鹿车荷锸"之典。人们常以为雪芹死后一定葬在西山一带，昔年我与吴恩裕同志还曾多次到香山、白家疃一带调查，杳无所得，但根本不曾想到东郊的通县。直到1992年墓石的重现，并经过鉴定，实地调查，再细读有关文献及诗文，才确信雪芹是最后归葬到东郊的祖坟，再细读以上诸诗，更可贯通无碍。

敦敏的《小诗代束寄曹雪芹》和《河干题壁兼吊雪芹》两诗，前面已分析过了，不再重复，但这里要补充一点，即《四松堂集》里记到雪芹的朋友寅圃、贻谋的墓也在潞河边上，与雪芹的坟离得不远。我二十多年前，曾多次出东城沿潞河（现在叫通惠河，此名乾隆间也用过，从敦诚、敦敏的诗里可以查到）一直走到张家湾曹家大坟，故确知其地理。现在再读敦诚的《哭复斋文》：

> 未知先生与寅圃、雪芹诸子相逢于地下作如何言笑，可话
> 及仆辈念悼亡友之情否？

为什么说"未知先生与寅圃、雪芹诸子相逢于地下"呢？过去未加深思，包括《河干集饮题壁兼吊雪芹》，总以为他们生前常在此游览宴饮，因此想起往事题壁感怀，现在确知贻谋、寅圃的墓就在潞河边上，与雪芹墓地较近，所以无怪敦诚要有这样的想法了。

还有一首张宜泉的《伤芹溪居士》，也是一首悼诗，也应该一谈。

伤芹溪居士（其人素性放达，好饮，又善诗画，年未五旬而卒）

谢草池边晓露香。怀人不见泪成行。
北风图冷魂难返，白雪歌残梦正长。
琴裹坏囊声漠漠，剑横破匣影铛铛。
多情再问藏修地，翠叠空山晚照凉。

这首诗的写作，也应是雪芹逝后一段时间，不像是雪芹刚去世时的悼诗，诗意伤感而沉痛深稳，第一句用谢灵运"池塘生春草"的典，称

赞雪芹是一位诗人；第二句说明雪芹已逝，再也见不到了；第三句用典说明雪芹还工画，第四句说他的《红楼梦》未写完。五、六两句说雪芹的才华未得抒展，最后两句说再到雪芹原来藏修（隐居读书）的地方，已经是"翠叠空山"晚照苍凉了。这末两句意义深长，不仅说明雪芹已逝，人去山空，连他的坟墓也不在西山了。如果说雪芹的墓地是在西山，就不能说是"空山"，这"空山"一词，正说明雪芹已归葬东郊祖坟，此地只有空山晚照了。

所以将以上各诗作一整体的疏解，则雪芹死于壬午除夕，归葬东郊潞河边的通县祖坟，与当年的多位诗友同葬在潞河之滨，而与张家湾出土的曹雪芹墓石，也完全是天然吻合，成为一体。

*　　　　　*　　　　　*

以上是我初读《四松堂集付刻底本》的一点新的体会，是否符合客观事实，还有待以后长时间的考验。我希望看到正负不同的验证，使学术有所前进。

2006 年 6 月 16 日于瓜饭楼

曹雪芹卒年补论

　　最近，我重新读到了老友余英时学长兄著《红楼梦的两个世界》里的《〈懋斋诗钞〉中有关曹雪芹的两首诗考释》，感到英时兄的考释精密细致，逻辑性和说服力都很强，启我甚多。这本余兄的大著，还是1980年6月在美国威州陌地生参加《红楼梦》国际研讨会时送给我的，回国后我曾认真细读了这本书，后来此书为友人借去，久未归还，再后来友人去世了，从此此书就再无音讯。前些时候，任晓辉学弟忽从旧书摊上发现此书，英时兄题赠的题句依然存在，他立刻就将此书买下给我送来，我失去此书，已近二十年，忽然回归，真如旧友重逢。前些时我写《重论曹雪芹卒于"壬午除夕"》这篇文章时，曾想到英时兄此书此文，想重读，但书已丢失，现在忽然失而复得，真是意外之喜。我急忙翻读上述这篇文章，觉得英时兄对敦敏《懋斋诗钞》里的《饮集敬亭松堂，同墨香叔、汝猷、贻谋二弟、暨朱大川、汪易堂即席以杜句"蓬门今始为君开"分韵，得"蓬"字》这首诗的解释是正确的。

　　英时兄首先指出《懋斋诗钞》里的《小诗代简寄曹雪芹》是敦敏约雪芹于"上巳前三日"到槐园来喝酒，地点是敦敏的槐园。在此诗后的第三首诗，也即是《饮集敬亭松堂》这首诗，此诗第五句说"阿弟

316

开家宴",则地点当然是在敦诚的"四松堂"。所以敦诚家的宴会,并不是敦敏"小诗代简"所邀约的宴会,后者不是前者的结果。这一点分析得极为精细准确,无可置疑。

大家知道,敦敏的槐园是在京城太平湖的东南(《四松堂集》卷一《山月对酒有怀子明先生》诗末注云"兄家槐园在太平湖侧")。我于上世纪 50 年代末,曾到太平湖调查过,那时太平湖周围已全是民房,记得只剩下一小块低洼的荒地是湖心。我询之当地老人,蒙指点说槐园就在湖的东南角上,他指着在一大堆民房中间,有高耸的几棵树木,还很苍翠,老人说这就是当年的槐园,房子早没有了,只剩这几棵树了。我当即拍了照片,后来收入《曹雪芹家世·红楼梦文物图录》一书里。槐园的地址我们尚可找到,但敦诚的"四松堂",却始终没有找到。敦敏写的《敬亭小传》(《四松堂集》卷首纪昀序后)里,也只是说:

> 以病告退,素耽山水,家有西园,日久荒废,尚余假山一山,有松四株,因即山麓起四松草堂,复绕屋甃石为池,引山上井泉成瀑布,白练横空,飞挂帘前,亦奇观也。筑"梦陶轩"、"拙鹊亭"、"五笏庵",作《闲慵子传》以自况。……

这里只记述了"四松堂"内部的建筑,却一句也没有述及它的地理位置。幸好在《四松堂集》卷五的《鹪鹩庵笔麈》里有一段记载,说:

> 先大人予告后于城西第筑园亭以养疴,有堂曰"静补",亭曰"榆荫",谷曰"熏风",台曰"雨舫"。惟所居之室扁曰"啖蔗",取东坡"少年辛苦似食蓼,老境安闲如啖蔗"之意。

这段记载里,明确说"城西第"。也就是说第宅的位置在城西,也即是敦敏《敬亭小传》里说的"家有西园"的"西园"。我们查到这里也只能知道"四松堂"的位置在"城西",下面再也无法深入了。这里要特别说明,这个"城西",是指北京城内的西部,不能把它理解为城外甚至西郊。可是现在来查,这么大的北京城内西部,哪里有这样大的旧园子呢?就是城中最有名的恭王府,也没有那么多的景点。有可能这个"四松堂"早已被淹没了。

不过就是这个"城西"到太平湖的东南,其距离也不短了,所以敦敏的《小诗代简寄曹雪芹》与之后不久敦敏又与多人《饮集敬亭松堂》绝不可能是同一回事,何况敦诚的酒会,是每年二月十五的例会,到这次酒会已是第三次了,以前二次,雪芹都未参加。所以这更说明敦诚的家宴雪芹未来是正常的,与敦敏《小诗代简》则更无关系。这一点英时兄的文章分析得十分透彻。在此之前,不少人也包括我自己,都没有能把它分析清楚。所以我要说明,我的《重论曹雪芹卒于"壬午除夕"(初读《四松堂集》付刻底本)》这篇文章第三节里关于这首诗的一小段论述是不正确的,[①]应以余英时兄的论析为准。我的上面这些补论,也是受他的文章的启示而写的。

那么,除去《饮集敬亭松堂》这首诗不能作为雪芹卒于"壬午除夕"的论据后,会不会影响到雪芹卒于"壬午除夕"的结论呢?我认为一点也不会受影响。为什么?一、敦敏《小诗代简寄曹雪芹》后,雪芹毫无反响,这说明雪芹已卒于"壬午除夕"的可能性仍然存在。因为雪芹如果健在,对老友的邀请置之不理,不予回复,是不可能的。二、甲戌本脂批"壬午除夕,芹为泪尽而逝……"是一条明确的批语,是文献的实证。三、自《小诗代简寄曹雪芹》一诗后,此后再无记述雪芹活

---

①　文化艺术出版社 2007 年版《解梦集》276 页倒 8 行至 277 页顺 9 行共 17 行。收入本集时已改正。

动的诗文，这也是一个有力的反证。四、《小诗代简寄曹雪芹》之后别人涉及雪芹的诗都是报导雪芹已死的诗，如《鹪鹩庵杂记》抄本里的两首《挽曹雪芹》和《四松堂集》付刻底本里的《挽曹雪芹甲申》，按此三诗是先后的改稿，收到付刻底本里的一首是最后改定稿，署甲申，应是写挽诗的时间，而不是雪芹的卒年，如是雪芹卒年，则在前面两首里就该写明，不会到第三次改稿才写"甲申"。还有张宜泉《春柳堂诗稿》里的《伤芹溪居士》以及《懋斋诗钞》里的《河干集饮题壁兼吊雪芹》等等，这些诗，无一不是伤悼雪芹逝世的诗。这不是说明雪芹已于"壬午除夕"逝世了，而敦敏还不知道这个消息，所以还发柬邀请而终无回音吗？不是说明"壬午除夕，芹为泪尽而逝"这个记载是可信的吗？五、更何况 1968 年北京东郊张家湾在曹家大坟里又出土了一块"曹公讳霑墓"的墓石，石上有"壬午"的记年，与脂批"壬午除夕，芹为泪尽而逝"完全一致，此石经文物专家的鉴定，认为墓石是真的，绝非伪作。这不是更确切地证明了雪芹确实卒于"壬午除夕"吗？上述这些文献的证明加上出土的实物证明，难道还不足以定论吗？

2010 年 10 月 28 日夜 12 时

补于京东石破天惊山馆

曹 学 叙 论

——为新加坡"汉学研究之回顾与前瞻国际会议"而作

一、引 言

大家知道，"红学"一词的产生，是出于清朝人之谐谑，[①] 创造这个词的人，对这个词并不抱褒贬的态度。无独有偶，"曹学"这个词的产生，虽然不能说是出自谐谑，但也是带有偶然性的，创造这个词的余英时先生对这个词同样也没有抱褒贬的态度，他只是说，当时"考证派红学实质上已蜕变为曹学了"。[②] 他的意思是说"红学"应该是专门研究《红楼梦》的学问，研究曹雪芹的学问就应该称做"曹学"。至于

---

① 《清稗类钞》第四册《诙谐类》"经学少一画三曲"条：曹雪芹所撰《红楼梦》一书，风行久矣，士大夫有习之者，称为"红学"。而嘉、道两朝，则以讲求经学为风尚。朱子美尝讪笑之，谓其穿凿傅会，曲学阿世也。独嗜说部书，曾寓目者几九百种，尤熟精《红楼梦》，与朋辈闲话，辄及之。一日，有友过访，语之曰："君何不治经?"朱曰："予亦攻经学，第与世人所治之经不同耳。"友大诧。朱曰："予之经学，所少于人者，一画三曲也。"友瞪目。朱曰："红学耳。"盖"經"字少"巛"即为"红"也。朱名昌鼎，华亭人。

② 见余英时著《红楼梦的两个世界》，第8页，台北联经出版事业公司出版。

"红学"与"曹学"这两者，并没有轻重之分。他在《红楼梦的两个世界》的叙里说：

> 红学研究中，也同样存在着两个世界：一个是曹雪芹所经历过的历史世界，一个则是他所虚构的艺术世界。前者是红学考证的对象，后者则是本书特别关注之所在。《红楼梦》中的两个世界是分不开的，红学研究中的两个世界也同样无法截然划分。①

毫无疑问，余英时先生的见解，完全是一个笃实的学者的见解。

以上，是关于"红学"和"曹学"这两个名词近于相同的产生的情况。

更有意思的是，以上两"学"各自在偶然的情况下被人叫出来以后，却想不到在此后的发展进程中，竟然真正成为举世公认的"学"。"红学"已经开过两次国际学术会议，多次规模巨大的国内学术会议，并且老早就成立了"中国红楼梦学会"，出版了专门性的刊物《红楼梦学刊》。"曹学"虽然比"红学"要晚一些，但是在国内也是早已成立了"中国曹学研究会"，出版了《曹学论丛》的专刊。现在，我又荣幸地受到尊敬的林徐典教授的邀请，到"汉学研究之回顾与前瞻国际会议"上来，作关于曹学研究的专题发言。由此可见，"曹学"作为一门严肃的学问，它也随着"红学"，走上了国际学术论坛了。这无论是对于"红学"或是"曹学"，都是非常值得庆贺的事。我想，如果曹雪芹地下有知，也将感到欣慰，他的"谁解其中味"的感叹，终究成为了历史性的感叹了。

————————

① 同上书《自叙》。

二、"曹学"的诞生是一种自然趋势

如前所述,无论是"红学"抑或"曹学"这两个词的出现,都是带有偶然性的,然而,在它们各自发展的过程中,又各自都真正发展成了一门举世瞩目的学问。我认为这一事实,就说明了"曹学"抑或"红学"的诞生,是一种自然趋势。也就是说,这门学问,不是人们哄起来抬起来的,而是它自身的内涵所决定的。假如《红楼梦》本身或者曹雪芹本人及其家庭并没有那末多的值得人们去研究的问题,那末,虽然人们一时起哄,抬出了这个"红学"或"曹学",天长日久,这个"学"怎么能维持下来和发展下去呢?须知"红学"正式的历史,就算只从新红学派算起,至今已有七十年的历史了,[①]"曹学"的历史初看起来似乎没有"红学"那么长,但实质上是与新红学的历史一样长的,因为胡适的新红学之所以成为"新",就是因为他把前人治经用的历史考据学、校勘学、训诂学等等研究手段,用到研究《红楼梦》上来了。胡适自己说:"我对《红楼梦》最大的贡献,就是从前用校勘、训诂、考据来治经学、史学的,也可以用在小说上。"[②] 胡适与顾颉刚从 1921 年 4 月开始,就做了大量的曹雪芹家世的考证工作,而且获得了丰富的成果,这不正是"曹学"的实际开始吗?试想,如果是哄抬起来的,那末,如何能持续达七十年之久,而且正在方兴未艾地向前发展呢?一门学问,从偶然的得名起,居然能方兴未艾地持续发展下去,如果不是一

---

① "红学"的历史,认真算起来,应该从脂砚斋算起,也就是与曹雪芹的创作是同时的。乾隆后期到嘉、道之间社会上风行的咏红、评红之作,这就更应是"红学"了,我这里从新红学算起,是最起码的一种算法,而不是说"红学"的历史真应从新红学算起。

② 《胡适红楼梦研究论述全编》,第 377 页,上海古籍出版社 1988 年版。

种自然趋势，也即是它自身的生命力的作用，还有什么别的外因能起到如此的作用呢？我认为是绝不可能有这种外因的。

那末，究竟是什么原因，使它具有这种自然趋势的呢？

我认为，首先是由于《红楼梦》的伟大和深入人心，人们读了《红楼梦》总想对它的作者能有所了解。两千多年前的孟轲曾经说过："颂其诗，读其书，不知其人，可乎？是以论其世也。"① 后来的司马迁也说："余读孔氏书，想见其为人。"② "余读《离骚》《天问》《招魂》《哀郢》，悲其志；适长沙，观屈原所自沉渊，未尝不垂涕，想见其为人。"③ 可见读书知人，是千百年来读者们的共同心理。这是从读者的心理的角度来分析这一问题的。

从另一方面来说，恰好曹雪芹的家世，是一个极不平凡的家世，而他的《红楼梦》又主要是取材于他的家庭的，这样，需要了解曹雪芹，满足读者了解作者的这种心理，就需要进一步地研究曹雪芹的家世；需要研究《红楼梦》，了解《红楼梦》的创作与作者家庭和家世的关系，这就同样需要进一步地研究曹雪芹的家世。于是，殊途同归，几种不同的出发点都汇合到一起来了，它们共同为"曹学"的诞生，创造了客观条件。然而，这一切，毕竟不是决定的因素，真的决定性的因素，还是曹雪芹本人的身世和他的百年家世。

曹雪芹的家世，确是不平凡的，确是源远流长的。现在，我们至少已经大体查清楚了从后金天命六年（1621 年）到大清乾隆二十八年癸未（1763 年），这一百四十年左右的曹家的历史，曹家的发家是与后金的崛起和清朝的勃兴同步的，这一百四十年左右的曹家的家世，前一百年是曹家飞黄腾达的历史，而后四十年，即从雍正元年起到乾隆二十八

---

① 《孟子·万章下》
② 《史记·孔子世家·赞》。
③ 《史记·屈原贾生列传·赞》。

年曹雪芹逝世，则是曹家的败落史。曹家六十年的江宁织造固然极尽了富贵繁华，而曹寅上交皇亲国戚，下结遗民逸士，诗酒江左，结客少年，称心岁月，垂老文章，也是并世之人所望尘莫及的，尤其是这个百年望族，官僚世家，却突然间抄家败落，枷号入狱，家产荡然，子孙湮没，这样一个赫赫扬扬，人间天上的大富大贵人家，转眼间便化为乌有，昨日的王孙公子，今日便成为贫困乞士，这样的大起大落，急剧变化，也是极富于悲剧性的。即使仅仅以上这些情节，也就足以引人注目了。何况这样一个极富贵、极贫穷的大家庭，又出了一位绝世奇才，写了一部绝世奇书，使得天下有情人尽皆为之倾倒，尽皆为之风靡，而这样一位绝世奇士，除了有半部书留下来外，其他种种，几乎完全是空白。在世人看来，曹雪芹就像是一位神仙羽士一样，暂一现身，留下标记以后，转眼就烟云渺茫了。说他是虚妄，他又明明留下了书，他的朋友的诗集里又明明记载了他的踪迹；说他是现实，他又从现实中消失得无影无踪。曹雪芹的家世如此大起大落，曹雪芹本人又如此有形无踪，曹雪芹的书又是如此风靡众生，以如此渊深的内涵，就难怪人们一入"曹学"之门，就难以退步抽身了。反过来说，假定曹雪芹完全像施耐庵、罗贯中一样，即使人们读了他们的《水浒传》、《三国演义》，想进一步了解施、罗两人的家世情况，想建立起"施学"或"罗学"，无奈施、罗两人是一个绝对的空白，那末人们自然也只好徒唤奈何而已。假定曹雪芹也是完完全全的绝对空白，那木自然也就不可能有什么"曹学"的产生，然而偏偏曹雪芹的家世又如此耐人思量，曹雪芹本人又留下了一大串问题，好心的读者想了解并研究曹雪芹，曹雪芹和他的家世又有那么多问题可供探索，于是就像铁块碰上了磁石，互相吸引着，"曹学"也就自然诞生了。

"曹学"之所以必然产生，还有一个重要原因，就是脂砚斋的作用。读过"甲戌本"、"庚辰本"等《脂砚斋重评石头记》的人，都不会忘记，脂批里那么多忆昔感今的批语，它强烈地吸引着人们从《红楼梦》的人物和情节，去揣度作者的家事和家世。脂批说：

> 借省亲事写南巡，出脱心中多少忆昔感今。（甲戌本十六回回前评）
>
> 树倒猢狲散之语，今犹在耳，屈指卅五年矣，哀哉伤哉，宁不痛杀！（庚辰本十三回眉批）
>
> 余亦受过此骗，今阅至此，赧然一笑。此时有三十年前向余作此语之人在侧，观其形已皓首驼腰矣。乃使彼亦细听此数语，彼则潸然泣下，余亦为之败兴。（甲戌本第八回眉批）
>
> 过来人睹此，宁不放声一哭！（甲戌本第五回眉批）
>
> 少年色嫩不坚劳（牢）以及非夭即贫之语，余犹在心，今阅至此，放声一哭。（甲戌本第三回眉批）
>
> 读五件事未完，余不禁失声大哭，三十年前作书人在何处耶？（庚辰本第十三回眉批）
>
> 批书人领至此教，故批至此竟放声大哭，俺先姊仙逝太早，不然余何得为废人耶？（庚辰本第十七、十八回行间批）
>
> 非经历过如何写得出。壬午春。（庚辰本第十七、十八回眉批）
>
> 茜雪至狱神庙方呈正文，袭人正文标目曰：花袭人有始有终。余只见有一次誊清时与狱神庙慰宝玉等五六稿被借阅者迷失，叹叹！丁亥夏，畸笏叟。（庚辰本第二十回眉批）

读以上各条脂批，不是可以清楚地感到，它在感染和吸引着你去追寻曹家的家事和家世吗？

归根结底，《红楼梦》深入人心的作用，曹雪芹独特的百年家世和它的悲惨败落，曹雪芹的伟大天才和他的传奇般的身世，《红楼梦》的强烈的写实精神，脂批的不断透露往事和隐情，吸引着人们去追踪曹家……

以上种种，我认为就是"曹学"得以自然诞生的根本原因。

三、曹学诠议

我在前面指出，"曹学"的名词虽然是近年诞生的，但没有名词的实际的"曹学"，即对曹雪芹本人及其家世的研究，却是很久以前的事了。即使从 1921 年胡适、顾颉刚对曹雪芹家世研究算起，至今也已经有了七十年的历史了。因此，可以说，"曹学"的存在，并不依赖于这个名词。没有这个名词，人们照样作曹雪芹及其家世的研究。然而，这个名词的产生，却是有积极意义的，它标志着"曹学"的发展和壮大。有人说，这个名词是反对者骂出来的，如何能算作"曹学"的发展和壮大呢？我说：第一，创造这个名词和后来运用这个名词的人，并非都是贬义。余英时先生就曾声明："曹学这名词也许是因为我说的，但是我并不是反对曹学，我很尊重曹学。"[①]可见这个名词，还不能说是骂出来的。第二，对"曹学"抱反对态度的人也确是有的，但"曹学"之所以遭反对，正是因为它比开初不同了，它发展和壮大了，所以才有人反对它。试想，1921 年胡适、顾颉刚的时候为什么没有人反对？1931 年李玄伯发表《曹雪芹家世新考》，1940 年周黎庵发表《谈清代织造世家

---

① 海炯：《首届国际〈红楼梦〉研讨会情况综述》，《红学文丛·我读〈红楼梦〉》，第 373 至 374 页。天津人民出版社 1982 年版。

曹氏》，1943 年方豪发表《〈红楼梦〉考证之新史料》等等，为什么没有人反对？这是因为当时的曹学研究还没有在社会上产生很大的影响，因此也就没有人来反对它。现在却不同了，现在研究"曹学"这门学问的队伍大大壮大了，有关"曹学"的问题，从国内到国外都在议论了，于是也就有人起来讥讽和反对它了，这不是正好说明这门学问确实是成立了、发展了、壮大了吗？

那末，什么是"曹学"呢？它究竟包括些什么内容呢？

这个问题我认为并不难理解，简而言之，凡研究与曹雪芹有关的学问，都可以称之为"曹学"。例如：一、有关曹雪芹本身的问题，其中包括有关曹雪芹的身世、生平、生卒年、交游、创作等等。曾经有人问过我，关于曹雪芹究竟有些什么问题？我说，曹雪芹几乎可以说满身是问题，例如曹雪芹的父亲究竟是谁？曹雪芹生于哪一年，生在何地？死于那一年，死在何处？他的夫人是谁？他是哪一年开始写《红楼梦》的？八十回以后究竟还写了多少？他有哪些朋友，脂砚斋究竟是谁？等等，这些对于曹雪芹带有根本性的问题，至今还没有确切地解决。二、有关曹雪芹家世的问题。这个问题，也是包括着一系列的问题，例如：曹雪芹上世的籍贯究竟是丰润还是辽阳？曹家究竟是何时归附后金的？曹锡远究竟做什么官？究竟是什么原因曹家会与清皇室发生密切关系的？孙氏太夫人当年是如何进宫当康熙帝的保姆的？曹家的败落究竟是什么原因，曹頫枷号以后的情况怎样，曹寅的生母是否姓顾？等等等等。三、对与曹雪芹及曹家家世有关的种种文物的研究，包括对诰命、档案、卷轴、家谱、书籍、遗址、实物等问题的研究、也应该是属于"曹学"的范围以内。

有人说，"曹学"还应该包括《红楼梦》的版本学、探佚学、脂评学。

以上三个方面，我认为既与"曹学"有关，也与"红学"有关。

实际上，在"曹学"与"红学"之间，有一个"共有"地带存在着，因为它们两者之间是互相包容着的，也可以说"曹学"里头有"红学"，"红学"里头有"曹学"。怎么说呢？从对作者的研究来说，《红楼梦》是作者的创作，要研究作者，除了作者的家世、生平等等以外，当然还应该研究他的创作，研究前者，其目的也是为了研究后者。《红楼梦》既然是曹雪芹创作的，那末，当然"曹学"可以包容"红学"。但另一方面，从对作品的研究来说，为了知人论世，研究《红楼梦》这部作品，当然就必须研究这部作品的作者，何况这部作品的情节里，还描写到了与作者家世有关的部分。例如第一回开头"忽念及当日所有之女子，一一细考较去"，"欲将已往所赖天恩祖德，锦衣纨袴之时，饫甘餍肥之日，背父兄教育之恩，负师友规谈之德"，"编述一集以告天下人"。第十三回秦可卿的魂托梦凤姐说："如今我们家赫赫扬扬，已将百载，一日倘或乐极悲生，若应了那句'树倒猢狲散'的俗语，岂不虚称了一世的诗书旧族了。"此回甲戌本眉批说："'树倒猢狲散'之语，今犹在耳，曲指三十五年矣，伤哉，宁不恸杀！"第十六回凤姐说："说起当年太祖皇帝仿舜巡的故事，比一部书还热闹。"甲戌本此回回前有脂批说："借省亲事写南巡，出脱心中多少忆昔感今！"第五十四回贾母、薛姨妈、湘云等人听戏时，贾母"指湘云道，我像他这么大的时节，他爷爷有一班小戏，偏有一个弹琴的凑了来，即如《西厢记》的《听琴》，《玉簪记》的《琴挑》，《续琵琶》的《胡笳十八拍》……"。按：《续琵琶》是雪芹祖父曹寅的创作，今尚存抄本。以上各节均是《红楼梦》的故事情节，但写的都是作者的家事，则岂非"红学"里头包含着"曹学"？所以我说"曹学"与"红学"互相包容着。当然，我这样说，并非要把两者完全混同，而是说这两者有不可分割的关系，不宜把它们的界线搞得太绝对。应该承认它们是各有所重而又互相关联的，用句简单通俗的话来说："曹学"姓"曹"，"红学"姓"红"，互相关联，各有所重。

在总体上明了了"曹学"与"红学"的这种关系后，下面就可以说关于版本学、探佚学、脂评学这三者的问题了。先说版本学（认真来说，应该是抄本学）。研究《红楼梦》的早期抄本，除了行款、纸张、墨色、抄手、收藏这类的问题外，最主要的，当然是文字的异同，这就涉及了《红楼梦》的内容，例如"甲戌本"第一回"俄见一僧一道，远远而来，生得骨格不凡，丰神迥别"以下，较"庚辰本"及其他各本多出"说说笑笑"以下四百二十九字。大家知道，现有《红楼梦》早期抄本共十二种（其间各本存缺有所不同），各本之间文字的出入是很多的，我与冯统一君曾尽十年之功将这十二种抄本逐字逐句逐行排列校勘，出版了《脂砚斋重评石头记汇校》五巨册，约校阅共一千万字左右，因此深知其中的底细，试想版本的研究而深入到《红楼梦》的文字和内容的异同，难道这样的研究成果，不能称作是"红学"而只能称作是"曹学"吗？若然，那末其理由何在呢？

现在再说"探佚学"，顾名思义，这是研究《红楼梦》八十回以后的佚文和情节的，如庚辰本第二十回写李嬷嬷骂袭人的一段唠叨文字，有眉批云：

茜雪至狱神庙方呈正文……余只见有一次誊清时，与狱神庙慰宝玉等五六稿被借阅者迷失，叹叹！

丁亥夏，畸笏叟

庚辰本第十九回写宝玉私自至袭人家，袭人母兄忙着齐齐整整摆上一桌子果品来，但袭人还是觉得"总无可吃之物"。其下有双行夹批说：

补明宝玉自幼何等娇贵，以此一句留与下部后数十回

"寒冬噎酸齑，雪夜围破毡"等处对看，可为后生过分之戒。叹叹！

庚辰本第二十一回回首批云：

> 按此回之文固妙，然未见后三十回，犹不见此之妙。

庚辰本第二十六回写宝玉信步至潇湘馆，"只见凤尾森森，龙吟细细"，其旁双行夹批说：

> 与后文"落叶萧萧，寒烟漠漠"一对，可伤可叹！

按"脂砚斋重评石头记"抄本上，此类批语还有不少，这里不再一一引录。从上引批语，可以窥见《红楼梦》后部的情况，第二十六回的这条批，甚至还保留了后部"落叶萧萧，寒烟漠漠"八个字的原文。"探佚学"就是根据此类批语及其他线索，来研究《红楼梦》后三十回的情节以及人物的结局的。显然，"探佚学"是对"迷失"的或未完成的后三十回《红楼梦》的研究，这当然是一种带有特殊意义的研究。然而，无论如何，它总还是对《红楼梦》的研究，那么，岂不是它也应该算作是"红学"的一部分吗？

至于"脂评"，在我看来，更应该算作是"红学"的一个组成部分。其理由很简单：脂评是最早对《红楼梦》的评论和研究。脂评的内容比较复杂，评者也不是一人，但其中不乏精辟独到的见解，有些评语，即使在今天读起来，也仍能感到其见解的不一般。下面选两段评论宝玉这个典型形象的脂评，第十九回写"茗烟按着一个女孩子也干那警幻所训之事"一段，至宝玉说"可见他白认得你了，可怜可怜"以下，有一

大段双行小字批语:

按此书中写一宝玉,其宝玉之为人,是我辈于书中见而知有此人,实目未曾亲睹者,又写宝玉之发言,每每令人不解;宝玉之生性,件件令人可笑,不独于世上亲见这样的人不曾,即阅今古所有之小说传奇中,亦未见这样的文字。於颦儿处更为甚,其囫囵不解之中实可解,可解之中,又说不出理路,合目思之,却(恰)如真见一宝玉,真闻此言者,移之第二人万不可,亦不成文字矣。余阅石头记中至奇至妙之文,令(全)在宝玉颦儿至痴至呆囫囵不解之语中,其诗词雅谜酒令,奇衣奇食奇玩等类,固他书中未能,然在此书中评之,犹为二着。

再看十九回"没的我们这种浊物,倒生在这里"下,双行小字批云:

这皆宝玉意中心中确实之念,非前勉强之词,所以谓今古未〔见〕之一人耳。听其囫囵不解之言,察其幽微感触之心,审其痴妄委婉之意,皆今古未见之人,亦是未见之文字;说不得贤,说不得愚,说不得不肖,说不得善,说不得恶,说不得正大光明,说不得混账恶赖,说不得聪明才俊,说不得庸俗平〔凡〕,说不得好色好淫,说不得情痴情种,恰恰只有一颦儿可对,令他人徒加评论,总未摸着他二人是何等脱胎,何等心臆,何等骨肉。余阅此书亦爱其文字耳,实亦不能评出此二人终是何等人物。后观"情榜"评曰:"宝玉情不情,黛玉情情。"此二评自在评痴之上,亦属囫囵不解,妙甚。

　　大约上距我们二百三十多年前的脂砚斋，对贾宝玉这个艺术形象能作出这样的评论，应该说是独具只眼的。我认为在这两段文字中，已经鲜明地具有典型论的基本思想了。再看第二十回对麝月和晴雯的评以及同回对湘云的评。

　　庚辰本第二十回宝玉为麝月篦头，说晴雯磨牙的一段文字下，有双行小字批评麝月、晴雯：

　　　　闲〔关〕上一段儿女口舌，却写麝月一人。在袭人出嫁之后，宝玉宝钗身边还有一人，虽不及袭人周到，亦可免微嫌小猷等患，方不负宝钗之为人也。故袭人出嫁后云"好歹留着麝月"一语，宝玉便依从此话。可见袭人虽去，实未去也。写晴雯之疑忌，亦为下文跌扇角口等文伏脉，却又轻轻抹去。正见此时都在幼时，虽微露其疑忌，见得人各禀天真之性，善恶不一，往后渐大渐生心矣。但观者凡见晴雯诸人则恶之，何愚也哉！要知自古及今，愈是尤物，其猜忌〔嫉〕妒愈甚。若一味浑厚大量涵养，则有何可令人怜爱护惜哉。然后知宝钗、袭人等行为，并非一味蠢拙古版，以女夫子自居，当绣幙灯前，绿窗月下，亦颇有或调或妒，轻俏艳丽等说〔话〕，不过一时取乐买笑耳，非切切一味妒才嫉贤也，是以高诸人百倍。不然宝玉何甘心受屈于二女夫子哉！看过后文则知矣。故观书诸君子不必恶晴雯，正该感晴雯金闺绣阁中生色方是。（着重点笔者所加）

　　庚辰本第二十回写湘云说话咬舌，在"宝玉笑道，你学惯了他，明儿连你还咬起来呢"下面双行小字批云：

　　可笑近之野史中，满纸羞花闭月，莺啼燕语，除〔殊〕不知真正美人，方有一陋处，如太真之肥，飞燕之瘦，西子之病，若施于别个，不美矣。今见咬舌二字加以湘云，是何大法手眼，敢用此二字哉！不独〔不〕见〔其〕陋，且更学〔觉〕轻俏娇媚，俨然一娇憨湘云立于纸上。掩卷合目思之，其爱厄娇音如入耳内，然后将满纸莺啼燕语之字样，填粪窖可也。

　　以上两段脂批，前一段是说麝月是袭人一类的人，晴雯则"微露其疑忌"，因为"都在幼时"，"各禀天真之性"。就是宝钗、袭人，也"并非一味蠢拙古版，以女夫子自居"，在生活中，实际也有"或调或妒轻俏艳丽等话"的，所以他们"高诸人百倍"。后一段批语，实际是说，美人并不都是一个模子里刻出来的，倒是各有自己的特点甚至是缺点的，湘云的咬舌，是她的缺点，但又是她的特点，而且因为是美人咬舌，"其爱厄娇音"如闻，而俨然一个"娇憨湘云立于纸上"矣。

　　我们试仔细读读前引的这几段脂评，不是可以看到这部分脂评所反映的文艺思想，在当时应该说也是极为先进的了。至少在上引文字中，可以看到评论者已经朦胧地认识到艺术典型的问题了，他已提出了人物的个性化的问题了，而且他也接触到了艺术形象的性格的发展了。

　　远在二百多年前的脂砚斋评，已经闪射出近代文艺思想的火花来了，那末，我们说它是最早的"红学"，应该说是有根据的罢？说它不应专属"曹学"，也应该是有道理的罢？

　　那末，我说"曹学"与"红学"之间，存在着一个"共有"地带，有一些研究的门类具有"两栖"的性质，它既可以属"曹学"，也可以属"红学"。我再打一个比喻，假定说"曹学"与"红学"各自是一个圆圈的话，那末将这两个圆圈并列放在一起的时候，就可以有重叠的部

分，而版本、探佚、脂评就恰好都在重叠的部分里面。（见图）

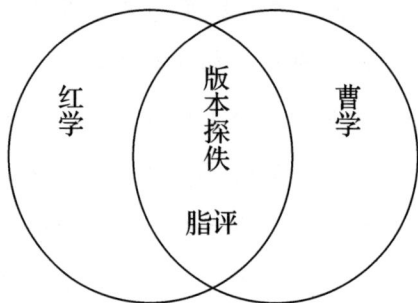

有人说，"曹学"主要是考证，一旦新材料没有了，考证也就无能为力了，那末，到这时"曹学"也就难以为继了。这一种想法，从表面来看，似乎是有道理的，但实则并不符合事实。第一，新材料何时冒出来，无法逆料。最近的十五年内，经我的手由我亲自发掘出来的新材料不算太少，其中有：1.《清太宗实录》卷十八，天聪八年甲戌（1634年）条："墨尔根戴青贝勒多尔衮属下、旗鼓牛录章京曹振彦，因有功，加半个前程。"2. 康熙二十三年（1684年）未刊稿本《江宁府志》中的《曹玺传》。3. 康熙六十年（1721年）刊《上元县志》中的另一篇《曹玺传》。4. 天聪七年（1633年）孔有德、耿仲明的满文本《乞降书》。5. 发现了河北省涞水县张坊镇沈家庵村北的五庆堂曹氏墓地。6. 康熙抄本《甘氏家谱》。7. 查出了《清太宗实录》、《清史稿》等书里有关五庆堂曹氏的人物如曹绍中、曹纯中、曹得功、曹得选、曹德先、曹仁先、曹义先等数十人（详见拙著《曹雪芹家世新考》）。此外，我还与吴恩裕先生一起证实了《石头记》己卯本残本是怡亲王府抄本。在此期间内，其他单位和研究者也有不少重要的发现，特别是故宫博物院第一历史档案馆新发现的曹家档案；大连图书馆新发现的曹家档案等，这对研究"曹学"无疑都是第一手的资料。

然而，以上这些由我发现的新材料和其他人发现的新材料，都是意外发现的。例如天聪八年条是我硬查出来的，因为我想也许《实录》里会有曹家的材料，因此就从头一本本一页页查起，终于查到了以上这条重要材料。康熙二十三年《曹玺传》的发现更有趣，这是我托好友清代经济史研究专家李华兄代查到的。他见到了原件后，因为他不研究《红楼梦》，不清楚这个《曹玺传》是否已知，他无意中告诉我这一情况，因为我请他代查有关曹家的资料（他每天去图书馆，我每天必须上办公室），所以他于闲谈中与我谈起，我立即就与他一起到北图去验看，结果发现这是从来没有人知道的一条珍贵材料。我们顺着这个线索又到科学院图书馆查到了康熙六十年的《曹玺传》，这又是一次意外的惊人发现。孔有德、耿仲明的满文本《乞降书》，是我在翻阅旧书时，从照片上发现的，起初没有注意是否与曹家有关，但我知道五庆堂三房是与孔有德有关的，一查《乞降书》译文，发现送书的人就是曹绍中，再从曹绍中的线索，又从《清史稿》等各种资料里查出了几十个曹家人物。我发现的其他方面的材料还有好多，这里不必一一细述。

上述情况说明，有关曹家的史料，散在各种书籍文献里，谁也不能说已经被搜罗净尽，当着上述资料尚未被发现的时候，这些资料各自散处在各地，谁也不知道它们的存在，待到它们出现，才使人们大吃一惊。最近几年没有新材料发现，其寂寞平静的情况，有点与我发现这些新材料之前的情况相像，但有谁能说今后就再也不会有新材料出现了呢？

特别要注意的是曹家是大清入关时的从龙旧伍，一百四十年的军伍和官僚家世，特别是康熙临朝以后，圣恩有加无已，曹玺、曹寅、曹颙三代一直是飞黄腾达，可以说结交半天下，冠盖皆亲朋，尤其是故宫档案并未彻底清查，曹家的档案很难说已经没有了，曹頫被枷号以后的下落至今不明，也很难说该案就是如此终局。要知道国内各地的文献资料是十分丰富的，这一点远不是海外学者同行所能想象的。举一个例子，去年我到上海博物馆参观冒辟疆文物展，居然看到了冒辟疆的小像、张见阳的小像，在后者的小像画页右上首就是曹铨冲谷的题诗，下面两页就是冒襄、毛际可、姜辰英、曹寅的题诗。特别引人注目的是曹铨冲谷的墨迹，过去从来没有人提到过，这回居然出现了。再有一件是董小宛的澄泥砚，背面刻"水绘园填词研，龙友为辟疆题并赠宛君夫人"共四行字。再有一件是《浮生六记》作者沈复三白画的"水绘园旧址"图。沈三白的画，也是世所希见。曹铨的墨迹和张见阳的画像、曹寅的题诗等等，可算是与"曹学"有点关系的，董小宛的砚台和沈复的画，当然与"曹学"不相干，但它是珍贵文物这一点是毫无疑问的，它居然在人们毫无思想准备的情况下出现了。由此可以推想，曹家这个一百四十年的望族，岂能说以后就不会有资料出现了。

第二，除新发现的材料外，以往发现的材料和旧有的许多文献资料也仍然需要进行研究和考证，并不是这些资料都已考证清楚，正确无误了，事实并不是这样。举例来说，前些年朱淡文女士写的《曹寅小考》、《曹宣小考》，所用的都是大家熟知的一些材料，但经过她的细心研究和考证，却得出了新的准确的结论。所以，退一万步说，即使新材料没有了，"曹学"的前途依然是广阔的，说句老实话，单是一个曹寅，也颇可供人们研究的了。所以那种认为新材料没有了以后，"曹学"就泉源枯竭了，没有发展前途了的看法，是一点根据也没有的。摆在我们面前的是大量的新材料和旧材料，都等着我们去用更审慎、更严肃认真的态度去研究它，去发现它们蕴藏的珍贵价值。

应该认识到，"曹学"的研究与"红学"的研究，是互相为表里的。"曹学"研究的深入，自然反过来会促使"红学"研究的深入，由此可见，"曹学"研究的前途，是辽远和广阔的，并无途穷之忧。

四、曹学的三阶段

世间任何事物，都有它的产生和发展过程，"曹学"也是有它的产生和发展过程的。我为"曹学"概括了两句话："生根在红楼，溯源到脂批。"第一句是说"曹学"的根子是扎在《红楼梦》书里的。第二句是说，是脂砚斋不断在批语里透露出曹家的家事和雪芹的身世来。

"曹学"如果要追溯它的历史，那末巧得很，它与"红学"又正好是同源，都是从脂批开始的。其实，在有清一代，还并没有什么"曹学"，只有因为阅读《红楼梦》而对其作者的一些传闻。例如乾隆五十七年（1792 年）刊本《随园诗话》卷二云：

> 康熙间，曹楝亭为江宁织造，每出，拥八驺，必携书一本，观玩不辍。人问："公何好学?"曰："非也。我非地方官，而百姓见我必起立，我心不安，故藉此遮目耳。"素与江宁太守陈鹏年不相中，及陈获罪，乃密疏荐陈。人以此重之。
>
> 其子雪芹撰《红楼梦》一部，备记风月繁华之盛。明我斋读而羡之。当时红楼中有某校书尤艳。我斋题云：
>
> 病容憔悴胜桃花，午汗潮回热转加；犹恐意中人看出，强言今日较差些。
>
> 威仪棣棣若山河，应把风流夺绮罗；不似小家拘束态，笑时偏少默时多。①

---

① 《随园诗话》卷二，第 42 页，人民文学出版社 1960 年版。

比上面这条材料的刊刻时间晚两年，周春在《阅红楼梦随笔》里说：

> 其曰林如海者，即曹雪芹之父棟亭也。棟亭名寅，字子清，号荔轩，满洲人，官江宁织造，四任巡监。……甲寅中元日，黍谷居士记。①

以上两条材料都把曹雪芹误为曹寅之子。与此同时的裕瑞，在《枣窗闲笔》里说：

> 《红楼梦》一书，曹雪芹虽有志于作百二十回，书未告成即逝矣。诸家所藏抄本八十回书及八十回书后之目录，率大同小异者，盖因雪芹改《风月宝鉴》数次，始成此书，抄家各于其所改前后第几次者，分得不同，故今所藏诸稿本未能划一耳。此书由来非世间完物也。……
>
> 曾见抄本卷额，本本有其叔脂砚斋之批语，引其当年事甚确，易其名曰《红楼梦》。……
>
> 雪芹二字，想系其字与号耳，其名不得知。曹姓，汉军人，亦不知其隶何旗。闻前辈姻戚有与之交好者。其人身胖头广而色黑，善谈吐，风雅游戏，触境生春。闻其奇谈娓娓然，令人终日不倦，是以其书绝妙尽致。……
>
> 其先人曾为江宁织造，颇裕，又与平郡王府姻戚往来。②

---

① 周春：《阅红楼梦随笔》，北京图书馆藏抄本。
② 裕瑞：《枣窗闲笔》，上海古籍出版社 1984 年影印本。

光绪年间梦痴学人的《梦痴说梦》则说：

> 《红楼梦》一书，作自曹雪芹先生。先生系内务府汉军正
> 白旗人，江宁织造曹练（楝）亭公子。嘉庆初年，此书始盛
> 行①。
>
> ——光绪十三年（1887 年）管可寿斋刊《梦痴说梦》

在清代，类似的材料还有，但大体也就是如此。这些记述，大都是正误参半，这正说明当时大家对曹雪芹还很不了解，因此这些记载既简略而还有错误。但从另一方面来说，也可以看到，由于《红楼梦》的深入人心，人们已经从多方面试图了解他了。

以上这一情况，可说是"曹学"产生之前的一个引子。

第一阶段：胡适与"曹学"

"曹学"的实际建立，我认为是从胡适开始的。胡适的《红楼梦考证》初稿，是 1921 年 3 月 27 日写出的，之后他就与顾颉刚通信讨论，到 11 月 12 日，写出改定稿。他与顾颉刚讨论的书信和顾颉刚的复信，现在都收在《胡适红楼梦研究论述全编》② 里，从中可以看到顾颉刚在考证曹雪芹家世上，也是作出了很大的贡献的。现在重读他们的这些通信，还能感受到他们当时搜求的辛苦和收获的喜悦。胡适当时对于曹雪芹家世研究的成绩，主要反映在他的《红楼梦考证》（改定稿）、《跋红楼梦考证》、《考证〈红楼梦〉的新材料》，另外还有《重印乾隆壬子本

---

① 转引自古典文学研究资料汇编《红楼梦卷》，第 15 页，中华书局 1963 年版。
② 《胡适红楼梦研究论述全编》，上海古籍出版社 1988 年版。本文所引胡适文字都出此书，以下不再注。

〈红楼梦〉序》、《跋乾隆庚辰本"脂砚斋重评石头记"钞本》等文章里，这些文章的时间是 1921 年到 1933 年。

为了对当时的"曹学"作一个历史的回顾，我只能采用摘录其结论性的文字的办法，以避免转述的失实。胡适当时对曹雪芹家世的考证，成绩是巨大的，影响也是深远的。他在《红楼梦考证》（改定稿）里说，"做《红楼梦》的考证"，可以"先从'著者'一个问题下手"。他为了考证曹雪芹，先考证了曹寅，他的结论说：

关于曹寅的事实，总结起来，可以得几个结论：

（一）曹寅是八旗的世家，几代都在江南做官。他的父亲曹玺做了二十一年的江宁织造；曹寅自己做了四年的苏州织造，做了二十一年的江宁织造，同时又兼做了四次的两淮巡监御史。他死后，他的儿子曹颙接着做了三年的江宁织造，他的儿子曹頫接下去做了十三年的江宁织造。他家祖孙三代四个人总共做了五十八年的江宁织造。

这个织造真成了他家的"世职"了。

（二）当康熙帝南巡时，他家曾办过四次以上的接驾的差。

（三）曹寅会写字，会做诗词，有诗词集行世，他在扬州曾管领《全唐诗》的刻印，扬州的诗局归他管理甚久；他自己又刻有二十几种精刻的书（除上举各书外，尚有《周易本义》、《施愚山集》等，朱彝尊的《曝书亭集》也是曹寅捐赀倡刻的，刻未完而死）。他家中藏书极多，精本有三千二百八十七种之多（见他的《楝亭书目》，京师图书馆有抄本），可见他的家庭富有文学美术的环境。

（四）他生于顺治十五年，死于康熙五十一年（1658—

1712)。

......

现在我们知道曹雪芹不是曹寅的儿子，乃是他的孙子。最初改正这个大错误的是杨钟羲先生。……他在《雪桥诗话》续集卷六，页二三说："敬亭（清宗室敦诚字敬亭）……尝为《琵琶亭传奇》一折，曹雪芹（霑）题句云：'白傅诗灵应喜甚，定教蛮素鬼排场。'雪芹为楝亭通政孙，平生为诗，大概如此，竟坎坷以终。敬亭挽雪芹诗有'牛鬼遗文悲李贺，鹿车荷锸葬刘伶'之句。"

这一条使我们知道三个要点：

（一）曹雪芹名霑。

（二）曹雪芹不是曹寅的儿子，是他的孙子。（下略）

（三）清宗室敦诚的诗文集内必有关于曹雪芹的材料。

敦诚字敬亭，别号松堂，英王之裔。他的轶事也散见《雪桥诗话》初二集中。他有《四松堂集》诗二卷，文二卷，《鹪鹩轩笔麈》一卷。他的哥哥名敦敏，字子明，有《懋斋诗钞》。

......

这四首诗（按：指上文所引敦敏《赠曹雪芹》、《访曹雪芹不值》，敦诚《佩刀质酒歌》、《寄怀曹雪芹》）中，有许多可注意的句子。

第一，如"秦淮残梦忆繁华"，如"于今环堵蓬蒿屯，扬州旧梦久已觉，且著临邛犊鼻裩"，如"劝君莫弹食客铗，劝君莫叩富儿门。残杯冷炙有德色，不如著书黄叶村"，都可以证明曹雪芹当时已很贫穷，穷得很不像样了，故敦诚有"残杯冷炙有德色"的劝戒。

第二，如"寻诗人去留僧壁，卖画钱来付酒家"，如"知君诗胆昔如铁"，如"爱君诗笔有奇气，直追昌谷披篱樊"，都可以使我们知道曹雪芹，一个会作诗又会绘画的人。最可惜的是曹雪芹的诗现在只剩得"白傅诗灵应喜甚，定教蛮素鬼排场"两句了。但单看这两句，也就可以想见曹雪芹的诗大概是很聪明的，很深刻的。敦诚弟兄比他做李贺，大概很有点相像。

第三，我们又可以看出曹雪芹在那贫穷潦倒的境遇里，很觉得牢骚抑郁，故不免纵酒狂歌，自寻排遣。上文引的如"雪芹酒渴如狂"，如"相逢况是淳于辈，一石差可温枯肠"，如"新愁旧恨知多少，都付酕醄醉眼斜"，如"鹿车荷锸葬刘伶"，都可以为证。

……

总结上文关于"著者"的材料，凡得六条结论：

（一）《红楼梦》的著者是曹雪芹。

（二）曹雪芹是汉军正白旗人，曹寅的孙子，曹頫的儿子，生于极富贵之家，身经极繁华绮丽的生活，又带有文学与美术的遗传与环境。他会做诗，也能画，与一班八旗名士往来。但他的生活非常贫苦，他因为不得志，故流为一种纵酒放浪的生活。

（三）曹寅死于康熙五十一年。曹雪芹大概即生于此时，或稍后。

（四）曹家极盛时，曾办过四次以上的接驾的阔差；但后来家渐衰败，大概因亏空得罪被抄没。

（五）《红楼梦》一书是曹雪芹破产倾家之后，在贫困之中做的。做书的年代大概是乾隆初年到乾隆三十年左右，书未完而曹雪芹死了。

（六）《红楼梦》是一部隐去真事的自叙；里面的甄、贾两宝玉，即是曹雪芹自己的化身；甄贾两府即是当日曹家的影子。（故贾府在"长安"都中，而甄府始终在江南。）

他在《跋〈红楼梦〉考证》一文里，据当时他新得的《四松堂集》付刻底本里的《挽曹雪芹（注）甲申》这首诗说：

这首诗给我们四个重要之点：

（一）曹雪芹死在乾隆二十九年甲申（一七六四）。我在《考证》说他死在乾隆三十年左右，只差了一年。

（二）曹雪芹死时只有"四十年华"。这自然是个整数，不限定整四十岁。但我们可以断定他的年纪不能在四十五岁以上。假定他死时年四十五岁，他的生时当康熙五十八年（一七一九）。《考证》里的猜测还不算大错。

关于这一点，我们应该声明一句。曹寅死于康熙五十一年（一七一三〈误，应为一七一二——庸〉），下距乾隆甲申，凡五十一年。雪芹必不及见曹寅了。敦诚《寄怀曹雪芹》的诗注说"雪芹曾随其先祖寅织造之任"，有一点小误。雪芹曾随他的父亲曹𫖯在江宁织造任上。曹𫖯做织造，是康熙五十四年到雍正六年（一七一五至一七二八），雪芹随在任上大约有十年（一七一九至一七二八）。曹家三代四个织造，只有曹寅最著名。敦诚晚年编集，添入这一条小注，那时距曹寅死时已七十多年了，故敦诚与袁枚有同样的错误。

（三）曹雪芹的儿子先死了，雪芹感伤成疾，不久也死了。据此，雪芹死后，似乎没有后人。

（四）曹雪芹死后，还有一个"飘零"的"新妇"。这是薛宝钗呢，还是史湘云呢？那就不容易猜想了。

上面，我们摘录了胡适关于曹雪芹家世考证的一些主要结论，这些摘录虽然还远不能反映他从 1921 到 1933 这十二年中的考曹成绩，只能算作是"管中窥豹"略见一斑。

尽管从 1921 年到现在，已经整整七十年了，但我们现在重读他当年的考曹文章，平心而论，应该说这些文章至今还未失去它的新鲜感。其中有些问题确实是他考错了，现在已经作出了新的结论，但有些问题至今仍在争论之中，胡适的论点，仍不失为争论中的一种见解。

从上引这部分最为简略的"结论"中，我们可以看出，胡适在曹雪芹家世研究上，确实作出了很大的成绩，奠定了"曹学"的基础。凡是关于曹雪芹家世的各个方面的问题，他大致都已经进行过探索，他搜集到一批极为珍贵的资料，他查阅了大量希见的抄本和刻本，如《四松堂集》付刻底本、《楝亭诗钞》、《有怀堂集》、《船山诗草》、《熙朝雅颂集》（即《八旗人诗钞》）、《雪桥诗话》、同治《上江两县志》、《嘉庆江宁府志》、《八旗氏族通谱》、《随园诗话》等等，特别是他还买到了《脂砚斋重评石头记》甲戌本，对此本作了深入的研究。他对《脂砚斋重评石头记》庚辰本和乾隆壬子刻本《红楼梦》即程乙本，也都作了深入的研究。上述这些书，现在已成为研究《红楼梦》的人常用常见的书了，但在当时发现这些书和实际找到这些书都是极不容易的事，其筚路蓝缕之功，自不可没。应该承认，《红楼梦》研究中的曹雪芹家世考证和《石头记》抄本考证，都是从胡适开始的。胡适确实是"曹学"的创始人和奠基者。

第二阶段：周汝昌、吴恩裕、吴世昌、
周绍良与"曹学"

一、周汝昌与"曹学"

如果说胡适是"曹学"的创始人和奠基者，那末，周汝昌就是"曹学"和"红学"的集大成者。胡适关于"曹学"和"红学"的研究成果都是用论文或书信或叙跋的形式发表的，他没有能用完整的构思写成专著，这是因为他的时代早，那时认真对《红楼梦》作研究还刚刚开始，许多珍贵的资料包括《红楼梦》的乾隆抄本，还刚刚陆续发现，因此还没有条件作完整的构思。周汝昌的情况恰恰相反，他一方面不断有"红学"和"曹学"的专题论文发表；另方面，也是主要的方面，是他写出了《红楼梦新证》这部具有整体构思的专著。之后，他又写出了《曹雪芹小传》这部传记，无论是《新证》也好，无论是《小传》也好。这都是当时"红学"或"曹学"领域里非常突出的成就。《新证》"种因"于 1947 年，初稿抄成于大约 1952 年，到 1953 年出版，1976 年改写再版。《小传》初版于 1964 年，改写再版于 1980 年，两书出版的时间，比起胡适的时代，晚了约二十年，因而他所见较多，客观上给他提供了一个全面思考的条件。

《红楼梦新证》初版四十万字，重订再版本八十万字，[①] 几乎涉及了有关《红楼梦》的全部问题，客观上成为此书出版以前《红楼梦》研究的一个总结。就与"曹学"有关的部分来说，第二章"人物考"，第三章"籍贯出身"，第四章"地点问题"，第五章"雪芹生卒"，第七章"史事稽年"，第九章"脂砚斋批"等等都是，当然在撰写此书的当

---

① 周汝昌：《红楼梦新证》，人民文学出版社 1976 年再版，以下所引文字不再注。

时，还并没有"曹学"与"红学"的区分，因此著者也不会把所谓的"曹学"与"红学"分开来写，即使是上举这几章，也是有部分地交织在一起的。

一部学术著作，最本质的东西，一是著者的识见，二是所用的资料。如果这两方面都是高超的，那末，这部书的学术价值自然是高的，反之，则自然是相反。我在上面所举的各章，其中尤其是二、三、五、七各章，就所用的资料来说，应该说是丰富而翔实的。当然《新证》重版至今，也已经十四年过了，这十四年中，就史料来说，也出现了不少重要的新资料，这部书里当然不可能包括这些，这部书不包括这些资料当然不是著者的过错。关键是不应当苛求他没有收录和运用当时还未发现的资料，而是要看他对已发掘的资料掌握得如何？其中有无经他努力而获得的新资料？从这一角度来看，这部书还确实称得上是资料丰富而翔实的。说它具有阶段性的标志也未尝不可。

本书在"人物考"一章里，考了曹姓的二十人，可以说是第一次对曹家的人物作了系统的考查，尽管比起现在所知的曹家人数，仍有所不足，但在当时已经是最完备的了。在本章里，值得一提的是对"曹宣"的考证。最早，这个"曹宣"是不存在的，当时被研究者叫作"字子猷，号筠石"的是"曹宜"。是在《新证》著者的缜密考证下，才把这个隐没了的"曹宣"找了出来，把"曹宣"与"子猷"、"筠石"这两个字号划分了开来，让它归还了"曹宣"。这个结论，在当时是一种预测或者叫推理，并不是实证，因而有不少学者表示怀疑。直到二十多年后由我发现了康熙二十三年未刊稿本《江宁府志》里的《曹玺传》，内有"仲子宣，官荫生，殖学具异才"，才算找到了实证，证明了周汝昌的推测完全正确。

本书的"史事稽年"一章，自明万历二十年（1592 年）起，一直到乾隆五十六年（1791 年）止，整整钩稽和排比了两个世纪的历史，这实在是难能可贵的。有人说，这部分占的篇幅太大，在全书不相称，像个大肚子，有人说简直是成了曹寅年谱了等等。我认为这些议论都不是事物的本质，说它是曹寅年谱也好，说它是清朝前期开国史要也好，都是有一定的道理的，这都是这一章内容的一部分，也正是它的有用之处，可以说是精华所在，著者的功力所在。如果研究"红学"或"曹学"的人真能通晓这两百年的种种史事，熟极而流，那末在理解这部《红楼梦》或理解曹雪芹这位伟大的文学家和伟大的思想家，那就自然与众不同了。我曾多次说过，曹家的发迹，是与后金的崛起和发展以及大清朝的勃兴同步的，认真读这一章，就会证实这一论点的可靠性。

当然，一部八十万字的著作，不可能没有缺点和错误，从我个人的见解来说，书中有一些论点我并不同意，例如曹雪芹的祖籍我就不同意书中"丰润说"的观点，其他不同的意见还有，但从这部书的整体来看，我仍认为它是标志着《红楼梦》研究的阶段性的一部著作。

周汝昌的《曹雪芹小传》，初版于 1964 年，1980 年改写重出，这是第一部有关曹雪芹的传记著作。大家知道，有关曹雪芹的上世的资料很多，唯独没有关于曹雪芹的资料，在资料极度贫乏的情况下，能写出一部曹雪芹的传记来，而且他是作为历史人物的传记来写的，而不是文学创作，这确是一件难能的事。这部《曹雪芹小传》，无疑也是当时曹雪芹家世研究的一个新成果。所以"曹学"研究和"红学"研究，从 20 年代初到 70 年代中，各自有了成部的专著，这标志着这门学术的飞速发展。

二、吴恩裕与"曹学"

在北京的"红学"界中，吴恩裕先生是唯一专门从事研究曹雪芹的，他著有《有关曹雪芹八种》、《曹雪芹的故事》、《有关曹雪芹十种》、《曹雪芹丛考》、《曹雪芹佚著浅探》① 等多种专著。1975 年我还曾与他合作研究过新发现的"脂砚斋重评石头记"己卯本，之后，在考曹研《红》的学术事业上，再也没有间断过我们的联系，直到他逝世。

应该说，在"曹学"的研究上，他的贡献是大的。

第一，他考证研究了与曹雪芹有关的一批重要资料，如乾隆抄本《四松堂诗钞》，乾隆抄本《鷦鷯庵杂诗》、《懋斋诗钞》稿本，《延芬室集》底稿残本，《绿烟琐窗集诗选》、《鷦鷯庵笔麈》等等，其中有的是他得到的，如乾隆抄本《四松堂诗钞》，有的是他经手收集而由国家收藏的，这批乾隆时期的抄本，对研究曹雪芹其人及《红楼梦》是非常重要的文献资料。如《鷦鷯庵杂诗》和《四松堂诗钞》两书中，都有《四松堂集》刻本未收的诗。如胡适收到的《四松堂集》付刻底本里的《赠曹芹圃（即雪芹)》一诗，它不见于刻本《四松堂集》，但在以上两种抄本中，却都有这首诗。诗云：

> 满径蓬蒿老不华，举家食粥酒常赊。
> 衡门僻巷愁今雨，废馆颓楼梦旧家。
> 司业青钱留客醉，步兵白眼向人斜。
> 何人肯与猪肝食，日望西山餐暮霞。

此诗第七句，《四松堂集》付刻底本作"阿谁买与猪肝食"，与此有异文。

又如《挽曹雪芹》这首诗，是考证曹雪芹卒年的重要资料，它不见于刻本《四松堂集》，初见于《四松堂集》付刻底本，诗题下原注明

---

① 吴恩裕：《曹雪芹丛考》，上海古籍出版社 1980 年版。《曹雪芹佚著浅探》，天津人民出版社 1979 年版。

"甲申"，此诗再见于《四松堂诗钞》，诗云：

挽 曹 雪 芹

甲申

四十年华付杳冥，哀旌一片阿谁铭。
孤儿渺漠魂应逐，（前数月伊子殇，
因感伤成疾）　　新妇飘零目岂瞑。
牛鬼遗文悲李贺，鹿车荷锸葬刘伶。
故人惟有青山泪，絮酒生刍上旧坰。

在《鹪鹩庵杂诗》里，也收有这首诗，并且还另外多出一首，第一首诗与上引《四松堂集》付刻底本及《四松堂诗抄》有异文，现一并迻录于下：

挽 曹 雪 芹

四十萧然太瘦生，晓风昨日拂铭旌。
肠迴故垄孤儿泣，（前数月伊子殇，
因感伤成疾）　　泪迸荒天寡妇声。
牛鬼遗文悲李贺，鹿车荷锸葬刘伶。
故人欲有生刍吊，何处招魂赋楚蘅。

开箧犹存冰雪文，故交零落散如云。
三年下第曾怜我，一病无医竟负君。
邺下才人应有恨，山阳残笛不堪闻。

他时瘦马西州路，宿草寒烟对落曛。

　　这三首诗，对于考证曹雪芹的卒年以及有关问题实在太重要了，它清楚地记录了雪芹晚年落魄病贫而死的实况。

　　另外，经吴恩裕先生发现后介绍给文化部购藏的爱新觉罗氏诗人永忠的《延芬室集》手稿本，也是一个极其珍贵的本子，其中有《因墨香得观红楼梦小说吊雪芹》绝句三首，诗云：

　　　　传神文笔足千秋，不是情人不泪流。
　　　　可恨同时不相识，几回掩卷哭曹侯。

　　　　颦颦宝玉两情痴，儿女闺房语笑私。
　　　　三寸柔毫能写尽，欲呼才鬼一中之。

　　　　都来眼底复心头，辛苦才人用意搜。
　　　　混沌一时七窍凿，争教天不赋穷愁。

　　在此三首诗的天头有瑶华道人弘旿的批："此三章诗极妙，第《红楼梦》非传世小说，余闻之久矣，而终不欲一见，恐其中有碍语也。"这三首诗，是最早题《红楼梦》的诗，也是考曹的重要资料。吴恩裕先生对上面这些资料都曾作过认真的研究。

　　第二，他考证研究了新发现的《脂砚斋重评石头记》己卯本。

　　在现存的十二种《石头记》早期抄本中，只有这个"己卯本"已经考明了它的抄主和它抄成的年代，它的抄主是康熙第十三子允祥的儿子弘晓。允祥封怡亲王，弘晓袭封怡亲王。这一结论是从这个残抄本避"玄"字、"祥"字、"晓"字的讳考出的，而且找到了北京图书馆善本室藏的《怡府书目》原件作为对证，此是怡亲王府的原书，上面同样有避"祥"字、"晓"字和"玄"字的讳,有了这个硬证,因而使这个考证结论可以确凿无疑。

大家知道,在曹家败落的前夕,雍正二年,雍正在曹頫的请安折上批谕:"你是奉旨交怡亲王传奏你的事的,诸事听王子教导而行。……除怡亲王之外,竟可不用再求一个托累自己。……若有人恐赫诈你,不妨你就求问怡亲王。况王子甚疼怜你,所以朕将你交与王子。……"上面这段批谕里的"传奏你的事的"这句话,究竟如何确切地理解,至今尚未解决。但从这整个批谕的全文来看,可以确知,从雍正二年起,怡亲王允祥与曹頫除了原有的关系之外,又加上了一层雍正钦赐的"传奏你的事的"关系。总之,怡亲王允祥与曹家是存在着一种特殊关系的。现在居然发现了怡亲王府抄录的己卯本《石头记》原抄本,那末,不能不令人揣测,这个抄本的底本,极有可能直接来自曹雪芹,极有可能是从手稿的原本过录的。虽然这一点不能作为确论,但也不能排除这种可能性。因此,仅仅是确定己卯本的抄主是怡亲王弘晓这一点来说,已经是《石头记》抄本研究上的一大突破了。

第三,他十分重视关于曹雪芹的民间传说和有关资料的搜集,在这方面可以说他用力甚勤。尽管学术界对吴恩裕先生发掘出来的《废艺斋集稿》等有关资料,至今尚无定论,且持保留态度的较多,有的研究者则是抱完全否定的态度。关于《废艺斋集稿》是否可靠,这当然只能实事求是,不能主观武断。一时弄不清楚的,可以留待以后从容探讨,不必忙于肯定或忙于否定。有些已确知不是曹雪芹的作品的(如"爱此一拳石"诗),当然只能加以否定。在学术事业上这种辨伪存真的工作是随时会遇到的,有时一时误信也很难免的,中国的古书画鉴定经常会遇到此种情况,所以我们决不能因为对有些作品的一时误信,就从此放弃或贬低这项工作。尤其不能把辨析不精的误信与有意作伪混为一谈,有意作伪,存心欺人欺世,当然是不能容忍的。但对吴恩裕先生来说,最多是偶有误信，决无其他。

吴恩裕先生在 1962 年还出版过一本《曹雪芹的故事》，从书名来看，这好像是本通俗读物，但其实不然，这是凝聚着他对曹雪芹研究的全部成果的学术性很强的一部书，而且文笔清丽，耐人细读。现在吴先生故去已十年，墓木已拱，回顾到他对"曹学"的贡献，自然令人缅怀不已。

三、吴世昌与"曹学"

吴世昌先生最著名的著作，是他在英国牛津大学任教时用英文写的《红楼梦探源》，此书可惜只有英文本，一直未翻译出版，只有他的《我怎样写〈红楼梦探源〉》一文，可资了解。吴先生于 1962 年回国，1980 年，出版了他回国后写的研究论文集《红楼梦探源外编》①。吴先生的主要研究，是《红楼梦》的版本，以及曹雪芹的生卒年，脂砚斋其人及脂砚斋评，曹雪芹的家世等等，吴先生对高鹗也下过很大的研究功夫，从他的这些研究成果来看，似乎主要是属于"曹学"方面。因为现在我们只能读到他的论文集，故我也采取摘录的方式，以介绍他的研究成果之十一。

（一）关于脂砚斋的研究

这是摘录《我怎样写〈红楼梦探源〉》一文中的第六、七两节：

脂砚斋是谁

脂评既然这样重要，大家当然急于要知道脂砚斋究竟是谁。要解决这个问题，只好仍从脂评入手。历来研究脂砚者都不问他的年龄，只好胡猜。所以我的工作是从他的年龄入手。

---

① 吴世昌：《〈红楼梦探源〉外编》，上海古籍出版社 1980 年版，以下所引不再注。

在脂京本（按：即庚辰本）中四十三条壬午年（1762 年）的评语里，他有时已署名"畸笏老人"，那时雪芹还只有四十多岁。上文说到他曾见康熙末次南巡（1707 年），假定其时他十岁左右（再小便记不清），则他生于 1697 年左右，到壬午已六十五岁左右，可以自称"老人"。他比雪芹可能大到十八至二十岁左右。康熙南巡由雪芹的承继祖父曹寅接驾，康熙即住在曹寅的江宁织造府中，府中事前修盖了行宫花园。脂砚这十岁上下的小孩子既然见到家人接驾，他也必是曹家的孩子。《红楼梦》小说中的人物，脂砚在评中透露，有许多他是认识的；其中故事，有许多他亲自知道的。例如王熙凤在尼姑庵中受了三千两银子的贿赂，害死了一对青年男女，还说她不信什么阴司地狱。脂评说："批书人深知卿有是心。叹叹！"又如第二十二回宝钗生日唱戏，贾母命凤姐点戏，脂评说："凤姐点戏，脂砚执笔事，今知者聊聊（寥寥），矣（奚）不悲夫！"第二十五回马道婆向贾母骗钱，满口胡说，脂砚在评中说："一段无伦无理信口开河的混说，却句句都是耳闻目睹者，并非杜撰而有，作者与余，实实经过。"此外，书中人物谈话，脂评常说，"亲见"、"亲闻"、"有是人"、"有是语"等等，有时他说明某事发生在"二十年前"、"三十五年前"等等。他和雪芹的关系密切，也可以从评中看出：有时他和作者开玩笑，有时自称"老朽"，命他改写故事（如秦可卿之死），雪芹写完了一部分，便送给他看，请他批评。有时他的批评倚老卖老，俨然是长辈的口气。例如第五回警幻仙子出场时，作者仿《洛神赋》体描写他的美，脂评说："此赋则不见长，然亦不可无者也。"由上种种证据，脂砚无疑是曹家人，是雪芹的长辈，而且深悉书中故事的背景。

脂砚斋是"宝玉"的模特儿

——是曹雪芹的叔父

（上略）下页曲文中"谁为情种?"一句旁脂评云："非作者为谁? 余又曰: 亦非作者，乃石头耳。"按此条极为重要，"亦非作者，乃石头耳"，则石头与作者正是二人，石头即宝玉，亦即批书人脂砚也。

又脂京本（按: 即庚辰本）第二十一回评云"谓余何人耶，敢续《庄子》"一条，续《庄子》者乃宝玉，而曰"谓余何人"，则批者之"余"即宝玉。

这样的证据，在评语中还有许多，在这里无需多举，只要说明两点就够了。一、"宝玉"不是雪芹自叙，作者用少年时代的脂砚为模特儿。二、脂砚呼曹寅长女（书中"元春"）为"先姊"，而雪芹为曹寅之孙，则脂砚是雪芹的叔辈。（下略）

（二）关于曹雪芹的家世和《红楼梦》的创作的研究

不平凡的经历使他深识"世人的真面目"。

文艺创造的主要条件之一是认识"世人的真面目"。然而这种经验，只有通过对比，而且往往是痛苦的对比，才能深切体会到。有了这种体会，才能理解生活，乃至进一步理解造成这种生活的社会因素。对比不外有两种: 由盛到衰，或由坏到好。"从小康坠入困顿"，是一个家庭没落的过程; 但家庭只是社会组织中的一个细胞，不能孤立存在，所以这过程必然显示出社会的变动。如果这家庭在它的社会中是有代表性的，则它的没落正表示这个社会的衰退。对个人来说，盛衰越悬殊，对比越强烈，则他所见到的"世人的面目"越显著，他的感受也越敏锐，越深刻。

《红楼梦》作者曹雪芹生长在号称盛世的清代早期，而实际上已是"水旱不收，鼠盗蜂起，无非抢田夺地，民不安生"（《红楼梦》第一回）的时代，而他自己"赫赫扬扬"的家族，也已经到了"末世"。在少年时即遭到抄没家产，"历尽离合悲欢，炎凉世态"。若以"对比"而论，则他们感受的生活上的盛衰悬殊，远较"从小康坠入困顿"的经验为显著。他少年时代尚未没落的家庭，代表当时的典型的封建官僚社会，尤为突出。因此，我们可以想象，当他的家庭不久衰败以后，从惨痛的切身经验中体会到"世人的真面目"，以及造成这些痛苦的各种社会因素，用文艺方式表达出来，自然也是十分深刻的。

为了更好地了解构成曹雪芹文艺思想的生活背景，我们有必要简述一下他的家世。

曹家上世住在辽东，满清入关时以汉军旗身份同时进来，即所谓"从龙"人物。曹雪芹的承继祖父曹寅（1658—1712）和清帝康熙（1654—1722）年龄相差不远，幼时曾伴康熙读书，又做过康熙的侍卫，因此康熙对他很信任，命他继任苏州和江宁（南京）织造的肥缺，有时又兼任更肥的两淮巡监御史。康熙五次（误，是六次——庸）南巡，有四次到南京时住在曹寅的织造府中。他平时又是康熙派在南京的情报人员——从当地官吏的好坏到每月天气的晴雨，苏、扬粮价的涨落，都得经常向康熙密奏。因为他为人也还正直，例如他不惜忤江苏总督满人阿山及太子允礽，冒险救获一个平日与他不合，然而清廉爱民，反对加税的江宁知府湘人陈鹏年，因此颇得清廷及地方人士的信仰。曹家素有文化修养。曹寅自己能诗能画，爱好戏剧，也写过传奇剧本，收藏善本书和字画，精刻罕见的书籍；除了他自刻的《楝亭十二种》以外，著名的《全唐诗》，清廷即命他主持校刊。由于上述种种原因，他隐然成为当时江南文人的领袖，一时名士如诗人陈维崧，朱彝尊，剧作家尤侗，乃至山西的考据家阎若璩等，都是他的朋友。曹寅的长女嫁与平郡王讷尔苏，次女嫁与一个康熙的侍卫，后来也袭了王爵。在这样富贵的家庭背景中，平常生活自极豪华奢侈，一方面既有高度文化修养的良好传统，另一方面又过着极端荒淫放荡的腐烂生活，而供给这一大家族浪费挥霍的，自然是靠对于民间的剥削："江宁织造"这官衔，用现在的话说，是南京全市丝织厂的总经理，受他剥削的大部分是女工。曹雪芹在十四岁以前尚在南京，有机会看到丝织厂中的劳动妇女，他小说中特别同情女孩子，很可能是由于他儿童时的实际生活中的体验而来。曹家也是大地主，在后来雍正把他们抄家的单子上，他们有田十九顷多，房四百八十三间。

　　曹雪芹的少年时代，就是生长在这样一个既有高度文化传统，又极端荒淫腐败的家庭之中。曹寅死后不久，寅子曹颙也死了，雪芹的父亲曹頫由康熙敕命承继曹寅为嗣子，以袭织造之职。雍正即位后五年（1727 年），曹頫被免去任职十三年的织造，次年春天被抄家，大部分财产籍没，曹家便移住北京。后来曹雪芹在北京以贡生出身，担任右翼宗学的"司业"（又称瑟夫，大概是教员）。宗学是专教满清宗室子弟的学校，因此雪芹在那里认识了宗室诗人敦敏、敦诚兄弟。后来他穷了，住在北京西郊村子中写《红楼梦》，二敦兄弟还常去看他，并且接济他。

从这些简略的事迹,可以看出雪芹一生的经历是极不平凡的。可以说,历史上很少有这样的作家,亲历过从极盛到极衰的生活。雪芹虽未及见其嗣祖曹寅,但他的流风余韵在曹氏家族中影响很大很久;而雪芹尤其深受此影响,则可以从许多方面看出来。就他的一生经验而论,从一个祖上曾接驾四次,皇帝常到那里做客的煊赫家庭,突然坠入困顿,甚至于穷到"满径蓬蒿老不华,举家食粥酒常赊"的地步,而就在此时,他们近亲如表兄福彭(讷尔苏之子,1726 年袭平郡王),表叔昌龄(曹寅之甥,傅鼐之子),依然是王公贵族,则他所看到的"世人的真面目"是十分清楚的。一部《红楼梦》,正是凭他独有的极平凡的人生经验,从他祖父的藏书中获得的渊博的知识和文艺修养,用他卓越的艺术天才所写出来的封建时代的"世人的真面目"。

(三) 关于曹雪芹的生卒年的研究

曹雪芹的生卒年问题,是 60 年代初红学界讨论得十分热烈的一个问题,但这个问题并非 60 年代发生的,早在 1947 年周汝昌提出"癸未说"就发生了。60 年代因为要纪念曹雪芹逝世二百周年,所以又重新讨论这个问题。后来,争论尽管是结束了,但问题并未解决,意见未能统一,而且至今也还未统一。我对这次争论是完全肯定的,我认为这才真正体现了学术上的民主精神。尽管没有得出结论,但争论一点也不是白费的,双方的激烈的争论,把许多人带进了这个学术境界里,而且懂得了分析问题的方法,懂得了资料的重要性,懂得了学术的问题来不得半点虚假,那种唯我独尊的主观学风,一点也没有用处。

在这次争论中,吴世昌、周汝昌、吴恩裕先生都是主要的论者,他们都是主张"癸未说"的,我当时没有写文章,但也是主张"癸未说"

的，发起争论的吴恩裕先生也是主张"癸未说"的。现在选录吴世昌先生的一段文章，以反映吴世昌先生关于这一问题的见解，同时也是"癸未说"的基本论点。

曹雪芹的生卒年

解决了"脂砚斋是谁"这个大问题以后，对于雪芹身世和《红楼梦》书中许多问题，都有很大帮助。其次要考察的，是雪芹的生卒年。他的卒年有两种说法：一说"壬午除夕"，一说"癸未除夕"。第一说根据1774年一条脂评，说他"壬午除夕泪尽而逝"。壬午除夕是1763年2月12日。但雪芹好友敦敏诗集有一首诗请他在癸未上巳前三日（1763年4月12日）去喝酒，可见他没有死。敦诚挽雪芹的诗是甲申年（1764年）初做的，诗中自注说："前数月，伊子殇，因感伤成疾。"可见雪芹的儿子在上年（癸未，1763年）秋冬之际死去，雪芹在上年得病数月，除夕去世。这个"除夕"是癸未除夕（1764年2月1日），不是壬午除夕。甲申春，敦敏也有一首吊雪芹的诗。周汝昌断定脂评中的"壬午"是误记，这是对的。照我的推算，脂砚在1774年已经八十多岁，记忆也不太好了，容易把干支的推算弄错。但"除夕"却不会弄错。胡适根据脂评，硬说敦诚的诗是隔了一年多才做的，他说："怪不得诗中有'絮酒生刍上旧坰'的话了。"胡适不认得"坰"字，他望文生义，以为即是"坟墓"。坰字其实只一个意义，即《尔雅·释地》所释："林外谓之坰。""旧坰"是说"乡下那个老地方"。因为雪芹住在郊外，死在郊外。胡适不懂得这句诗中的两个主要典故，"絮酒"，"生刍"，都是指新丧的吊唁

(见《后汉书》卷八十三《徐稚传》李贤注引谢承《"后汉"书》），这且不说。敦诚甲申年的吊诗自注明明说"（雪芹）前数月……感伤成疾"；怎么一个人在"前数月"得病，一年多前已死了？

确知雪芹卒年以后，则其生年可以用他卒时的年龄推算，敦诚的吊诗说他"四十年华付杳冥"，因此周汝昌认为他死时四十岁，生于雍正二年甲辰（1724 年）。如依此说，则曹家1728 年被抄后迁到北京时，他只有四岁。脂砚在甲戌（1754年）抄阅再评《石头记》，他只三十岁，脂砚共评此书八次以上，每次隔两三年（从第三次起，每次隔三年，即：丙子—己卯—壬午—乙酉）。依此推算至第六次。再评在1754，则初评在1751 或 1752 年。彼时雪芹已"披阅十载，增删五次"，则十年以前雪芹开始写此书只有十八岁，似乎不可能。这并不是说雪芹没有这样的早慧和天才，而是书中所表现作者的饱学，决不是一个二十岁以下的青年所能有的。从许多脂评，也可以证明这年龄是不可能的。便如第三十八回宝玉听说林黛玉要喝烧酒，"便令将合欢花浸的酒烫一壶来"。一条 1754 或更早的脂评说："伤哉！作者犹记矮䫎舫前，以合欢花酿酒乎？屈指二十年矣。"如曹雪芹生于 1724 年，则二十多年前他还不到一岁，大概不会酿酒；即使会，也是儿戏，不至于用在宴会上。又如第十三回秦可卿死时托梦给凤姐，有"树倒猢狲散"之语。脂砚在 1762 年一条评中说："'树倒猢狲散'之说，今犹在耳。屈指三十五年矣。哀哉，伤哉！宁不痛杀！"这一句成语，是曹寅活着时常说的，后来变成了谶语。他的文友施瑮在他死后怀念他的一首诗中说："廿年'树倒'西堂闭，不待西州泪万行。"自注说："曹楝亭公时拈佛语对坐客云'树倒猢狄散'，今忆斯言，车轮腹转……栋亭、西堂，皆署中斋名。"（《隋村先生遗集》卷六，第16页）脂评说三十五年前是1727年，即雍正五年，正是曹𫖯被黜之年，此时曹寅已死了十五年了，但其当年"对客佛语"，竟成谶语：这年曹𫖯免职"树倒"，次年春天被抄，"猢狲散"了。雪芹生于曹寅死后，当然没有亲闻曹寅此语，只是他父亲被黜时觉得奇祸将临，才又重复说着此语，他才听到。但如依周说，他生于1724年，则其时他才三岁多，决不能了解此语所含惨痛的意义。再看敦敏送雪芹的诗："燕下狂歌悲遇合，秦淮旧梦忆繁华。"又：明义的《读红楼梦》诗的序文："曹子雪芹出所撰《红楼梦》一部，备纪风月繁华之盛。盖其先人为江宁织府。其所谓'大观园'者，即今随园故址。"亦指雪芹所记为南京事。如果他在1728年被抄家后到北京时才三四岁，则决不能记得在南京时的什么"风月繁华"。可见敦诚诗中所谓"四十年华"，只举成数。事实上在诗中也不可能说明确数。我们可以推想雪芹离开南京时，年龄至少已十多岁。但不知确数。幸而在张宜泉的《春柳堂诗稿》中，有《伤芹溪居士》一首七律。题下自注说："其人素性放达，好饮，又善诗画。年未五旬而卒。"据此，我们可以推定他卒时大概是四十八九岁，但仍不能定为四十八或四十九。

我以为他卒时年四十九，所以生于康熙五十四年（1715年）。这一年曹寅的独子曹颙死了，曹寅更无他子以继袭织造一职，势必破产。所以康熙命曹宣之子曹𫖯继曹寅为嗣子，俾能继袭织造之职。雪芹名霑，是一个不常用的字。此字最初见于《小雅·信南山》："既霑既足，生我百谷"，是指上天的恩泽。扬雄《长杨赋》："盖闻圣主之养民也，仁霑而恩洽。"则引申为皇上的天恩。后来这个字几乎只有这个狭义的用法。如唐李邕被任为淄州令后的《谢上表》说:"雨露恩深,霈霈及于萧艾。"从雪芹命名为"霑",我们推想和这一年康熙敕令其父曹頫为曹寅嗣子,因而得袭此织造肥缺有关。其唯一解释,即雪芹之生,正在康熙敕令来到的前后,为了表示感谢皇上的恩泽,曹頫把他的新生儿子命名为"霑"。

吴世昌先生无论是对"红学"抑或"曹学",都是有卓越的贡献的,上面也只是介绍了他的成绩的十一。吴先生于 1986 年不幸逝世,至今忽忽也已将五年了,回忆当年吴先生论辩的气概,令人不禁有"江山空蔡州"之感。

四、周绍良与"曹学"

周绍良先生是老一辈的"红学"家,他在"文革"前,曾与朱南铣先生合作编写过《红楼梦书录》和《古典文学研究资料汇编〈红楼梦〉卷》,两书对于后来的"红学"和"曹学"研究影响甚大。

周先生的研究成果,见于他 1983 年出版的《红楼梦研究论集》。这本专集,实际上"曹学"的文章占多数,例如《关于曹雪芹的卒年》、《再谈曹雪芹卒年》、《敦诚〈挽曹雪芹〉诗新笺》、《雪芹旧有〈风月宝鉴〉之书》等等,还有多篇有关"红学"和"曹学"的重要资料的跋文等等。

周先生在曹雪芹的卒年问题上,是主张"壬午说"的。他在《关于曹雪芹的卒年》里说:

（上略）按"上巳"一词,原是指三月里第一个"巳"日,至于后来被人们固定以三月初三为上巳,只是习惯而已,

因之把三月初三代上巳固属通例，但也不能排斥诗人会用真的三月第一个"巳"日为上巳的可能。（下略）

　　我们还可以从较新的材料来证明上述论断。前面说过《四松堂集》中《挽曹雪芹》一诗，付刻底本编年是在甲申，现在我们还知道张次溪先生藏有《鹪鹩庵杂记》一册，这是一本比《四松堂集》为早的敦诚诗的结集，分体编排，其中所收没有他在乾隆三十九年以后的作品。可知这是敦诚中年编成的。它里面所载《挽曹雪芹》七律却不是一首而是两首（见前引），这显然是敦诚的初稿，应该是曹雪芹死去殡后不久写的。它到《鹪鹩庵杂记》结集时并为一首，也就是说到乾隆三十九年时尚未改写，仍然保存两首。这里，并没有标明是何年所作，根据这诗的前后排列次序，定为癸未所作，是可能的。至于从两首中选一首，而且对选出的一首作最后的文字润饰，这一定是较晚的事，即在乾隆三十九年以后，直到乾隆五十六年敦诚逝世，这一段时间里。而付刻底本《四松堂集》里"甲申"的编年，很可能是乾隆六十年他的堂弟宜兴在编辑遗集时所代加，当然也可能是敦诚自己所标注，但时间却必甚晚。一个人在几十年之后，对自己早年旧作的时间加以追记，难保其毫无错误。我们是比较相信乾隆三十九年曹雪芹的亲人明确指出的"壬午除夕"呢，还是相信曹雪芹的好友并未提到的"癸未除夕"呢？合之"上巳前三日"的解释，毋宁依照前说，要来得稳当些。

　　更就《懋斋诗钞》而论，现据北京图书馆所藏恩华藏本，它是一个稿本，中间曾经剪贴，内容已不完全可靠，已经有诗题与本诗分列两处的地方，所以要确认每一首诗是哪一时期的作品，无疑是困难的。如果只凭他的剪贴，只凭《小诗代简寄曹雪芹》的前第三首《古寺小憩》下注"癸未"二字,就断定《小诗代简寄曹雪芹》为癸未作品,则后面第四首《题画》明明是壬午年作品,又何以解说呢?故以此来论证曹雪芹之卒在"癸未除夕",显然是不够的。

从这样的证明,对各种材料都能讲得通而比较合乎情理,可以认为,曹雪芹之死在乾隆二十七年壬午除夕,是比较可信的。

第三阶段:当代的曹学

本章叙论的"曹学"三阶段,基本上是以时间的先后为序次的,但实际上这三个阶段,都是属于现当代,有的上限是现代,下限已是当代,如胡适,其他各位还都属当代。本章所以分叙周汝昌、吴恩裕、吴世昌、周绍良四位,是因为他们在年龄上是属年长,在成就上较为突出,所以单独分节叙论。本节所论当代的"曹学",从时间上来说,与前面所叙各位,虽略有先后,但大体也是并世的。故此节之所标当代的"曹学",并非把前节所叙的各位都放在前代或现代,只是为了叙述上可以重点突出,叙次分明而已。

大陆"红学"、"曹学"研究,除了有一批老一辈的专家外,还有相当大的一批中年和青年人的队伍,形成了"红学"研究的相当强大的阵容。在这个庞大的阵营里,也成长了一大批有突出成就的研究者。

此外,在浓郁的"红学"研究气氛中,也曾多次举行过规模宏大的"红楼梦文物展"。其中尤以1963年举行的纪念曹雪芹逝世二百周年的展览最为丰富精彩。这次展览印有展品目录一册,兹稍稍摘录其中部分展品的名目,以见其大概。简而言之,这次展览,实际上是一次"红学"和"曹学"的大展览。

（一）1963 年曹雪芹逝世二百周年纪念展览展目摘要

1963 年曹雪芹逝世二百周年纪念展，展品计有上千件。这里简要摘录五十件，以见一斑：

1. 五庆堂重修辽东曹氏宗谱（抄本）
2. 康熙六年曹玺祖父及祖母张氏封诰（北京大学图书馆藏）
3. 康熙十四年曹玺祖父及祖母张氏封诰（吴恩裕藏）
4. 雍正十三年曹宜母徐氏及生母梁氏封诰（吴恩裕藏）
5. 康熙万寿图（故宫博物院藏）
6. 江宁织造行宫图（历史博物馆藏）
7. 八旗满洲氏族通谱（北京图书馆藏）
8. 曹寅奏报地方大小事情折
9. 曹寅奏报熊赐履情况折
10. 李煦奏报曹寅病况折
11. 曹頫奏报继任江宁织造折
12. 内务府奏报为曹寅选择嗣子折
13. 曹玺进礼单（中央档案馆藏）
14. 曹寅进贡江南研花笺（故宫博物院藏）
15. 雍正批曹頫奏折（共四件，中央档案馆藏）
16. 雍正五年十二月二十四日抄曹頫家谕旨（中央档案馆藏）
17. 隋赫德奏报查抄曹頫家奏折
18. 内务府奏报查抄李煦奏折
19. 脂砚斋藏砚（吉林博物馆藏）

此砚系明代王穉登万历癸酉年（1573 年）制赠名妓薛素素的调脂小砚，有边款云"脂砚斋所珍之砚，其永保"十个字，砚底刻王穉登的一首诗："调研浮倩影，咀毫玉露滋。芳心在一点，余润拂兰芝。素卿脂研，王穉登题。"

20. 楝亭夜话图　张见阳绘（吉林博物馆藏）

21. 楝亭图　　第一卷纳兰成德题　北京图书馆藏

22. 楝亭图　　第二卷戴本孝作　　北京图书馆藏

23. 楝亭图　　第三卷恽寿平作　　北京图书馆藏

24. 楝亭图　　第四卷尤侗题　　　北京图书馆藏

25. 楝亭诗钞　曹寅撰　　　　　　北京图书馆藏

26. 楝亭十二种　曹寅辑　　　　　北京图书馆藏

27. 对牛弹琴图　石涛画曹寅书　　故宫博物院藏

28. 全唐诗　　　曹寅刊　　　　　薄一波藏

29. 懋斋诗抄　（原抄本）敦敏著　北京图书馆藏

30. 四松堂集　（原抄本）敦诚著　北京大学图书馆藏

31. 春柳堂诗稿　（刊本）张宜泉著　北京图书馆藏

32. 枣窗闲笔　（原抄本）裕瑞著　北京图书馆藏

33. 康熙南巡图　王石谷等画

34. 乾隆南巡图　中国历史博物馆藏

35. 脂砚斋重评石头记　（己卯本）　北京图书馆藏

36. 脂砚斋重评石头记　（庚辰本）　北京大学图书馆藏

37. 梦觉主人序本红楼梦　（甲辰本）　北京图书馆藏

38. 舒元炜序本红楼梦　（己酉本）　吴晓铃藏

39. 戚蓼生序本石头记（有正石印大字本）　北京图书馆藏

40. 乾隆钞百廿回本红楼梦稿　文学研究所藏

41. 程甲本　阿英藏

42. 程乙本　阿英藏

43. 雍亲王侧福晋汉装像　　故宫博物院藏

44. 康熙和妃像　　　　　故宫博物院藏

45. 乾隆慧贤皇贵妃像　　　故宫博物院藏

46. 纳兰成德像　　禹之鼎绘　　故宫博物院藏

47. 雀金呢　　故宫藏

48. 凫靥裘　　故宫藏

49. 点犀盉　　故宫藏

50. 匏器　　故宫藏

仅仅看看以上五十种展品目录，就可看到这个展览是何等的规模了。当时的展出是在故宫文华殿举行的，我去参观了，留下了难忘的印象。

（二）有关曹家档案资料的出版

除以上这些珍贵文物展览外，对于"曹学"研究来说，最重要的事情，莫过于公布曹家的档案资料了。1975 年和 1976 年，故宫博物院明清档案部曾经出版《关于江宁织造曹家档案史料》和《李煦奏折》两书，公布了曹、李两家给康熙所上的奏折，这对"曹学"研究，当然是一份珍贵财富。

这份曹家档案，经历了曹家三代四人，即曹玺、曹寅、曹颙、曹頫。从时间来说，从康熙十六年（1677 年）到雍正十三年（1735 年），前后跨越五十八年。共收档案一百八十二件，附录档案十三件。从这些档案的前前后后，我们也可以大致看到曹家由盛而衰直至抄家败落的一个缩影。从"曹学"研究来说，这些档案是极为重要的。例如曹寅病故，《苏州织造李煦奏请代管监差一年，以监余偿曹寅亏欠折》云：

（上略）曹寅七月初一日感受风寒，辗转成疟，竟成不起之症，于七月二十三日辰时身故。当其伏枕哀鸣，惟以遽辞圣世，不克仰报天恩为恨。又向臣言江宁织造衙门历年亏欠钱粮九万余两；又两淮商欠钱粮，去年奉旨官商分认，曹寅亦应完二十三万两零，而无赀可赔，无产可变，身虽死而目未暝。此皆曹寅临终之言。（下略）

又如《内务府奏请将曹頫给曹寅之妻为嗣并补江宁造折》云：

（上略）传旨谕内务府总管：曹颙系朕眼看自幼长成，此子甚可惜。朕所使用之包衣子嗣中，尚无一人如他者。看起来生长的也魁梧，拿起笔来也能写作，是个文武全才之人。他在织造上很谨慎。朕对他曾寄予很大的希望。他的祖、父，先前也很勤劳。现在倘若迁移他的家产，将致破毁。李煦现在此地，着内务府总管去问李煦，务必在曹荃之诸子中，找到能奉养曹颙之母如同生母之人才好。他们弟兄原也不和，倘若使不和者去做其子，反而不好。汝等对此，应详细考查选择。钦此。本日李煦来称：奉旨问我，曹荃之子谁好？我奏，曹荃第四子曹頫好，若给曹寅之妻为嗣，可以奉养。奉旨：好。钦此。等语。臣等钦遵。查曹颙之母不在此地，当经询问曹颙之家人老汉，在曹荃的诸子中，那一个应做你主人的子嗣？据禀称：我主人所养曹荃的诸子都好，其中曹頫为人忠厚老实，孝顺我的女主人，我女主人也疼爱他等语。（下略）曹荃诸子中，既皆曰曹頫可以承嗣，即请将曹頫给曹寅之妻为嗣，并补放曹颙江宁织造缺，亦给主事职衔。（下略）

以上两折，前一折真实地反映了曹寅临终时经济亏空的实况，后一折则反映了曹頫死后，曹家的内部矛盾，这类档案，对我们理解曹雪芹及其《红楼梦》是极有用处的。特别是曹家抄家前后的折子，可以清楚地看到康熙死后，曹家所处的"树倒猢狲散"的危险处境。因文长，兹不具录。

苏州织造李煦，是曹家的至亲，康熙已明言把他与曹寅看作"视同一体"，《红楼梦》研究家们则认为李煦一家，应是《红楼梦》一书的素材来源之一，认为就是《红楼梦》里说到的"四大家族"中的一家。李煦于雍正元年即遭到抄家，李煦也以七十多岁的高龄死于打牲乌拉。所以李煦一家的兴衰，也是值得研究者们重视的。

（三）新发现的曹家重要档案

除了以上两部重要的档案专集外，近年来，还陆续发现了几件有关曹家的重要档案。

1.《山西等处承宣布政使司阳和府知府曹振彦奏本》。①
该奏本云：

> （上略）行据应、蔚二州，阳和、怀仁、山阴、马邑、灵丘、广灵、广昌七县，各将顺治六年起至顺治九年十月终止，岁该夏秋税粮、马草、脚价等项钱粮完欠蠲荒数目、经征各官职名，册报到臣。其浑、朔二州，顺治六年因姜瓖叛乱，城破民屠，本年钱粮无向追征，止将顺治七年正月起至顺治九年十月终止数目造报到臣。（中略）顺治九年十二月初八日。山西等处承宣布政使司阳和府知府臣曹振彦。

---

① 见《红楼梦学刊》，1980 年第三期。

按这一奏本，是现今所有曹家档案中最早的一件档案。据这一奏本，可知顺治九年，曹振彦所任确是阳和府知府，过去有人认为曹振彦是任大同府知府，现在当然应依这个奏本为准。另外，奏本中直接提到"浑、朔二州，顺治六年因姜瓖叛乱，城破民屠，本年钱粮无向追征"云云，据此则约略可知当年姜瓖之乱的战争实况，"城破民屠"这句话，仔细参详，当然说的是官军，姜瓖不可能自己破城屠民。

2.《总管内务府为曹顺等人捐纳监生事咨户部文》。康熙二十九年四月初四日。①

该咨文云：

> 总管内务府咨行户部
> 案据本府奏称：
>
> 　　三格佐领下苏州织造，郎中曹寅之子曹顺，情愿捐纳监生，十三岁。
> 　　三格佐领下苏州织造，郎中曹寅之子曹颜，情愿捐纳监生，三岁。
> 　　三格佐领下南巡图监画曹荃，情愿捐纳监生，二十九岁。
> 　　三格佐领下南巡图监画曹荃之子，曹頫，情愿捐纳监生，二岁。
> 　　曹頫，情愿捐纳监生，五岁。
> 　　（下略）

按此"咨文"内新出现两个名字，一是曹颜，另一是曹頫。据朱淡文女士研究，曹颜就是"曹荃之子桑额，录取在宁寿宫茶房"。曹頫，就是

---

① 见《红楼梦学刊》，1984 年第一期，第 133 页。

曹荃的第二子小名骥儿，曹寅曾在诗、词中多次提到。至于这个"咨文"内所叙诸人的父子关系多有错乱，则不知何故。

3.《曹頫骚乱驿站获罪结案题本》。雍正六年六月二十一日。①

这个"题本"，对了解曹頫获罚以至于后来抄家情形，很有用处，现节录如下：

　　（上略）一起江宁织造府曹頫，督运龙衣进京，勘合内填用驮马十四匹、骑马二匹。每站除照勘合应付，外加马二十三、五匹不等，又轿夫十二名、杠夫五十七名。每州县送程仪、骡价二十四两、三十二两不等，家人、前站、管马、厨子等共银十两、十四两不等。俱交方姓经手。公馆中伙饭食、草料共钱二十余千、三十余千不等。等语。即审询由旱路送缎匹之江宁织造员外郎曹頫、杭州织造笔帖式德文、苏州织造乌林人麻色："你们解送缎匹于沿途州县支取马匹等物，理应勘合内数目支取，乃不遵循定例，于勘合外任意加用沿途各站马匹杠夫骡价银两草料等物，是怎么说？"据曹頫供："从前御用缎匹俱由水运，后恐缎匹潮湿，改为陆运驿马驮送，恐马惊逸，途间有失，于是地方官会同三处织造官员定议，将运送缎匹于本织造处雇骡运送，而沿途州县酌量协助骡价、盘缠。历行已久，妄为例当应付，是以加用夫马，收受程仪，食其所具饭食，用其所备草料，俱各是实。我受皇恩，身为职官，不遵定例，多取驿马银两等物，就是我的死罪，有何辩处"等语。笔帖式德文、乌林人麻色同供："我二人俱新赴任所，去年初经陆运缎匹，以为例当应付，冒昧收受，听其予备。这就是我们

_____

① 见《红楼梦学刊》，1987年第一期。

死期到了，又有何辩处"等语。讯问曹頫家人方三、德文舍人冯有金，麻色承差李姓家人祁住等，"巡抚塞楞额奏称：'沿途驿站所给银两俱系你们经手，每站给过若干，共得过银若干？'据同供：'沿路驿站所给银两俱系我们经手是实，所给数目多少不等，俱有账目可查'"等语。随将账目查看，内开曹頫收过银三百六十七两二钱，德文收过银五百十八两三钱二分，麻色收过银五百零四两二钱。（中略）应将员外郎曹頫革职。（下略）

这份档案，把曹頫获罚情况说得清清楚楚，至于此案的背景情况，自当深入研究，现在就有两种见解，一种认为雍正处置曹頫，纯系经济问题，没有任何政治因素，另一种认为，"骚扰"案本身就大有可疑，从种种迹象看来，很像是预谋，不是单纯的经济问题。我倾向于后一种看法。但究竟如何，还要看进一步的研究。

4.《刑部移会》。① 雍正七年七月二十九日。这是继雍正六年之后的又一个关于骚扰驿站案的档案材料，这同样是关于曹家的十分重要的资料。现将这份档案移录于下：

刑部为移会事。

江南清吏司案呈：

先据署苏抚尹（继善——庸按）咨称：奉追原任江宁织造曹寅名下得过赵世显银八千两一案，随经饬令上元县遵照敕追去后。今据该县详称："具详织造随（赫德——庸按）批开：前任织造之子曹頫已经带罪在京，所有家人奉旨赏给本

① 见《历史档案》，1983年第一期。

府，此外并未遗留可追之人。等情。"查曹寅应追银两，原奉部文在于伊子名下追缴。今一年限满，既据查明伊子曹頫现今在京，又无家属可以着追，上元县承追职名似应邀免。等因咨部。

本部以曹寅名下应追银两，江省既无可追之人，何至限满始行详报，明属玩延，行文该旗作速查明曹頫是否在京，并江省有无可追之人，咨复过部，以凭着追。仍令该抚将承追不力职名补参，并知会办理赵世显事务之王、大人等在案。

今于雍正七年五月初七日，准总管内务府咨称：原任江宁织造、员外郎曹頫，系包衣佐领下人，准正白旗满洲都统咨查到府。查曹頫因骚扰驿站获罪，现今枷号。曹頫之京城家产人口及江省家产人口，俱奉旨赏给随赫德。后因随赫德见曹寅之妻孀妇无力，不能度日，将赏伊之家产人口内，于京城崇文门外蒜市口地方房十七间半、家仆三对，给与曹寅之妻孀妇度命。除此，京城江省再无着落催追之人。相应咨部。等因前来。

据此，应将内务府所咨曹寅之子曹頫京城及江省家产人口，俱经奉旨赏给随赫德缘由，知会办理赵世显事之务王、大人等可也。

雍正七年七月二十九日。

关于骚扰驿站案的情况，在上面雍正元年折里已叙述得很清楚，至于是否另有幕后背景，则是深入研究的问题。现在这个雍正七年的"移会"却又给我们增添了新的信息：1. 是曹頫获罪以后被"枷号"，这是在这个咨文里第一次出现的。2. 曹頫被抄家后，北京的住房有"京城崇文门外蒜市口地方房十七间半"，这一处住房原先不知道，也是这份档案里提出来的。3. 因为曹寅生前曾得过赵世显银八千两，现因赵世显贪污罪发,奉文在曹頫名下追交,这一新的情况,也是这份"移会"提供的。4. 这一"追交"事件,是由苏抚尹继善"奉追"的,这一情况也是这一份"移会"里首先透露。我认为以上这些情况,对"曹家"的研究都是至关重要,第一条使我们想到《红楼梦》里《好了歌》"因嫌纱帽小,致使锁枷杠"的句子,末一条则使人想到后来的曹雪芹究竟有没有可能去到江南当尹继善的幕僚?截至目前,尚无一条材料可以正面证实此事,而眼前这条材料,却于此说很为不利。

(四)近年来"曹学"研究论著简介

近十多年来,无论是"红学"研究或是"曹学"研究,都是有很大的进展的,单就"曹学"来说,就出现了一批有较高水平的研究者和较高水平的专著或论文。其中如:

1. 朱淡文副教授对曹雪芹家世的研究,她重点在考证曹家人物及曹家败落的原因等等。她著有《曹寅小考》、①《曹宣小考》、②《曹頫小考》、《曹顒小考》、《曹顺小考》等人物考,还写过《吟红新笺》、《吟红再笺》、《吟红后笺》、《曹氏家族败落原因新论》等数篇研究早期《红楼梦》抄本以及曹家败落原因的专论。她的这些研究成果,已结集成为《红楼梦研究》一书,最近即将由台湾贯雅公司出版。另外,她还写有《红楼梦论源》一书,早已发稿,尚未出版。她的《曹寅小考》、《曹宣小考》等一系列文章,在学术界影响甚大,可以说是在近十多年来"曹学"研究上令人注目的成果。她在《曹寅小考》里论述了曹寅曾为康熙伴读的佐证、孙氏为曹寅生母可能性之探讨、曹寅的生母应是顾氏、曹寅和曹宣是异母兄弟、曹寅和曹宣的兄弟关系(不和)、西堂

---

① 见《红楼梦学刊》,1982 年第三期。
② 见《曹学论丛》,群众出版社 1986 年版。

和思仲轩——"友于兄弟"的象征等问题，对曹氏家属之间的内部矛盾，提出了一系列的新见解。她在《曹宣小考》里，论述了曹寅的生卒年、曹宣的生年、曹颀、曹颛非曹宣之子、曹宣长子曹顺——康熙所说的"不和者"、曹宣次子曹頔——"骥儿"、曹宣三子曹颜——茶上人桑额、曹寅曹宣兄弟关系的再探讨等问题，她在《曹颀小考》里，考证了曹颀生年、青少年时代的曹颀、曹颀升任内务府员外郎的年代、曹颀抄家原因、抄家之后的曹颀等问题。总之，在朱淡文副教授的深入研究下，对曹氏家族成员的情况，我们开始有了更深入更确切的理解，对曹氏家族之间的矛盾也有了新的认识和重视。

2. 吴新雷、黄进德教授合著的《曹雪芹江南家世考》。[1] 本书对曹家江南的史迹作了认真的调查考察，如书中《南京曹家史迹考察记》、《"香林寺庙产碑"和曹寅的"尊胜院碑记"》、《"朴村集"所反映的曹家事迹》、《曹寅与两淮盐政》、《曹雪芹家败落原因新探》、《"三汊河干筑帝家，金钱滥用比泥沙"》（关于扬州塔湾行宫的营建与曹家的盛衰际遇）、《怡亲王允祥与曹雪芹家关系蠡测》、《康熙与曹寅关系枝谈》各章，都深入地探讨了曹家的家世史事，是"曹学"研究的深入。

3. 孙逊教授的《红楼梦脂评初探》，[2]这是一部全面深入研究脂砚斋批语的专著，书中如《评者勾稽》、《评语透露了小说写封建家族衰亡史的讯息》、《评语提供了小说作者及其家世生平的有关线索》、《评语透露了小说八十回情节发展的大致轮廓》各章，都对脂评作了细致深入的研究，提出了新的研究成果。

4. 梁归智副教授的《石头记探佚》。[3] 这是一部有关《石头记》探佚学的专著，过去有过探佚的文章，但还未有专书，将探佚成果扩展成

① 吴新雷、黄进德：《曹雪芹江南家世考》，福建人民出版社1983年版。

② 孙逊：《红楼梦脂评初探》，上海古籍出版社1981年版。

③ 梁归智：《石头记探佚》，山西人民出版社1983年版。

一部专著，这是首创。书中如"探春的结局——海外王妃"、"史湘云嫁贾宝玉说"、"贾芸和小红"、"八十回后之贾元春"、"'一从二令三人木'之我见"、"贾宝玉真的'悬崖撒手'了吗"、"妙玉何去何从"、"刘姥姥救巧姐"、"'情榜'证情"等带有浓厚的悬念意味的论题，都是人们久思索解的问题，现在出以专书，则自然是探佚方面的一大进展。

5. 杨光汉教授的《红楼梦：一次历史的轮回》。① 杨光汉教授在1980 年《红楼梦学刊》第四期上发表了他的《关于甲戌本〈好了歌〉的侧批》那篇文章，在这篇文章里，他以犀利的目光，揭示了甲戌本上《好了歌》行间脂批的错位问题，从此以后，这个长期不得其解或错得其解的问题，才算得到了正解、确解。杨光汉的这一发现，启示人们对待脂批，也不能盲从盲信，不能一看到红色批语，便以为不容置疑。杨光汉教授那篇文章可贵之处，不仅仅是文章本身为我们解决了《好了歌》行间的脂批的问题，而且启示我们应以这种既重视而又审慎、又不盲从盲信的态度来研究脂批。杨光汉的这部专著，我看多半是可以属"曹学"范围的，例如《柳湘莲日后作强梁》、《论贾元春之死》、《释"一从二令三人木"》、《姽婳词的杜撰与林四娘的改塑》、《贾兰的虚名儿》、《曹雪芹重游南京考》、《脂砚斋与畸笏叟考》、《庚辰本几条批语校释》、《明义的题红楼梦绝句》、《红楼梦的版本》等等各章，都毫无疑问是属于"曹学"，这样也就占却了全书一大半的篇幅。所以本书的出版，从"曹学"的角度来看，也可以算作是"曹学"的一大成绩。

6. 陈毓罴、刘世德、邓绍基三位研究员合著的《红楼梦论丛》。② 三位著者都是著名红学家，这部《论丛》于 1979 年出版，此书共收十

---

① 杨光汉：《红楼梦：一次历史的轮回》，云南大学出版社 1990 年版。
② 陈毓罴、刘世德、邓绍基著：《红楼梦论丛》，上海古籍出版社 1979 年版。

三篇论文，其中主要是讨论曹雪芹卒年及佚著辨伪、画像辨伪的文章，实际上这也是一部"曹学"方面的著作。其中所收文章有《曹雪芹佚著辨伪》、《曹雪芹画像辨伪》、《关于曹雪芹卒年问题的讨论》（共五篇）等。在曹雪芹卒年问题的论辩中，三位作者是主张"壬午说"的，所以他们关于卒年问题的论文，可看作是"壬午说"的代表。我认为他们不同意"癸未说"也是有依据的，阅读这个集子里的文章可以对"壬午说"增加了解。本集里的两篇辨伪文章，也是具有代表性的。特别是画像辨伪。因为我曾三次目睹郑州博物馆的所谓陆厚信画的曹雪芹像，当时就曾质疑过，后来在北京历史博物馆开鉴定会，刘世德先生也是与会者，我一直认为此画像是利用旧画改作。三位的辨伪文章，鞭辟入里，更能使物无遁形。

7. 《北方论丛》编辑部编辑出版的《〈红楼梦〉著作权论争集》。1979 年，《北方论丛》连续发表了戴不凡先生的《揭开〈红楼梦〉作者之谜》、《石兄和曹雪芹》两篇基本否定曹雪芹对《红楼梦》的著作权的文章，从而开始了关于《红楼梦》的作者究竟是谁的大讨论。讨论的结果，否定曹雪芹对《红楼梦》的著作权的观点被否定了。其积极结果，就是这本论争集。其中除收录了戴不凡先生的三篇文章外，其他论争中有代表性的文章，如张锦池教授的《〈红楼梦〉的作者究竟是谁》，王孟白教授的《关于〈红楼梦〉著作权问题》，张碧波、邹进先教授合写的《"〈红楼梦〉旧稿为石兄所作"说驳议》，陈熙中、侯忠义先生合写的《曹雪芹的著作权不容轻易否定》，周绍良先生的《雪芹旧有"风月宝鉴"之书》，邓遂夫先生的《脂批就是铁证》，蔡义江教授的《脂评说〈红楼梦〉作者是曹雪芹》，刘梦溪研究员的《秦可卿之死与曹雪芹的著作权》等等，都是论争中的重要文章。因此，这本论争集，实质上也是"曹学"的一个专题论文集，它对于当时的"曹学"和"红学"都有很大的促进作用。

8. 中国曹雪芹研究会编，1986 年群众出版社出版的《曹学论丛》。
这是一部关于"曹学"的专刊，其创刊号有《曹学论丛》编委会写的
《愿曹学与红学比翼高翔》（卷头语），周汝昌的《为"曹学"呐喊》，冯
其庸的《关于曹雪芹的研究》，朱淡文的《曹宣小考》，徐恭时的《越地
银涛曹史寻》（曹家江南史话之四），林文山的《曹家顿落的原因和〈红
楼梦〉的题材》等文章。

9. 《红楼梦学刊》，红楼梦学刊编委会编，于 1979 年 9 月出版创刊
号，季刊。至今已创办首尾十三年，已出四十七期。这是研究《红楼
梦》的一个专刊，每期都是"红学"和"曹学"的文章都发，创刊号
上就有冯其庸的《〈五庆堂重修辽东曹氏宗谱〉考略》，吴恩裕的《新
发现的曹雪芹佚著和遗物》，陈熙中、侯忠义的《曹雪芹的著作权不容
轻易否定》，周绍良的《雪芹旧有〈风月宝鉴〉之书》等文章，第二期
有邓遂夫的《脂批就是铁证》，曹汛的《曹雪芹远祖世居沈阳新证》，张
书才的《曹𫖮任镶黄旗包衣旗鼓佐领》等文章。从该期起，还连续刊载
《江宁织造曹家档案史料补遗》，此项史料，选自台湾所印《宫中档康熙
朝奏折》，其中有关曹家档案共一百一十五件，分三期登完。

10. 《红楼梦研究集刊》，由红楼梦研究集刊编委会编，上海古籍出
版社 1979 年 11 月出版第一辑，不定期刊，已出十二辑。第一辑上的
"曹学"文章，就有俞平伯先生的《记"夕葵书屋〈石头记〉卷一"批
语》，戴不凡的《畸笏即曹𫖮辩》，黄笑芸的《脂砚记》，陈毓罴、刘世德
辑录的《蒙古王府本〈石头记〉批语选辑》，吴世昌的《论〈石头记〉
的'旧稿'问题》，蔡义江的《"警幻情榜"与"金陵十二钗"》，朱南
铣的遗作《关于〈辽东曹氏宗谱〉》，徐恭时的《有谁曳杖过烟林》（曹
雪芹和张宜泉在北京西部活动之断片）。在 1985 年 10 月出版的第十二辑
上，就有毛国瑶的《靖应鹍藏抄本〈红楼梦〉批语》，靖宽荣、王惠萍
的《靖本琐忆及其他》，徐邦达的《悼红影议》，刘东瑞、马志卿整理的

《文物专家谈陆厚信绘雪芹像》，河南省博物馆"曹雪芹画像"调查组的《关于陆厚信绘"雪芹先生"画像的调查报告》，程德卿的《揭开"曹雪芹画像"之谜的经过》，郝心佛的《揭开"曹雪芹画像"之谜》，张书才的《新发现的曹𫗴获罪档案史料考析》等。

以上，介绍了大陆上近十多年来"曹学"研究的情况，这些介绍，主要是就一些专著及几位在"曹学"研究上有突出贡献的研究者而言的，此外还有一大批主要是研究《红楼梦》本身，偶尔也涉及"曹学"的研究者，还有一大批"红学"专著，其中也有部分"曹学"研究的文章，这种情况，限于篇幅，本文无法——列举。从另一方面来看，也说明"曹学"研究所涉之面甚广，它与"红学"本身就是一种天然联系，是无法截然划分，使之不相干涉的。

此外，本人见闻究竟有限，在大陆上作"曹学"研究的人如此之多，即使是就专书而言，我也无法保证一无遗漏，凡有疏漏，只能容我续补。

略述我的"曹学"研究情况

1. 1977 年 7 月，我完成《论庚辰本》一书，1978 年 4 月，由上海文艺出版社出版。这是一本论述《石头记》早期抄本"庚辰本"的专书。我所以要写这本书，是因为当时正在重新校注《红楼梦》。搞一个新的校注本，第一件大事就是要决定用什么本子作底本。当时意见非常分歧，莫衷一是。有的主张用"戚序本"，有的主张用"梦稿本"，每次开会，几乎都要争论到面红耳赤。当时我主张用"庚辰本"，但是反对的意见颇多，其主要理由，是因为吴世昌先生在 1963 年就写出了《论脂砚斋重评〈石头记〉（七十八回本）的构成、年代和评语》（按：七十八回本即"庚辰本"）。吴先生在这篇文章里认为"庚辰本"是由四个本子（加上六十四、六十七回是五个本子）拼抄起来的，书上的"四

阅评过"和"庚辰秋月定本"等题记，是商人随意加上去的。吴先生
对"庚辰本"的这一评价，当然大大降低了"庚辰本"的价值，也因
此我们在决定新校注本的底本时，有的朋友就相信吴先生的意见而反对
我采取"庚辰本"的主张，当时如果不用"庚辰本"，那末就只能采取
"戚序本"或者"梦稿本"。其他就别无他择，但是俞平伯先生的校本是
以"戚序本"为底本的，我们无需再重复一遍，何况俞先生在校订过程
中，发现戚本问题较多，不得不改就"庚辰本"。而"梦稿本"也并不
是一个理想的本子，它抄定的时间决不能早于"庚辰本"，何况当时对
这个本子正在争论。因此，客观形势摆在我的面前是，如要坚持用"庚
辰本"作底本，必须澄清吴先生的许多错误论点，必须对他的那篇文章
展开讨论，只有"破"了他的那些强加在"庚辰本"上的错误结论，
还"庚辰本"以清白的早期的本来面目，它才能被采用为新校本的底
本。当时就有一位朋友直接对我说，你拿出文章来！在这样的情势下，
确实也只有拿出文章来，才有可能说服大家以接受我的主张，这就是我
写这本书的原因。

当初并没有想写一本书，只是想写一篇论文，谁知在写作过程中，
资料愈来愈多，问题愈挖愈深，因此不知不觉就写了十万字，形成了一
本小书。

我写这本书的主要目的，是为了论证"庚辰本"不是四个或五个本
子拼的，它的"四阅评过"和"庚辰秋月定本"等题记，是真实的历
史记录，是相当可贵的，它决不是什么商人随意加的。从而进一步论
证，这个本子的原底本，应该是雪芹生前的一个本子。庚辰是乾隆二十
五年，雪芹于乾隆二十八年癸未除夕去世，离此本底本的抄成首尾不过
三年，此后再也未见过底本纪年更比此本晚的，如"辛巳"、"壬午"、
"癸未"抄成的这样的题记。由此可见这个有"庚辰"纪年的《石头
记》抄本，确是弥足珍贵的了，何况它又是诸种早期抄本中最为完全的

一个本子（只缺六十四、六十七两回）。

在写作过程中，最使我兴奋和难以忘怀的是一系列的惊人的发现。在此之前，我与吴恩裕先生一起，已发现了"己卯本"是怡亲王府抄本，而且由于我无意中发现了"怡府书目"原件，上有怡亲王的图章，而在这个书目上，居然也同样避"祥"字、"晓"字的讳，与"己卯本"的避讳完全一样，这样，这个"己卯本"的真面目就被揭示出来了。我在写作本书时，又完全出乎意外地发现了"庚辰本"与"己卯本"的特殊的血缘关系，"庚辰本"上同样保留着避"祥"字的讳，保留着两本完全同样的行款、空行、错别字，特别是五十六回末保留着两本同样的"此下紧接慧紫鹃试忙玉"这多余的十个字，还有第十回正文，第十一回至二十回的总目，"庚辰"、"己卯"两本完全是由一个人的笔迹抄写下来的等等（详见拙著《论庚辰本》）。由于以上种种的发现，可以确证"庚辰本"与"己卯本"有着十分紧密的血缘关系，当时我认为是"庚辰本"从"己卯本"过录的。但我当时已注意到，这两个本子还有差异之处，我说："当然，在作了这样的推测以后，我们也还没有把矛盾全部解决。庚辰本的正文与己卯本的正文除上述这些情况外，还有差异之处，这就是句子中间往往庚辰本有个别的字或词（不是指整句的）与己卯本不一样，庚辰本这一类的异文究竟来自何处，在己卯本上同样查不出修改的痕迹……总之，在从己卯本到庚辰本的全过程中，我们还有这一个环节没有弄清楚。那末，我们还是先把这个矛盾揭示出来，留待大家来解决罢。"（见《论庚辰本》，第33、34页）

虽然"庚辰本"与"己卯本"的关系，还存在着若干未尽了解之处，"还有一个环节没有弄清楚"，但从整体来说，"庚辰本"与"己卯本"存在着最亲密的血缘关系这一点，已经是无可否认的了。这样，吴世昌先生对"庚辰本"最为致命的一个论点，即"庚辰本"是四个本子拼抄而成的论点就完全站不住了。

最后，我对"庚辰本"归结了五点，摘要如下：

（1）"庚辰本"是曹雪芹生前最后的一个本子。"庚辰"是乾隆二十五年（1760年），这时离开曹雪芹的去世只有三年了（曹雪芹死于乾隆二十八年癸未除夕，按公元是1764年2月1日）。截至现在，我们没有发现比这更晚的曹雪芹生前的改定本，因此，可以说这个"庚辰秋月定本"，是曹雪芹生前的最后一个改定本，也是最接近完成和完整的本子。

（2）这个本子是据一个完整的（内缺六十四、六十七两回）过录的"己卯本"过录的，它决不是用四个不同的本子拼凑起来的，它的过录者也不是"书贾所雇的钞者"。那末，"己卯本"的底本（这里不是指怡府过录的"己卯本"而是指己卯原本）又是什么呢？我认为它就是那个"乾隆二十一年五月初七日对清"的"丙子本"。这就是说，丙子、己卯、庚辰这三个不同的本子，最初是一个底本。丙子本经己卯冬月的重定和加批，就成为"己卯本"，并经人传抄了出来。"己卯本"又经庚辰秋月的重定，便成为"庚辰本"，又经人传抄了出来。这三个本子的原始底本，就是一直在脂砚斋和曹雪芹手里不断加批和重定的本子，正是由于这个原因，所以在这个庚辰本上，会保留丙子、己卯、庚辰这三个对于《红楼梦》来说具有重要的历史意义的纪年。这三个纪年汇集在这个本子上，决不同于从别本的转录，而是原来就是在这三个本子的共同祖本上的重要历史印记。

（3）这个本子上，保留了不少脂砚斋和畸笏叟等人长时期批阅本书时的署名的随记，和具有特殊意义的批语。这是此本的一大特点和优点，集中在"庚辰本"上的这些署名的脂批，是研究《红楼梦》的一批珍贵资料，由于它的存在，也增加了此本的重要性。这些批语，有力地说明了它的原底本，是直接从曹雪芹和脂砚斋的手稿本上抄下来的，它绝不同于后来那些辗转过录甚至加以大量删改增补的本子。

（4）"庚辰本"遗留的许多残缺的情况，虽然是一种缺陷，但对于我们研究这个伟大作家的创作思想、方法以及这部小说的修改过程等等，却又有它的好处。看曹雪芹的这部未完成的巨著，特别是看到他反复修改的地方和至今残缺之处，简直使你仿佛感到作者的墨渖未干，泪痕犹湿。因此，此本的残缺，对照那些后出的已经"完美无缺"的本子来说，恰好是一个对比，可以使人们知道，哪些地方曹雪芹生前并未补完，是后人续补的。这对于研究来说，也是至关重要的。

（5）这个抄本是仅次于作者手稿的一个抄本。这个本子上保留的"脂砚斋凡四阅评过"和"庚辰秋月定本"这两条题记，具有重要的历史意义，对于研究此书的成书过程和脂砚斋的批阅情况，是极为重要的第一手资料。毫无根据地宣布它是书商为了"昂其值"而"随意加上"去的，这是极不慎重的态度，必然会起到贬低这个本子的作用，对读者和研究者们，在认识上会造成混乱，因此上述这种错误说法，必须澄清。

总之，"庚辰本"是目前所有的《石头记》早期抄本中（其底本完成于曹雪芹逝世前三年，此抄本抄成于曹雪芹逝世后三五年间）的一个最完备的抄本（只缺六十四、六十七两回）。因此这也是最接近曹雪芹原著的一个《石头记》抄本。除此之外，就再也没有比这个本子更真实、更完备的本子了。因为其他各本（包括"甲戌本"）都经过程度不同的修改，已卯本虽未修改，但残缺将近一半，所以只有"庚辰本"，差可称为完璧。

以上，是我对《脂砚斋重评石头记》（庚辰本）研究的摘述。

2. 1978 年，我完成了《曹雪芹家世新考》。1980 年由上海古籍出版社出版。

我写《新考》，起因也是因为校注《红楼梦》。当时要准备写叙言，立即就碰到曹雪芹的籍贯、家世、生卒年等等问题。为了弄清这些问题，所以我决心从考证《五庆堂曹氏宗谱》下手，写一部《曹雪芹家世新考》。

《五庆堂曹氏宗谱》，1963 年曹展时已经展出，后经"文革"，又说此谱已丢失，幸好我从曹仪策先生处借到了此谱的原底本，得以进行研究。前后经历四年，所获极为丰富。

1963 年"曹展"以后，此谱一直未得到学术界的重视，有的人甚至认为是假的，为此，献出此谱的曹仪策先生，还曾在"文革"中受到冲击。当我决定要研究此谱，写出文章时，曹仪策先生特别高兴，他希望能够帮助他洗清这个不白之冤，还这部珍贵的《五庆堂曹氏宗谱》以历史的本来面目，使这部文献资料能在"红学"研究中起到积极作用。因此，我在《新考》里主要考证了《五庆堂曹氏宗谱》的可靠性。在考证过程中，进一步弄清了谱上数十名曹家人物的真实性，弄清他们的历史面貌和活动情况，从而又反过来证明了此谱的珍贵价值。从"曹学"的角度看，这是有关曹家的一份珍贵的文献资料。在写作《新考》的过程中，还发现了有关曹家的一批重要资料。如康熙年间的两篇《曹玺传》，《清实录》里的曹振彦资料，五庆堂曹氏墓地，康熙《甘氏家谱》（原抄本），等等。特别是关于曹雪芹的祖籍，通过《五庆堂谱》，通过《曹玺传》，通过辽阳的三块碑刻等等大量文献资料，证实了曹家的祖籍，应是辽宁辽阳而不是河北丰润。

3. 1982 年，我的《梦边集》由陕西人民出版社出版。此书主要收的是我的"曹学"论文。如：《曹雪芹家世史料的新发现》、《大金喇嘛法师宝记碑题名考》、《五庆堂重修辽东曹氏宗谱考略》、《曹雪芹的时代家世和创作》（读故宫所藏曹雪芹家世档案资料)、《影印〈脂砚斋重评石头记〉（己卯本）序》、《论〈脂砚斋重评石头记〉甲戌本"凡例"》等等。

4. 1983 年，香港三联书店出版了我的《曹雪芹家世·红楼梦文物图录》。此书共收照片七百七十余幅，凡有关曹雪芹家世及《红楼梦》文物的主要方面，大致都已收入，可以备"曹学"研究及"红学"研究时作直观之用。

此外，我还主编了《脂砚斋重评石头记汇校》，①　此书将十二种乾隆抄本《石头记》（红楼梦）逐行逐字逐句排列对校，可以对《红楼梦》早期抄本的异同一目了然。全书五巨册，约一千万字左右。另外去年还出版了由我和李希凡先生主编的《红楼梦大辞典》。②　全书一百八十余万字，凡"红学"及"曹学"有关的条目，都已收入，是目前"红学"辞典中规模最大的一部。在早些年，我还主持了新校注本《红楼梦》的校注，现此书已发行五百万部。另外，由我编纂的《八家评批红楼梦》，最近已由文化艺术出版社出版，全书三百五十万字。这是对清代评点派"红学"的一个总结。

以上就是我近十余年来所做的有关"曹学"及"红学"方面的工作，也算作是整个"红学"和"曹学"研究洪流里的一朵浪花吧。

五、几个争论的问题

大家知道，几十年来，在"红学"研究和"曹学"研究的领域里，积累了一批长期争论的问题。究竟有些什么问题呢？下面我作一些概述：

---

① 文化艺术出版社 1987 年版。
② 文化艺术出版社 1990 年版。

（一）籍贯问题

曹雪芹的祖籍问题，是历来争论问题之一。最早是从 1931 年开始的，那时有两篇文章，一是李玄伯的《曹雪芹家世新考》，他说，"曹寅与河北丰润之曹冲谷为同族兄弟"，"曹寅实系丰润人而占籍汉军"。另一篇文章，就是奉宽的《〈兰墅文存〉与〈石头记〉》。他说，"雪芹为江宁织造曹𫖳子，𫖳亦载《八旗满洲氏族通谱》，旗分且符"。然后在注文里引《通谱》说："曹锡远，正白旗包衣人，世居沈阳地方，来归年份无考。"这样"丰润说"和"辽东沈阳说"就同时发生了。

到了 1947 年，又有署名"守常"的《曹雪芹籍贯》一文，说："清未入关时，辽东汉人之归附者，多隶汉军旗籍。《红楼梦》作者曹雪芹即其一也。《皇朝通志》及《八旗世族通谱》皆谓其世居沈阳，而不知曹氏本籍河北之丰润焉。""观此（按：指尤侗《松茨诗稿序》），雪芹上世本为丰润人，其称沈阳，殆为寄籍。"之后，即有杨向奎给胡适的信，说："明末满人入关，丰润为必经之地，被掳人民必多。曹家或即在此时被掳为包衣，遂称沈阳人……汉军旗本为丰润人而说为东北人者，又有端方。端方姓陶，丰润城北人，后在旗，乃讹为沈阳。曹家或亦类此。"

胡适在引用了上面这封信后，说："我检读《松茨诗稿序》，才知道萍踪（即守常）先生读错了这篇文字。""这里并没有说曹寅（荔轩）是丰润人，只是说一位曹冲谷是丰润县人。""据《八旗氏族通谱》卷七四所说，曹寅的曾祖曹锡远'世居沈阳地方，来归年份无考'。我们只能说，曹雪芹的家世，倒数上去六代，都不能算是丰润县人。"

这里，从守常、杨向奎到胡适，可以说是这个问题讨论的第二个回合。前面二位都是主张丰润说，只有胡适，说得很干脆："曹雪芹的家世，倒数上去六代，都不能算是丰润人。"

1953 年，周汝昌的《红楼梦新证》出版，此书第三章"籍贯出身"的第一节，标题就是"丰润县人"。文章说：

现在我要替守常先生找一点证据，证明这个说法，不无道理。《楝亭诗钞》很有几首关于冲谷的诗。别集卷二叶一：《冲谷四兄归浭阳，予从猎汤泉，同行不相见；十三日禁中见月，感赋，兼呈二兄》，有句云："梦隔寒云数断鸿"，明以雁行喻兄弟。"二兄"指曹铨的哥哥曹钤，钤字宾及，同卷同叶另一诗题即曰"宾及二兄招饮……兼示子猷"，内有"骨肉应何似，欢呼自不支……却笑今宵梦，先输春草池"的话。《诗钞》卷二叶十七又有一诗，题曰"松茨四兄，远过西池，用少陵'可惜欢娱地，都非少壮时'十字为韵，感今悲昔，成诗十首"。第二首说："况从卯角游，弄兹莲叶碧。"第三首说："恭承骨肉惠，永奉笔墨欢。"第五首说："念我同胞生，旃裘拥戈寐。"这是兼忆子猷从军的话（《别集》卷三页七《闻二弟从军却寄一诗》可证）。第九首则说："伯氏值数奇，形骸恒放浪。仲氏独贤劳，万事每用壮。平生盛涕泪，蒿里几凄怆。勖哉加餐饭，门户慎屏障。"又卷四有《兼怀冲谷四兄》一诗，云："浭水不可钓，松茨闻欲荒。春风苦楝树，夜雨读书床。骨肉论文少，公私拂纸忙。"试看"卯角"、"骨肉"、"伯氏"、"仲氏"、"夜雨床"等，无一不是兄弟行的字眼；口气的恳挚，更不能说是泛泛的交谊。最可注意的是第三首两句。阎若璩这位大师在《潜邱札记》卷六，有一首《赠曹子猷》的诗，首二句说："骨肉谁兼笔墨欢，羡君兄弟信才难。"在第一句下便注道："令兄子清织造有'恭承骨肉惠，永奉笔墨欢'之句。"由此可证，被引用的两句，总不会是有他解而被我们误认作指兄弟的。如此，则曹寅和曹铨确有着"骨肉"的关系，自"丱角"为童时，便在一起"弄莲叶"，长大时"夜雨"连"床"而"读书"，这绝不是什么"同姓联宗"了。

尤侗的《松茨诗稿序》，除了"乃兄冲谷"、"信乎兄弟擅场"两语外，在篇末还有一句话，说："予既承命为序，而即以此送之；并寄语荔轩曰：君诗佳矣——盍亦避阿奴火攻乎？"阿奴火攻，本是周嵩的故事。《晋书》卷六十九《周𫖮》传上说（亦见《世说》卷中之上雅量门《周仲智条》）："𫖮性宽裕，而友爱过人。弟嵩曾因酒嗔目谓𫖮曰：君才不及弟，何乃横得重名？以所燃蜡烛投之。𫖮神色无忤，徐曰：阿奴火攻，固出下策耳。""阿奴"是晋人呼弟弟的口语，这也是兄弟间的典故，尤西堂引用，足见"乃兄"、"乃弟"等语皆非泛词了。……

曹雪芹的远祖，当是明永乐以后由丰润出关。是商贾离乡呢？还是仕宦谪戍呢？那就不好说了。

自从《红楼梦新证》出版后，曹雪芹的祖籍就都从丰润说。一直到1963年曹雪芹逝世二百周年纪念展览会上展出了《五庆堂重修辽东曹氏宗谱》后，曹雪芹的祖籍问题，又提出了异议。已故的朱南铣在他的遗作《关于〈辽东曹氏宗谱〉》[①] 里说：

曹雪芹一房的祖籍会不会也是丰润呢？这又不然。曹雪芹

---

① 见冯其庸著《曹雪芹家世新考》附录，上海古籍出版社 1980 年版。

一房的情况显然有所不同。曹雪芹系十四世，上溯至九世曹锡远，均与丰润无关。一般援引尤侗《艮斋倦稿·文集》卷一三的《松茨诗稿序》，认为曹寅与丰润人曹鼎望的儿子曹钤是兄弟。但曹寅本人在《楝亭诗钞》卷二有十首赠给曹钤的诗，其中第三首说："恭承骨肉惠，永奉笔墨欢。"明明指世俗联宗之意，否则"骨肉惠"怎么可以"恭承"？《楝亭诗别集》卷二有赠给曹钤的哥哥曹钊、兼示曹荃的诗二首，其中第二首又说："清谈舒泛爱，潇洒对宾时；骨肉应何似，欢呼自不支。"以"泛爱"称曹钊，以"骨肉"称曹荃，词义亦至清晰。由此看来，曹寅和曹钤等互认同宗（或者曹玺和曹鼎望等互认同宗），其中殆与曹士琦等和曹邦互认同宗相类，无非官场习气，在籍贯方面没有更多的内容。今谱载明了曹雪芹一家的房分，从曹锡远再上溯到三世曹智，均属辽东四房，并无来自丰润的痕迹。故就曹雪芹本人来说，固然是满族人，北京籍；若就曹雪芹上代来说，远至明初，祖籍仍是东北。

1975 年，我与李华先生一起发现了康熙二十三年未刊稿本《江宁府志》卷十七"宦迹"里的《曹玺传》和康熙六十年刊《上元县志》卷十六《人物传》里的《曹玺传》。在前一篇传里说：

曹玺，字完璧。宋枢密武惠王裔也。及王父宝宦沈阳，遂家焉。

在后一篇传里说：

曹玺，字完璧。其先出自宋枢密武惠王彬后。著籍襄平。

大父世选，令沈阳有声。

这是两篇极为重要的曹家的家世文献。这两篇传记的重要性，一、它是曹家鼎盛时期和败落以前写出来的，第一篇的时代是曹玺、曹寅都在的时期，第二篇的时代是曹頫当织造的时代，尚未抄家败落。二、这两篇传记就是在江宁写出来的，对曹家的情况一定很熟悉，而且很有可能是经曹家看过的，因为，纂修者江宁知府于成龙和上元知县唐开陶与曹玺和曹頫都是同时在江宁做官的，他们不可能没有来往，因此就不可能不看到这个传记，因而也就不可能在祖籍问题上随便别人瞎写。所以我认为这两篇传记的历史价值是很高很高的。

现在可以让我们来排比一下史料了。

一、《八旗满洲氏族通谱》：曹锡远，正白旗包衣人，世居沈阳地方，来归年份无考。

二、康熙二十三年未刊稿本《江宁府志》卷十七《曹玺传》："曹玺，字完璧，宋枢密武惠王裔也。及王父宝宦沈阳，遂家焉。"

三、康熙六十年刊《上元县志》卷十六《曹玺传》："曹玺，字完璧。其先出自宋枢密武惠王彬后。著籍襄平。大父世选，令沈阳有声。"

四、吴蔡之《吉州全志》卷三《职官》：知州——国朝、顺治："曹振彦，奉天辽东人，七年任。"

五、嘉庆《山西通志》卷八十二《职官》：吉州知州"曹振彦：奉天辽阳人，贡士，顺治七年任"。

六、《敕修浙江通志》《职官》十二，国朝职官姓氏、文职下：都转运盐使司盐法道："曹振彦，奉天辽阳人，顺治十二年任。"

七、《楝亭诗钞》：千山曹寅子清。

（余略）

以上所有的地方志里有关曹家的记载，都是"奉天辽阳"或"沈阳"，至今绝无一处是说丰润的。连康熙三十一年曹鼎望等人修的《丰润县志》，康熙九年曹鼎望等人修的《浭阳曹氏族谱》两书，都只字未提到曹雪芹家的任何人。也就是说，所谓的"丰润说"，不是历史文献的记载，而是靠对某些诗句的分析分析出来的。而这种分析，又各有不同，如上述周汝昌的分析与朱南铣的分析就截然不同。

我摆出来了这么多的资料，两说依据的丰富和空白，恰成对照，那末我们究竟何所依从呢？我认为我们不能对那末多的历史资料一概不信而偏偏去相信毫无文献依据的仅仅凭分析出来的"结论"。

（二）卒年问题

曹雪芹的卒年问题，也是长期以来一直争论的问题。

1928 年，胡适发表《考证〈红楼梦〉的新材料》，他据他所得的甲戌本批语："壬午除夕，书未成，芹为泪尽而逝。余尝哭芹，泪亦待尽。"提出了曹雪芹死于壬午（乾隆二十七年）除夕（公元 1763 年 2 月 12 日）的说法。

1947 年，周汝昌发表《〈红楼梦〉作者曹雪芹生卒年之新推定》一文，他据新发现的敦敏《懋斋诗钞》里的《小诗代简寄曹雪芹》一诗，考定曹雪芹应死于癸未。因为这首《小诗代简》是写在癸未年的，诗中还约曹雪芹于"上巳前三日，相劳醉碧茵"，则可见癸未年的春天雪芹还在。另外，《四松堂集》付刻底本有《挽曹雪芹》一诗，题下自注"甲申"。

此诗第三句下有原注："前数月，伊子殇，因感伤成疾。"联系前后资料，则可知雪芹于癸未下半年殇子，感伤成疾，除夕病故，甲申岁首，故有敦敏挽诗，诗中"哀旌一片"、"孤儿魂逐"、"新妇飘零"、"鹿车荷锸"等语，皆是新丧，并非首尾三年的语气。

　　"壬午说"对此驳之甚力，一是认为"壬午除夕"脂批不可怀疑，二是认为《懋斋诗钞》并未严格编年，三是认为《小诗代简》可能作诗时敦敏尚不知雪芹死信，四是认为不能对"壬午除夕"只信其"除夕"两字，不信其"壬午"两字。五是他们认为雪芹壬午除夕死，癸未停枢一年，甲申岁首埋葬，挽诗是送葬时所写，也有说是雪芹壬午除夕死，癸未埋葬，甲申挽诗是上坟时写的，坟已隔年，故云"旧垧"。

　　除以上两说外，1980年，又有梅廷秀的"甲申说"。梅廷秀在1980年《红楼梦学刊》第三期上发表《雪芹卒年新考》。他认为"壬午说"的产生，完全是胡适断错了脂批的句子，实际上这段批语是一条"复合批"，是由三条批语合抄而成的。他说"按照原来的样子，'泪笔'批语应是这样"：

　　　　能解者方有辛酸之泪，哭成此书。壬午除夕。
　　　　书未成，芹为泪尽而逝。余尝哭芹，泪亦待尽。每意觅青
　　埂峰再问石兄，余（奈）不遇獭（癞）头和尚何！怅怅！
　　　　今而后，惟愿造化主再出一芹一脂，是书何本（幸），余
　　二人亦大快遂心于九泉矣！

　　　　　　　　　　　　　　　　　　　甲午八月泪笔

　　按照上面这样把批语析为三条后，"壬午除夕"就是第一条批语的记年，就不能再与"书未成，芹为泪尽而逝"连读，这是互不相干的两段话，这样既不存在雪芹壬午除夕去世的事，同样也不存在癸未除夕去世的事。依照敦敏挽诗作于甲申，夕葵书屋批语末署"甲申八月泪笔"（可正甲戌本上此条作"甲午"之误），敦敏《小诗代简寄曹雪芹》属癸未记年，则证明癸未雪芹尚未去世，敦敏《河干集饮题壁兼吊雪芹》在《懋斋诗钞》中次于癸未年后的春天，当属甲申。开头两句"花明

391

两岸柳霏微，到眼风光春欲归"，则显然是暮春季节。综合以上各点，梅廷秀认为雪芹应卒于甲申春天，也即是乾隆二十九年（1764 年）春天。

1981 年《红楼梦学刊》第二期，发表徐恭时的《文星陨落是何年》，考证曹雪芹的卒年，也是提出"甲申说"，并且指出是甲申年的仲春，与梅廷秀的看法一致。另徐恭时于 1967 年底已指出："'壬午除夕'也是评语系年，过去认为是曹雪芹卒年的根据，实际是评语被删并致误，笔者另有考证。"

以上是曹雪芹卒年问题的三种主要看法，我过去比较倾向于"癸未说"，原因就是因为觉得"壬午除夕"是孤证，且脂批虽然重要，但其中因过录人的水平不高，错抄误抄断简甚多，不能对它笃信到迷信而不疑。相比之下觉得"癸未说"要圆通得多，但也仍有窒碍之处，及至"甲申说"出，似有左右逢源之感，雪芹卒年，庶或得之矣。

（三）画像问题

近年来，对郑州博物馆藏陆厚信画传为《曹雪芹小像》的那幅画像，进行过非常热烈的讨论和争论，1983 年 3 月 28 日，还由中国博物馆学会在中国历史博物馆举行过"曹雪芹画像调查报告会"。我于 1980 年 10 月在郑州三次仔细看过这幅画像，后来并写出了我的意见。历史博物馆的调查报告会我也参加了，但我没有参加争论。郑州博物馆的调查报告后来公开发表了，可以说是真相大白了。因此，我现在可以不必把各家的主张都陈列出来了。这里只是谈谈我个人的观感以及介绍郑州博物馆的调查结论。

1. 我个人的观感
我于 1981 年写过关于这幅画像的意见，现在引录如下：

关于郑州博物馆收藏陆厚信画的"曹雪芹画像"，1975 年 5 月 17 日，我与刘梦溪、文雷先生曾写信问郭沫若院长的看法，很快就得到了他的回信，回信说："冯其庸、刘梦溪、文雷三位同志：17/V 信悉。关于'雪芹'的画像，我也是怀疑派。扇面我看过，尹望山诗集刊本我已看过，我偏向于此一'雪芹'是俞瀚的别号。《壶山诗钞》不曾见过，陆厚信亦不知何许人。画像很庸俗？曹雪芹的面貌可从其诗文中考见否？敬礼！郭沫若。28/5/1975。"去年 10 月我到郑州，曾三次看了这张画像的原件，并看了收购时的单据，郭老给他们的两封信，听博物馆同志讲了收购的情况和后来调查的情况。我是带了放大镜去的，所以对画像看得比较仔细，我的印象，此画头部四周水晕皴擦痕迹十分明显，水痕上边直至手部，面色呈黄底黝黑色，眉眼均经重勾，尤其是眼，重勾笔触甚明显，嘴上髭须亦系重勾醒笔，因面色黝黑，故粗看不易看出髭须。后颈部露出两次勾填痕迹，现前面颈部为深黄褐色，但在此颈部之后，还有一道浅黄色。前面深褐黄色之颈部小于圆领，至有圆领大颈小，颈领两部分不接之感，后一浅黄色颈部，则与圆领相接，此为明显的改制痕迹。此画与左边尹继善题诗为一张整纸对折，中间未切开，纸色两面都一样。此画左上端题字，第一行第一字"雪"字墨色特重。与第四行末一字"雪"字，写法完全一样，几同印出。题字中有四字挖改（"风流儒雅"四字——庸）。

据博物馆杨爱玲、武志远两位说：此画原是 1963 年由商邱郝心佛卖出来的。他（武志远）到商邱去调查了陆润吾和郝心佛。陆润吾处去了三次，陆是一贯造假画的。陆已不大能说话，开始见到此画时很惊讶，后经说明来意后就稍为安定。问陆此画是真是假，陆用一手按往画像头部，一面摇手，他的老伴和儿子在侧给他解释手势说，这画是假的，是他造的。据陆的手势来看，他是指头部是假的（经他改伪的），其他部分不是他造的。问他这画是否是他卖出去的，他起来揭开墙上的纸条，露出"要买汉砖找郝心佛"的字来，他指出这郝心佛三字给他们看，恰好这画是从郝心佛手里买来的。但这一点事先并未告诉陆润吾。

根据我看这张画的印象和上述调查情况，我倾向于认为这张画是旧画改伪。画像原为俞瀚。经作伪者将头部略加改动，使画像头部显得较肥胖，故头部周围轮廓线有皴擦水迹，改动后面部又上了一次色加深了一些，这样一来原来的眉眼髭须就被盖掉了，因此又用须眉笔重勾了一下，用画家的术语叫醒了一醒。左上端的题字究属控改、后题，还是俞瀚的字也叫雪芹，尚待进一步研究。我认为史树青先生的"敬空"说不大可能，因为即使别的册页及画卷有"敬空"之例，也不能用来证明这幅画的右边完全是空的，因为以尹继善这样的两江总督的身份为自己的僚属题一张小像，自己还要"敬空"一面以待身份地位更高的，我想这不大可能。如果说这张画像头部的水擦痕迹是画时画坏了，画家自己擦改的，我认为这更不大可能。因为一开始就画得这样糟，画家完全可能换一张纸重画，画到这样糟还要拿出去请两江总督题诗，这样做实在太出乎常理常情了，因此我认为郭老的判断还是有道理的，画像极可能是俞楚江，尹继善是给俞楚江题小像，后人利用这张小像改伪为曹雪芹，因文献记载曹雪芹"身胖头广而色黑"，而俞楚江则是"长身锐头"，换句话说是高个尖顶。所以必须把头部改动一下，再加深一点颜色。左上端的题字，画家的落款与题字的笔迹极为一致，如"云间"的"云"和"云翔"的"云"，"艮生"的"生"与"先生"的"生"，笔法完全一样，确是一手写下来的（现在已弄清楚，题记和画家署名都是朱聘之一手书写作伪的，当然是一个人写下来的了，可这却是完完全全的作伪！——庸按）。①

2. 调查报告摘要

郑州博物馆的调查报告，我认为是写得很出色的，最主要的是调查得彻底，使得事情真相大白于天下。看了这个调查报告，尽管有些人还想挖空心思把假的说成真的，那也是无济于事了！这个调查报告很长，它发表在 1985 年 10 月出版的《红楼梦研究集刊》第十二期上，下面是我对这个报告的撮要，小标题是经我略为改写的：

（1）与画像出售者郝心佛的谈话

画像是由郝心佛经手寄至省博物馆的，因此我们首先访问了他。我们问他与朱（聘之）往画像上编造题记时是怎样商量的，尹（继善）诗写得晚，曹雪芹死得早，这不是矛盾吗？根据什么说曹雪芹曾在乾隆年间到过南京做尹的幕僚？尹、曹两家又怎能有"通家之谊"呢？他说，"第二次朱拿来册页让我代卖，我说俞楚江名不显赫，恐难出手。他就说："可改成袁子才。"我说袁子才的像我见过，有的还有王梦楼的题字，恐怕也不行。后来他才说"改成曹雪芹"。你们问的这些问题，我当时都不了解，也没参考任何书，只是知道尹、曹两家都在

---

① 见冯其庸著《梦边集》序，陕西人民出版社 1982 年版。

南京做官，尹是两江总督，曹家是江宁织造，说两家有"通家之谊"，也是想当然，无什么根据。后来曹家败落，雪芹走投无路，到南京做尹的幕僚也仅仅是我们的推测。至于尹诗作于何时，雪芹死在哪年，也没去考究过。当时生活紧张，只想能把画像卖出换几个钱就行了，谁还去管这些。题记的文字稿是由朱聘之起草的，让我看时，是我提议加上了"通家之谊"四字，然后由他执笔书写到画像上的。写好后盖了陆润吾家的章，他就要把画像往北京寄，我不同意，因为北京书多，专家也多，怕查出来说是假的退回来。郑州书少，往北京去查一次，往返也得好长时间，不等查出来我们就把钱得了，所以就寄到郑州啦。我们又问他陆润吾家有无叫陆厚信的？他说："陆润吾会画也会刻印。陆厚信可能是他家的上辈人。"他还说："题签是我写上去的，'藏园'不是我的号，是随便写的，想着有个收藏人的号不是可以提高画像的珍贵程度嘛！"最后我们问他这些情况为什么前几次调查时不是这样说，他说："原来与朱聘之有约，无人认出题记是他写的，就不透露真实情况，再说既已卖出，如说它不是曹雪芹的画像，岂不太煞风景了吗？（大笑）现在程德卿已经认出题记是朱聘之写的，而且现在有了民主空气，我打消了顾虑，就把真实情况说出来了。"

（2）画像像主是俞楚江

我们根据几次调查，认为：像主不是《红楼梦》的作者曹雪芹而是俞楚江。

a. 画像为俞姓后裔所藏。从调查得知，画像为商丘县俞俏庭所藏，至其孙俞致福才将它售出。值得注意的是，有关俞楚江的资料都明确记载着他的籍贯是浙江绍兴。据井氏（俞伢庭孙媳）所说，俞伢庭的祖籍也是绍兴。俞伢庭的曾孙俞振国还告诉我们说，他家所存家谱的前面部分是从绍兴俞姓家谱上抄录过来的。这说明俞伢庭与绍兴俞姓某家有血缘。（中略）此幅画像在俞伢庭家中一直是被他们视作祖宗像而加以珍藏的。当他们家遇到生活困难时，曾变卖家藏的书籍和清代官服、弓箭等，却留下包括这幅画像在内的那部册页最后才卖出，从此可看出他们对这幅画像珍视的程度。

b. 俞家自称此幅画像为"楚江公像"。俞伢庭孙媳井氏及其子俞振国，都称这幅画像为"楚江公像"，并说是俞振国的父亲俞致福生前告诉他们的。俞振国还说，他父亲有读《三国演义》的文化水平，决不会把曹雪芹画像说成是"楚江公像"。

c. 从尹继善和张鹏的题诗看，也应是俞楚江像。首先尹继善的两首题诗都被收入《尹文端公诗集》卷九中，题目是《题俞楚江照》。这幅画像是一幅对折为左右两页的单张，左诗右像，不可分割。这就说明尹继善的诗是对着右边的画像而题的。特别是第二首诗中"好把新图一借看"一句中的"新图"二字，就更能说明是指右边的俞楚江画像而言。

（3）画像头部经过作伪者的修改

前面已经提到1980年10月，冯其庸同志来省馆三次用放大镜仔细看了画像后，曾提出过"改头说"。1981年他在《艺谭》第四期《梦边集序》一文中进一步说道："我的印象，此画像头部四周水晕皴擦痕迹十分明显，水痕直至手部（此段引文已见前引，从略——庸），此为明显改制痕迹。"他在分析了画像头部四周水痕不可能是画家自己擦改的理由之后指出："画像极可能是俞楚江，尹继善是给俞楚江题小像，后人利用这张小像改伪为曹雪芹。"1980年11月，我们在第二次调查中拜访程德卿时，程仔细看了画像后，提出了与冯其庸先生同样的看法，也认为头部是经后人修改过的。冯、程两位，不仅素不相识，也从未通过信，而所见相同，这种情况可以说明只要认真观察，其修改的破绽是完全可以被辨认出来的。冯、程二位的意见，我们是同意的。（中略）那末，修改（画像）的人是谁呢？根据调查中陆润吾看到画像时的表情和手势分析，我们认为修改头部的人，很可能是陆润吾。因为画像确实经过他的手，他又有一定的绘画技巧，故是他的可能性极大。

（4）卖画者也是作伪者之一的郝心佛的自白

——原题：《揭开"曹雪芹画像"之谜》

郝心佛

余中岁喜收藏书画，罗致颇夥。解放后尚剩存少许，每每售之以自济。1962年某日，同县友人朱聘之挟一本册页，前后夹有木板，上贴有题签（内容已记不清）嘱余过目赏评。逾数月，复持此本册页，欲倩余代彼售出，然已无题签。

全本约三十来页，内容多为俞瀚所撰书之今体律、绝，后署"俞瀚书"。笔法汉、魏杂糅自成一格。全本倒数第二页，其右扇为画像，人物着长衫、麻鞋，席地而坐；左腿平盘，右腿曲竖；左手支地，右手抚右膝。风流儒雅，闲情逸致。其左扇为两江总督尹继善所题七绝二首。此画像之次页（全本最末页），有楚门张鹏为此像所题七绝四首，字体如董玄宰之书风。

据朱云，此本册页得之于本县俞俏庭后人之手。俞俏庭之先祖名瀚，曾为尹继善之幕僚，其后裔迁居商丘。此本册页既出于俞姓，复有尹诗及张鹏"君是伯牙我子期"及"玉轴还留宰相诗"（指尹之题诗）之诗句为证，知其确系俞瀚之遗物而无庸置疑矣。

余谓朱曰:"统观全册之诗词、书法,均臻上乘,惜俞瀚名不显赫,恐不易出手。"朱然余见,思忖有顷,曰:"何不将画像析出,李代桃僵,假之以姓氏,单独出售,匪特昂其值,抑且一试今日名流学者之慧目,岂不更有意思!"朱初考与尹继善交游最密之名流莫若袁子才,拟将此像移作袁。余谓:"袁之画像已有留传人间者,不足为贵。"朱继思近代红学盛行,胡适之、俞平伯等人,纷纷作证索隐,惟雪芹画像尚属阙如,何不使之为曹雪芹乎?朱即按彼时曹、尹二家均属满人贵族,一任江南织造,一任两江总督,同在金陵开府建衙,垂数十年,喜庆答拜,自有通家之好。迨曹氏家道没落,其后裔有投入尹之幕府者亦意中事。于是,乃援笔杜撰,作题记一则。因画像前后无空页,不得不违例书于画像左上侧。适我县有画师陆润吾者,亦吾等之友。其父名厚尧,善书画。至润吾,尤专擅摹拟,仿古作伪,辄售高价。因此,题记之落款,乃假陆之氏里图章而为之。

朱于画上作伪题记竟,余参照所存《清代学者画像传》(书名不十分准确)一书之题名拟以题签,由朱写贴于画背。其后,余持与所藏九十六字《瘗鹤铭》拓本迳寄郑州博物馆,幸馆方收藏,并汇寄十元。其余各页,除张鹏诗页外,均由朱自行售于本县新华书店。我以五元付朱时,笑谓:"君之恶作剧,或使学者真伪互辨,天下从此多事矣。"朱亦笑之,且曰:"有识之士,必据《清史稿·疆臣年表》及《尹文端公诗集》等,详加考究,真伪自可立辨;否则,必为'通家之谊,罗致幕府'所惑,当奉此为希世之至宝也。"复嘱余曰:"此中秘不足为外人道也,待有人识出题记之伪,则可与言此谜之端的。"

朱死已近九年矣。其间河南省博物馆曾数次来人向余调查此画之源流，因守故友之嘱，仅告以可据《清史稿·疆臣年表》等书查对，而未道其补写题记之实。今题记既为与朱有笔墨缘之程君德卿所识破，余仍遵故友之嘱，尽言此谜之始末，并出示张鹏题诗原件，以释世人之惑，抑且为学术界澄清此一悬案，望红学家谅察之。（载1985年《红楼梦研究集刊》第十二期）

以上是关于所谓"曹雪芹画像"的调查报告的撮要，最后一篇，则是郝心佛的自白。看了以上这些材料，曹雪芹画像之谜，终究是真相大白了，不管我们曾经花了多少力气，也不管有人对这个画像及其题记写下了多少赞颂之词，但是假的终究是假的，天道好还，报应不爽，造假的人到头来还只能出来自供！

（四）曹雪芹重游南京的问题

关于曹雪芹于乾隆二十四五年间曾经重游南京，当尹继善的幕僚的问题，也是长期以来"红学"界热烈争论的问题。

周汝昌先生在《红楼梦新证》的《曹雪芹画像》（785页）一节里说：

（上略）画页的左上方有题记五行，文云：

雪芹先生洪才河泻，逸藻云翔；尹公望山时督两江，以通家之谊，罗致幕府，案牍之暇，诗酒赓和，铿锵隽永。余私忱钦慕，爰作小照，绘其风流儒雅之致，以志雪鸿之迹云尔。云间艮生陆厚信并识。

文后钤有"艮生"（朱文）"陆厚信印"（白文，左旋读）

二图记。字迹行楷，略具欧体，亦有笔致。

这则题记是记叙曹雪芹的异常难得的文献。今略疏文义如下。

"洪才"二句，是参用梁萧琛酬和简文帝《琵琶峡诗》"丽藻若龙雕，洪才类河泻"以及潘尼《戴侍中铭》"雅论宏博，逸藻波腾"等句意，变化而出之。洪才主要还是指文才，但也可能所包较广，例如兼指其他艺术才能，乃至"口才"（健谈，善诙谐，"娓娓然令人终日不倦"）。两句是画家对曹雪芹的总印象和概括题品。此类文辞，虽然例有夸饰，但毕竟也要有一定的事实基础。于此，我们对曹雪芹的杰出的文艺才能增添了一些了解。

尹望山，即尹继善（1696—1771），清代雍乾时期有名的八旗大官僚兼文士。他做两江总督不止一次，结合敦敏、敦诚等写赠曹雪芹的诗篇而考察，可以确定，尹继善罗致曹雪芹到南京（清代两江总督驻地在南京）做幕宾是乾隆二十四、五两年（1759—1760）间的事情。这项重要资料，解决了不少疑问。例如，有很多记载提到了曹雪芹是"某府西宾"和"曾游南京"的这类意思，过去一直得不到确解和明证，现在知道这些传闻都是其来有自，不同凭空捏造（如林孝箕等吊曹雪芹诗有"依人左计红莲幕，托命穷途白木镶"等句；胡寿萱（女）《红楼小启》亦有'雪芹巢幕侯门"等语）。（下略）

对于江苏松江的这位画家陆厚信，听说上海顾景炎曾根据史料为之撰一小传。肖像画家在彼时远远不如其他画家那样广泛地为人称道，大抵不闻于世。画像出于陆笔，适足说明此项文物之真实可信，因为作伪欺人谋利的，总是要假冒大名气的画家，才能达到蒙蔽时人、取重当世的目的。所以，这是传世的最为可靠的一幅曹雪芹画像，画像本身并所附题识，俱甚宝贵。

关于曹雪芹这位作家的生平，我们所知极少，做幕的事实，说明了他何以有可能远游南京。尹继善和他熟识，又可以说明他有可能和尹氏诸子和女婿永璇（乾隆的第八子）有直接或间接的交往。（下略）

也曾有人质疑，曹雪芹出而为尹继善做幕，这不是和他的生平不相调和了吗？这需要对于幕府制度略有了解。清代幕府人员（俗称"师爷"者是），都由"白身"、"布衣"或连举人都考不取的下层文士充任，他们的身份是宾师，招请者（俗称"东家"）须厚币敦聘，待以师礼，而绝不同于"上司下属"的僚属关系（清末张之洞废幕宾制，重用科举功名人为"文案"，性质始变）。因此，幕宾们虽然客观上还是为"东家"的政治利益服务，但他们并不属于官僚的范围。其次，"功名"得志的，大都是"空头"家（所以曹雪芹通过小说人物而骂他们："亏你还是进士出身，原来不通！"）而做幕的却必须有真才实学。所以像曹雪芹，虽然只是个拔贡生，却比那些状元、翰林、进士高明得多。出而做事，给人做做"西宾"，并不算玷污了他的生平。这一点是应当加以说明的。

因此，本项文物所提供的资料，对了解曹雪芹及其作品的若干方面来说，都非常重要。

关于曹雪芹曾于乾隆己卯、庚辰之间重游南京，并当两江总督尹继善的幕僚这一问题的主要依据，就是这幅《曹雪芹小像》和画上的题句。上引周汝昌《红楼梦新证》里的材料，最足以说明这一点。当画像刚刚面世的时候，人们怀着对曹雪芹的敬仰、热爱和崇拜的心情，不免容易相信，这是可以理解的。但到了现在，作伪者已自己承认了，真相已经大白了，因此，南游之说的最最主要的依据已经不足为据了，这样雪芹重游南京做幕僚的说法，自然也就很难成立了。

除此之外，近年发现的雍正七年七月二十九日的那个《刑部移会》，也对雪芹南游做幕僚之说是一个否定性的旁证。《移会》的内容是："苏抚尹（继善）奉追原任江宁织造曹寅名下得过赵世显银八千两一案……曹寅应追银两原奉部文在于伊子名下追缴。"当时，一方面是曹頫已被枷号；而另方面是尹继善尚在行文追缴曹寅的旧款。尹继善的行文看来是例行公事，但是尹继善与曹家的这一重新的"关系"：一方是阶下囚，另一方是堂上官；一方已在"枷号"，另方尚须"追缴"，尽管可能是"地位使之然"，但是既然存在了这一层关系，难道雪芹日后还有可能去当他的幕僚吗？

南游说的另一种薄弱的依据是敦敏、敦诚、张宜泉等人的诗，但可惜都是靠分析，因为诗本身没有明确的记载，因此这些诗要作为雪芹乾隆二十四五年间重游南京的依据，毕竟是嫌太薄弱了。

所以我个人认为，曹雪芹南游做尹继善幕僚之说，实属无根之谈，不能作为历史事实来看待的。

（五）关于曹家败落的原因

曹家败落的原因究竟是什么？这是"红学"界长期争论的问题。一种意见认为是政治原因。也就是说康熙死后，曹家失去了政治上的大靠山，雍正上台后，穷治康熙朝的旧臣以及诸王子。雍正元年六月，苏州织造李煦就被抄家，康熙当年（康熙四十五年）曾口谕："三处织造，视同一体。"李煦被抄，自然是一个信息。到了雍正五年十二月，曹頫终于被抄家严拿了。另一种意见，认为是经济原因，一是曹家在江宁织造任上亏空了巨额帑银，二是骚扰驿站，额外多索银两，以上两方面都纯属经济犯罪，与政治无关；还有第三种意见，认为曹家的败落，是由他们自身的内部矛盾引起的，是"自杀自灭"。

以上三种分析，都各自有一定的道理。但我认为都不能以一种原因来解释曹家败落的这一事实。我认为从根本上来说，政治原因是贯串始终的一个根本原因。只要看看康熙在位之时，经济上的巨额亏空早已存在，而且是为康熙深知，康熙非但没有绳之以法，相反还给他种种条件去清还债务；另外，曹家家族之间的矛盾也早已存在，连康熙都熟知了，因此在曹頫突然去世后，康熙还亲自谕旨，要找能够孝养曹寅之妻的人来入继，而不能要"不和者"。可见这经济亏空和家族间的内部矛盾，在康熙朝就都不起作用，这是什么原因呢？没有别的原因，就是因为政治上的靠山在。到了雍正朝，就完全不同了，在康熙朝，曹家是为康熙访查别人的人，现在则不然，倒过来自己成为了别人奉旨访查的对象了。就凭这一点，也可看出，在曹家败落的事件上，已抹上了一笔政治色彩。在骚扰驿站的问题上，从表面来看，确实是曹頫额外拿了银两，但这种情况，早已成为通例，并非现在开始，例如雍正四年那一趟就没有什么问题，就是雍正五年这一次，在别处也没有什么问题，只有到了塞楞额那里，才有了问题（大家知道，塞楞额是雍正的亲信）？特别是案发后审查了六个月，在此期间，其他各处照样无人出来揭发？仔细玩味这些问题，那末也就可以"思过半"了。

我个人的看法，曹家败落的原因，是以上三者的统一。其中根本的原因是政治性质在起作用。但是雍正还没有什么理由把曹家列在"奸党"的名单上，不能以"奸党"的罪名来治他，于是只能另找"突破口"，这样，经济问题，骚扰驿站案，就成为他们的"突破口"了。特别是雍正二年已有朱批谕旨：①

---

① 见《关于江宁织造曹家档案史料》，第165页，中华书局1975年版。

你是奉旨交与怡亲王传奏你的事的，诸事听王子教导而行。倘若自己不为非，诸事王子照看得你来；你若作不法，凭谁不能与你作福。不要乱跑门路，瞎费心思力量买祸受。除怡王之外，竟可不用再求一个托累自己。为甚么不拣省事有益的做，做费事有害的事？因你们向来混账风俗惯了，恐人指称朕意撞你，若不懂不解，错会朕意，故特谕你，若有人恐赫诈你，不妨你就求问怡亲王，况王子甚疼怜你，所以朕将你交与王子。主意要拿定，少乱一点。坏朕声名，朕就要重重处分，王子也救你不下了。特谕。

长长的这篇朱批谕旨，其用意，一是表示雍正的宽宏仁慈，二是预先警告"不要乱跑门路，瞎费心思力量买祸受"，"少乱一点，坏朕声名，朕就要重重处分"。这第三条尤其是雍正着意之处。果然，到了雍正五年十二月二十四日，查封曹頫家产的上谕到了：①

奉旨：江宁织造曹頫，行为不端，织造款项亏空甚多。朕屡次施恩宽限，令其赔补。伊倘感激朕成全之恩，理应尽心效力；然伊不但不感恩图报，反而将家中财物暗移他处，企图隐蔽，有违朕恩，甚属可恶！着行文江南总督范时绎，将曹頫家中财物，固封看守，并将重要家人，立即严拿；家人之财产，亦着固封看守，俟新任织造官员绥赫德到彼之后办理。伊闻知织造官员易人时，说不定要暗派家人到江南送信，转移家财。倘有差遣之人到彼处，着范时绎严拿，审问该人前去的缘故，不得怠忽！钦此。

---

① 同上第185页。

前后两个谕旨对照看，就可以看出雍正的深心，前旨明明告诫："不要乱跑门路"，"少乱一点，坏朕声名"。而曹頫还是不听劝告，"不但不感恩图报，反而将家中财物暗移他处，企图隐蔽，有违朕恩"。于是"朕就要重重处分"。终于抄了家。是什么原因使雍正发这样雷霆万钧之怒的呢？有人说，这是曹家内部矛盾起的作用，这根引爆线伺机在此时点燃了，于是曹頫的这个百年望族的家，从此就被炸得粉碎了。

总起来说，曹家败落的原因，政治是内在的根本性的起决定作用的原因，经济问题是它的表现形式，家族之间的内部矛盾是事件的导火线，是引爆物。大体说来，曹家败落的原因以及败落时所采取的形式就是如此。

（六）关于《红楼梦》作者的争论

1979年，《北方论丛》上连续发表了戴不凡的《揭开〈红楼梦〉作者之谜》、《石兄和曹雪芹》等文章，开始了《红楼梦》作者问题的讨论。据他自己的介绍，他写了《红学评议》一书，分内篇和外篇，外篇主要是关于红学考证方面的文字，内篇则是分析小说的思想艺术，但此稿"积有资料，尚待着手"，看样子这内篇当时还没有写或还没有写完，外篇则"将次竣事"。但后来一直没有见到此书的出版，而作者却不幸逝世了。

戴不凡的基本观点是否定曹雪芹是《红楼梦》的作者，他认为《红楼梦》是曹雪芹在石兄《风月宝鉴》旧稿的基础上改写成的，曹雪芹只是一个改作者。戴不凡的文章发表后，一时纷纷与他讨论的文章不少，从不同的角度指出他曲解了脂批，对脂批采取各取所需的态度等等。

戴不凡说，认定《红楼梦》的作者是曹雪芹的，就是"新红学"

派的胡适。这一点，是不符合历史事实的，事实上，与曹雪芹同时代的人早已明确地说曹雪芹是《红楼梦》的作者了。如袁枚的《随园诗话》卷二说：

> 康熙间，曹楝亭为江宁织造，（中略）其子（误，应是孙——庸）雪芹撰《红楼梦》一书，备记风月繁华之盛。中有所谓大观园者，即余之随园也。

袁枚是曹雪芹同时代人，并且曾任江宁等地知县，他说《红楼梦》是曹雪芹写的，应该是可靠的，至于说大观园就是他的随园，这当然不会是事实。再看明义《绿烟琐窗集》里的《题红楼梦》小序：①

> 曹子雪芹出所撰《红楼梦》一部，备记风月繁华之盛，盖其先人为江宁织府；其所谓大观园者，即今随园故址。惜其书未传，世鲜知者，余见其抄本焉。

按明义姓富察，号我斋，生于乾隆五年，据吴恩裕先生研究，此诗约写于乾隆二十三四年，则这时正是甲戌本传抄以后，己卯本传抄之时，这段小序写得再明确不过了："曹子雪芹出所撰《红楼梦》一部……余见其抄本焉。"而且这段话所记的不是耳闻，而是目见，再加上明义与曹雪芹极有可能是有交往的，所以这个抄本也极可能是曹雪芹直接给他看的。再看永忠《延芬室集》（原抄本）第十五册《因墨香得观红楼梦小品吊雪芹三绝句》：②

---

① 《绿烟琐窗集》《枣窗闲笔》，上海古籍出版社1984年版。
② 《延芬室集》，上海古籍出版社1990年影印。

传神文笔足千秋。不是情人不泪流。

可恨同时不相识，几回掩卷哭曹侯。

犟犟宝玉两情痴。儿女闺房语笑私。

三寸柔毫能写尽，欲呼才鬼一中之。

都来眼底复心头。辛苦才人用意搜。

混沌一时七窍凿，争教天不赋穷愁。

《延芬室集》是编年的，此诗写于乾隆三十三年，距雪芹逝世还只有五年。永忠是胤禵之孙，弘旿是乾隆的堂兄弟，永忠的堂叔父，墨香则是雪芹好友敦诚的幼叔。这部《红楼梦》是由墨香处看到的，则这部书也极可能由敦诚从曹雪芹处借来的。以上这些雪芹同时人的记载，总应该是力证了罢。戴不凡想把《红楼梦》是曹雪芹写的这一"发明"记在胡适的账上，然后借着批胡适的余风把这一点也否定掉，这不是实事求是的态度。何况在胡适的文章里早已引了袁枚的话，说明最早记载曹雪芹写《红楼梦》的是袁枚，并且说："我们因此知道乾隆时的文人承认《红楼梦》是曹雪芹做的。"胡适一点也没有把这一"发明"权揽在自己头上，倒是戴不凡硬加给他的。

对于脂批，戴不凡也是采取各取所需的态度，并随意加以曲解。他说：

把"作者"（"一手创纂"或"创始意义"的作者）确定为曹雪芹，有一系列问题不太好解释。随手举几个小例子——庚辰本第十三回回末朱眉批云：

读五件事未完，余不禁失声大哭！三十年前作书人在何处耶?!（着重点原有——庸）至少可以举出五条理由证明这是畸笏乾隆壬午（1762）所批。雪芹卒年说法不一，但事情很凑巧，无论如何不会早于壬午除夕。壬午雪芹明明还活着，畸笏怎么会大哭"三十年前作书人在何处耶"呢？由壬午上溯三十年为雍正壬子（1732）；按雪芹生于乙未（1715）说，壬子他才十七岁，十七岁前就开始创作这部自称是写他"半生潦倒之罪"的小说，说不过去吧？若按雪芹生于甲辰（1724）说，壬午这年他才八岁；八岁孩提自叹"风尘碌碌，一事无成"，"撰此《石头记》一书也"。岂非神话！

戴不凡分析这段脂批的手法是很有特色的，可以说是他惯用的手法，第一步是曲解本意，第二步是再在这曲解的意思的基础上发出种种奇问和怪问。他把"三十年前作书人在何处耶?!"这句一点也不难理解的话，却偏偏曲解了。此句的原意本应作：

三十年前，作书人在何处耶？

他却曲解成为：

三十年前作书人，在何处耶？

按照他的点法，《红楼梦》这部书在写这段脂批的三十年前就已经写作了，于是他就发出了奇问和怪问，第一是说写这段脂批的壬午年，雪芹还没有死，他怎么能哭雪芹呢？因此肯定，被脂批哭的这个"三十年前作书人"不是雪芹，也因此，证明《红楼梦》不是雪芹写的。第二是"三十年前"的雪芹，才十七岁，十七岁前就开始创作这部自称是写他"半生潦倒之罪的小说，说不过去吧"？因此，《红楼梦》不是雪芹所作。第三，"若按雪芹生于甲辰（1724）说，壬子这年他才八岁；八岁孩提自叹'风尘碌碌，一事无成'，'撰此《石头记》一书也'。岂非神话!"因此，《红楼梦》不是雪芹写的。

依照形式逻辑的推理方法，戴不凡的这三个问题倒是煞有介事的，然而，真正"岂非神话"的，不是别的，而恰好就是他的绝妙的堪称独家心法的解"评"方法。真是神奇! 经他将断句一变，意思全变，于是就可以发出奇问怪问一二三了。可是，这里并非是"诗无达诂"，这段脂批，还是可以有"达诂"的。甲戌本第十五回末尾在同一位置上也有"三十年前"的批，文云：

> 旧族后辈受此五病者颇多，余家更甚，三十年前事，见书于三十年后，令余想（悲）恸，血泪盈□!

很明显这段脂批，也是批正文中凤姐因想五件事的，这里的"三十年前事"就是明显地应该点断的。"三十年前"点断了，戴不凡也就无可置问了。人家原本是感叹三十年前，那时作书人曹雪芹在何处呢? 请问这句话与壬午年雪芹还没有死有什么相干呢? 难道这样一句话，也只能等雪芹死了才能问吗?

戴不凡的所谓"揭开《红楼梦》作者之谜"，这个"谜"其实多半是从他惯于曲解文意来的，这里我也可能是无意中揭开了戴不凡的"谜"中之"谜"。

由戴不凡提出来的《红楼梦》作者之谜，其实质性就是如此，举一可以反三，无须转语，思过半矣。

在"曹学"研究的问题上，还有一系列的问题，如《废艺斋集稿》的真伪问题，两个书箱的真伪问题等等，限于篇幅，不再一一缕述了。

六、曹学瞻望

"曹学"的前途究竟如何？这是人们所关心的。要了解这个问题，必须从根本说起。"曹学"是从"红学"中发展出来的，开始人们只是研究《红楼梦》，因为要研究《红楼梦》就必须了解曹雪芹，于是才开始有了曹雪芹家世的研究，于是这才逐渐发展成了"曹学"。正是这个根本原因，所以"曹学"与"红学"才不可分割。要深入地研究"红学"就必须深入地研究"曹学"，这是它自身的内在因素决定的，并不是外加的；反过来，要深入研究"曹学"，除了曹雪芹家世等种种内容外，《红楼梦》也仍然不可弃置，因为如前所论，《红楼梦》的情节里就融合了曹家的某些家世。我曾经说过："大哉红楼梦，浩荡若巨川。众贤欣毕集，再论一千年。"这"再论一千年"是对《红楼梦》说的，但是"红学"与"曹学"是无法分开的，所以这"再论一千年"，也自然可以对"曹学"而言。

然而，"曹学"有一千年可论吗？说"再论一千年"，不过是极言其研究时间之长，并不是绝对的一千年。因此，换一句话，也就是说"曹学"的研究，决不是短时间可以完成的。再请想想，从胡适开始到现在，曹雪芹家世的研究已经七十年了。七十年间固然研究出了不少成绩，如本文前面所论，但也依然存在着不少问题，有待于深入研究，甚而至于由于新的资料不断出现，还增添了不少新的问题，所以，"曹学"的研究，与"红学"一样，其前途是宽广的：

（一）曹家是百年望族，从后金天命六年（1621 年）到曹雪芹逝世的乾隆二十八年癸未（1763 年），前后经 一百四十二年。这是一个历史

411

变动时期，要研究曹家这个大家族的家世，实非易事。何况并不能以雪芹逝世为限，雪芹逝世后，曹家其他成员（包括堂房的）的情况，也仍需追索。

（二）从曹振彦、曹玺、曹尔正、曹寅、曹宣、曹颙、曹𫖯到曹雪芹，这直系的一线，是最主要的部分（从曹雪芹家世这一角度来看），也是研究的重点。但这一部分研究的难度很大，例如曹振彦如何从佟养性处转到多尔衮属下的？曹锡远其人究竟如何，他的所谓"令沈阳有声"究竟是怎么一回事？曹玺的妻子孙氏如何入宫当玄烨的保姆的，是什么背景？曹振彦与多尔衮之间的关系究竟怎样？按常理来说，总会有一定的关系的。又如曹振彦从佟养性处转到多尔衮属下，这是一个重大的关键；其后随从多尔衮进关，经过山海关决战，这是又一关键；入关后从多尔衮平山西姜瓖的叛乱，以至于曹振彦留任阳和府知府，改就文职，甚至曹振彦已可具奏，这一切目前都还不清楚，特别是后来多尔衮身死事败，于曹家似乎并没有任何影响，曹振彦最后的下落如何？至今也没有任何线索。以上这些问题，都是至今还不清楚的，有待于深入研究的。

（三）曹寅对曹雪芹是肯定留下影响的，曹寅的思想、文才以及他当时在文化界的作用，也是非常巨大的。以曹寅为主的当时的曹家，已经发迹到顶峰了，后来的败落，也是此时种因的。而这一切，都是《红楼梦》诞生的背景，这当然更是"曹学"的主要内容之一，更须下大功夫来进行研究。

（四）曹雪芹本身的种种事迹，当然更是研究的重大课题，是"曹学"的主要内容。但是，唯独有关曹雪芹的资料，尽付阙如，所以这项研究困难更多，就更需要待以时日。

（五）曹雪芹除了《红楼梦》外，并未给我们留下什么其他著作，要从"曹学"的角度来研究曹雪芹的思想、艺术，那末，《红楼梦》仍然是研究"曹学"的一项重要资料，不可偏废。

以上这些，还仅仅是眼前接触到的一些问题。我前面说过，学问是不断发展，不断前进的，对于曹家的文物资料，也不能认为到此为止了，不会有新的发现了。事实恰恰相反，当我正在写这篇文章的时候，南京发现了织造衙门左侧的万寿庵原建筑，据1991年3月17日《南京日报》报道说：

> 曹雪芹家庙"万寿禅寺"最近被玄武区文管会发现。这座家庙现仍保留的第三进殿坐落在本市中山东路291号。
>
> 居住在家庙隔壁的古稀老人朱家祥回忆道："万寿禅寺"在20年代时仍有三进殿堂，大门面临当时的西华门大街。1929年修建中山东路拆掉两进，保留的第三进殿堂门前原有门楼一座。门楣上有长约两米的石刻横额，上书"万寿禅寺"四个大字。50年代后期在此办起了一家胶木电器厂，门楼被拆毁，石刻匾额可能被埋入地下。
>
> 省红学会副会长、南京大学教授吴新雷与玄武区文管会的同志日前对该寺进行了考察，看到殿内的木柱及砖墙仍保留完整，系清初建筑风格。吴教授指出，康熙五十年七月初四日，曹雪芹的祖父曹寅在给康熙皇帝的奏折中谈到奉旨在万寿庵种菩提子之事。雍正六年七月初三日，继任江宁织造隋赫德在给雍正皇帝的奏折中则谈到，他在江宁织造衙门左侧万寿庵，查到藏贮镀金狮子一对，系雍正之弟胤禵于康熙五十五年遣护卫常德到江宁铸就，后因铸得不好，交与曹𫖯（曹雪芹之父）寄顿庙中的。由此可知，被发现位于大行宫（江宁织造衙门遗

址）左侧的"万寿禅寺"，即是奏折中所说的"江宁织造衙门左侧万寿庵"。

有关曹雪芹家世的实体文物，以前在南京发现并得到确认的仅有明孝陵内的"治隆唐宋"碑和香林寺庙产碑；此次"万寿禅寺"第三进殿的发现，对曹雪芹家世以及《红楼梦》的研究都具有重要价值。（严中）

3月18日，吴新雷教授来信说：

开学后，并做了一个调查研究，在玄武区文管会指引下，调查了曹家的家庙"万寿庵"遗址。3月17日的《南京日报》已发了消息，今附上剪报复印件，供参阅。这两天的调查又有新进展，报道中提及的"万寿禅寺"石刻横额，今已在居民家发现。我在今天上午到中山东路289号去看了，向居民访问结果，今发现的石刻横额是时代较早的，即原来庙门在西华门大街时的旧有石额，而1929年开辟中山东路时重造的大门，据老年人亲眼目睹，是于右任重刻题写的。这于右任题的"万寿禅寺"石额已埋于地下，而今天发现的是原有的，很可能是康乾时代的。目下我们正在进一步探考。

以上这则消息，完全证实了我在本文开头时的说法，事实上曹家是个百年望族，在中国明清之际的历史上是有典型意义的，这个百年望族的历史文物和文献资料，不可能一朝统统被发现，一无遗漏，就是现存在故宫满文档里的资料，也还有待于翻译整理。前数年，曾发现曹頫题陶柳村画海棠画册，有"曹頫之印"及"昂友"的图章，经启功先生鉴定，认为是真迹。现在又发现了曹家当年的"万寿禅寺"，所以仅就曹家的文物史料的发掘来说，也还有很多很多的工作要做，如果从整个的"曹学"研究来说，当然更可以说"再论一千年"了。

"江山如有待，花柳更无私"，新的资料有待我们去发掘和研究，新的成绩有待于我们通过辛勤的劳动去创造，"大哉乾坤内，吾道长悠悠"，学术的道路，永远是山高水长。道在足下，我们应该习惯于长途跋涉，我愿永远做学术道路上的征夫！

1991 年 3 月 12 日动笔

4 月 6 日完稿于京华宽堂

附记：本文成于仓促，诸多疏漏，于海外诸公及港台学人，尤未能有所论列，非不为也，乃闻见所囿，惧其挂漏耳；然海内外学界知音，悠悠此心，何日忘之，异日愿加修订，以补此过。

宽堂谨识

1991 年 4 月 7 日凌晨

关于曹雪芹的研究

　　《红楼梦》这部书，脍炙人口已经整整两个多世纪了。认真进行对曹雪芹的研究，从 1921 年胡适发表《红楼梦考证》到现在，也已经有了半个多世纪的历史了。① 无论对于《红楼梦》的研究和对于曹雪芹的研究，应该说，建国以来的三十五年中，是有了长足的进展，并取得了丰硕的成果的。我们成立了专门研究《红楼梦》的研究机构"《红楼梦》研究所"，成立了研究《红楼梦》的学术团体"中国红楼梦学会"，创办了研究《红楼梦》的专刊，重新校订注释出版了《红楼梦》以及影印了多种《红楼梦》的珍贵抄本。连续召开了四届全国性的红学讨论会，还出席了在美国召开的国际红楼梦研讨会。特别是广大的研究者，发表了不少专著和论文，提出和解决了许多问题，使得红学的研究，大大推进了一步。最近成立了"中国曹雪芹研究会"，并在香山建立了"曹雪芹纪念馆"，又创办了《曹学论丛》，这是红学史上又一次重大的

---

　　① 关于《红楼梦》的作者是曹雪芹的说法，最早是与曹雪芹同时的脂砚斋，他在批《石头记》时，透露出了《石头记》的作者就是曹雪芹。其次就是永忠（1735－1793）、明义（1740－?）和袁枚（1716－1797）等人，但他们都还不能算是对作者的研究。脂砚斋是曹雪芹的合作者，永忠等人关于《红楼梦》和曹雪芹的文字，也只能算是一种记闻，并未进行研究。

进展，是值得庆贺的大事。

应该积极开展对曹雪芹的研究

曹雪芹的《红楼梦》赢得了崇高的国际声誉，在国内外赢得了千千万万的读者。曹雪芹的名字，成为我们伟大祖国和伟大民族的骄傲。在世界文学史上，像《红楼梦》这样具有永久性的广泛读者的书，是并不多见的，除了莎士比亚、歌德、巴尔扎克、托尔斯泰等一流作家的著作外，一般的作家，恐怕很难与他比拟。我国两千多年以前的思想家孟轲（前385？—前304?）曾经说过："颂其诗，读其书，不知其人，可乎？是以论其世也。"[①] 后来的司马迁（前145—前87?）也说："余读孔氏书，想见其为人。"[②] "余读《离骚》、《天问》、《招魂》、《哀郢》，悲其志；适长沙，观屈原所自沉渊，未尝不垂涕，想见其为人。"[③] 孟轲和司马迁，都讲到了"读书知人"的问题，事实上，这种思想和要求，是古往今来千千万万的读者们的共同要求。这样的要求，对于伟大小说《红楼梦》的作者来说，尤为广大读者所关心、切求。

仅仅就"读书知人"这一点来说，我们对于曹雪芹的研究也是刻不容缓的，这是红学研究者们对广大读者应负的一项责任。应该看到，我们对于曹雪芹的研究，比起国外对于莎士比亚、歌德、巴尔扎克和托尔斯泰的研究来，还有很大的差距，这就使我们更不能安于现状。

然而，必须进一步开展对曹雪芹的研究，还有另一方面的带有根本

---

① 见《孟子·万章下》。
② 见《史记·孔子世家·赞》。
③ 见《史记·屈原贾生列传·赞》。

性的原因在，这是由于这部书自身的特点所形成的。

众所周知，曹雪芹的《红楼梦》主要是取材于他自己的封建官僚大家庭和他自身的经历，他是以他身经的时代、家庭和个人的生活遭遇作为他的小说的主要生活依据的，无论是小说情节的典型化，时代环境的典型化，封建贵族家庭的典型化以及小说人物的典型化，都在不同程度上，与他的家庭和生活经历有关。这正是曹雪芹之与《红楼梦》不同于吴承恩之与《西游记》，罗贯中之与《三国演义》的地方。当然，研究《西游记》和《三国演义》，也不能不去研究它的作者，因为读者同样要"读其书，想见其人"。那末，读《红楼梦》，研究《红楼梦》，就更不能不去认真研究曹雪芹。

由于《红楼梦》的内容与曹雪芹的生活经历有着如此密切的关系，因此，对曹雪芹的研究，也就成为对《红楼梦》的研究的一个重要的侧面。这里并不存在什么"自传说"和"他传说"的问题，这里的实质性的问题就是作家的生活和作家的创作的关系问题。胡适的"自传说"，是把已经被作家典型化了的艺术典型形象和典型环境，还原为原始形态的生活，从而取消了艺术的典型意义。胡适对于索隐派的批判是完全对的，在红学的研究史上起了很大的作用，但他批判了索隐派后提出了"《红楼梦》的真价值正在这平淡无奇的自然主义的上面"① 的结论，这就又完全错了。我们今天要研究曹雪芹的生活经历，是为了研究曹雪芹

① 胡适说："因为《红楼梦》是曹雪芹'将真事隐去'的自叙，故他不怕琐碎，再三再四的描写他家由富贵变成贫穷的情形。我们看曹寅一生的历史，决不像一个贪官污吏；他家所以后来衰败，他的儿子所以亏空破产，大概都是由于他一家都爱挥霍，爱摆阔架子；讲究吃喝，讲究场面；收藏精本的书，刻行精本的书，交结文人名士，交结贵族大官，招待皇帝，至于四次五次；他们又不会理财，又不肯节省；讲究挥霍惯了，收缩不回来；以至于亏空，以至于破产抄家。《红楼梦》只是老老实实的描写这一个'坐吃山空''树倒猢狲散'的自然趋势。因为如此，所以《红楼梦》是一部自然主义的杰作。那班猜谜的红学大家不晓得《红楼梦》的真价值正在这平淡无奇的自然主义的上面，所以他们偏要绞尽心血去猜那想入非非的笨谜，所以他们偏要用尽心思去替《红楼梦》加上一层极不自然的解释。"——见胡适《红楼梦考证》（改定稿），《胡适文存》卷三。着重点是原文所有。

把原始形态的生活加以典型化的过程，从而阐发曹雪芹由创作思想以及他所创造的这些艺术形象所包含的思想内涵。所以这与胡适的研究完全是两种不同的研究目的和不同的研究方法，两者完全是背道而驰的。因此我们在作这方面的研究的时候，可以根本排除与"自传说"的纠葛，可以放手作我们的研究。

有的同志感到在开展对曹雪芹的研究的过程中，遇到的困难问题很多。首先是缺乏有关曹雪芹的直接资料，而前几年发现的一些资料，似乎又存在着分歧，有不同的看法，甚至有的同志直接加以否定了。这样，对开展这方面的研究就感到有些信心不足。

我个人认为说有关曹雪芹的直接资料不多，因而研究工作存在着相当的困难，这确实是符合事实的，也确是进一步开展研究曹雪芹的一个重大难题。但是，我认为这只是问题的一面，问题的另一面是：学术研究的经验告诉我们，每当你研究的一个课题还未突破以前，总是处在困难中的，总是会感到看不见光明的前途的，总是免不了要在暗中摸索的。愈是在这样的环境下，愈是要坚持下去，而且也只有在这样的艰难情况下打开新局面，开辟出新的研究道路来，这才具有特殊的意义。所谓"山穷水尽疑无路，柳暗花明又一村"。这两种情况，往往是并存的。如果遇到前一种情况的时候就失去信心，那末后一种情况也就不可能出现了。学术研究，难能可贵的是能在绝望中看到希望，在迷雾中看到前途，在困难中产生勇气。目前有关曹雪芹的直接资料确实是不多，但谁能说这是永远不会改变的现实呢？我看，谁也不能这样说。回顾一下近年来红学研究的情况，也可能有助于我们思考这个问题的。当着己卯本是怡府抄本的真面目未被揭开以前，这个本子寂寞地躺在北京图书馆的善本室里，无人问津，正是"一卧沧江惊岁晚"。虽然有个别同志作了研究，但是因为没有揭开它的真面目，因此仍然未能引起普遍的注意，更未能引起普遍的研究兴趣。但当前几年吴恩裕先生和我一起发现了此本"晓"字、"祥"字的避讳，接着在北图又借到《怡府书目》原抄本，查出抄本上有同样的避讳，同时又查出北图原藏己卯本和历博新藏三回又两个半回的抄本具有同样的避讳，抄写笔迹、行款完全相同，因而撰文揭示了己卯本为怡府抄本的真面目以后，很快就引起了人们的注意，研究此本的文章就日益多起来了。特别是拙著《论庚辰本》一书出版以后，在更大的程度上引起了人们的讨论，这不是把"山穷水尽疑无路"的境界变成为"柳暗花明又一村"的境界了吗？尽管我并不同意有些同志的看法，并拟在我有时间重新进一步作研究后给予答复，但我对这种热烈讨论的现象是极为欢迎的，这是红学兴旺发达的一种新气象。然而，在此以前，谁能预料到己卯本和庚辰本会引起一场大讨论，会对它们作出新的结论来呢？这种盛况，在事先是不可预料的。再如1963 年发现的《五庆堂重修辽东曹氏宗谱》，其真伪一直未有定论。除朱南铣同志写过一篇文章在内部讨论外，迄未正式发表文章，这个抄本也一直沉睡了十多年，甚至一度"迷失"了，经我认真追索后，才由有关单位将它追回。1975 年开始，我对这个《五庆堂重修辽东曹氏宗谱》进行了连续四年的研究，在研究过程中又发现了一系列的重要历史文献：一、发现了康熙二十三年和康熙六十年的两篇《曹玺传》，此两传提供了曹家的世系、祖籍、家史以及曹颙、曹頫等人的表字等等，为研究曹氏家世揭开了新的一页；① 二、发现了孔有德的降金书满文本，从

---

① 我与李华同志在 1975 年 10 月间，连续发现了康熙时期的两篇《曹玺传》。我于 1975 年 12 月 26 日夜完成《曹雪芹家世史料的新发现》一文初稿后，于 1976 年 2 月 12 日下午访周汝昌同志，并将此发现告诉了他，同时告诉了他曹荃原名确是"宣"，因避玄烨讳故改"荃"，传文明云"仲子宣"可证，这证明他过去的考证是确切的。他听说后十分高兴，越一日，即 2 月 14 日，即惠我一信，附诗云："丙辰新正十三日，初得快雪，其庸同志再过寒斋，赋律句奉赠：'试灯风峭辗琼瑶，路转东华兴最豪。归棹曾怜寒诣戴，新春仍喜快谈曹，卅年一字名谁定（原注：有数氏撰文每反考宣之义），六世千纷事岂淆（原注：谓世选逮芹种种情事也）。赤水玄珠良未远，久迟高手出骊涛。'"汝昌兄诗过誉殊甚，然亦足见此两传的发现于红学研究之重要性。我的文章完成于 1975 年 12 月 26 日，发表于 1976 年第一期《文艺研究》。同年《文物》第三期，又发表了此文的节本。两文均全文刊登了两传经过校点后的全文，并刊登了两传照片。

而弄清楚了五庆堂曹氏上祖曹绍中是孔有德的部下，并且是降金书的投送者；三、发现了康熙抄本《甘氏家谱》与《五庆堂谱》对证，从而弄清了五庆堂上祖曹权中女适甘体垣确系事实，因而五庆堂上祖曹氏与甘家确系姻亲关系；四、发现了孔有德降金时的随从名单，其中确有五庆堂上祖曹氏；五、发现了五庆堂曹氏上祖在河北涞水县沈家庵村的墓地和墓基界石，从而确切无疑地证实了《五庆堂重修辽东曹氏宗谱》的可靠性，证实了曹雪芹的上祖确与五庆堂是同宗，证实了他们的祖籍确是辽阳；六、发现了《清实录》里关于曹振彦的重要史料，弄清了早在天聪时期，曹振彦已是多尔衮属下的旗鼓牛录章京，因而弄清了曹雪芹上祖与后金统治者之间的关系和他们的旗籍。此外，在辽阳还发现了《大金喇嘛法师宝记》碑碑阴曹振彦的题名，以及重修玉皇庙碑碑阴曹振彦的题名和弥陀寺碑碑阴五庆堂上祖的题名。[①] 由于这一系列的重要发现，使得我们对曹雪芹家世的研究和了解，有了进一步的认识，为今后进一步的研究开辟了道路。然而，在此以前，我们怎么能预见到将会有这一系列的重要发现呢？

由此可见，目前曹雪芹本人的直接史料暂时的缺乏，并不能证明以后永远不可能再有任何发现或进展。问题在于我们要孜孜不倦地去努力发掘和探索。最近南京发现了曹家在任江宁织造时的花园遗址，并从遗址上发现一批织造府时的用物以及曹家花园的地基和假山石，[②] 这说明有关曹家的历史文物是有可能继续发现的。特别是近几年来故宫档案中陆续发现了有关曹家的重要档案，使我们对曹家历史的认识，又有了极为重大的进展，这更使人相信，有关曹雪芹及其家庭的史料，是大有希望继续有所发现的，关键仍在于我们继续努力。

---

① 请参见拙著《曹雪芹家世新考》及附录。
② 见上海《新民晚报》1984 年 9 月 3 日报道，题为《南京发现曹雪芹祖辈书房》。

　　至于过去发现的一些传为有关曹雪芹的文物资料，目前仍存在着分歧的意见，甚至有的已被否定（如郑州河南省博物馆藏曹雪芹画像），有的则尚在讨论中（如《废艺斋集稿》，书箱等）。凡此种种，我觉得都是学术界常见的现象，因而也是正常的现象。关键问题是：不论是肯定的意见还是否定的意见，都必须是符合客观历史实际，才能经得起今后的历史考验。凡是符合客观实际的意见，总是能够经得起历史考验的，哪怕暂时被否定了，总归还会有否定之否定的。"文革"前郭老对《兰亭序》的否定，不是由于近年来大量出土文物的证明，又来了个否定之否定吗？反之，在今天被众口一词地肯定下来的东西，只要这种肯定是违反历史事实的，那末，被肯定下来的东西，到头来也得被否定，这是必然的规律。一个科学工作者，就要坚信这个规律才能具有科学的信心和勇气，才能在任何困难情况下坚持真理。从这个角度来看，那末，围绕着某些文物的辨伪存真的争论，就是大大的好事，它可以使我们听到各种不同的意见，开阔我们的眼界，也可以更为历史地辩证地正确认识和判断事物，使我们少犯片面性的错误。至于对于近几年来有争论意见的那些资料，我个人都先后发表过意见，到目前为止，我认为还没有修改自己意见的必要。

曹雪芹研究与家世研究的关系

　　曹雪芹研究，当然首先是对曹雪芹本人的研究，这是毫无疑问的。但是，问题往往并不那末简单。曹雪芹是一个伟大作家，同时更是一个社会的人而不是生活在真空里的人。因此，研究曹雪芹我们不能眼睛里只有一个曹雪芹，其他什么也看不见，如果这样形而上学地来研究曹雪芹，那就会什么也研究不出来，因为即使有了大量的直接关于曹雪芹的材料，也还必须与其他有关方面的材料结合起来，才能展开研究，否则就寸步难行。

曹雪芹作为一个社会的人，他首先不能脱离开他的时代而存在，也不能不受这个时代的影响和约束。即使曹雪芹站在先进思想的行列里对当时与社会采取一种愤懑和不合作的态度，或者甚至是对抗的态度，他也不可能脱离那个时代，因为脱离了那个时代，也就无从对抗那个时代了。何况曹雪芹对他的时代，未必完全是处在对抗的状态。因此，对曹雪芹的研究，我个人认为首先离不开对他的时代的研究。曹雪芹具体生活的时代，通常点说，一般认为是康熙五十四年（1715 年）到乾隆二十八年癸未除夕（1764 年），虽然在这个问题上还有几种不同意见，但那也无关大局。然而要研究曹雪芹的时代，却决不能死扣住曹雪芹生平的这几十年。因为一个人所受时代和社会的影响，不仅仅是他本人的感触和身受，他还必然会受到他的上辈或更上好几辈的影响。曹雪芹在《红楼梦》里写到康熙四次南巡[①]就是最好的证明，因为曹寅所经办的康熙四次南巡的接驾大典，都在曹雪芹出生以前，如果不是先辈给他有所讲述，并且对他产生了深刻影响，他是不可能把它写入自己的小说里的。因此我认为在研究曹雪芹的时代的时候，不妨注意到从 1644 年顺治入关一直到 1764 年曹雪芹逝世这一百二十年间的历史（甚至更往上溯一段时间的历史），注意到这一段时间内复杂激烈的民族矛盾和阶级矛盾，注意到政权的历次转移，注意到清政权建立以后依然激烈的政治斗争、意识形态间的斗争和社会经济结构变化所带来的新的矛盾。总之，这个时代，从外表来看，似乎主要是阶级矛盾和民族矛盾的结果所带来的统

---

① 按康熙共进行过六次南巡，其时间是：第一次，康熙二十三年（1684 年）；第二次，康熙二十八年（1689 年）；第三次，康熙三十八年（1699 年）；第四次，康熙四十二年（1703 年）；第五次，康熙四十四年（1705 年）；第六次，康熙四十六年（1707 年）。后四次都是曹寅经办接驾大典的。

治民族的转移和政权的转移以及统治方式的某些重大的变化；但是更深一层地看，是这个社会内部新的经济因素的产生以至于导致生产力和生产关系的逐渐矛盾和变化（这种变化是至少在明代中叶就开始的）。社会意识形态的变化，正是由于这种物质性的经济因素的变化所必然造成的。曹雪芹正好处在这样一个大冲突、大变动、各种矛盾交叉地同时发生和发展着的伟大历史变革的时代里，他不可能不受这个时代风云的激荡和感染。

所以，对曹雪芹的研究，如果忽视了对他所处的整个大时代的研究，那末，这种研究将是极为狭窄和不可能很深入的。

当然，给予曹雪芹以影响的，不仅仅是那个人人都会受到影响的大时代，孕育这个天才式的伟大作家的，还有他赖以生活和成长的封建大家庭，特别是他的不朽巨著《红楼梦》的创作，主要是以他的封建官僚大家庭的兴衰悲欢为主要的创作素材的。这样，研究曹雪芹和他的《红楼梦》，就不可能撇开对他的家世的研究。这不仅仅是因为曹雪芹生活在那个封建大家庭里，他的创作的激情只能从这个家庭和时代的土壤中吸取，而且是因为我们必须懂得，古人是十分重视自己的家世的，决不能用我们今天对家世的观念来想象古人。这我们可以举出一系列的例子，例如屈原在《离骚》里劈头就说："帝高阳之苗裔兮，朕皇考曰伯庸。"屈原在叙述自己的父亲之前，就必须说一说自己是远古高阳帝的后裔。太史公司马迁在叙述自己的先世的时候，就必须追溯到渺茫的重黎氏，而杜甫在叙述自己的家世的时候，也没有忘记要追溯到晋代的杜预。那末，曹雪芹的时代是否还是这种风气呢？毫无疑问，依然如此。只要读一读我在 1975 年 10 月间发现的康熙二十三年和康熙六十年的两篇《曹玺传》，就足以证明了。① 这两篇《曹玺传》开头都是这样说的：

①　请参见拙著《曹雪芹家世新考》。

"曹玺，字完璧，宋枢密武惠王裔也。"（康熙二十三年于成龙纂修未刊稿本《江宁府志》）"曹玺，字完璧。其先出自宋枢密武惠王彬后。"（康熙六十年刊唐开陶纂修《上元县志》）那末，这个"宋武惠王彬"究竟是何许人呢？他就是帮助赵匡胤下江南灭南唐俘虏大词人昏皇帝李煜（后主）的宋代开国功臣曹彬。曹彬的时代，我们姑且从北宋开国的元年公元960年算起，到曹雪芹出生的康熙五十四年，公元1715年，其间相距七百五十五年。按三十年为一世的话，那末整整相隔二十五代有余。也就是说曹家一提到他家的老祖宗时，就提到二十五代的老祖宗，这比起屈原和司马迁来，要差得多了！但比起十七八代的老祖宗来，则还要远出七八代。这当然是古人的意识，但我们今天在研究古人的时候，如果不是按古人的意识来研究他，而是按我们自己的意识来研究他，那是永远也说不清楚的。①

由于古人的家世观念如此之深，所以我们在研究曹雪芹的时候，决不能忽视对他的家世的研究，更何况他的创作素材是取自自己的封建大家庭的。

然而，这样岂不是又要遭到物议，又会有人指责把"红学"变成了"曹学"了吗？其实，如果真有这样的指责的话，那也没有什么，我们非但不应该加以拒绝，而且还应该表示欢迎。平心而论，《曹学论丛》和"曹雪芹研究"这个"学会"，简要点说，不就是"曹学"两个字吗？既然实质上就是如此，那末别人说是"曹学"，给我们以一个很好的简称，这又有什么不好呢？至于有的人用"曹学"两字来加以讽刺嘲笑，那也算不了什么，世界上一切新事物的出现，总免不了要被某些不

---

① 我的意思只是说我们研究古人，要注意古人重视家世的观念，不能忽视这种家世观念对他们的影响，因而也必须重视对他们的家世的研究。我并不是说研究屈原就一定要研究古高阳帝与屈原的关系，研究司马迁就必须研究重黎氏。这一点应该是很明白的，无需再加说明的。

喜欢新事物的人所鄙弃的，但是历史往往会嘲弄人们，到头来被鄙弃的往往适得其反。所以对于一切讽刺和鄙弃，皆可以作如是观。

　　说实在话，曹雪芹这样一位伟大作家，因为研究他而形成一门专门学问，这有什么不好呢？应该了解，社会是不断往前发展的。例如敦煌千佛洞，早已存在了一千多年了，但在这漫长的岁月里，并没有产生什么"敦煌学"，直到 1900 年 5 月 26 日，敦煌石室的秘藏被发现了，敦煌文物逐渐受到世界学人的重视，形成了研究的热潮，因此也就出现了"敦煌学"。尽管这个"敦煌学"过去是没有的，但有什么理由不让它存在和发展呢？再如甲骨学，在光绪二十五年（1899 年）以前，也是不存在的，1899 年甲骨文出土了，经过王懿荣、刘铁云、王国维诸人的努力，以后又经董作宾、郭沫若诸氏的努力，甲骨学遂大昌于世，并且大大地推动了我国古史的研究。再如小说史和戏曲史，在王国维的《宋元戏曲史》和鲁迅的《中国小说史略》问世以前，社会上也是没有这两门学问的，但自经他们发凡起例以后，这两门学问也就诞生并且日益发展了。以上这些"学"，都是从无到有，逐渐成为当世之显学的。在今天世界进入到了 20 世纪 80 年代，在中国研究《红楼梦》的历史，至少也有五十年到一百年的历史了，现在从中又专门产生了一种研究作家曹雪芹的学问，称之曰"曹学"，这究竟有什么不好呢？因此我主张不管称"曹学"的人用意是毁是誉，我们只以善心对人，努力工作，以期不辜负人们的期望。随着时代的前进和发展，我国在各个领域里，还要增添很多新的专门学问，例如目前在文学领域里，不少人对鲁迅、郭沫若、茅盾、老舍、巴金，以至于当代新起的作家都进行了认真的研究，写了不少著作，难道许多同志所作的这种专门研究和所写的专著，就不能算作一种专门学问吗？或者就不会进一步逐渐形成一门专门学问吗？我认为不必作如此狭隘的见解。事实上目前对于上面五位作家的研究已经分别成为专门的学问或即将成为专门的学问了，这是我国文学事业发展的必然，不是由任何个人的意志为转移的。我们中华民族从古以来就是一个伟大的民族和伟大的国家，我们有悠久的文化传统，我们有万里长城，我们有奔腾澎湃的黄河、长江，我们有漫长的海岸线，我们有耸立于世界屋脊的喜马拉雅山系和昆仑山系，我们民族的胸襟从来就是伟大宽广和崇高的，我们应该抛弃由于长期闭关自守而造成的狭隘观念，随着我们伟大祖国的日益繁荣富强，我们的新学问将层出不穷。我们应该努力寻求新学问，新知识，对于一切新事物，我们应该虚怀以待！

当然，我们应该警惕的是，我们不能辜负我们的朋友，也不能辜负我们的旁观者，假如我们研究曹雪芹而不能有所成就，不能成为一种学问，即所谓"曹学"，那我们是应该引以自责的。因为一种学问是否能得到学术界和社会的公认，如"敦煌学"、"甲骨学"那样，① 不在于理论上说得多么周全，而在于实际上是否能成为一种真正的学说。从这一点来说，我们应该努力鞭策自己，而不应该热衷于作空洞的无益的争论。但是，当前红学的研究，已经形成了庞大的队伍，其中有一部分人就是研究曹雪芹的，无论是对《红楼梦》的研究和对曹雪芹的研究，都已经作出了重大的成绩，所以我认为"曹学"即对曹雪芹的研究是有前途的。不论人们对此是真心鼓励还是揶揄讥笑，我们都应该把它当作一种积极推动的力量、鞭策的力量，因为只要是真学问，就能经得起历史的严峻考验！

曹雪芹研究与《红楼梦》研究的关系

《红楼梦》是曹雪芹的不朽巨著，除此之外，曹雪芹再也没有留下

---

① 我这里当然不是说"曹学"要有与"敦煌学"、"甲骨学"一样的丰富内容和巨大规模，而是说"曹学"应该成为一门具有独立内容的真学问，而不是徒有其名。

别的没有争议的作品了。这种情况，在中国历史上并不是孤立的现象。例如司马迁，除了他的不朽巨著《史记》外，其他著作就寥寥无几了；再如施耐庵，除了他的《水浒》以外，其他著作也就不大为人所知了。那末，我们研究司马迁难道可以抛开他的《史记》吗？我们研究施耐庵，难道可以抛开他的《水浒》吗？当然不可以。那末研究曹雪芹，同样的道理，也决不可以抛开他的《红楼梦》。因为抛开了《红楼梦》的研究，虽然我们还可以作大量的关于曹雪芹的时代的研究，关于曹雪芹的家世的研究，关于曹雪芹本人的研究，但是归根到底，如果把《红楼梦》排除在对曹雪芹的研究之外，那末试问，我们作以上的种种研究，究竟是为了什么呢？岂不是成了无目的的研究了吗？由此可见，如果把《红楼梦》的研究排除在曹雪芹研究的范围之外，那我们对曹雪芹的研究将一无依归，就将失去目标。我这样说，当然不是要求每一个研究曹雪芹的人都必需既研究曹雪芹（关于他的时代、家世、生平部分），又研究《红楼梦》。我只是从总体上说，对曹雪芹的研究不能把对《红楼梦》的研究排除在外。在这个原则下，我仍然主张，在红学的研究上，必须分工，各有专精，只有这样，对曹雪芹的研究和对《红楼梦》的研究，才能真正深入下去。

特别应该指出，无论是对于曹雪芹的时代的研究也好，家世的研究也好，对于曹雪芹个人的研究也好，也无论是对于《红楼梦》的思想的研究也好，人物的研究也好，小说情节结构的研究也好，小说主题思想的研究也好，语言研究也好，风俗制度的研究也好，版本的研究也好，等等等等，这许多方面，都是有着无比丰富的内容的，都是须要我们用巨大的力量去对付的，决不是轻而易举的事，因而这种分工是大势所趋，是红学研究发展和深化的必然趋向，我们不应该去限制它、束缚它。在舆论上也不应该加以责难而应加以支持。

当然，在我们的队伍中，也完全有可能出现可以囊括以上一切方面的研究人才。对于有志于此的人，我们当然更不应加以限制而应当积极支持。

总之，我认为在我们进一步积极开展对曹雪芹研究的时候，应该重新明确一下上述许多问题，也就是明确一下我们研究的总目标。

我认为开展对曹雪芹的研究，很自然地应该包括对《红楼梦》的研究，而不应该把对《红楼梦》的研究排除在曹雪芹研究之外。

我认为为了红学研究的长足进展，红学研究的必然趋势是要有分工的，不必对研究者们求全责备，更不应该用各种舆论的绳索去捆缚住他们，不让他们放手深入地去研究。对于红学研究来说，只有一个标准，即他的研究结果是否科学，是否经得起历史的考验，是否在红学研究的领域里作出了有益的新的贡献。除此以外，不应该有任何别的检验标准，更不应该有任何框框。

当前在我们的红学研究的队伍里，仍然需要大声疾呼，共同起来提倡实事求是的学风，提倡互相尊重，互相团结的好风气。与此同时，也要提倡实事求是，与人为善，互相切磋，互相商讨的好学风。

随着《曹雪芹学刊》的诞生，我们的红学队伍必将进一步壮大，进一步大团结，我们的红学研究必将进一步大发展。

　　　　1984 年国庆之夕，写毕于京华宽堂，
　　正值天安门广场彩霞满天，霓光映窗时也

关于曹雪芹研究的几个问题

一、关于曹雪芹其人

——驳曹雪芹并无其人，是所谓"抄写勤"三字谐音的谬说

自从《石头记》以抄本的形式于乾隆十多年开始传抄以来，对于曹雪芹其人就有种种猜测。有的说是曹寅的儿子，有的说是曹寅的曾孙，有的说是汉军，有的说是内务府旗人，还有的人说他"身胖头广而色黑，善谈吐"，甚而至于竟有人说是"江南某孝廉"作的等等，总之，当时就有种种的说法。但是在这许许多多的说法中，有一点是共同的，就是认为曹雪芹是实有其人的，从来没有人提出过曹雪芹是个子虚乌有的虚构人物（认为是"江南某孝廉"作的或另人作的，不等于说根本没有曹雪芹这个人）。自从 1921 年胡适考定曹雪芹为曹寅之孙，《红楼梦》是曹雪芹所作以后，1923 年鲁迅作《中国小说史略》就采用了这个结论，半个世纪以来，还没有出现过与此根本相反的意见。相反倒是证实这个结论的材料愈来愈多。但是，没有想到，到 1972 年，台湾却出版了一本杜世杰著的《红楼梦原理》，对曹雪芹其人，提出了大胆否定的说法，认为曹雪芹根本无其人，不过是"抄写勤"三字的谐韵。此

430

说自有"红学"以来，还是破天荒第一次的"创说"，不可谓之不新奇，现在摘录两节妙论于下：

> 林语堂在《平心论高鹗》一文，即采否定说，胡适采肯定说。应以否定说为当，先有风月宝鉴，这是非常合乎逻辑之事。按红学上之风月宝鉴为贾瑞致死之因素，贾瑞本射洪承畴，在明末洪承畴之降清，真是一大新闻。另几种是太后下嫁，吴三桂借清兵，及世祖削发为僧事，皆风月大新闻。是文人的著作材料，盖为遗老所写，遗传到雪芹手中，雪芹抄写增删，勤苦多年始完成《红楼梦》一书。故依红学命名法，应名之为抄写勤（曹雪芹）（着重点及括号里的字均原有——引者），故曹雪芹应是一个化名。
>
> ……
>
> 曹雪芹是谁则不详知，按红学上之名词，多由动词或形容词化出，如假语村言叫贾雨村，真事隐叫甄士隐，侥幸的人叫娇杏，胡来的人就名胡斯来，跑腿子的走狗叫来旺（往），做事公平的人叫平儿，背明的人叫焙茗，通叛的人叫通判，石头记的事叫《石头记》，情僧录的事叫《情僧录》。曹雪芹一词又颇似抄写勤的谐韵。依程小泉之原序二云："惟书中记雪岑曹先生删改数过。"曹雪岑是不是曹雪芹，不得而知，是与不是都可证明曹雪芹（岑）只是一个化名，这位先生目的在取近乎抄写存的谐韵而已，最初的目的，可能是抄写存藏，故名抄写存（曹雪岑），结果披阅十载，增删五次，出现抄写勤的现象，乃以抄写勤（曹雪芹）为名。芹岑二字，都可谐韵读金，拆字后又都出现一个金韵的字——斤今——曹雪芹又题《石头记》为金陵十二钗，曹雪芹亦可读抄写金（陵十二钗）。第

一百廿回说："原来是敷衍荒唐，不但作者不知，抄者不知，并阅者也不知。"根据上文，则作者与抄者判为二人。曹雪芹谅系抄写勤的谐韵。（以上见该书第六十二页）

……

曹雪芹既是一个化名，则乾隆年间记载雪芹之事，都是不足恃之资料。（见该书第六十四页）

这位杜先生的高论确实是"石破天惊"。"曹雪芹既是一个化名，则乾隆年间记载雪芹之事，都是不足恃之资料。"这里只有简单的两句话，一句断然否定了曹雪芹其人的真实性，另一句断然推翻了乾隆时代关于曹雪芹的全部历史记载。这里的两个问题实际上还是一个问题，即曹雪芹其人的真实性问题。我们说曹雪芹确有其人，是因为从乾隆时期曹雪芹的朋友和他的同时代人的著作中得到了证实。杜先生想凭空推倒乾隆一代有关曹雪芹的许多记载，徒托空言而欲否定实事，以为杜先生的空言可信，而乾隆一代有关曹雪芹的记载的实事不可信，以为杜先生的空言是真实的，倒是乾隆一代遗留下来有关曹雪芹的记载是不真实的，是虚伪的，这样的治学方法，确实令人惊奇，而杜先生的欺世之胆量，也确实大得出奇！

这里我们有必要略举一些曹雪芹同时代人的记载来请杜先生看看，并请一一作出符合科学的站得住的否定性的结论来，否则杜先生的空言总归还是空言。——本来我们是可以不必引这些东西的，因为当世之治红学者，有谁没有看过这些东西而且毫不怀疑这些东西呢？但既然杜先生对此视而不见，那末我们就只能引出来请他看看，并请他作答了。

（一）《四松堂集》。这部书，现知有三种版本，最全的是1922年胡适买得的此书付刻前的底本。这是一个手抄本，保留了不少刻本未收的诗，并且在诗题下注明了作诗的年代。这个本子已被胡适带走，目前我们见不到了。其次是刻本《四松堂集》，此本从嘉庆丙辰（嘉庆元年，1796 年）纪昀的《序》和敦敏写的《敬亭小传》来看，可能就是这时刻的。此书最初也是胡适先得到，我于 1954 年也得到了此本，这个本子比起上述底本来诗的数量要少一些。第三种是 1956 年吴恩裕同志得到的《四松堂诗钞》抄本（1957 年吴恩裕同志又得到了敦诚的《鹪鹩庵杂诗》抄本，里面也有关于曹雪芹的诗）。这个抄本（《四松堂诗钞》），据吴恩裕同志说："只抄到敦诚乾隆四十九年（甲辰）的诗，当时敦诚年五十一岁。"但这个抄本里，保存着刻本所未收的诗共三十九首。

《四松堂集》和《鹪鹩庵杂诗》的著者是敦诚，字敬亭，他是宗室诗人，所以卷一署"宗室敦诚敬亭"。他是清太祖努尔哈赤第十二子英亲王阿济格的五世孙，理事官瑚玠的次子。他们弟兄共五人，敦敏是他的哥哥，也是曹雪芹的好友。保留在上述这些诗集里的有关曹雪芹的诗，共五题六首，计：《寄怀曹雪芹霑》、《佩刀质酒歌》（秋晓遇雪芹于槐园，风雨淋涔，朝寒袭袂。时主人未出，雪芹酒渴如狂。余因解佩刀沽酒而饮之。雪芹欢甚，作长歌以谢余，余亦作此答之）（以上见刻本《四松堂集》）、《赠曹雪芹》（《鹪鹩庵杂诗》抄本）、《挽曹雪芹甲申》（《四松堂集》底稿本）、《挽曹雪芹》二首（《鹪鹩庵杂诗》抄本）。除以上数诗外，在《四松堂诗钞》里，还有一首《荇庄过草堂命酒联句，即检案头〈闻笛集〉为题，是集乃余追念故人录辑其遗笔而作也》，其中有两句："诗追李昌谷"，"狂于阮步兵"。在句下都注明是指"曹芹圃"。在刻本《四松堂集》卷四《哭复斋文》里说："未知先生与寅圃、雪芹诸子相逢于地下，作如何言笑，可话及仆辈念悼亡友之情否？"在卷三《寄大兄》文中说："每思及故人，如立翁、复斋、雪芹、寅圃、贻谋、汝猷、益庵、紫树，不数年间，皆荡为寒烟冷雾。"在《四松堂集》刻本卷五《鹪鹩庵笔麈》中，作者还说："余昔为《白香山琵琶行》传奇一折，诸君题跋，不下几十家。曹雪芹诗末云'白傅诗灵应喜甚，定教蛮素鬼排场'，亦新奇可诵。曹平生为诗大类如此，竟坎坷而终。余挽诗有'牛鬼遗文悲李贺，鹿车荷锸葬刘伶'之句，亦驴鸣吊之意也。"

（二）《懋斋诗钞》原稿本。此书的著者就是敦诚的哥哥敦敏，字子明。他生于雍正七年，大约死于嘉庆元年或以后。他也是曹雪芹的好友，他家住在北京城内西南角太平湖旁边的槐园，是雪芹常去的地方。在《懋斋诗钞》里，也保留着六首关于曹雪芹的诗，计：《芹圃曹君霑别来已一载余矣。偶过明君琳养石轩，隔院闻高谈声，疑是曹君，急就相访，惊喜意外，因呼酒话旧事，感成长句》、《题芹圃画石》、《赠芹圃》、《访曹雪芹不值》、《小诗代简寄曹雪芹》、《河干集饮题壁兼吊雪芹》。

（三）《春柳堂诗稿》。光绪刻本。著者张宜泉，生平事迹不详。宜泉是他的字，只知他贫穷落魄，困居西郊为塾师，他自己说："家门不幸，书剑飘零，三十年来，百无一就。"他也是旗人，并且是曹雪芹生平的好友之一，他的诗写得极好，与敦诚、敦敏可以并称。他的《春柳堂诗稿》里直接写到曹雪芹的诗共有四首，都写得极有神味。计：《怀曹芹溪》、《和曹雪芹西郊信步憩废寺原韵》、《题芹溪居士》（姓曹名霑，字梦阮，号芹溪居士，其人工诗善画）、《伤芹溪居士》（其人素性放达，好饮，又善诗画，年未五旬而卒）。

（四）《延芬室集》，原稿残本，现存北京图书馆。此书著者是宗室诗人永忠，字良辅，又字敬轩，号臞仙。生于雍正十三年（1735年），死于乾隆五十八年（1793年）。他是康熙第十四子胤禵的孙子，多罗贝勒弘明的儿子。康熙死后，胤禛夺取了皇位，胤禵便被终生禁锢，直到乾隆时才被释放。永忠的思想，受他家庭的这种特殊的遭遇影响很大。在他的《延芬室集》第十五册戊子年（乾隆三十三年，1768年）的诗稿里，有三首关于曹雪芹的诗：《因墨香得观红楼梦小说吊雪芹三绝句》。

（五）《绿烟琐窗集》抄本。本书著者是明义，姓富察，号我斋，满洲镶黄旗人，都统傅清的儿子。在乾隆时做过上驷院侍卫，生于乾隆五年（1740 年）左右。他在《绿烟琐窗集》里收了他咏《红楼梦》的诗竟有二十首之多，诗题为《题红楼梦》，题后有一段小叙，也是很重要的资料。现将这段小叙摘录于下：

> 曹子雪芹出所撰《红楼梦》一部，备记风月繁华之盛，盖其先人为江宁织府，其所谓大观园者，即今随园故址，惜其书未传，世鲜知者，余见其抄本焉。①

乾隆时的有关曹雪芹的记载，还可举出一些，例如脂砚斋的批语，裕瑞《枣窗闲笔》里的记载等等，我们就不必一一列举了，就举出上面这五种著作里有关曹雪芹的文字已足够说明问题了。杜先生说曹雪芹三个字是"抄写勤"三字的谐韵，那末，难道敦诚、敦敏、张宜泉、永忠、明义等人都一律用了"抄写勤"三字的谐韵"曹雪芹"吗？就算"曹雪芹"是"抄写勤"的谐韵，用谐韵的目的是为了把真名隐去，那末为什么敦诚偏偏又在诗句下自注"雪芹曾随其先祖寅织造之任"，把他的祖父的名字都写出来了，那末这样的谐韵还有什么意思呢？不仅如此，敦诚在《寄怀曹雪芹》这个题目里，在曹雪芹的名字下还加注一个"霑"字，既然用了谐韵，隐去真名，又要把他的真名揭示出来，这怎么说得通呢？在敦敏的诗里也是如此，诗题就叫《芹圃曹君霑别来……》，这里连"抄写勤"三字的谐韵都谐不成了。而到张宜泉则更

---

① 按：大观园即随园的说法，应以此为始。袁枚《随园诗话》乾隆五十五、五十七年两次自刻本尚无此说，至道光四年刊本始增入此说。后来袁枚的孙子袁祖志又否定了这个说法。

是一会儿写"曹芹溪"，一会儿又写"曹雪芹"，一会儿又说"姓曹名霑，字梦阮，号芹溪居士，其人工诗善画"，简直好像要把他的姓名和字号和盘托出似的。以上种种，难道不是充分说明所谓"抄写勤"三字的谐韵云云，完全是望文生义（确切点说是"听音生义"）的无根之谈吗？

历史有时是会走回头路的，回顾《红楼梦》的研究史，就可以看到这一点。在20世纪20年代时期，《红楼梦》研究史上曾出现过索隐派，他们的方法与今天的杜世杰先生一模一样，所不同的是杜先生比他们有了长足的"进展"，"进展"到索隐的结果连曹雪芹这个人都被取消了，从这一点来说，连当年的索隐派见了杜先生的著作，也要惊叹，自愧弗如了。这一点，杜先生自己也是这么看的。他说：

蔡元培《〈石头记〉索隐》谓："《石头记》者，清康熙朝之政治小说也，作者持民族主义甚挚，书中本事，在吊明之亡、揭清之失，而尤于汉族名士仕清者，寓痛惜之意。当时既虑触文网，又欲别开生面，特于本事以上加以数层障幕，使读者有横看成岭、侧看成峰之状况……第一回所云：'这日三月十五日，葫芦庙起火，烧了一夜，甄家烧成瓦砾场'，即指甲申三月间，明愍帝殉国，北京失守之事也……所谓贾府即伪朝也……"

这段见解非常正确，但蔡氏索隐的结果，仅着重在康熙朝几个名士，没有发现红学真实结构，而愈走愈偏，给胡适以攻击之弱点。

对红学真事隐发现最多的，要算王梦阮之《〈石头记〉索隐》，但王氏之方法一无可取。王氏熟悉明清史实及清宫掌故，完全以历史故事，附会《红楼梦》上各情节，因而有许多情节被他射中，而他自己所留下的矛盾，也足以否定他自己，所

以经不起胡适的攻击。(《红楼梦原理》第 91 页)

请看以上两段话不是说得很清楚么？一是说蔡元培的"见解非常正确"，王梦阮"对红学真事隐发现最多"；二是说他们都还经不起胡适的攻击。言下之意，自然是他的《红楼梦原理》是超过了他们而经得起攻击的了。因此我们说杜先生的《红楼梦原理》比起蔡、王二家的索隐更具有索隐的味道，更"前进"了一步，这是完全符合他的原意的。当然，这个更"前进"了一步，只是在历史的回头路上，也就是在《红楼梦》研究的道路上，倒退得更远更远而已！然而历史的总趋势是前进而不是倒退，《红楼梦》研究的历史的总趋势也只能是前进而不能是倒退，尽管个别的人愿意朝着相反的方向走，把倒退当作是前进，但是，这毕竟只是个人的错觉，而不是历史的真正的动向，不是《红楼梦》研究或学术研究发展史的真正动向。

二、驳《红楼梦》是曹頫所作说

近年来，流行着一种新的说法，认为《红楼梦》的作者不是曹雪芹，而是曹雪芹的父亲曹頫。曹雪芹只是《红楼梦》的整理者和修补者。

这个说法虽然没有否认曹雪芹其人的存在，但却否认了曹雪芹对《红楼梦》的著作权。我所见到的发表这一观点的著作是一本小册子。这本小册子是以批判胡适开始的，作者写道：

曹雪芹一名，见于《红楼梦》书首的楔子；就中说，《石头记》底稿经雪芹批阅十载增删五次纂成目录分出章回；据此可知，他是书的整理者（着重点为引者所加，下同）。事实上，《石头记》手稿确是经了雪芹之手方成就了八十回《红楼梦》的，他对是书有莫大贡献，虽然他并不是著书人。

五十多年前，买办文人胡适写了个《红楼梦考证》，硬指曹雪芹是此书作者；这个荒谬论点竟又为许多人所接受，并加以发挥。本来，胡适的论证非常勉强和脆弱，只因其流布年深日久，在人心目中形成了牢固的观念，故有必要对这个问题加以详细地考察，从而摧破他的胡考妄证。（第1页）

作者在另一处还说：

后来偏偏又生出了个有"考证癖"的洋博士胡适，著书立说，大谈起什么"红楼梦是曹雪芹做的"，以致谬种流传，遗害至今。（第30页）

胡适的哲学思想是主观唯心主义的实用主义，他在20年代马列主义开始传入中国的时候，就极力企图用实用主义来阻止马列主义在中国的传播，他在学术思想和方法上，提出了一套唯心主义的主张，就是"大胆的假设，小心的求证"。他的考证，是以唯心主义的主观主义为指导思想的，因此他的考证，确是有不少错误。对于错误的东西，自然应当用马列主义来进行批判。但是马列主义的一个基本原则和基本态度，是对待任何事物，一定要实事求是，即使是批判胡适也不例外。因为只有实事求是的批判，这个批判才具有科学的真正的批判作用，反之就不能起到真正的批判的作用，而只会把问题越搞越乱，越搞越胡涂。这本小册子的作者把胡适考证出来的《红楼梦》的作者是曹雪芹这一结论，说成是"荒谬论点"，是"谬种流传，遗害至今"。这种说法究竟是否科学呢？我们知道胡适的《红楼梦考证》是 1921 年 11 月写出来的，到 1923 年鲁迅印《中国小说史略》就采用了胡适的这一结论，说：

> 然谓《红楼梦》乃作者自叙，与本书开篇契合者，其说之出实最先，而确定反最后。嘉庆初，袁枚（《随园诗话》二）已云，"康熙中，曹练亭为江宁织造……其子雪芹撰《红楼梦》一书，备记风月繁华之盛。中有所谓大观园者，即余之随园也。"末二语盖夸，余亦有小误（如以楝为练，以孙为子），但已明言雪芹之书，所记者其闻见矣。而世间信者特少，王国维（《静庵文集》）且诘难此类，以为"所谓'亲见亲闻'者，亦可自旁观者之口言之，未必躬为剧中之人物"也，迨胡适作考证，乃较然彰明，知曹雪芹实生于荣华，终于苓落，半生经历，绝似"石头"，著书西郊，未就而没；晚出全书，乃高鹗续成之者矣。

> 雪芹名霑，字芹溪，一字芹圃，正白旗汉军。祖寅，字子清，号楝亭，康熙中为江宁织造。清世祖南巡时，五次以织造署为行宫，后四次皆寅在任。然颇嗜风雅，尝刻古书十余种，为时所称；亦能文，所著有《楝亭诗钞》五卷，《词钞》一卷（《四库书目》），传奇二种（《在园杂志》）。寅子頫，即雪芹父，亦为江宁织造，故雪芹生于南京。时盖康熙末。雍正六年，頫卸任，雪芹亦归北京，时约十岁。然不知何因，是后曹氏似遭巨变，家顿落，雪芹至中年，乃至贫居西郊，啜饘粥，但犹傲兀，时复纵酒赋诗，而作《石头记》盖亦此际。乾隆二十七年，子殇，雪芹伤感成疾，至除夕，卒，年四十余（一七一九？—一七六三）。其《石头记》尚未就，今所传者止八十回（详见《胡适文存》）。

到 1924 年 7 月鲁迅在西安暑期讲学时，仍然说：

> 《红楼梦》的作者，大家都知道是曹雪芹，因为这是书上写着的。至于曹雪芹是何等样人，却少有人提起过；现经胡适之先生的考证，我们可以知道大概了。雪芹名霑，一字芹圃，是汉军旗人。他的祖父名寅。(下略)①

这本小册子的作者如此大张旗鼓地批判胡适考证出来的《红楼梦》的作者是曹雪芹的论点的时候，是不可能连鲁迅的《中国小说史略》也没有看过的，那末作者所说的"谬种流传，遗害至今"这些话，难道仅仅是对胡适吗？②

这里我们姑不论他的批判是否是仅仅针对胡适，我们且看一看他"新考"出来的否定曹雪芹对《红楼梦》的著作权，提出《红楼梦》的作者是曹頫的主张，有没有点科学性，也就是有没有点实事求是的精神，是否真正被他求到了"是"——客观真理。

作者否定曹雪芹对《红楼梦》的著作权的理由主要是以下三点：

（一）作者认为曹雪芹卒于乾隆二十七年（1763 年）壬午除夕，只活了四十岁，抄家时只有六岁，《红楼梦》是自传体小说，曹雪芹没有经历这种豪华生活，因此他写不出这样的作品来。

大家知道，关于曹雪芹的卒年问题，"壬午说"和"癸未说"一向

---

① 《中国小说的历史的变迁》，见《鲁迅全集》，第 8 卷，人民文学出版 1957 年版。

② 我的意思当然不是说鲁迅的话就句句是真理，不能有所商讨。时代不断地前进，学术方面随着新的资料的发现，有的问题已得出了新的正确的结论，当然不能再拘守旧说，哪怕是鲁迅说过的，只要是事实证明是不确切的，就应该用新的科学根据的更正确的结论来代替它，否则学术就不能发展，思想就不能前进。所以我这里丝毫也不是说凡是鲁迅说过的话一概不能有不同意见，这一点我想是不应该引起误解的。

是有争论的，这个问题并没有得到统一的认识，但近年来主张"癸未说"的比较多一些。我自己也是主张"癸未说"的，同时我又是认为张宜泉说的"年未五旬而卒"比较可靠，因而我主张他的生年大约是在康熙五十四年乙未（1715年）左右，他大约活了四十八岁左右（虚岁四十九岁），雍正五年底抄家时，雪芹虚岁为十三岁，因而少年时代的一段"秦淮风月"的"繁华"生活对他是有深刻影响的，而十三岁那年的抄家败落，对他的生活、思想都起了极大的作用，所以他并不是像小册子的作者所说的："既没有《石头记》作者（按：《石头记》的作者本来就是曹雪芹，却偏偏不承认，硬要另找《石头记》的作者，岂非怪事！）的生活体验，更没有类似书中贾宝玉的人生经历，那他怎么能'追踪蹑迹'写出自传体小说《石头记》呢？"这样的怀疑我认为至少是没有充足理由的。当然，在这里我并不想扯开去重新提出这个争论，因而也不再详细申明理由。我们就按原来争论的现状把这个问题看作悬而未决的问题（因为小册子的作者并未提出任何新的证据来论证曹雪芹确是卒于壬午，他的卒于壬午说的见解，还是几十年前别人的老看法，他也并未提出任何新的曹雪芹只活了四十整岁的材料来，因而他的说法没有任何一点新内容），那末，作者把自己提出的这个否定曹雪芹的著作权的新的论点建立在这样不稳固的基础上，难道能站得住吗？难道能具有说服力吗？

（二）作者根据他对几条脂批的主观解释，认为脂批透露了曹雪芹不是《红楼梦》的作者而是整理者和补续者。

小册子的作者引第一回贾雨村中秋吟诗，脂砚斋的批语云：

> 这是第一首诗。后文香奁闺情皆不落空。
>
> 余谓雪芹撰此书中，亦为传诗之意。
>
> 脂砚的意思是说，"雪芹将此诗添进书中，有传诗的意

思"，但这并没说书是雪芹所撰。此系甲戌本双行批注，亦见甲辰本；但甲辰本漏脱了一个"中"字，则意义就全走样了，将"撰此诗到书中"变为"撰这本书了"，真是一字之差，千里之谬。

小册子的作者的这种解释完全是主观的解释，并不符合这段批语的实际，也不符合《红楼梦》本身的实际。大家了解，研究脂批，首先必须注意到现在我们所能看到的这些脂批都是转辗抄录的，其错谬的情况各本虽然并不一样，各本各条批语的错讹情况也不一样，有的有错，有的没有错。但总起来说，脂批错漏讹夺的情况比较严重，必须各本参互对照，并结合《红楼梦》本身来加以研究考查，而不能孤立地、主观地加以解释。小册子的作者在这里所引的这两段批语，在甲戌本和甲辰本上，都是写在"口占一律云"这句下面的，是双行小字，并且是一气直下，并不分段的。因此解释这段批语，不能截取后半句而丢掉前半句。其实这段批语并不难解，意思是说："这是第一首诗，后文还有香奁闺情等诗都不落空。"以上是一层意思，说的是整部《红楼梦》里不止这一首诗，后面还有香奁闺情等诗。这里"第一首诗"和"后文"云云，是互相关联的。下面两句，是说："曹雪芹撰作这些诗在这部《石头记》里，也有为了要传这些诗的意思的。"这里"撰此书中"的"此"字，既是指这首中秋诗，也包括后文香奁闺情等诗在内。决不是说曹雪芹只想传这一首诗。这里关键是"撰此书中"①四个字的理解，特别是对"撰"字的解释。按照小册子作者的解释，是"将此诗添进书中"，这样，就把"撰"字训为"添"字。按"撰"字亦作"譔"，《说文·言

---

① 有的同志将此句的"中"字属下点，成为"余谓雪芹撰此书，中亦为（有?）传诗之意"，可参考。

部》："诔，专教也。"有著述修撰之义。《魏志·卫凯传》："凡所撰述数十篇。"又《刘劭传》："凡所撰述《法论》、《人物志》之类百余篇。"《唐书·百官志》："史官修撰，掌修国史。"所以它的本义是"著述"的意思，也可联用作"撰述"，它从来也不能训作"添"字，小册子的作者在这里用偷改字义的办法，来曲解这段批语，这决不是实事求是的态度。特别是作者在把这个"撰"字的字义偷改以后，按照主观的解释，硬把《石头记》这部书的作者和这首诗的作者要分开来，这完全是一种强词夺理的说法，如果实事求是地细按这段文字，是无论如何得不出作者的这种结论来的。

小册子的作者所举的第二个例子是第二回的回前诗及其批语，作者说：

类似的例子还有，第二回各脂本正文皆有题诗，诗曰：

一局输赢料不真，香销茶尽尚逡巡。欲知目下兴衰兆，须问旁观冷眼人。脂砚斋批云：

只此一诗便妙极。此等才情自是雪芹平生所长。余自谓评书，非关评诗也。

这里脂砚斋分明是将添补之诗与原书分别作论，声明自己只是评书，而不涉及此类诗，这岂不等于明说，雪芹并非书之作者吗？否则，如认为作诗的雪芹即此书作者，那怎么能将诗、文分家呢？

小册子的作者对这段脂批的分析，同样表明了他的主观武断的思想和方法。按这段批语，分三层意思。第一句是一层意思，是称赞也即是评论上述这首诗的。第二层意思就是第二句："此等才情自是雪芹平生所长。"这句话不是评上面这首诗，而是评《石头记》的这一回书，也

443

就是这回书前面的那段长长的评语称赞这回书的写法的同样的意思。第三层意思，是末后两句，说明第二句"此等才情"云云，是针对《石头记》这回书发的评论，而不是在评上面这首诗。这后面两句，纯粹是说明性的，怕读者误解上面两句话的意思，才加以说明。如果按照小册子的作者的理解，脂砚斋只是"声明自己只是评书，而不涉及此类诗"，这样的解释，根本不符合这段脂批的实际情况。事实是这段脂批开头第一句："只此一诗便极妙"，明明是评"此一诗"的，怎么能视而不见，硬说这段评语"不涉及此类诗"呢？小册子的作者企图用曲解这段批语的办法，硬说这段批语"等于明说，雪芹并非书之作者"，这完全是对这段批语的任意曲解。

上述这种对脂批的任意曲解，充满着这本小册子，本来我们完全可以逐条加以分析和批驳的，为了避免行文的烦琐，就不再一一加以列举了。总之，此书作者企图用这种曲解脂批的办法来剥夺曹雪芹对《红楼梦》的著作权，尽管其用心良苦，但这是徒劳的，经不起认真分析的。

（三）是此书的作者认为"乾隆时代的人，皆未认雪芹是著书人"。这个说法，更是荒唐得出奇，简直是不负责任地瞎说一气了。我们姑且不提敦诚的"不如著书黄叶村"、"牛鬼遗文悲李贺"、"开箧犹存冰雪文"等诗句，因为这些句子没有明确说曹雪芹著的"书"和箱子里存的"文"就是《石头记》，但是永忠的《因墨香得观红楼梦小说吊雪芹三绝句》是明明白白写着曹雪芹写了《红楼梦》小说的，诗里说"可恨同时不相识，几回掩卷哭曹侯"，前面已经提到永忠生于雍正十三年，卒于乾隆五十八年，确是与曹雪芹同时，怎么能无视这一铁的事实呢？其次是《绿烟琐窗集》的作者富察明义，他生于乾隆五年左右，雪芹死时，他二十多岁，前面提到的他的《题红楼梦》一诗的小叙开头就说："曹子雪芹出所撰《红楼梦》一部……"奇怪的是小册子的作者在引这段叙文时，竟将开头这一句话删去。这我们不禁要问，你一方面在说"乾隆时代的人皆未认雪芹是著书人"，另方面，却把上述这些明明是乾隆时代，而且是曹雪芹同时代的人明确讲到曹雪芹著《红楼梦》的文字有意删去或故意不提，这种治学的作风，难道是诚实的实事求是的作风么？其实企图用这种手法来瞒哄读者，树立新奇的论点，这只不过是欺人自欺而已，读者是不会受蒙骗的。

以上三点，就是小册子的作者否认曹雪芹对《红楼梦》的著作权的所谓"理由"。

下面我们再来看一看他所提出来的《红楼梦》的作者是曹𬱟这一说法的根据，看一看这些根据究竟可靠不可靠。

（一）作者说：

> 我们首先关心的是，与书中主人公贾宝玉相对应的历史人物，即《石头记》的作者，到底是谁？
>
> 第二十八回，宝玉薛蟠等在冯紫英家纵酒作乐，宝玉说："如此滥饮，易醉而无味；我先喝一大海，发一新令，有不遵者，连罚十大海，逐出席外，与人斟酒。"此句甲戌本有眉批云：
>
> 谁曾经过，叹叹！西堂故事。（着重点原有，引者）
>
> 这是说，饮酒行令是谁所经历过的事呢？可叹，这是西堂旧的往事啊！这"西堂"① 一名既出现在这里，指到宝玉门下，那当然就是作者。

---

① 详见拙著《曹雪芹家世新考》第五章"曹𬱟"条的分析，本文即该书的末章。按：曹𬱟字"昂友"，已见康熙六十年《上元县志》：《曹玺传》。又曹寅自号"西堂扫花行者"，其书斋亦名"西堂"，故曹𬱟再无号"西堂"之理。

这一段话的意思就是说贾宝玉就是曹西堂，曹西堂就是《红楼梦》的作者。

（二）作者在另一处，又举《红楼梦》五十二回提到避寅字讳的脂批，说：

> 第五十二回，晴雯带病夜间补裘，在工完难支时，"一时只听自鸣钟已敲了四下"。庚辰本此句下双行批注云：
>
> 按四下乃寅正初刻，寅此样写（按：原批无"写"字，此是小册子的作者增添的——引者）法，避讳也。
>
> 所谓"避讳"，即避曹寅之"寅"字。由此可知，作书人定是寅子无疑。曹寅有两子，长子曹颙、次子曹頫。曹颙早死不能写书，更无法写出他死后方发生的抄家等事，故断定（着重点是引者所加）《石头记》作者必是曹頫。

这样，小册子的作者就得出了曹西堂就是曹頫，也就是《石头记》的作者的结论。于是：

（三）作者就根据这一结论列出了一张表：

> 书中形象：宝玉—贾政—贾母。
> 历史人物：西堂—曹寅—寅母。

我们认为作者的这种论证方法是荒唐的。曹頫根本不可能叫曹西堂，这我们在前面已经驳辩过了，无需重复。① 封建时代，不仅儿子要

_____

① 参见《关于江宁织造曹家档案史料》一书中的《内务府奏请将曹頫给曹寅之妻为嗣并补江宁织造折》（康熙五十四年正月十二日），可以推知。

避父亲的讳，而且孙子也要避祖父的讳，一直要避到七世，七世以外就可以不必避讳了（当然实际上未必见得能严格地避七世讳，但第三代要避祖父辈的讳是很普通的事例），这叫"已祧不讳"。按照作者的说法，曹西堂就是曹頫，也就是《石头记》里的贾宝玉，而曹寅就是贾政。果真这样，我们就不能不想到《石头记》里贾宝玉与贾政的关系，他们从血统上来说是父子，但是从思想上来说，他们是一对对立的典型。我们又知道曹寅对曹頫极为器重，对他寄予很大的希望，曹頫对曹寅也是极为尊重的。我们还知道曹寅本人确是康熙时代的一位著名学者和文人，他差不多结交了当时所有的著名文人，特别是当时一批著名的明遗民，都与曹寅有深交，这只要看一看他的《楝亭图》后面题咏的大批名单就可以十分清楚了。由此可知，曹寅决不是一个庸俗之徒。那末，我们就不能理解，曹頫为什么一定要把曹寅写得那样庸俗不堪，而且与自己在思想上处于势不两立的敌对地位，让贾政（按照小册子作者的观点就是曹寅）必欲置贾宝玉（按照小册子作者的观点就是《石头记》的作者自己）于死地而后快呢？

我们特别还要指出，这本小册子的作者把小说里的人物，一一与生活里的人物相对应，连渺渺真人、空空道人、茫茫大士、癞头和尚都"考"出了他们的真实人物，这样的"考证"加索隐的方法，实在是洋洋大观，可以说简直是超过了王梦阮和蔡元培。

我们不能忘记作者在这本小册子的一开头就是以批判胡适开始的，但他的批判胡适，不是批判他的反动政治立场，不是批判他的"大胆假设，小心求证"的主观唯心的实用主义的考证方法，更不是批判他的主观唯心主义的反动世界观和方法论，而却是批判他考证出来的《红楼梦》的作者是曹雪芹这个结论。相反，对于胡适的《红楼梦》是曹雪芹的自传说，除了把曹雪芹改成曹頫外，非但没有作任何批判，① 反而大加发挥，发挥到把《红楼梦》里的主要典型人物，贾宝玉、贾政、贾母甚而至于连渺渺真人、空空道人、茫茫大士、癞头和尚都一一与曹家的人或与曹家有关的人"对应"了起来，把胡适的"自传说"发挥到了淋漓尽致的地步，对胡适的这样的"批判"，难道不恰恰是大大发展了胡适的错误观点吗？

三、曹雪芹对《红楼梦》的著作权不容否认

毛泽东同志在《论十大关系》中说："我国过去是殖民地、半殖民地，不是帝国主义，历来受人欺侮。……除了地大物博，人口众多，历史悠久，以及在文学上有部《红楼梦》等等以外，很多地方不如人家，骄傲不起来。"毛主席对《红楼梦》的评价这样高，这在我国三千年的古代文学史上是仅有的，这对于伟大作家曹雪芹来说，是无上的光荣。

自从《红楼梦》于乾隆初年（姑且从乾隆十九年甲戌年算起）② 抄阅问世以来，已经经历了两个半世纪，在这两个半世纪的历程中，它经历了种种的遭遇，它风靡了千千万万的读者，也遭到了各个时代的封建卫道者们的恶毒攻击和诬蔑，直到现在，老式的诬蔑和新式的歪曲还仍然不时袭来，然而《红楼梦》和它的作者曹雪芹不仅赢得了亿万人民的

---

① 按"自传说"本身是有它的合理成分的，其错误之处是把这样一部内容深广的伟大作品仅仅归结为作者的自传，这样就大大贬低和抹煞了这部小说的深刻的思想内容和社会意义。小册子作者的这种主观主义的臆想的"对应"方法，更是把小说中的典型人物和历史上的真实人物等同了起来，甚至把未必真是据真实人物塑造的艺术形象也硬去比附历史上的真实人物，这就更加发展了"自传说"的荒谬的一面。

② 现今流传的甲戌本，并不是甲戌（乾隆十九年）抄的，但书中说"至脂砚斋甲戌抄阅再评仍用《石头记》"，可见在甲戌年已有抄阅的再评本了。

热爱和欣赏，赢得了伟大的无产阶级领袖毛主席的高度评价，而且还赢得了世界性的声誉。现在在东方和西方的不少国家里，已经拥有专门研究《红楼梦》的专家和权威，已经出了大量的翻译和研究《红楼梦》的著作，作为一门学问的"红学"，从来没有像今天这样具有世界性的规模。这一事实，理所当然地引起了我们的民族自豪感，也理所当然地督促着我们去努力继承这一份宝贵的遗产。

然而有的人却企图凭空剥夺曹雪芹对此书的著作权，异想天开地提出了《红楼梦》是曹頫所作说。众所周知，有关曹頫的材料，特别是他抄家以后的踪迹，至今仍然无可查考。在这样的情况下，提出来《红楼梦》是曹頫所作说，除了惑乱视听以外，能起什么作用呢？学术研究工作，只能老老实实地去做，来不得半点虚假。曹雪芹对《红楼梦》的著作权以及一个半世纪以来他所享有的崇高声誉，决不是几句空言所能动摇的。韩愈讽刺那些攻击李白、杜甫的诗的人说："蚍蜉撼大树，可笑不自量。"要剥夺曹雪芹对《红楼梦》的著作权，其结果也只能是如此。

曹雪芹对《红楼梦》的著作权是不容否认的，我们在本章里引的那许多曹雪芹同时代人写的资料，已足够说明这个问题了。为了充分说明问题，这里我们再引几条脂批。

甲戌本卷一"满纸荒唐言"一诗的眉批云：

能解者方有辛酸之泪，哭成此书，壬午除夕，书未成，芹为泪尽而逝。余尝哭芹，泪亦待尽。每意觅青埂峰再问石兄，奈余不遇獭（癞）头和尚何？怅怅！

今而后惟愿造化主再出一芹一脂，是书何本（幸），余二人亦大快遂心于九泉矣。

甲午八日泪笔

这段批语说："能解者方有辛酸之泪，哭成此书"，"书未成，芹为泪尽而逝。"对照"满纸荒唐言，一把辛酸泪。都云作者痴，谁解其中味"这首诗，批语里的"能解者方有辛酸之泪"和诗里的"一把辛酸泪"完全是指一个人，批语里的"哭成此书"和诗里的"都云作者痴"的"作者"，也是同一个人，两相对照，不是清楚得很吗？

甲戌本第一回"后因曹雪芹于悼红轩中披阅十载，增删五次，纂成目录，分出章回，则题曰金陵十二钗"一段的眉批云：

> 若云雪芹披阅增删，然后（则）开卷至此这一篇楔子又系谁撰？足见作者之笔狡狯之甚！后文如此处者不少。这正是作者用画家烟云模糊处，观者万不可被作者瞒弊（蔽）了去，方是巨眼。

针对着"批阅十载，增删五次"等等的说法，批者一语道破，提醒读者"万不可被作者瞒蔽了去"，"足见作者狡狯之甚"，在这短短的一段批语中，连用两个"作者"，问题说得这样明白，难道还有什么可怀疑的吗？

甲戌本第十三回末脂批云：

> "秦可卿淫丧天香楼"，作者用史笔也。老朽因有魂托凤姐贾家后事二件，嫡（岂?）是安富尊荣坐享人能想得到处？其事虽未漏，其言其意，则令人悲切感服，姑赦之，因命芹溪删去。

庚辰本第二十二回末，眉批云：

此回未成而芹逝矣，叹叹！丁亥夏，畸笏叟。

庚辰本第七十五回前单页上记云：

乾隆二十一年五月初七日对清。缺中秋诗，俟雪芹。

上面这些脂砚斋的批语，不是把曹雪芹写《红楼梦》的事实记得历历分明吗？这样的白纸红字，文字又写得如此明明白白，毫不含糊，怎么能容许任意地歪曲篡改呢？伟大作家曹雪芹是用毕生的心血和生命凝成他的伟大作品《红楼梦》的。他对此书的著作权，难道是用歪曲、篡改批语的伎俩所能剥夺得了的吗？

曹雪芹对《红楼梦》的著作权是不容剥夺的！

伟大诗人杜甫在称赞初唐诗人"王、杨、卢、骆"（王勃、杨炯、卢照邻、骆宾王）时，说他们的诗"不废江河万古流"。同样，曹雪芹的名字和他的作品《红楼梦》，也必将与长江、大河一样，穿过绵绵无尽的历史，穿过每一个世纪，永远奔腾不息地流泻在人间！

曹雪芹这个名字，是我们伟大民族和伟大祖国的光荣和骄傲！

1978 年 9 月 19 日，旧历戊午
中秋后二日凌晨 5 时写毕于宽堂

《曹雪芹墓石论争集》序

今年 7 月 25 日，我去通县张家湾目验曹雪芹墓石，并到墓石出土地点和曹家当铺遗址做了调查。我认为这块墓石是可信的，是无可怀疑的。7 月 31 日，《北京日报》郊区版发表了张文宽、焦保强的报道，题为："张家湾镇发现曹霑墓碑，墓碑证明：曹雪芹葬于通县。"很快，这条消息就传遍了全国各地、传向了全世界。8 月 1 日，张家湾镇政府邀请专家们鉴定，会上有两种意见，一种意见认为墓石是可信的，墓石本身是旧的，文字也是原刻的，不是现在造的。墓石出土现场的当事人都在，可以作证；出土以后，因为当时正值"文革"高潮，墓石一直被砌在墙根里，直到去年因翻建房屋才将墓石取出来，这一切也都有墓石发现者和保存者李景柱的邻居可以证明。另一种意见认为墓石是假的，提出了诸种"不合"的质疑。从此，墓石真假的问题就开始论辩起来了，直到现在，讨论还在进行中。

如何看待这次争论？我认为是大好事。首先，文艺界已经沉寂了很久了，思想应该活跃，问题应该争论，长期的沉寂对理论的发展和文艺的繁荣并不是好事。其次，我认为讨论或争论是深化问题的一种最好的方式，实质上争论的双方是互为前提和互相补充的，争论的双方谁也离

452

不了谁，而又谁也需要谁，这是客观事实。一个问题的争论，使我们很快地多读了不少书，读懂了不少书，所以，争论也是鞭策我们读书的一种动力。争论的问题要能得到正确的结果，一是要靠知识，二是要靠事实（文献资料和地下实物）。这就需要认真读书和认真调查，所以争论又是督促我们做认真的调查工作的一种动力。

关于曹雪芹墓石的争论，现在还只是开始，离开得出正确的结论，还需要有一段时间。当然正确的意见只能有一种：墓石是真的，或者墓石是假的。这两种意见不是都已经出来了吗？怎么说"还需要有一段时间"呢？因为结论只能有一个，不能有两个。所以争论的双方必须有一方被完全驳倒或基本驳倒，才能产生结论。任何一方永远争论到底，只能是对待问题的态度，不能说明它是否正确。

曹雪芹墓石真伪问题的争论，将是长期性的，除非又有新的可信的材料出现。就这块墓石本身而言，已经有出土以来全过程的证明人，已经有大量文献资料的依据，已经有国家级的文物鉴定专家的鉴定，已经有好多位著名红学家和曹雪芹家世研究专家的科学论证，它的历史真实性和可信性，已经无需其他旁证了。但要使广大的关心者完全放心，要使怀疑者和否定论者无可怀疑和不能否定，则新的实物的旁证还是必要的，但这是一个未知数，不是想有就有的，因此墓石真伪之争，必将较长时期地争论下去，但这仍然是好事而丝毫也不是坏事。

我是墓石的坚信不疑者，但我尊重不同的意见，尊重怀疑的意见和反对的意见。如前所述，我的意见是依靠了他们的意见而存在的；同样他们的意见，也离不开我的意见以及和我抱同一观点的意见，所以我们是既相反而又相成的，就观点来说是相互对立的，就文章来说，是互相依存的。由于这个原因，我对不同的意见，真诚地尊重和珍惜。所以争论的双方，既是论敌更是论友。论敌是观点问题，论友是人际关系问题。昔东坡与荆公之争，不谓不激烈，而终无妨于他们相互的尊重，而其后东坡乃有"悔不从公十年迟"之叹，古贤襟怀，可以风世。

　　为了有利于今后的论争，我编了这个论争集，为了有利于检索，我将两种意见各自分组，各组又大体以时间先后为序，事属仓促，不能细也。此后再有鸿文，自当续编。

　　是为序。

1992 年 12 月 8 日序于京华瓜饭楼

曹雪芹小传

曹霑,字梦阮,号雪芹,又号芹溪、芹圃。约生于1715年(清康熙五十四年),卒于1763年2月12日(清乾隆二十七年壬午除夕)。祖籍今辽宁省辽阳市。始祖曹世选,汉族,原为明驻辽东军官,曾任沈阳中卫指挥使。约在天命六年后金破沈阳时(1621年,明天启元年)归附后金,后入满洲正白旗包衣。高祖曹振彦,于明崇祯十七年(1644年)四月随多尔衮经山海关之战进北京。后又随多尔衮平山西大同姜瓖之乱,任阳和府知府,升两浙都转运盐司运使。

曹振彦生二子:曹玺、曹尔正。

曹玺生二子:曹寅、曹宣。

曹寅生子曹颙,据红学家们研究,曹雪芹即曹颙的遗腹子,有的研究者则认为是曹寅嗣子曹頫之子。

曹家高祖曹振彦自辽阳从龙入关后,即因功升迁。振彦之子玺,其妻孙氏为康熙帝之保姆,康熙即位后,曹玺即为苏州织造,后改江宁织造。玺死,其子曹寅继任江宁织造,复兼两淮巡盐御史,为康熙帝之亲信。曹寅才干出众,诗文词曲并擅,为一时之人望。曹家于曹振彦后,复经曹玺、曹寅两代数十年之经营,已为东南巨宦,且文酒风流,极一时之盛，天下名士，多与唱游。康熙六次南巡，有四次由曹寅承办接驾大典，并驻跸江宁织造署，可见康熙对曹寅之荣宠，曹家亦因此落下巨额亏空。康熙五十一年（1712 年），曹寅死，子颙继任；三年颙死，曹宣之子曹𫖮过继接任；至雍正五年末（1727 年），曹𫖮被抄家革职枷号；六年初，曹家回北京，时雪芹约虚岁十四岁。

曹家回北京后，曹𫖮仍在枷号中，至少至雍正七年（1729 年）底以前尚未蒙宽释，曹家此后的情况即无消息。

曹雪芹自北归后，曾一度在右翼宗学任"瑟夫"（教习）。因而结交宗室敦敏、敦诚，后雪芹移居西郊，与张宜泉交，此三人皆留有赠雪芹的诗篇。

雪芹约于乾隆九年（1744 年）前后开始写作《石头记》，现存纪年最早的《石头记》抄本（原本之过录本）是乾隆十九年的甲戌（1754 年）本，可知此时《石头记》八十回已基本完成。后雪芹贫病交迫，乾隆二十七年壬午（1762 年）雪芹殇子，禁不起丧子之痛，是年除夕（1763 年 2 月 12 日）雪芹卒，终年虚岁四十八岁。

1992 年 7 月，北京郊区通县张家湾农民李景柱，献出于 1968 年"文革"中发现的曹雪芹墓石，上刻"曹公讳霑墓"五个大字，左下端刻"壬午"二字。从而确知曹雪芹确是卒于"壬午"，与脂批合。且确知葬于张家湾祖坟。雪芹逝后，留有"新妇"，不知所终。

雪芹生于荣华，中经巨变，历尽沧桑，于世态所味甚深，而又博学通识，才华富赡，胸多波澜，笔无滞碍，遂以自身所经为素材，成此绝世之作，雪芹之名字及所著《石头记》即《红楼梦》，则与天地同寿。

1993 年 4 月 20 日凌晨 1 时半写于瓜饭楼

曹家蒜市口的住房及其他

最近，北京的红学家们、居民们都在纷纷议论位于崇文门外蒜市口曹雪芹家的住房问题。为此，北京市府领导召开了有关方面的会议，征询专家们的意见。

事情是从很久以前发现的一件历史档案引起的。1982 年中国第一历史档案馆的专家张书才同志发现了一件历史档案，题为《刑部为知照曹𫖯获罪抄没缘由业经转行事致内务府移会》，所署时间为雍正七年七月二十九日。这件"移会"于 1982 年 11 月上海红学会议期间，由张书才同志公布。在这个历史档案里，有这样一段话：

> 查曹𫖯因骚扰驿站获罪，现今枷号。曹𫖯之京城家产人口及江省家产人口，俱奉旨赏给隋赫德。后隋赫德见曹寅之妻孀妇无力，不能度日，将赏伊之家产人口内，于京城崇文门外蒜市口地方房十七间半，家仆三对，给与曹寅之妻孀妇度命。除此，京城、江省再无着落催追之人。（见《历史档案》1983 年第一期）

上述文字里提到的"京城崇文门外蒜市口地方房十七间半，家仆三对，给与曹寅之妻孀妇度命"这段话，就是现在大家所议论的曹雪芹家的住房的文献根据。特别应该说明的是，隋赫德的这个举措，完全是秉承雍正的旨意，这在《江宁织造隋赫德奏细查曹𬇕房地产暨家人情形折》（雍正六年三月初二）里，说得十分清楚，该折说：

　　至曹𬇕家属，蒙恩谕少留房产以资养赡。今其家属不久回京，奴才应将在京房屋人口酌量拨给，以彰圣主覆载之恩。
　　（见《雍正朝汉文朱批奏折汇编》第十一册）

由此可见，蒜市口曹家十七间半房屋之保留，曹家抄没后得以住在此处，包括少年的曹雪芹得随其祖母同住此处，都是雍正的旨意所及。所以这一处曹家的住房及所居住之人口，是有非常可靠的文献依据的。

接下来的是这十七间半房子的具体位置的问题，好在蒜市口面积不大，张书才同志经过认真的调查，特别查对了乾隆京城图，果真找到了十七间半房子的地面图，这就是原蒜市口16号马家，现为广渠门大街207号。据档案部门查核，马家在此处的居住，可上溯到同治年间，再往上则尚待查核。

这就是说：历史文献是可信的，蒜市口也还是当年的原址，并未迁移，这两项都是可以肯定的。剩下的是十七间半房虽然从乾隆京城图上找到了，但还无法从文物的角度加以确认。

对待这样一个问题，有几种不同的看法：第一种看法认为这应该作为曹雪芹故居或故居遗址保留，以作为这位世界闻名的伟大作家的遗迹供人瞻仰纪念。第二种看法基本上认同第一种看法，但认为在市政建设上这一处实在无法保留的话，也应该在蒜市口范围内划出一块地方建设曹雪芹纪念馆或曹雪芹故居博物馆，千万不能离开蒜市口。第三种意见是认为从文物的角度看，这一处房屋还无法认定是曹雪芹在雍正乾隆时期住过的故居，所以可以拆除。

以上这三种意见，我是赞成第一、二种意见的。第二种意见实际上是第一种意见的补充，如果能够实现第一种意见，当然最为理想。

我认为，为曹雪芹建立纪念馆或故居纪念馆，应该多从文化方面着眼，曹雪芹是世界闻名的现实主义大师，他比欧洲的现实主义大师们要早出百来年，他为我们伟大祖国和民族赢得了崇高的荣誉，他的成长是在北京市，他写不朽的巨著《红楼梦》也是在北京市，他最后也是死在北京市，北京市太应该为他建立纪念馆了。现在有了可靠的文献依据，蒜市口地方又仍在原址，就差十七间半房的地皮和地面房子能否确认是曹雪芹的故居了。我认为从文化的意义上来说，我们没有必要必先认定它是文物，才能为他建纪念馆。我认为就在现在这个位置上建立曹雪芹纪念馆或别的什么名称，是有足够的历史依据的；相反，如果置这么可信的历史文献于不顾，这未免太说不过去了，也未免太违背群众的意愿了。

再说，全国各地这么多的名人纪念馆，难道都有可靠的文献依据和符合文物标准吗？我看有不少都是从文化的角度来考虑的，如湖北香溪深处的屈原故里、河南巩县的杜甫窑洞、江西九江的陶渊明纪念馆都是一种文化纪念的意义。要说文献根据，由于曹雪芹的时代毕竟近得多，倒还有可靠的文献记载，而蒜市口的范围又那么小，我觉得已经够有充分的依据的了。

当然事情总要考虑得周密一些，要想到各方面的困难，如果市政建设上确有重大的困难不能解决，那么，第二个补充意见也是可以采用的。

特别我还要提出来：文化建设，也应该是市政建设的一个重要方面，为这位世界闻名的文化巨人建纪念馆，理应列入北京市的文化建设项目，除了南京以外，别的城市想建恐怕还缺少充分的根据呢！

2000 年 9 月 19 日于上海

二百年来的一次重大发现

——关于曹雪芹的书箧及其他

二百年来关于曹雪芹的手迹和
遗物的一次重大发现

　　最近，北京发现了曹雪芹的遗箧及其手迹，还有他的"继妇"在他逝世后写的悼亡诗。

　　这是二百年来关于这位驰名世界的伟大作家的遗物的第一次重大发现。它的发现，打破了整整两个世纪的沉寂，人们终于看到了这位巨人生前的遗物。手泽犹存，墨痕尚在，睹其遗物，想见其为人，人们的心潮久久不能平静。

　　这次发现的是一对木制的书箧，书箧左右宽 70.5 厘米，上下高 51 厘米，前后深 23 厘米。书箧的主人姓张，是一位工人，据说他的上祖为张宜泉，是雪芹生前的至友，著有《春柳堂诗稿》。这一对书箧可能是雪芹谢世后，或在他夫人谢世后由张宜泉保存下来的。① 两个书箧的

---

　　① 此系传闻，尚无确切资料足资证明。本文考证这对书箱确系曹雪芹原物，并不以这种传闻为依据，这里只是顺便提及而已。

门上都刻有兰花，左右相对。右边一幅兰花下有一拳石，兰花上端行书
题刻：

> 题芹溪处士句
> 并蒂花呈瑞，
> 同心友谊真；
> 一拳顽石下，
> 时得露华新。

左边的一幅上端题刻：

> 乾隆二十五年岁在庚辰上巳

在右下角题刻：

> 拙笔写兰

在以上两段题字的中间上端，另有正楷两行题刻：

> 清香沁诗脾，
> 花国第一芳。

字迹端秀，字体比以上两段题字都要小得多。两幅兰花实是左右相对
的，右边有"芹溪"名字的一幅应是上幅，左边署年的应是下幅。

以上是书箧外面所能见到的情况。

这书箧门上的两幅兰花，肯定不会是张宜泉所作。我们还记得，

1971 年，在香山正白旗舒姓家复壁上留下来的题字中，其下端也有一幅兰花，同时也有"拙笔学书"、"学题拙笔"的题字。那末，这两处的画兰和两处的"拙笔××"，是否可能就是一个人呢？这就增加了我们不少想象和考证的资料。

　　书簏里面的情况是，在左边书簏簏门的后壁，糊着厚厚的纸，藏主无意中揭开这层厚纸的时候，见到纸上有"仪礼义疏"①、"春柳堂藏书"等字，而在揭去纸后，发现在簏门的背面右边用端庄凝重的章草写着：

　　　　为芳卿编织纹样所拟歌诀稿本
　　　　为芳卿所绘彩图稿本
　　　　芳卿自绘编锦纹样草图稿本之一
　　　　芳卿自绘编锦纹样草图稿本之二
　　　　芳卿自绘织锦纹样草图稿本

看来这五个"稿本"的目录，前两种很明显是曹雪芹"为芳卿""所拟"和"所绘"，应是曹雪芹关于工艺美术方面的著作。后面三种，是"芳卿"自己的著作，这个书簏里面原来就是存放着这些"稿本"（以及别的著作）的，因此在簏门的后壁写着这些"稿本"的目录。这个"芳卿"是谁？看来就是曹雪芹在"乾隆二十五年庚辰上巳"以后续娶的夫人，"芳卿"也可能是她的名字的全称，也可能"芳"字是她的名字中的一个字，"卿"字是雪芹对她的爱称，如《石头记》脂砚斋批语称林黛玉为"颦卿"，称"袭人"为"袭卿"一样。总之这个"芳"字是曹雪芹夫人的名字中的一个字，这是可以肯定的。这样我们不仅得到

----

　　① 按：《仪礼义疏》共四十八卷，为乾隆十三年官撰，有内府刊本和外省翻本。

了曹雪芹的墨迹手书，而且还知道了这位雪芹续配夫人的名字，这对于研究曹雪芹具有多么重大的意义啊！

在这五行字的左边，则是用挺秀的行书淡墨写着一首七言悼亡诗。全诗如下：

> 不怨糟糠怨杜康，乩诼玄羊重剋伤，
> （丧明子夏又逝伤，地坼天崩人未亡）
> 睹物思情理陈箧，停君待殓鬓嫁裳。
> （才非班女书难续，义重冒）
> 织锦意深睥苏女，续书才浅愧班孃。
> 谁识戏语终成谶，窀穸何处葬刘郎。

现在的第二行和第四行是写后勾掉的，它原是此诗的第一行和第二行，因勾去后把改句写在右边，故现在看来成为第二行和第四行了，看原件钩改的痕迹十分清楚，现在的图片上也还能表现出来。

以上所述，就是此次发现的全部情况。

曹雪芹的墨迹及其夫人的悼诗是可信的

这次发现，我认为具有极为重大的意义。从右边书箧上"芹溪"的上款和"并蒂花呈瑞，同心友谊真"等诗句来看，看来是"芹溪"的友人送给"芹溪"续婚的贺礼，其时间是"乾隆二十五年庚辰上巳"。那末，曹雪芹续婚的时间，肯定是在乾隆二十五年的上巳，也就是三月三日以后，或许是在三月中或末。这样，我们就可以具体地知道，曹雪芹是在完成了"己卯冬月定本"以后，在开始"庚辰秋月定本"以前续婚的，"庚辰秋定本"，是他续婚以后的"定本"。

这一对书箧具有特殊的纪念意义。为什么？这不仅因为他的夫人的悼亡诗里说了"睹物思情理陈箧"，而且更因为曹雪芹的好友敦诚在挽曹雪芹的诗里说过："开箧犹存冰雪文。"敦诚"开"的"箧"，很可能就是曹雪芹的夫人"理"的"箧"（雪芹晚岁贫困之极，不可能还有更多箱箧）。那末，这个"冰雪文"是指什么呢？我认为也很可能是指这部不朽巨著《石头记》的原稿，当然这两个书箧里还有他夫人"自绘"的"编锦纹样草图稿本"以及雪芹为她拟的"歌诀"之类的稿子，这是不成问题的。过去说"买椟还珠"，对于曹雪芹的字字珠玑的《石头记》来说，恰好相反，是买珠还椟，《红楼梦》早已风行天下，风行了两个世纪了，但它的"椟"却一直没有听说过，现在则是珠椟并存了，这是一件多么幸运，多么有意义的事啊！

左边箧门后壁右上端的"为芳卿编织纹样所拟歌诀稿本"等五行章草，是曹雪芹的亲笔。这位伟大作家的墨迹，二百年来还是第一次发现。这一发现，证实了《废艺斋集稿》中《南鹞北鸢考工志》双钩的半页《自序》，其原稿确是曹雪芹的亲笔，而且此双钩本的钩摹者，确是摹得相当逼真的；再从此幅首行"诀语稿本"等语来看，也可证实《废艺斋集稿》确是不伪，确是曹雪芹的一部重要遗著。

左边箧门后壁左下端的一首七言诗，是在雪芹逝后，他的夫人在"理陈箧"时"睹物思情"因而写下的一首悼亡诗，这首诗对于考证曹雪芹的生平，特别是他的卒年以及他逝世时的情景和他的《石头记》的写作情况，具有特殊重要的意义。诗的第一句，有两层意思：一层是说曹雪芹与她续婚时，已经在落魄困顿之中，过着"举家食粥"的生活，但是这位"芳卿"在贫困之中，仍与雪芹结合，甘愿相从于危难之中而无怨恨，他们是真正的糟糠夫妻，所以说"不怨糟糠"。这开头四个字就写出了这位"芳卿"对曹雪芹的深厚感情。下面"怨杜康"三字，是说曹雪芹因饮酒过多而死，这与敦诚、敦敏、张宜泉等人的诗里多次提到的曹雪芹善饮的情节是一致的，"怨杜康"三个字，更加证实了曹雪芹确是因饮酒过多致病而死。

第二句也有两点重要内容：一是关于"玄羊"。所谓"玄羊"，换句话说就是"癸未"。玄武是北方之神，用以代北。《史记·天官书》："北方水，太阴之精，至冬日壬癸。"所以又说：北方壬癸水。这样，这里的"玄"字就成了"癸"字的代称。羊，在十二干支里未年属羊，所以"羊"又是"未"的代称。合起来"玄羊"就同于"癸未"。这样，就确证了曹雪芹是死于乾隆癸未年的除夕，即乾隆二十八年，公元1764年2月1日。关于曹雪芹的卒年，过去一直有"壬午"、"癸未"之争，现在这个争论或许可以结束了。二是"重剋伤"的问题。重，读平声，就是重复，就是一而再。"剋伤"就是死亡。"重剋伤"就是遭到了两次死亡。在封建社会里流行的迷信说法中，有所谓"流年不利"的说法，意即按照封建迷信的观点，这个年头对这个人的前途命运很不利，甚至可能死亡；还有所谓"夫剋妻"或"妻剋夫"或"剋子"的说法，意谓妇女如果是剋夫剋子的"命"，那末婚后的一定时期，就会"剋伤"她的夫和子，这里的"重剋伤"，就是这个意思。全句的意思就是说癸未年对曹雪芹的流年不利，由于她的命与他相克，至发生这样的既剋夫又剋子的悲剧。敦诚挽雪芹的诗在"肠回故垅孤儿泣"句下注云："前数月伊子殇，因感伤成疾。"这里也是说在这一年里，先是曹雪芹的儿子死，接着就是曹雪芹的死。所以这"重剋伤"句，与敦诚的挽诗符合。看原迹，这两句的最初的句子是：

　　　　丧明子夏又逝伤，地坼天崩人未亡。

上句就是"重剠伤"的意思，^①下句是他的夫人说自己遭到了"地坼天崩"一样的大祸，自己成了"未亡人"。这最初的两句，感情也是很真切的，但我们更欢迎她的改句，因为它为我们解决了曹雪芹的卒年问题。

三、四两句不难理解，但前一句可以使你想象到这首诗就是在这样的情景下写出来的，而且就是因为这个缘故，诗也写在了这个箱子的门板背面，雪芹的墨迹的旁边的下端，这才是"睹物思情"的具体内容，这个"物"，不仅仅是这个"陈箧"，而且更重要的还有这个"陈箧"上的曹雪芹为自己所题的墨迹，这个"情"，不仅仅是往日的夫妻的感情，而且还有雪芹为自己亲题书目的"情"。后一句则可见雪芹逝后身世之萧条，百代才人，凄凉光景，如在目前。

五、六两句，上句说自己对雪芹的感情深于苏蕙对她的丈夫的感情，这是讲感情之"深"；下句是说自己愧无"班娘"之"才"，不能续完雪芹的书，这是说自己才华之"浅"。这里为我们透露了雪芹逝世时，《石头记》确未写完。然而究竟是怎样的没有写完呢？是八十回以后根本没有写，还是八十回后基本上写完了，连末回都已写出来了，只是有些回还有残缺短少，还有待续补完整，有些回还有待"定本"呢？我的理解是属于后者，否则很难理解脂砚、畸笏的批能那末具体地提到八十回后的情节，例如"寒冬噎酸虀，雪夜围破毡"，"狱神庙慰宝玉"，"警幻情榜"等等。在这句旁边勾去的一句半，上句实即现在的下句，"义重冒"三字则句未写成，很难悬揣。

七、八两句，上句是说"戏语成谶"，^②意想不到；下句是说"奄

---

① "丧明子夏"，典出《礼记·檀弓》："子夏丧其子而丧其明。"注："明，目精。"全句意谓子夏因为死了儿子而哭瞎了眼睛。

② "戏语成谶"句与上面"乩诼玄羊"句也是前后关连的。

矣何处"，无地可埋。曹雪芹贫困到不仅生无立锥之地，而且死无埋骨之土，在世界文学史上的古典作家中，这样的身世下场的伟大作家，恐怕也不是很多的。

总起来说，这八句诗（实际是十一句半），深刻地表达了这位"芳卿"对雪芹的无限真挚、无比伤痛的感情，为我们明确了雪芹的卒年，证实了书未写完，证实了伊子先殇，证实了雪芹因饮酒过多致病而死，证实了雪芹逝后的萧条身世。总之，这首诗是"芳卿"对于曹雪芹的感情结晶，是研究曹雪芹的十分重要的资料。决不能因为它的不合律而轻视它，甚至定它为"伪作"。

释 怀 疑 论

对于这一对书箱，有一种议论，认为它不大可能是真的。当然，对于一件历史文物，首先要确证它的历史真实性，如果是伪作，是赝品，就无丝毫价值之可言。那末，对于这一对署有"芹溪"上款的书箱，同样也必须首先确证它的历史真实性。这一对书箱有可能是作伪吗？我认为不可能，其理由如下：

（一）经专门研究明清木器家具的专家鉴定，这一对木箱本身，确是乾隆时物，箱面上的刻兰和题字，也是乾隆时的风格，不是后来刻的。我认为上面这一点，是讨论这两个署名"芹溪"的箱子的真伪问题的基础。这就是说伪造者如果要伪造这样一对曹雪芹的箱子，他首先要具备这样一对真正的乾隆时的木箱。乾隆时的木箱虽然不能说找不到，但要找也不是很容易的事，首先你要懂得乾隆时的木箱（普通木箱）的

467

样子是怎样的，否则即使有一对旧木箱，你也无从知其是否是乾隆时的式样。特别是这一对木箱，它不是那种紫檀、花梨之类的雕刻精致的贵重木箱，那种木箱还比较容易保存下来，也比较容易识别。现在的这一对木箱，是一对极普通的民用木箱，木料是普通的松木，而且其中的一个已经有点朽了，它没有任何装饰性的东西可资识别，因此即使偶然得到这样一对箱子，你如果不是行家，你也不会认识它是乾隆木箱，所以这样的一个先决条件就不是很容易解决的。

（二）箱子的门上，左右都刻有兰花和题字，据鉴定，这些字画和它的刻法也是乾隆时的风格。具体点说，箱面上的兰花和石头，很明显是郑板桥的画法。郑板桥生于康熙三十二年，卒于乾隆三十年，他擅兰竹，为扬州八怪之一。箱面上的题字其书法也是乾隆时的风格，这我们到下面再详论。这样作伪者不仅要会书和画，而且更重要的还要懂得乾隆时期的书画风格和刻法，如果不深懂这一点，即使会画两笔和刻两下，也不易得出乾隆时的风格来，这一点也不能不承认是一个颇难解决的问题。

（三）假如说前面两个条件都具备了，也就是说这些很难解决的客观条件都已解决，已经具有作伪的物质基础和技术基础了，那末，应该如何来作伪呢？也就是说应该怎样作伪才能作得像呢？才可以以假乱真呢？现在左边箱面的右下角，行书写刻着"拙笔写兰"四个字，这是很引人注目的四个字，因为在1971年，在香山正白旗舒姓的一间屋子的复壁上，曾发现过一批题壁诗，有两首题壁诗的末尾，也分别写有"拙笔学书"和"学题拙笔"。这两首"无题"诗（因为它没有题目）的内容是这样的：

二百年来的一次重大发现

富贵途人骨肉亲，贫贱骨肉亦途人；
试看季子貂裘敝，举目亲人尽不亲。①

岁在丙寅清和月下旬，偶录于

抗风轩之南几。拙笔学书。

蒙挑外差实可怕，惟有住班为难大；
往返程途走奔驰，风吹雨洒自喷嗟。
借的衣服难合体，人都穿单我穿夹；
赴宅画稿犹可叹，途劳受气向谁发？

学题拙笔

墙上另有一副对联，被写成扇面状，联语是：

远富近贫，以礼相交天下少；
疏亲慢友，因财而散世间多。
真不错。

这"真不错"三个字，看得出来是因为凑成扇面状而加上去的，不属于联句。据香山一带民间传说，上面这副对联，是曹雪芹的友人鄂比赠送给曹雪芹的，但这副对联，只存在于民间的口头传说中，从未见过书面的记载，这次却第一次发现在复壁上，因之人们曾认为这些题壁诗

---

① 按：此诗见《东周列国志》，这里是抄录，大概抄诗者有感于此诗的内容，故把它抄在墙上，所以下面的跋语说"偶录于"，可见抄者丝毫也不是借此作为自己的题诗以冒充风雅。

主人或直接或间接与曹雪芹有关，或离曹雪芹的时代较近，对曹雪芹在西郊著书的事有所闻知。但当时也有人认为这些题壁诗的时代很晚，到不了曹雪芹的时代，因此否定了它与曹雪芹可能存在某种关系的可能性。也因此，这些复壁上的文字和这所房子，一直未被红学界的人认为与曹雪芹有关，因之近年来大家也就慢慢地忘记它了。总之，对这个"拙笔"先生或这满墙的题诗，以及这所房子，至今未被红学界认为与曹雪芹有什么关系。① 既然这个"拙笔学书"已然被否定了与曹雪芹存在关系的可能性，那末，造假者要伪造曹雪芹的遗物的时候却偏偏愿意在伪造物上自己先打上一个大问号，刻上"拙笔写兰"四个字，这样岂不是以假造假，而不是以假冒真了吗？世间难道真有这样的笨蛋伪造者吗？何况假如这"拙笔写兰"等字真是1971年以后伪造上去的，那末，这样的伪刻，是经不起鉴定家的眼光的，这一点是可以毫无疑问的。

有的同志或许想，它不一定是1971年以后才伪造的，也许早在若干年以前，连同舒姓复壁题诗上的"拙笔"和木箱上的"拙笔"一概都是那时作伪的产物，不过先后于1971年、1977年被人"发现"而已。据我所知，确实有的同志是存在着这样的疑问的。那末，我们不妨来分析一下，假定它是伪造品，那末，这种伪造可能出现在什么时候呢？我们知道，1921年11月，胡适写成《红楼梦考证》（改定稿），首先确切

① 1978年150、153期香港《明报》曾发表黄庚先生的长文，认为香山正白旗舒姓住房有可能是曹雪芹晚年所居著书的地方，题壁诗也认为"至少部分出自曹公之手"。以上两个观点我认为都是不可靠的。舒姓住房，我曾约古建筑专家陈从周教授去看过，他认为这所房子已经拆建过，看不出乾隆时代的建筑格局了，但过去拆建旧屋时，也可能保留部分房屋或墙壁加以利用，此宅题诗之墙，外用白灰泥抹过，很可能是被保留下来利用的旧墙。至于题壁诗的来历，赵迅同志已在《明报》第155期上发表了《关于北京香山正白旗卅八号发现的题壁诗》一文，除那副对联和本文所引"蒙挑外差"一首外，其余都已找到了它的来历，本文所引"富贵途人骨肉亲"一首即录自《东周列国志》第九十回。1979年6月23日，其庸记。

考证出《红楼梦》的作者是曹雪芹，在这以前，《红楼梦》的作者问题，虽然从曹雪芹同时代人永忠、明义、袁枚等人到稍后的裕瑞等也都认为是曹雪芹，但都未确考，尤其是以上的记载，概未涉及曹雪芹的卒年问题，因此作伪的上限，最早不能早于胡适考出曹雪芹之前，即1921年11月之前。这以后，胡适在1921年11月写出的《红楼梦考证》里，第一次提出了"我们可以断定曹雪芹死于乾隆三十年左右（约1765年）"的说法。乾隆三十年是乙酉，可以称之为"乙酉说"。到1922年，胡适在《跋红楼梦考证》这篇文章里又提出了曹雪芹卒于乾隆二十九年"甲申说"。到1928年2月，胡适改变原说，提出曹雪芹卒于乾隆二十七年"壬午说"。此后二十年间，曹雪芹的卒年一直是胡适的这个观点，1930年鲁迅的《中国小说史略》对曹雪芹的卒年也采用胡适的说法，定为"壬午说"。到1947年12月，周汝昌同志据敦敏《懋斋诗钞》提出雪芹卒于乾隆二十八年"癸未说"，很快，隔了几个月，1948年春，胡适即放弃自己的"壬午说"。改从周汝昌的"癸未说"。这已经离全国解放只有几个月了。解放以后，"壬午说"和"癸未说"一直未得统一，到1961年5月，胡适又发表文章，重新申明回到原先的"壬午说"，不赞成"癸未说"。直至现在，"壬午说"和"癸未说"一直未得到一致的意见。

　　了解了上面这一情况，那末，假定作伪者要伪造这批假古董的话，究竟哪一段时间可能性最大呢？1921年以前可以不论，因为在这以前《红楼梦》的作者问题并未被人引起特殊的注意，人们更不曾注意到他的卒年，就是甲戌本上壬午的脂批，那时也还未被发现，故在此以前一直没有人注意到曹雪芹的卒年问题，1971年以后也可以不论，因为1971年以后的伪造品是不可能混人耳目的。因此，如果说从1921年以后算起，那末最大的可能性是在胡适考出《红楼梦》作者是曹雪芹以及他的卒年以后到全国解放以前。在这一段时间里，胡适在《红楼梦》研究上可以说是权威性的人物，而他的"壬午说"从1928年春到1948年春，这二十年间，真正是只此一家，并无歧异。作为一个古董商伪造假古董，当然要依附权威的见解，否则就不可信。据此，则如果在这段时间里伪造这批假古董，他们对曹雪芹的卒年，只能从胡适的说法：一、1921年提出的"乙酉说"，二、1922年提出的"甲申说"，三、1928年提出一直到1948年才放弃的"壬午说"，不可能由他们事先研究出一个"癸未说"出来，因为连鲁迅都是用的"壬午说"。然而，这木箱上的诗却是"卣诼玄羊重克伤"，居然是"癸未说"而不是"壬午说"，也不是"乙酉说"和"甲申说"。由此看来解放以前伪造的可能性已经不能成立了。那末，假定它是解放以后伪造的呢？无奈《废艺斋集稿》早在日本侵华期间就已经出现于世，而且是经过日本人的手的，此人对风筝谱尚存记忆，日本报纸已发表消息，而这个箱子上的墨笔书目的笔迹，又与《废艺斋集稿》的双钩自序为同一笔迹，这样要把假定的伪造时间拉到解放以后又无法自圆其说。在这样的左右矛盾之下，这个伪造说哪里还找得到立足之地呢？

另外，我们应该充分注意到这两首题壁诗的思想内容，它的文字虽然不算好，甚至有些句子还似通非通，但它的内容却不是无病呻吟而是对当时的封建社会充满着愤激不满之情，可以说这个人的思想，与曹雪芹的思想在不满当时的现实上有共同之处。《石头记》第六回己卯本回前诗云："朝叩富儿门，富儿犹未足。虽无千金酬，嗟彼胜骨肉。"在本回刘姥姥初见凤姐，凤姐"只管拨手炉内的灰，慢慢的问道，怎么还不请进来"句旁，王府本批云："还不请进来五字，写尽天下代（待）穷亲戚的态度。"以上所引，与"富贵途人骨肉亲"这首诗的内容多么相似。在复壁上的这两首诗，署名为"拙笔学书"、"学题拙笔"，诗的思想内容，与《石头记》脂批有共通之处，而这两个木箱上的"拙笔写兰"，又是与"芹溪"的上款连在一起的。那么这两处的"拙笔"，难道不正好是互为证明，确证了它们自己的历史真实性，难道反倒是互相否定，否定了它们的历史真实性吗？

（四）左边箱门背面右手五行书目题字的真实性的问题。有的同志认为这五行题字不会是曹雪芹的手迹。迄今为止，我们还没有发现曹雪芹的墨迹，因此对这五行题字抱谨慎的态度，这是可以理解的，也是完全应该的。但是事实总是事实，抱谨慎的态度，其目的是为了准确地分清真假而不是不要分清真假，因此这五行字究竟是真是假，还得分清，不能含糊。我认为它是真的曹雪芹的墨迹，而决不是假的曹雪芹的墨迹。这是弥足珍贵、不可多得的到目前为止唯一的曹雪芹的真迹，我们决不能把真的当作假的。曹雪芹早就说了："假作真时真亦假，无为有处有还无。"把假的当作真的和把真的当作假的，这两种情况都是同样的错误，没有哪一种错误比哪一种错误好一些的问题，因为这两种错误都是违反客观真实。由于这个原因，所以这五行墨迹究竟是否是曹雪芹的真迹必须加以认真讨论研究。我认为它是真的曹雪芹的墨迹，其理由如下：

1. 这五行墨迹，书法的用笔起落波挑完全同于《废艺斋集稿》中《南鹞北鸢考工志》曹雪芹《自序》的笔迹，拿这五行题字与已发表的《自序》的一页双钩本对照，可以看出，其中如：语、之、为、所、自等字，写法完全相同。① 从这五行墨迹的书法来看，是章草与欧字的结合，它的结体是欧字，而且是近于小欧而不像大欧，但是从它的笔画的起落和波挑来看，则是带有章草的笔意的。那末，可不可能作伪者依据《自序》双钩的笔迹来摹写这五行字呢？我认为绝不可能。很明显的事实是双钩本的字体章草的面貌多，它一看就可以看出主要是章草，而这五行题字的主要面貌是楷书，结体端庄挺劲，只是在波挑方面使你看出

---

① 关于《废艺斋集稿》有的同志也认为是不可靠的，是伪造的，我确信它是真的。这里为论题所限，不便枝蔓开去，故暂置不论。

它带有章草的笔法，如果作伪者以为《自序》双钩本是曹雪芹的书法的真面貌，那么他为了作伪作得像曹雪芹的笔迹，就要极力追求与《自序》双钩本一样，而不会在整体上给你感到《自序》是章草，而这五行字是楷书带有章草的笔法。只有是一个人写的，他才可以根本不考虑像不像的问题，因为对于他根本不存在这个问题，他可以有时写得草一点，甚至完全出之以章草面貌，有时可以端庄凝重一些，用楷书来写，但因为他的书法原是章草的底子，所以他的楷书里必然带有章草的笔法。这种情况，对于熟悉书法的人来说，是毫不奇怪的，而对于有意作伪的人来说，是必须避免的，因为这样做容易使人感到不像。

2. 这五行题签，与《南鹞北鸢考工志》中的十六篇风筝歌诀的题签，其句法格局，有的是一样的，有的是同一类型。

3. 这五行题签并没有落款，没有任何一条书名下面，或者在最后一条的书名下面总署一个款，叫做"芹溪"或者"雪芹"或者"梦阮"等等，既然要冒充曹雪芹的真迹，为什么在这关键的问题上不落个款，表明"雪芹"的字样，这样不是更像真的了吗？按旧时一般题书签都是可以落款的，这五行字虽与正式放在书上的签条有所不同，但作伪者完全可以想一个方式，在这五行题签的末了加上"芹溪记"三个字，也不能说它完全不可以，完全不合款式，但是它竟然没有落款，可见写这五行字的人，初无丝毫作伪之意。难道说这孤零零的五行字就能被人看成曹雪芹的真迹了吗？用这样的方法来伪造曹雪芹的真迹是根本不行的，这是谁都一看就明白的，因为任何作伪，都必须把被伪的对象突出起来，这样才能达到他作伪的目的。现在书写这五行字的人并未表明是谁写的，认为它是曹雪芹自己写的，这是现在考证研究的结果，书写者并未示意你非得出这个结论不可，怎么能硬说书写者有意作伪呢？如果我们今天说这五行字不是曹雪芹写的，不管这个说法是否符合客观真实，它这样说从逻辑上来讲是可以成立的，但说这五行字的书写者是作伪，这就根本不合逻辑。书写者并未向我们表明或示意这是曹雪芹写的，说它是曹雪芹写的是现代人考证的结果，充其量你只能说这个考证的结论不对，怎么能说书写者是有意作伪呢？书写者连有关曹雪芹的名字线索都未留下一点点来，那末他何伪之有？说他作伪，岂不有点太不近情理？

4. 还有的人认为这五行字的墨色不分浓淡，无蘸墨初书和逐渐墨枯的痕迹，墨色太均匀。这个问题，第一，事实并非如此，这五行字的浓淡还是很明显的，尤其是第五行，墨色较前几行浓得多。第二，要充分考虑这是端楷正书，不是行草，虽带有章草的笔意，但书者是以正楷的笔法来写的，所以运笔的速度比行草要慢得多，再加它是写在木板上的端楷，这与写在纸上或绢上的行草完全不可同日而语。第三，尤其不能不注意到它毕竟隔了二百多年了，它并未一直被珍藏，它的墨色减退这是必然的，特别是在此次发现过程中，因这些字原被几层厚纸糊着，因为糊着的纸湿破后才露出板上的字来，结果藏主又用水浸湿了纸用棉花团擦去原用糨糊粘糊在上面的纸，经过这一番皴擦，这些字的墨色就减去不少，成了现在这种情况。至于说为什么不把书的标题写在纸上以及不写在正中而写在右上端的这类问题，我认为更不能算作问题。写在木板上而不写在纸上，这只能说明这个箱子的主人珍视这些稿本，把这些稿本固定地放在这个箱子里了，所以不写在纸上。写在右上端的问题，一是旧时直行书写习惯总是从右上端写起往左移动的，原先也许他还不止只写这五行，还留着准备写别的目录，但未写下去，并非预先为芳卿留下写悼亡诗的余地，因为这是不可能的事。

关于这五行题签我认为它是真的曹雪芹的笔迹，理由已如上述。

（五）左边箱门背面左手下端七言悼亡诗的真实性的问题。这首悼亡诗，我确信它是曹雪芹夫人的墨迹，它同样是弥足珍贵，不可多得的。这首诗，决不如曹雪芹的《琵琶行传奇》七律的另六句那样可以拟作。其理由如下：第一，诗的称谓语气，完全合于曹雪芹夫人的身份。诗的第一句"不怨糟糠怨杜康"，这"糟糠"两字只能用在"夫妻"关系上，这就确定了作诗人和被悼念者的关系是夫妻关系。第二句的原句是"地坼天崩人未亡"，封建时代妇女称丈夫为"所天"，雪芹夫人是否也有此封建意识，未敢遽论，因之，我们还不能立即以此句来断定作诗人是女性，但下面说"人未亡"，则也就是"未亡人"的意思，这就进一步肯定了两者的夫妻关系，但第四句"嫁裳"，第五、六两句的"苏女"、"班孃"，以及末句称死者为"刘郎"，这些对自己和对亡者的称谓，都确切无疑地表明作诗人是女性，是妻子悼念丈夫，这是毫无疑问的，这一点可以首先肯定下来。第二，这首诗所反映的生活情况，逼真地符合曹雪芹的生平事实，诗中提到这位丈夫的死亡是因"杜康"，因之又称他为"刘郎"，即晋代名士喜欢饮酒的刘伶，这说明死者是因饮酒过多致病而死的。死者在死亡前先殇了儿子，所以说"重刲伤"，说"丧明子夏"。死者是一位作者，死时所写的书还未写完，而他的夫人又"才非班女"，"续书才浅"，无法为他续完。死者身后萧条，无亲友可依靠，连死后的埋葬和成殓都成了问题。死者去世的时间是癸未年。死者遗物中有"陈箧"，"箧"中藏有"物"即遗稿。以上各个方面综合起来，无一条不切合曹雪芹的身世情况，这就是说，这首诗的生活内容具有高度的真实性。特别应该注意的是，这首诗在反映曹雪芹的生活和身后萧条景况的时候，不是根据现有的资料概念化地一般地描写，这首诗具有强烈的感情色彩和难以想象的生活细节，如"睹物思情理陈箧"，"理陈箧"这一细节在任何有关曹雪芹的历史资料里都未提到，如是伪作，作者何以凭空想象？我认为这首诗的这一句，恰好是此诗写作的原因。虽然诗的第一句是"丧明子夏又逝伤"，后改为"不怨糟糠怨杜康"，但诗人写诗的冲动，感情无法抑制因而随即提笔写诗，却是由第三句表明出来的。也就是说她看到了箧中之物——雪芹的遗稿，看到了箧上的手迹——为她端端正正写的这五个稿本的目录，因之一时感情无法抑制，随手提笔题在雪芹手迹之旁的下端，她是针对这五行雪芹的手迹而题的，所以这第三句恰好使我们看到这位沉浸在痛苦中的雪芹夫人写这首诗的思绪的起点。再如"停君待殓鬻嫁裳"这样的凄凉情景，这样的真实细节，如非真实生活，身处其境，隔了两百年的人，如何想象得出来呢？再如"织锦意深"句，并非泛泛用典，而是这位夫人自己确能织锦的，这有曹雪芹的五行亲笔题签可证，又如"谁识戏语终成谶"句，这夫妻之间的戏语究何所指，我们虽然不得而详，但他们之间有此戏语是肯定的。以上这些真实的生活细节，岂是二百年后的作伪者所能想象？所能悬拟？第三，诗中用到了"玄羊"。"玄羊"即"癸未"已如上述。确实，曹雪芹死于"壬午"还是死于"癸未"是有争论的，但要今天的人用"玄羊"来代替"癸未"的纪年，把它写入诗里，这简直是不大可能。如果是作伪，那末这个作伪者又必须是熟知曹雪芹的卒年的争论情况而且自己是站在主张癸未年卒的一派一边的，而且还要懂得"玄羊"这种比较冷僻的干支代称，我认为这样的作伪的条件实在太难了。第四，这首诗无题目，无署名。如果是作伪，为了骗人，那末，他首先要为这首诗立一个耸人听闻的题目，如"哭雪芹"之类，下面还应该署下款，如"未亡人××"之类，这样人们看了才会感到这是曹雪芹夫人悼念曹雪芹的诗，才会充分重视它，从而使伪造者得到好处。现在这首诗前面无题目，后面无署名，之所以说它是曹雪芹夫人悼念曹雪芹的诗，完全是考证者们从它的内容推究出来的。因此，按正常的逻辑，假如说这首诗所悼念的对象确实根本不是曹雪芹，而是另外一个人，如果是这样，那末，你也只能说原先推究出来把它看作是曹雪芹夫人悼念曹雪芹的诗的结论，是完全错了，是不可靠的，而不能说原来写这首诗的人是有意冒充雪芹夫人悼念雪芹的伪作，因为这首诗的书写者根本没有留名，也没有题目，这样"无名氏"的作品，怎么能说是"伪作"呢？说它是"伪作"，那末究竟是谁伪谁呢？不加分析地认定这首诗是"伪作"，这难道是一种唯物的科学的评断吗？第五，这首诗从它的七言八句的形式来看，好像是首七律，但实际上它是根本不合律的。首句"不怨糟糠怨杜康"是仄仄平平仄仄平，押的是七阳韵，仄起。按仄起的七律，则第二句应该是平平仄仄仄平平，但现在第二句"乩诼玄羊重克伤"却是仄仄平平平仄平，根本不合仄起七律的格律，下面各句按仄起七律的格律来复按，都是不合律的。如果这首诗是作伪，那末，作伪者为了求得乱真的效果，就不可能根本不管七律的平仄规律，他必须尽量符合它的规定格律，以取得人们的信任，现在这首诗在格律上是一片混乱，这样的作伪岂不被人一看就破吗？这首诗的生活内容的高度真实性和格律上的不合律，恰好说明了作者只是写她的真实的生活，抒发她的真情实感，而不是在"做诗"，她也并不懂得诗的格律，而且她也无意去求得勉强合律。这种情况只能说明这首诗根本不是什么伪造，而是雪芹夫人睹物思情的长歌当哭，直遣悲怀。第六，这首诗的第二句"玄羊"的"玄"字，是缺末笔写作"玄"的避讳的写法。这是康、雍、乾时代避康熙的名字"玄烨"的普通的写法。在现存的乾隆抄本《石头记》如己卯本、庚辰本里，这种"玄"字缺末笔写作"玄"字的例子不胜枚举。当然，如果孤立地来看这个字，那末，缺末笔是完全可以作伪少写一笔的，但看问题应该全面地与其他各方面的有关情况联系起来看，因此把这个避讳的"玄"字放在上述各种条件之下来统一考察，那末，它只能成为乾隆时书写的有力的历史证据，而不能成为作伪的赃证。

因此，从以上各点来看，我认为这五行题字和这首诗，前者确是曹雪芹的遗墨，后者确是曹雪芹夫人悼念曹雪芹的诗，这两处的墨迹都是弥足珍贵的难得的历史文物，是这位伟大作家留下来的唯一的手迹和遗物，决不能等闲视之，更不能凭空地怀疑它是伪作。不充分考虑有关这些墨迹的上述这些具体内容和具体情况，而匆忙地断定它是作伪，这是不慎重的，也是不能令人信服的。

（六）关于箱门上的"题芹溪处士句"（包括全诗及署年）及下款"拙笔写兰"的问题。刻在右边箱门上的上款是"题芹溪处士句"。这个上款，从字面上看题字的是一个人，而被题的诗句应是另一个人所作，即"芹溪处士"所作。如果是这样，那末这首诗也就是曹雪芹的另一首诗了。但细味这首诗，又觉得不像雪芹所作。曹雪芹的诗作得不是很多的，所以张宜泉说："君诗曾未等闲吟。"但是他的诗却别具风调，因此敦诚说"爱君诗笔有奇气"，"直追昌谷破樊篱"，"知君诗胆昔如铁，堪与刀颖交寒光"。现在看箱面上的这首诗，确是一首极普通的贺人新婚的诗，因此谈不上什么"奇气"或"诗胆"，所以它不可能是曹雪芹的诗，何况如果是曹雪芹于此时续婚，则更无自己写这样的诗以自贺并让朋友们刻在书箱上的道理。如此说来，那末这首诗应是他的朋友们贺他新婚的诗，这于情理上来说也比较可通。这个"题芹溪……"的"题"字，在诗题里有两种用法，一是"写"的意思，如唐诗宫人韩氏的《题红叶》，杜牧的《醉后题僧院》、《题桃花夫人庙》等都是；另一种是"赠"的意思，也就是《题赠×××》，如杜牧有《题永崇西平王宅太慰愬院六韵》，杜甫的《题张氏隐居》，于鹄的《题邻居》等都是。曹雪芹的好友张宜泉的《题芹溪居士》这个诗题，更接近这对书箱上的这个诗题，还有敦敏的《题芹圃画石》这个"题"字更包括了"写"和"赠"两层意思，所以这里的《题芹溪处士句》也就是题赠给芹溪处士的诗，有点类似杜牧的《题永崇西平王宅……六韵》的句法。由于箱面上有下款"拙笔写兰"，我倾向于这首诗可能是这位"画兰"的"拙笔"先生题的，这当然是一种推测，而不是论证。

这里我还要大胆地提出一个问题来，我发现这一对箱子箱面上的题字，其书法的风格，酷像庚辰本上的朱笔批语，尤其是某些朱笔的行书批语，不仅是总的书风非常相似，而且是单个字的写法，其结体及起笔落笔的笔触也可以说极为一致。箱面上的行书共四十二字，我从庚辰本脂评朱笔的行书中查出了二十三字，计有下面这些字：题、句、并、花、同、呈、心、顽、石、下、时、得、露、华、新、写、二、十、五、年、在、上、巳。如第260页的两个"题"字，第295页的"写"字，第321页眉批上的"句"字，第324页眉批上的"得"字，第335页第一行的"写"字，第338页朱笔第三行的"顽石"两字，第343页眉批的"露"字，第349页朱笔第四行的"同"字，第360页上端的"得"字，第381页上端的"华"字，第424页朱笔第二行的两个"新"字，第429页上的"句"、"在"、"时"字，第440页上端的"花"字，第443页第一行的"露"字，第448页上端的"题"字，第470页朱笔末行的"得"字等等，等等，都极相似，这里无法一一列举。总之，上述这种情况，它说明：一、这箱面上的四十二个行书字其风格确是与乾隆时的脂评抄者的风格是极为一致的，所以我们说这箱面行书字是乾隆时的风格是有充分的根据的；二、它也有可能两者就是一个人的笔迹。我的这种判断自然只是一种主观的设想而不是科学的结论，因此，我并不是把它当作我的确切的论断提供给读者，而是作为一种线索、一种不成熟的想法提供给读者们作参考。

（七）关于左边箱门上的题句"清香沁诗脾，花国第一芳"的问题，从诗句看，很显然是赞美箱面上的兰花的，但实际上这是双关的诗句，兰花也是象征着被贺的女方的，因此这两句诗实际上是对雪芹续婚夫人的赞美，其中的"第一芳"除赞美之意外，还寓有女方名字中的一个"芳"字，也就是雪芹手书书目中"芳卿"的"芳"字。其字迹则不像是画兰者的笔迹，而像是另一人的笔迹，这究竟是谁？在没有佐证的情况下就很难悬揣了。顺便提到这箱面上的兰花和题字的刻手，水平是相当高的，在这样一对松木箱上刻兰花和刻行书，而能如此传神，连行书笔锋的游丝都能保持，这也是很难得的。

还有一个问题，就是这个"拙笔写兰"的问题，"拙笔"两字是否是名字或别号，看来很怪，很不像别号或名字，我最初也一直没有把它当别号或名字来看，但现在看来，连续三处出现这两个字，而且是把它放在下款的位置上的，那末在没有任何别的资料来否定它以前，也就只能把它作为别号来看了。

再有这个"拙笔写兰"是刻在左边箱门的右下角的，按照书画横幅的习惯，这个位置不该是落下款的地方，如果作为右面箱门上的一幅画延伸过来的，那倒可以这样解释，但在它的左上方又有署年，因此又不能把它看作是右边一幅画的延伸。我设想，有两种可能，一种就是右面那幅画的延伸，另一种可能或许原来是写在左边箱门上兰花的左下角的，这个地方正是应该落款的地方，或许因为画的纸长，箱门横里不够长，刻不下，因而被移到右边的空白处了。当然，对上面这两个疑点的解释，只是一种分析，并不一定符合实际，我也并不以为这样解释就算解决了问题。但是，我认为无论如何，上面这样的问题，是动摇不了这两个书箱和里面题字及诗句的历史真实性和它的重大价值的。

余　论

与这一对木箱密切相关的是 1973 年发表的曹雪芹的佚著《废艺斋集稿》和 1971 年发现的香山正白旗 38 号舒姓家复壁上的题诗。

关于《废艺斋集稿》的真伪问题，我同意文雷同志的意见和茅盾同志的意见，① 我认为这同样是一件曹雪芹的重要的历史文物，它的真实性是无可怀疑的。据日本方面的报道，1943 年曾在北京华北美术学院教雕塑的日本教师高见嘉十，也就是向日本商人金田氏借得《废艺斋集稿》交当时的学生孔祥泽描摹的那个人，日本投降后，回国住在富山县上新川郡大泽野町，1974 年 5 月 15 日去世，年八十岁。当日本有关方面注意到这个问题对他进行调查时，他已经去世了，日本报纸还刊登了他的照片。但是在他去世前半年，即 1973 年 10 月，日本早稻田大学的松枝茂夫教授，曾就《废艺斋集稿》的事访问过他，他回答说："我记得曾让他（按：指中国学生即此稿的抄存者孔祥泽）临摹风筝图，并由我加以修改，此外我就不清楚了。"② 至于那个原藏《废艺斋集稿》的金田氏，日本投降后，一直下落不明。我认为高见嘉十其人的确实存在和他确还记得摹写《废艺斋集稿》中的风筝谱一事的这个事实，起码说明描摹者所讲的这部稿子的来龙去脉是可信的，不是凭空捏造。原来说《废艺斋集稿》里的《南鹞北鸢考工志》《自序》的原件是曹雪芹的亲笔墨迹，其双钩本基本上保持了曹雪芹书法的风格和面貌。我们一向相信这个看法是有根据的，是可靠的。但当时只是孤证，这一说法的说服力常常因为只有孤证而显得单薄。现在由于这一对曹雪芹藏稿木箱的出现，特别是上面保存了五行曹雪芹的墨迹，可以与双钩本对证，这样它们就互为证据从而确定了曹雪芹墨迹的真实性和他的书法的风格面貌，也进一步确定了《废艺斋集稿》的真实性和它在曹雪芹研究中的重要地位。

至于正白旗舒姓家复壁上题壁诗的抄者，特别是那副传说中的对子和署有年月及"拙笔学书"、"学题拙笔"等下款的诗，过去一向处于

---

① 见《文物》1974 年第七期文雷《曹雪芹佚著〈废艺斋集稿〉析疑》和《红楼梦学刊》第一期茅盾同志给吴恩裕同志的信和诗。
② 日本《读卖新闻》，1975 年 4 月 29 日。

被怀疑和被否定的地位，认为它与曹雪芹无丝毫关系，现在也由于这一对曹雪芹的藏稿木箱的出现，由于木箱的箱面上也署有"拙笔写兰"的下款，而它的上款却正是"芹溪"，因而这两者之间，也同样互为证据，原来被怀疑和否定了的这两首题壁诗（一诗一对）和它的书写者，现在看来仍有重新研究的必要。复壁上的"拙笔"和箱面上的"拙笔"我认为只能是一个人，而绝不可能是两个人的偶合。① 在"富贵途人骨肉亲"这首诗的后面，署年是"岁在丙寅清和月下旬，偶录于抗风轩之南几"。这个"丙寅"，过去被认为是嘉庆十一年（1806年）而不是乾隆十一年（1746年），现在由于这对木箱上写明"乾隆二十五年岁在庚辰上巳"，因之这个"丙寅"必然是乾隆十一年而不可能是嘉庆十一年，而这个"拙笔"也大致可以肯定是曹雪芹的朋友之一。这样，这一对藏稿木箱，就成为《废艺斋集稿》和复壁题诗之间的一座桥梁，它的一端因为两者的笔迹相同而与《废艺斋集稿》发生了紧密的联系，它的另一端因为具有"拙笔"这个奇特的名称而与复壁题诗发生了紧密的联系，由于这三者的这种不可分割的关系，因而它们相互之间也就互相成了各自的有力证据而不可否定了。当然，《废艺斋集稿》是曹雪芹的佚著，这一对木箱是曹雪芹用来存放不朽巨著《石头记》的珍贵文物，特别是因为箱门背面还保存着曹雪芹的亲笔和他夫人悼念他的亲笔题诗，从而使得这件文物放射着特殊的光彩。而复壁题诗的主人究竟是谁，是否就是这位"拙笔"，而他是否就是曹雪芹的朋友，这所住房究竟是谁的住房，除了可以设想抄诗者可能与曹雪芹有某些关系或时代较近外，其他

---

① 我认为这所房子是经过拆建的，但这垛保留了大量题诗的墙，是旧墙被利用因而保留下来了。诗当然不可能是曹雪芹的，赵迅同志、文雷同志等已作了确切的考证。但我认为这个抄者"拙笔"仍是研究、调查对象，不能因为否定了房子、否定了这些诗因而把抄诗的人也否定了。这个人是肯定存在的，问题是他是否与曹雪芹有某种关系，这一点在没有找到有力的否定性的实证以前，我认为不宜匆忙地作出否定性的结论来。

的问题，还有待于进一步的调查研究。

　　当着《废艺斋集稿》和复壁题诗各自孤立地出现的时候，用下棋的术语来说，它们两者都是孤立的"死棋"，但是当第三个因素——这两个木箱出现以后，它们立即就连成一片，成为了"活棋"。马克思主义的辩证唯物主义的认识论告诉我们，认识一个事物，往往需要多次的反复，多次的实践，而决不可能一次实践就认识完成，就把握住事物的本质。那末，对于这位伟大作家曹雪芹的有关文物的认识，同样也还需要反复地调查，反复地认识。我们相信随着时间的推移，随着调查研究和发掘工作的深入，我们在这方面的认识，将会更加丰富，更加全面，更加完整，从而取得更大的成绩。

　　　　　　　　1978 年 2 月 6 日夜 11 时半，旧历丁巳除夕

　　　　　　　　曹雪芹逝世二百十四年周年日，写毕于宽堂

　　　　　　　　　　　　　　　1979 年 8 月 8 日改定

曹雪芹书箱补论

　　前两天，我读到了本年《寻根》杂志第 5 期上陈传坤先生的《有关"曹雪芹书箱"问题考两则》这篇文章，这篇文章，查出了"曹雪芹书箱"和《瓶湖懋斋记盛》上"一拳石"、"纹样"、"印刷"、"老身"等词汇的早期语源。以前，认为以上这些词汇，都是近代的词汇，所以认定这一对书箱是后人的伪造。现在陈文将这些词汇的前代使用例句一一查出作证，说明这些词汇，确非近代才流行的词汇，因此，用这四个词汇来证明这一对书箱是后人造假，不能成立。我认为陈先生的立论是正确的，证据也是可靠的，这对我们排除对这对书箱的许多误解，重新认识这一对书箱是非常有力的。

　　我在 1978 年 1 月 27 日，书箱刚刚发现的时候，就由吴恩裕同志告诉了我，并给我书箱的照片，到 2 月 1 日，就去书箱主人张行先生家里直接看到了这一对书箱，同去的还有林默涵同志和王世襄先生，因王先生是鉴定古代木器家具的专家，所以请他去鉴定。经王世襄先生鉴定，认为箱子是乾隆时期的，箱上所画和刻的兰花和刻字，也是乾隆时期的刻工，这可以肯定无疑。只是箱子里边用墨笔写的"为芳卿编织纹样所拟歌诀稿本"等墨迹，是否是雪芹手笔，因为至今无雪芹的真迹可作比证，所以无从论定。至于"不怨糟糠怨杜康"这首诗，从诗意来看，当是雪芹夫人所写。当时我们几个人的鉴定结果就是这样。在我的思想里，认为这对书箱是真的，因为书箱本身和刻兰、题刻等，都是乾隆时代的东西，何况书箱上还明确刻有"题芹溪处士句"的上款，那末它的主体已经确实无疑了，至于雪芹的墨迹，究竟如何，不是短时间可以解决的，只能待以时日。所以，过了几天，我就写了一篇长文：《二百年来的一次重大发现（关于曹雪芹的书箧及其他）》论证了这对书箱的可靠性，论证了这是有关曹雪芹的珍贵文物。

从这篇文章到今天，已经三十二年了，我对这对书箱的真实性，一直未变，现在看到陈先生的文章，更增加了这对书箱的无可怀疑性。

但是，三十二年来，我有两个问题的看法有改变，一是关于曹雪芹的卒年问题。早些时候，我是相信"癸未"说的，就是这对书箱发现的时候，我也仍是相信癸未说，所以对"乩谶玄羊重剋伤"一句的解释，是从"癸未"说的角度解释的，现在觉得这是误解（详见下文）。我改变"癸未"说的观点相信"壬午"说，是从1992年见到张家湾出土的"曹雪芹墓石"开始的，因为墓石上有明确的纪年"壬午"。墓石经文物鉴定专家和红学家们共同鉴定，文物鉴定专家傅大卣、史树青、红学家陈毓羆、刘世德、邓绍基、王利器等都认为是真的，绝非作伪、而墓石的"壬午"纪年，又与脂批"壬午除夕，芹为泪尽而逝"相吻合，何况癸未年的敦敏《小诗代柬寄曹雪芹》，约雪芹于"上己前三日"来喝酒，此邀柬却迄无下文，这说明雪芹确于"壬午除夕"去世了。由于以上"壬午"的实证和"癸未"的迄无下文，所以我改变我的看法，我认为雪芹确实死于"壬午除夕"，有文献记载和实物作证，无可怀疑。

领悟了这一点，再来读"乩谶玄羊重剋伤"这句诗，正好说明我原先的解释是误解，我原先认为雪芹死于癸未除夕，"未"是羊年，于雪芹流年不利，所以到除夕死了。这个解释的漏洞是既然羊年对雪芹流年不利，那末为什么整整一个羊年并未对雪芹带来厄运，反倒进入猴年的初春，羊年瞬间即过的时候，却遭到厄运呢？按旧俗，这种不利，总在初遇而不在已过。

我现在的认识，（这个认识已在我心中很久了），认为雪芹确实死于"壬午除夕"，因为壬午年的十二月二十二日即已立春。按旧俗，立春以后，已是来年的节气了，也就是已入羊年的节令了，按诗句也就是说，雪芹一碰到羊年，就遭厄运，就遭到了剋星而逝世了，这样解释，才符合当时的习俗，才是这句悼诗的本意。

如果仍依癸未除夕论，则羊年即过，猴年已到，应该说他的流年不利的时间已经过去了，不应该再遭剋伤了。所以想明白了这一点，这首诗就豁然贯通了，诗意是说雪芹死于"壬午除夕"，因为旧俗节令已入羊年，雪芹一碰上羊年节令就遭"剋伤"。这样可见这首悼诗写得极为真切，确是雪芹夫人的悼亡之作，由此又进一步证明这一对书箱确实是真的，是雪芹的珍贵遗物，我们千万不能把这件珍贵文物当作假的，因为这是千载难得的奇遇。

还有一点，是关于《废艺斋集稿》的信息，我于1979年曾写信给日本松枝茂夫先生，请他调查《废艺斋集稿》和风筝谱的事，他回了我一封长信，谈到他找到了高见嘉十，已住在医院里，患的可能就是老年痴呆症，对以往的事有的记得，如风筝谱，他说他记得，还为他的学生修改过画稿。问他《废艺斋集稿》，他又记不得了。这封信写得很长，还附有不少照片，其中有高见嘉十的照片。

在信末，他还特意加了一段文字，说：

桥川时雄先生曾对我（指松枝自己）说，他在北京董康先生（已故）家里看过一部古抄本石头记，一卷厚大本，不分回的。真有其书的话，先生一定看过吧。十二日又及。①

松枝茂夫上
二月十一日深夜

这"一卷厚大本，不分回的"《石头记》或《红楼梦》，始终未能再见，上世纪 70 年代，我还曾听人说过，后来就再也无信息了。现姑记于此，以待后缘吧。

2010 年 11 月 9 日

---

① 以上是节录，这封信因多次搬家，一直未找到，前些天才意外地找出来。

后　记

　　收在这本集子里的文章，前后相距约有三十来年，这些文章都按原样收录，未作改动。只有新近写的《重论曹雪芹卒于"壬午除夕"》一文，收入本集时，略有删改。

　　关于曹雪芹卒年问题，我前后看法有变化，读者可以从文章中看出我的认识发展轨迹。

2010 年 10 月 25 日于宽堂